»Was den Unterhaltungswert angeht«, schreibt Henryk M. Broder, »ist das Judentum anderen Religionen und Zivilisationen weit überlegen.« Nun, als die Israeliten am Berg Sinai die Zehn Gebote annahmen, ahnten sie nicht, worauf sie sich einließen. Um die folgenden 3313 Jahre durchzustehen, mußten sie nicht nur Realitätssinn und Ausdauer, sondern auch jede Menge Humor aufbringen. »Nur wenn ich lache« ist die Antwort eines malträtierten Juden auf die Frage seiner Peiniger, ob's weh tue. Diese Haltung ist – wie so vieles im Judentum – Mythos und Realität zugleich.

Wie wird man als Jude mit dem jüdischen Schicksal, mit Vorurteilen über Juden und vor allem mit den Juden selbst fertig? Die hier versammelten jüngeren Autoren versuchen es mal mit Ironie, mal mit ernsthafter Auseinandersetzung, mal mit provokativer Überzeichnung.

Olga Mannheimer, 1959 in Warschau geboren, Tochter eines Lemberger Juden und einer Kosakin, beide Gulag-Überlebende. 1969 Emigration nach Frankreich und jüdisches Internat. Seit 1972 in München, studierte Romanistik und Slawistik. Arbeitete als Dolmetscherin, Übersetzerin und Lektorin. Heute tätig als Journalistin und interkulturelle Trainerin. Veröffentlichte die Anthologie ›Träume sind frei‹ (1992) und ›Frauen in Polen‹ (1994).

Ellen Presser, 1954 in München geboren, Tochter polnisch-jüdischer DPs. Wuchs in einem traditionellen jüdischen Elternhaus auf. Biologie- und Psychologie-Studium, Mitarbeit am Staatsinstitut für Frühpädagogik. Seit 1983 Leiterin des Kulturzentrums der Israelitischen Kultusgemeinde München. Arbeitet auch als freie Journalistin, u. a. seit 1984 für den ›Jüdischen Kalender‹.

Nur wenn ich lache

Neue jüdische Prosa

Herausgegeben von Olga Mannheimer
und Ellen Presser

Deutscher Taschenbuch Verlag

Originalausgabe
März 2002
Deutscher Taschenbuch Verlag GmbH & Co. KG,
München
www.dtv.de
Alle Rechte vorbehalten
(Siehe auch Quellenhinweise S. 361 ff.)
Umschlagkonzept: Balk & Brumshagen
Umschlagfoto: © David Lefranc
Gesetzt aus der Aldus 10/11,5˙ (3B2)
Gesamtherstellung: Druckerei C. H. Beck, Nördlingen
Gedruckt auf säurefreiem, chlorfrei gebleichtem Papier
Printed in Germany · ISBN 3-423-12955-7

Inhalt

Ljudmila Ulitzkaja

Taschen-Nele

Tante Nele verspürte den inneren Drang, sich sozial zu engagieren, aber das Leben stellte sie nie vor große Aufgaben, und so befaßte sie sich notgedrungen mit relativ kleinen Problemen, kümmerte sich zum Beispiel um die Sauberkeit im nordwestlichen Teil einer ziemlich großen Grünanlage. Eigentlich hätte ihre Energie für den ganzen Park gereicht, doch sie zog es vor, sich auf einen kleineren Abschnitt zu beschränken, dort aber für Perfektion zu sorgen. Tante Nele liebte die Perfektion.

Sobald der Matsch ein wenig getrocknet war, ging sie auf ihren Posten, eine noch ungestrichene Bank neben einem kaputten Springbrunnen, wo sie auf Ordnungsverletzer wartete. Unterwegs versank sie mit den Schuhen immer wieder in Pfützen, die unter Winterschmutz getarnt waren.

Der Frühjahrsputz vor den Feiertagen hatte noch nicht begonnen, und die Wege waren übersät mit ausgeblichenen Bonbonpapieren, aufgequollenen Zigarettenstummeln und kleinen, auf die Schnelle benutzten Utensilien unbehauster Liebe.

Es war eine tote Zeit, nur selten kam jemand in den Park, aber Nele begann ihre Saison im voraus, ein, zwei Tage vor dem ersten Besucher.

Diesmal kam als erster ein Mann mit Aktentasche, setzte sich nicht weit von Nele auf eine Bank, zündete sich eine Zigarette an und warf das Streichholz hinter sich. Nele erzitterte wie ein Jagdhund und feuerte den ersten Schuß ab:

»Bürger, bis zum Papierkorb sind es nur zwei Schritte, können Sie wirklich nicht . . .?«

Der Bürger sah sie mit besorgtem, abwesendem Blick verständnislos an.

»Entschuldigen Sie, haben Sie etwas gesagt?«

»Ja«, sagte Nele deutlich und belehrend, »bis zum Papierkorb sind es nur zwei Schritte, und Sie werfen das Streichholz auf die Erde!«

Zu ihrer Überraschung lachte er, ging das Streichholz aufheben, das zwischen schmutziggrauem Müll frisch leuchtete, und warf es in den Papierkorb.

Die Alte wandte sich enttäuscht ab – solches Wild zu jagen lohnte nicht. Der Mann rauchte zu Ende und ging, nachdem er den Zigarettenstummel ordentlich weggeworfen hatte.

»Warum nicht gleich so«, sagte sie noch verächtlich, überzeugt, das nächste Streichholz würde er ohne ihre Aufsicht doch wieder neben den Papierkorb werfen.

Dann kamen drei aufgedunsene Tauben angelaufen. Sie sahen verkatert aus. Nele holte aus ihrer Einkaufstasche ein Konservenglas mit eingeweichtem Brot, das sie immer von ihren Nachbarn einsammelte, denn bei ihr selbst blieb kein Brot übrig. Sie knetete das Brot ein bißchen und teilte es in drei gleiche Portionen. Aber die dummen Vögel verstanden nichts von Gerechtigkeit oder waren vielleicht überzeugte Kollektivisten. Einander schubsend, stürzten sich alle drei auf das nächstliegende Häufchen und pickten es gierig auf; von den beiden anderen nahmen sie keine Notiz.

Nele versuchte sie auf die Nahrung aufmerksam zu machen, blieb aber wie immer unverstanden.

Sie wartete bis zum Mittag, und als die kraftlose Sonne hervorkam, schleppte sie sich auf ihren krummen knochigen Beinen nach Hause. Sie war in Hochstimmung: Die Saisonpause war vorbei, und sie verspürte neuen Schwung. Zudem erfüllte sie nachmittags immer ihre wichtigste Pflicht im Leben: Verwandte besuchen. Das tat sie nach exaktem Plan: Ihre Schwester Marusja, Nichte Vera, Nichte Galja, Großnichte Tamara und Neffe Viktor bildeten den einen Zyklus; an der Spitze des zweiten stand ihr Bruder Naum, der mit seinem unverheirateten, nicht ganz glücklich geratenen Sohn Grigori zusammenlebte; dann folgten Neffe Alexander und Nichte

Raja. Außerdem gab es noch die kinderlosen Schwestern Motja und Njusja. Der Kreis der Verwandten schloß sich mit Anna Markowna, die mit Nele zwar nur entfernt verwandt, in deren Augen aber trotzdem ihrer Besuche würdig war.

Da es relativ viele Verwandte waren, kam Nele zu jedem in der Regel nur einmal im Monat. Damit hatten sich alle abgefunden, denn sie begriffen, daß Nele eine Art Zement war, der verhinderte, daß die Familie endgültig auseinanderfiel.

Klein, sauber angezogen, mit weißen Locken, kam sie herein und sagte etwas, das zunächst wie ein Kompliment klang, zum Beispiel:

»Marusja, letztes Mal hast du so gut ausgesehen.«

In dieser Hinsicht war sie ein Genie: Nie sagte sie jemandem etwas Unangenehmes, nur Komplimente, die aber hatten alle irgendwie eine faule Stelle.

»Ach, was Schura für einen Sohn hat! Lauter Einsen in der Schule! Aber man weiß ja, was die Schule heutzutage für ein Niveau hat!«

»Ach, Galja! Die Piroggen schmecken wunderbar! Wenn du wüßtest, was für leckere Kohlpiroggen Raja macht, man kriegt gar nicht genug davon!« lobte sie, während sie die von Galja gebackene Pirogge aß.

Wenn sie kam, war sie immer mit kleinen Einkaufstaschen behangen, und unter ihrem linken Arm klemmte eine große Damenhandtasche, von der sie sich nie trennte. Ihr verdankte sie auch ihren Spitznamen: Taschen-Nele.

Diese Tasche hatte eine reiche Tante, die in Zürich Zahnmedizin studierte, noch vor dem Ersten Weltkrieg aus der Schweiz mitgebracht. Ursprünglich war die Tasche braun gewesen, dunkelbraun, mit einem satten lila Schimmer und glänzend wie Seide. Mit den Jahren war sie erst immer dunkler geworden, fast schwarz, dann ergraute sie zusammen mit ihrer Besitzerin. Diese Tasche war mehrmals in Mode und wieder aus der Mode gekommen. Einen tiefen Riß auf der Rückseite hatte die Besitzerin sorgfältig geflickt – neunzehnhundertvierundvierzig war die Tasche Opfer eines räuberischen Angriffs mit einem Messer geworden. Das Schloß schmückten gefällige Pflanzenornamente des ausgehenden Jugendstils, in die sich die schmalen, knorrigen Hände der Besitzerin harmonisch einfügten. Ihre Haut und das abgetragene Leder der Tasche schienen vom selben ausgestorbenen Tier zu stammen.

Nele öffnete die kostbare Tasche nie vor anderen; aus einer der zahlreichen Einkaufstaschen aber holte sie immer ein selbstgemachtes Mitbringsel: Sauerkraut auf provenzalische Art, zubereitet nach einem raffinierten Rezept aus siebzehn Zutaten, darunter so seltsame Dinge wie Petersilienwurzel, Rosinen und Zitronenschale.

Manche Verwandte hielten den berühmten Kohl für das reine Gift, aber niemandem wäre es eingefallen, die Gabe abzulehnen, die gewöhnlich mit geheimnisvoller, erregter Miene überreicht wurde.

Neles Rente war, wie alle wußten, lächerlich gering, aber sie klagte nie über Geldmangel, sondern legte im Gegenteil die Würde einer reichen Verwandten an den Tag. Sie weihte ihre Nichten und später deren Töchter in die subtilen Geheimnisse der Haushaltsführung ein, denn sie hielt sich für eine Koryphäe in diesem erhabenen Genre.

»Man kauft wenig, aber nur das Beste«, klärte sie ihre unvernünftigen Nichten auf. Einmal erteilte sie Galja, ihrem Liebling, eine unvergessene Lektion in Sachen Lebensmittelkauf. Nele ging mit ihr an einem Sonntag auf den Tischinka-Markt, etwa eine Stunde vor Marktschluß.

»Zuerst muß man eine Runde machen und sich alles genau ansehen. Merk dir, wer die beste Ware hat. Bei der zweiten Runde, da weißt du schon, wer die beste Ware hat, nun interessierst du dich für die Preise. Und beim drittenmal kaufst du – eine todsichere Methode.«

Nele hastete mit glühenden Augen über den Markt, betrachtete und schmähte die Ware, lobte das Wetter, wünschte einer Ukrainerin, die es eilig hatte, ihren Zug zu schaffen, gute Gesundheit und beschimpfte einen finsteren Orientalen mit langem Gesicht als »verrückt im ganzen Kopf«; sie gestikulierte, wühlte in Petersilie, erklärte Galja nebenbei, daß man immer die Möhren mit rundem Ende wählt, betastete eine welke Zucchini, roch mit spitzer Nase an Gurken »mit Pusteln«, wie sie sagte, tadelte die Lake, zerrieb einen Tropfen Honig zwischen Daumen und Zeigefinger und flüsterte ihrer Nichte zu:

»Wenn der Honig rein ist, zieht er ganz ein, wenn ein Rest bleibt, dann ist er nicht rein!«

Bei einer unbedarften Oma aus einem Moskauer Vorort erstand sie Möhren, rote Rüben und zwei Rettiche für die Hälfte des bereits gesenkten Preises und bekam dazu noch die letzte krumme Zucchini geschenkt, die sie in ihre eigene Tasche packte, als rechtmäßige Provision für den Einkauf, den Galja bezahlte.

»Ich brauche hundertfünfzig Gramm«, verlangte sie von einer Verkäuferin, doch die, nicht an so kleine Mengen gewöhnt, klatschte eine Portion Quark auf die Waage, die fast dreihundert Gramm wog.

»Was soll ich mit so viel, ich brauche hundertfünfzig! Kann ich denn nicht so viel bekommen, wie ich brauche?« beharrte sie, und die phlegmatische Verkäuferin wickelte den Quark in weißes Papier und knurrte verächtlich:

»Schon gut, ich werd' nicht gleich verarmen.«

Nele sah Galja triumphierend an und verkündete flüsternd:

»Na, verstehst du? Köpfchen muß man haben! Köpfchen! Ich seh's ihr doch an, sie ist faul, die ist sogar zu faul, es wieder zurückzulegen. Und hundertfünfzig Gramm, das kriegen sie nie hin, es wird immer mehr!«

Galjas blasses Gesicht war voller nervöser roter Flecke, sie flehte Nele an zu gehen, aber die war nun in Fahrt. Sie wollte ihr Talent in seinem ganzen Glanz demonstrieren und versuchte, die Verkäuferin des staatlichen Feinkostladens auf dem Markt zu fünfzig Kopeken Preisnachlaß für das Gulasch zu überreden.

Galja erinnerte sich ihr ganzes Leben mit Entsetzen an

diesen Ausflug und erzählte noch ihren Töchtern davon. Neles Äußerungen an diesem Markttag gehörten zu den überlieferten Familienwitzen. Wenn von Möhren die Rede war, fragte unweigerlich jemand: »Mit rundem Ende?«, Gurken waren »pustelig« oder »überhaupt nicht pustelig«.

Nele lebte in tiefer Armut. Doch hätte jemand sie darauf angesprochen, wäre sie sehr erstaunt gewesen. Denn sie lebte genau so, wie sie wollte. Inmitten der zahllosen Menschen, die unter Zwängen lebten, durch diese und jene Fesseln gebunden, war sie so unabhängig einsam, daß sie sogar ihre verwandtschaftlichen Besuche als etwas betrachtete, das sie anderen schenkte, die den Umgang mit ihr, ihren Rat und ihre Belehrungen brauchten.

Ihre Armut hatte etwas von freudiger Entsagung, die Sauberkeit in ihrem schmalen Elfquadratmeterzimmer etwas Feierliches, sogar Herausforderndes: So steif stand die gestärkte weiße Serviette auf dem kleinen Tisch mit den gewachsten Beinen, so steril wirkte die weiße Tagesdecke auf dem Bett, so unpersönlich freundlich waren die strengen Schonbezüge auf den beiden weißen Stühlen.

In ihrer stolzen Armut hielt sie sich ungebrochen an ihren wichtigsten Grundsatz, nur das Beste zu kaufen. Darum war sie nicht zu faul, jeden zweiten Tag in Filippows Bäckerei zu fahren und ein Weißbrot zu kaufen, das beste auf der Welt – das reichte ihr für zwei Tage. Dann ging sie zu Jelissejew und kaufte hundert Gramm Schweizer Käse. Was den Käse anging, so hatte sie den Verdacht, daß es auf der Welt auch Besseres gab. Aber hier in Rußland war eben der Schweizer Käse von Jelissejew das beste.

Ansonsten ernährte sie sich von Weizen- und Buchweizengrütze, von denen sie behauptete, keiner könne die so gut kochen wie sie. Vermutlich stimmte das sogar. An ihre Grütze rührte sie etwas Speiseöl vom Markt, dazu aß sie ein Apfelviertel oder Zwiebelstückchen oder eine kleine Möhre mit rundem Ende.

Einmal im Jahr, zu Pessach, kaufte sie ein Huhn. Im Grunde war dieses Huhn ihr eigentliches Pessach. Am Tag des Einkaufs stand sie im Morgengrauen auf, rüstete sich lange und gründlich, steckte ein geflochtenes schwarzes Seil und einen Stapel Zeitungen in einen festen Seidenbeutel und verließ um fünf Uhr früh das Haus. Mit der ersten Straßenbahn fuhr sie von der Pokrowka-Straße bis zum Zwetnoi-Boulevard und war zwanzig Minuten vor der Öffnung am Zentralmarkt. Lange, manchmal an die zwei Stunden, wartete sie auf »ihren« Verkäufer, einen einäugigen brünetten Juden, der ein selten gewordenes Geschäft betrieb – den Handel mit lebender, gackernder Ware. Der Verkäufer hatte offenbar genau wie Nele seine eigenen wunderlichen Lebensmaximen. So setzte er nie mehr als ein Huhn auf den Ladentisch. Nele wiederum, ihren Grundsätzen folgend, konnte kein noch so prächtiges Huhn kaufen, wenn sie nicht auch alle anderen gründlich betastet hatte.

Sie wartete, bis der Alte gemächlich das dicke graue Tuch abgetrennt hatte, das an den großen ovalen Korb genäht war, ohne hinzusehen in den Korb langte und das erste Huhn an den zusammengebundenen Beinen herausholte. Nele stützte ihren Ellbogen auf den Ladentisch und sagte im gleichgültigen Ton eines zufälligen Passanten:

»Ach, sieh mal an, dich gibt's ja auch noch. Was ist das, ein Huhn?«

Der Einäugige würdigte sie keiner Antwort.

Nele preßte ihre antike Tasche mit dem linken Arm fester an sich und befaßte sich mit dem Huhn. Ihre Manipulationen erinnerten an eine ernsthafte medizinische Untersuchung. Sie sah dem Huhn in die starren Augen, öffnete den Schnabel, blickte in den Hals, befühlte Brust und Sterz. Sie breitete seine Flügel aus und schien dabei mit ihrem Röntgenblick seine Vogelseele zu durchleuchten. Dann schob sie das Huhn achtlos beiseite.

»Und das ist alles, was du hast?« fragte sie verächtlich.

Der Einäugige langte wortlos in den Korb und holte das nächste Huhn heraus.

»Was zeigst du mir denn da? Das pack gleich wieder weg!«
sagte Nele beleidigt. Der Verkäufer preßte seine ohnehin
schmalen Lippen noch fester zusammen und holte ein weiteres Huhn unter dem Ladentisch hervor.

Sie wählte das Huhn aus wie eine Braut für den einzigen Sohn, mit dem Schauder großer Verantwortung und der
Angst vor einem nicht wiedergutzumachenden Fehler. Sie
kannte ihre unerklärliche Schwäche für schwarz-grau gefleck-
te Hühner und bemühte sich, objektiv zu sein, damit diese
Schwäche ihre Treffsicherheit nicht beeinträchtigte. Schließlich konnte auch ein weißes oder ein rostbraunes Huhn sich
als das würdigste erweisen.

Die pingelige Kundin weckte in dem Alten Gereiztheit, ge-
mischt mit wachsendem Respekt. Auch er verstand etwas von
Hühnern, von ausgesuchten, mit reinem Korn gefütterten
tadellosen Pessachhühnern. Er wußte, die Alte würde wirklich das beste Huhn auswählen, und überlegte im stillen, welches das wohl sein würde. Er kannte sie seit vielen Jahren und
wußte, daß sie sich nie irrte.

Schließlich stand die Auserwählte fest. Ein langes Feilschen
begann. Nele holte nagelneue Geldscheine aus ihrer geliebten
Tasche, die Zarenbraut, noch immer unnatürlich kopfunter,
wechselte den Besitzer, und Nele packte das Huhn in viele
Zeitungen, dann in ein sauberes weißes Tuch, dann in den
Beutel und schließlich in die Einkaufstasche.

Nach dieser umständlichen Operation fuhr Nele nach Ma-
lachowka zum Schächter, reihte sich ein in die Schlange der
zwei Dutzend Glaubensschwestern vor einem unscheinbaren
Schuppen im Hinterhof eines soliden zweigeschossigen Hauses, händigte einem kleinen dicken Juden mit Jarmulke das
sprachlose Opfer aus und wartete, bis der Schächter über dem
Huhn das kurze Entschuldigungsgebet gesprochen und seine
arme dumme Vogelseele freigelassen hatte, die, wie es hieß,
in dem bißchen Blut wohnte, das sein noch schlagendes Herz
stoßweise auf ein Zinkblech strömen ließ.

Den ganzen komplizierten Glauben ihrer Vorfahren, die

unzähligen Verbote und Beschränkungen, die im Laufe der Jahrtausende ihren einst rationalen Sinn eingebüßt hatten, sah Nele in diesem hirnlosen reinen Vogel, der das Opferlamm verkörperte.

Damit endeten im übrigen alle erhabenen Assoziationen, denn nun begann die schnöde Kochkunst. Ein einziges Huhn wurde unter Neles geschickten Händen zu einer Vielzahl von Speisen: Bouillon mit Matze-Knödeln, gefüllter Hühnerhals, Hühnerklopse, Leberpastete und sogar Sülze. Wie sie das alles schaffte? Sie schaffte es eben. Zwischen den Hühnergerichten entstanden nebenbei auch noch gefüllter Fisch und in Honig gekochte Teigmandeln.

Dann verpackte sie alles in Gläser und Töpfe. Was warm gehalten werden mußte, wickelte sie ein. Sie band alles fest zu, legte zusammengerolltes Zeitungspapier zwischen die Gefäße, damit nichts umkippte, und fuhr zu ihrem Bruder Naum, um mit ihm Pessach zu feiern. Eine Flasche süßen Rotwein kaufte er

Naum war ein zweifach verwitweter, hoffnungsloser Pechvogel. Nach dem frühen Tod seiner ersten Frau hatte er ein zweites Mal geheiratet, damit die neue Frau seine noch minderjährigen Kinder aufzog, aber sie erkrankte bald an einem bösartigen, langsamen Krebs und starb mehrere Jahre lang, ohne der Familie von Nutzen zu sein, im Gegenteil, Naum verbrauchte seine letzte Kraft für hilfloses Mitleid mit ihr. Sein Pech erstreckte sich auch auf die Kinder, besonders auf seinen Sohn Grigori, der gesund und normal geboren wurde, seit einem erlittenen Stromschlag aber schwachsinnig war.

In dieses Leidenshaus trug Nele ihre Pessachgaben, um, nachdem Naum flüchtig die bekannte Geschichte des Auszugs aus Ägypten vorgelesen hatte, in aller Ruhe am festlichen Tisch zu sitzen und die weise eingerichtete Weltordnung zu genießen, in der alles seinen Platz hatte: Hast und Geschäftigkeit ebenso wie ein würdiges Festmahl, der Alleinige Gott und sein Engel, der wie ein Briefträger die Häuser der Kinder des auserwählten Volkes aufsuchte, und auch der schwachsinnige Grigori, der über das ganze von Hühnerfett glänzende Gesicht lächelte.

An dem Tag, von dem hier die Rede ist, verließ Nele mit drei Taschen voller Pessachspeisen das Haus, um zu Naum zu fahren, und schlug die falsche Richtung ein. Sie ging bis zur Ecke, suchte die Straßenbahnhaltestelle und fand sie nicht. Die Kreuzung, die ihr beinah seit der Kindheit vertraut war, erkannte sie nicht.

Sie erschrak. »Mein Gott! Wie bin ich denn in eine fremde Stadt geraten?« Dabei sank sie langsam zu Boden, die braune Tasche fest an sich gepreßt und die wertvollen Netze umklammernd.

Mit Tasche und Netzen wurde sie vom Krankenwagen in die Notaufnahme des einstigen Jekaterina-Krankenhauses am Peterstor gebracht.

Mit Nele war etwas Entsetzliches passiert: Die einfache, stabile und vernünftig eingerichtete Welt hatte ihren inneren Zusammenhang eingebüßt und war nicht mehr zu erkennen. Nele sah die grünbunte Iris des Arztes, der sich über sie beugte, den weißen Kragen seines Kittels, der vor zuviel Stärke glänzte, die Bartstoppeln, die während seines Vierundzwanzig-Stunden-Dienstes an seiner dunklen Wange gewachsen waren, die Pusteln der geweißten Wand, die Seite eines Medikamentenschranks und das Fensterkreuz, aber das alles war voneinander losgelöst, es ergab kein zusammenhängendes Bild.

Nele wollte einen Gedanken, der ihr immer wieder entglitt, zu Ende denken, ihn in Worte fassen, aber es gelang ihr nicht. Alles, was blieb, war das Gefühl, sie sei noch klein, habe sich verirrt und müsse in einer ganz wichtigen Angelegenheit eilig irgendwohin. Die Taschen hatte man ihr weggenommen, und sie bewegte ständig die Finger der linken Hand, die etwas vermißte.

Gedemütigt und beraubt lag die kleine Nele auf dem schmalen Bett, von quälendem Unverständnis gepeinigt. Die

Fragen, die ihr gestellt wurden, hörte sie nicht. Eine ältere Krankenschwester öffnete Neles braune Tasche und wühlte mit langen Fingern darin herum. Neles Blick fiel auf die Tasche, und sie weinte langsame Tränen.

Die Krankenschwester holte eine in dunkles Papier gewikkelte Cremedose aus der Tasche, einen kleinen Schlüsselbund und einen abgegriffenen Ausweis. Nele war identifiziert.

Sie kam in die Neurologie zur Untersuchung. Ihre Unruhe wuchs. Die arme Nele erkannte nichts, als hätte sie mit einem Schlag ihr gesamtes Leben vergessen. Als die Krankenpflegerin ihr Wasser brachte, erinnerte sie sich nicht gleich, wie man schluckte. Sie nahm das Wasser in den Mund und stockte qualvoll. Die erfahrene Pflegerin klopfte ihr auf die Kehle, und Nele schluckte.

Im Arztzimmer berieten zwei Ärzte, welcher Teil ihres Gehirns geschädigt sei. Der eine meinte, es handele sich um eine Blutung im Stammhirn, der andere vermutete keine Blutung, sondern einen heftigen Gefäßspasmus, der den Blutkreislauf des Gehirns beeinträchtigt habe.

Während die jungen Ärzte den medizinischen Fall erörterten, kam etwas Licht in Neles Kopf, und das quälende Karussell zusammenhangloser Bilder innen und außen wurde langsamer, bis schließlich ein einziges Bild daraus hervortrat, zusammen mit dem dazugehörigen Wort: Tasche. Nicht Tasche allgemein, sondern die bewußte braune Tasche. Sie sagte ziemlich laut:

»Tasche! Tasche!«

Ihre Augen flehten.

»Ich hab's doch gesagt, ein Spasmus!« triumphierte der eine Arzt. »Die Sprache funktioniert noch!«

Bis tief in die Nacht wiederholte sie das einzige Wort, das ihr geblieben war. Sie versuchte aufzuspringen, wegzulaufen, sie zappelte und warf sich hin und her. Damit sie nicht aus dem Bett fiel und sich verletzte, wurde sie festgebunden.

Sie glaubte, die Tasche schon in der Hand zu haben, wollte sie nicht hergeben und rief immerzu: »Tasche! Tasche!«

Sie wußte: Je lauter sie schrie, desto mehr gehörte ihr der lederne Lumpen mit dem verschnörkelten Muster auf dem Hornverschluß.

Eine vertraute Stimme sagte zärtlich und traurig immer wieder:

»Hör auf, hör auf, laß doch!«

Aber Nele gab bis zum Schluß nicht auf. Sie starb, den linken Arm angewinkelt und die Finger um den unsichtbaren Verschluß geklammert.

Am nächsten Morgen holten die traurigen Nichten Galja und Raja und der alte Naum in zu kurzen weiten Hosen Neles bei der Einlieferung aufgelistete Sachen aus dem Krankenhaus ab. Galja nahm die braune Tasche mit der gesondert aufgeführten unbedeutenden Geldsumme, Naum die verspäteten Pessachspeisen.

Zu Hause würde er die Taschen auspacken, die Brühe in der Thermosflasche noch warm vorfinden und das restliche von Nele gekochte Essen zum Totenmahl auf den Tisch stellen und damit einen groben Verstoß gegen den jüdischen Brauch begehen, denn von alters her wird nach dem Tod eines Angehörigen streng gefastet und keineswegs getafelt.

Raja erledigte in diversen Trauerinstituten die Formalitäten, und Galja erkundigte sich auf dem Friedhof in Wostrjakowo, welche Papiere nötig waren, um Nele neben ihren Schwestern, Brüdern und Eltern zu beerdigen.

Am Abend kam Galja zu Naum. Raja war schon da. Naum hatte das kleine Lämpchen angemacht, das immer an Todestagen von Verwandten brannte. Die beiden setzten sich an den wackligen Tisch. Grigori ging freudig lächelnd Teewasser aufsetzen. Als er draußen war, sagte Naum feierlich zu seinen Nichten, wobei er sich vor allem an die kluge, ein wenig pedantische Galja wandte:

»Meine Lieben! Nele ist gestorben. Sie hat sich nicht gequält. Möge die Erde ihr leicht sein. Fahrt zu ihr nach Hause, bevor die Nachbarn ihr Zimmer ausgeräumt haben und die Hausverwaltung es versiegelt, und sucht gründlich.«

»Was denn suchen, Onkel Naum?« fragte Raja verständnislos.

»Erstens, ein Testament.« Raja zuckte die Achseln, aber Naum fuhr streng fort. »Und zweitens, unsere Nele hat von der Großmutter Brillantohrringe geerbt. Solche Brillanten!« Er formte mit Daumen und Zeigefinger einen Ring, in den eine Walnuß gepaßt hätte.

Galja staunte. »Was für Brillanten, Onkel Naum, sind Sie verrückt? Wir waren doch immer arm!«

»Ja, so war das eben. Die Ohrringe, die waren da. Spanischer Schliff. Unübertroffen!« Naum küßte seine Fingerspitzen. »So wahr ich lebe! Großmutter ist bei Nele gestorben. Und Nele war ein schlaues Mädchen, hat die Ohrringe an sich genommen. Als die Schwestern danach gefragt haben, hat sie gesagt: ›Davon weiß ich nichts! Daß ich Großmutter gepflegt habe, sie gefüttert und ihre Wäsche gewaschen, das weiß ich. Aber wo die Brillanten sind, das weiß ich nicht!‹ Na, versteht ihr?« beharrte Naum. »Sucht zwischen der Wäsche, in den Strümpfen, na, wo Frauen eben was verstecken, weiß ich wo.«

Galja blickte mürrisch aus dem Fenster und stand auf.

»Ich gehe, Onkel Naum. Sascha ist auf Dienstreise, die Kinder sind allein zu Hause.«

Sie ging.

Bis zum späten Abend erledigte Galja ordentlich, mechanisch und ohne nachzudenken die nie endende Hausarbeit.

Dann setzte sie sich hin, nahm die Tasche der alten Nele in die Hand und sah sie traurig an. Sie öffnete sie. Darin lagen uralte Arztrezepte, ein kleiner Schlüsselbund und eine in Pergamentpapier eingewickelte Cremedose. Sie wickelte das Papier auf. In der Dose war so etwas wie Vaseline, die oberste Schicht war geronnen.

»Arme Nele!« dachte Galja mitleidig und kippte das Kleinzeug aus der alten Tasche auf eine Zeitung. »Was kann ich jetzt noch für sie tun? Nichts.«

Doch plötzlich fiel ihr etwas ein. Sie fegte den ganzen vergammelten Kram wieder in die Tasche zurück.

Sie wußte, wie sie Nele einen Gefallen tun konnte: Bei der Beerdigung würde sie ihr unauffällig die Tasche in den Sarg legen.

So geschah es auch. Grauer Rauch verwehte über dem Schornstein des Krematoriums, und die greise Nele, im Lichtschein ganz durchsichtig, trippelte eilig den Himmelspfad hinauf, unterm linken Arm, fest an sich gepreßt, den Schatten der Tasche, in der nun für immer die Schatten der Brillanten lagen, endgültig bewahrt vor Behörden und Verwandten.

PHILIPPE BLASBAND

Als ich Sumo-Ringer war

Ich hatte immer schon Gewichtsprobleme. Bis zur Pubertät war ich zu mager; Essen widerte mich an; meine Knie waren breiter als meine Oberschenkel, und meine Kieferknochen sprangen hervor. Jetzt, da ich diese Zeilen schreibe, versuche ich gerade, ungefähr zehn Kilo, die ich zuviel habe, abzunehmen, und das macht mir mehr zu schaffen, als es sollte. Ich mache absurde und deprimierende Abmagerungskuren. Ich quäle mich derartig, daß ich zum Ausgleich dafür schlecht und zuviel esse. Aber zu keiner Zeit meines Lebens war für mich die Nahrung so gegenwärtig, Essen eine derartige Obsession, wie damals, als ich Sumo-Ringer war.

Ich wog 120 Kilo, nicht gerade berauschend viel. Dabei aß ich sechs Mal am Tag, zunächst, als Basis, eine Art Reisbrei mit sehr viel Zucker und angereichert mit Baby-Milchpulver, dann Steaks, Würstchen, Sahneschnitten, gefüllte Teigtaschen, fetten und vorzugsweise rohen Fisch, Vollmilch, Bratkartoffeln, Bananen, und spülte dies alles mit Joghurt-Drinks hinunter: Dough, Ayran oder Lassi, entweder gezuckert oder gesalzen.

Das Sumo-Ringen bestimmte mein ganzes Leben. Ich stand um halb sechs Uhr morgens auf und lief ungefähr zehn Kilometer mit Bleigewichten in den Schuhen. Ich betrieb zwei Stunden Bodybuilding am Morgen und eine Stunde am Abend. Manchmal schwamm ich oder spielte Badminton. Die restliche Zeit trainierte ich. Ich war der Champion im kurzzeitig existierenden westeuropäischen Sumo-Team, was nicht allzu schwierig war: Wir waren nur etwa ein Dutzend, und darunter gab es nur drei Minaraïs und einen einzigen Makushita: mich. Ich sollte nach Japan fahren, um dort ein Turnier zu gewinnen, in die Juryo-Division aufgenommen und der erste professionelle weiße Sumo-Ringer zu werden, der erste Juryo, der zur Hälfte Jude, zur Hälfte Iraner war, der erste Juryo, der sich alle zwei Wochen die Haare am Hintern entfernen mußte.

Wenn er betrunken war, sagte Ké häufig: »Auf nach Japan, du machst sie platt!« Er hatte mit Japan eine Rechnung offen, ohne daß ich genau wußte, warum.

Sein Vorname lautete Kézaburo, und man nannte ihn Ké, zumindest in Europa. Es war schwer zu glauben, daß er einmal Maegashira war. Er war nach wie vor rund, aber nicht besonders dick für einen Mann von fünfzig Jahren. Seine Hängebacken waren verschwunden, und in seinen hohlen Wangen waren die Knochen hervorgetreten. Er scherzte gern, schlug anderen auf die Schulter und war ein grausamer Spötter, der stets ein sarkastisches und böses Lächeln auf den Lippen hatte. Gelegentlich bekam er unglaubliche Wutanfälle; seine Bewegungen verloren ihre Präzision und Sicherheit, und er zitterte am ganzen Körper, wie einer der hysterischen Patienten von Jean Martin Charcot. Er hatte etwas für naturtrübes Bier übrig, während sich in westlichen Sumo-Kreisen alle so japanisch wie möglich gerierten und demonstrativ den Sake schwenkten. Auch wenn er überhaupt nicht dem Klischee eines Japaners entsprach, hatte Ké es nicht nötig, sich besonders japanisch zu geben: Sein Tonfall, jede seiner Gesten, sein ganzes Verhalten ließ den Japaner durchscheinen, bis hin zu der Verachtung, die er diesem Land entgegenbrachte – meiner Auffassung nach eine Ausdrucksweise von allzu großer Liebe.

Während des Trainings betete Ké für mich das klassische Credo herunter: Ein Kampf ist ein Austausch; im Kampf sollte man so weit wie möglich seinem Stil treu bleiben, sich selbst und so weiter. Aber ich spürte aus jedem seiner Sätze das Gegenteil heraus. Er wollte, daß ich die Japaner demütigte, eben weil diese mich vom ersten Blick an verachten würden; sie würden meine Anwesenheit im Ring als ein Sakrileg betrachten, noch weit mehr als die von Hawaiianern wie Konishiki; und während dieses Trainings, zu dem er mich zwang, dieses Trainings, das so hart war, daß meine Brüder es nie geschafft haben, es sich bis zum Ende anzusehen, diesen Bewegungen, die wiederholt wurden, bis sie so natürlich für mich waren wie gehen oder atmen, weckte Ké in mir die Siegeswut. Ich war eine auf Sieg programmierte und dennoch auf Niederlage eingestellte Maschine, hatte ich doch selbst gegen den geringsten japanischen Minaraï keinerlei Chance. Ich wußte das, wagte aber gleichzeitig nicht, es mir einzugestehen. Niemals hatte ich mir innerlich gesagt: »Ich kann in Japan nur verlieren«, so sehr schien Ké vom Gegenteil überzeugt. Ich weiß nicht, wie die Dinge verlaufen wären, wenn ich sie nicht am Vorabend meiner Abreise zu dem Turnier getroffen hätte. Ich kam aus einem kambodschanischen Restaurant auf dem Square Lehmans. Ich hatte mit zwei anderen Minaraïs zu Abend gegessen, einem Italiener und einem Griechen, Typen, die größer waren als ich (ich messe nur einen Meter achtundsiebzig, das vorgeschriebene Minimum), aber weniger dick. Wir hatten jeder mehrere Gänge gegessen, gelacht, getrunken und uns unterhalten, hauptsächlich über Sumo. Sie hatten mir versichert, daß ich mühelos gewinnen würde, und mir eine fabelhafte Karriere vorhergesagt, sahen mich bereits als Ozeki oder gar ganz oben auf der Rangliste, als Yokozuwa. Wir machten uns natürlich etwas vor. Der europäische Sumo-Stall war nichts als eine kollektive autosuggestive Illusion, ein verrückter und zum Scheitern verurteilter Traum ...

Gegen halb elf waren die beiden Minaraïs jeder in seine Richtung verschwunden. Ich wartete vor der Restauranttür auf ein Taxi und dachte an die Reise am folgenden Tag. Ich malte mir einen Flugzeugabsturz aus oder daß ich, schlimmer noch, krank würde und mich übergeben müßte, was mich ein paar Kilo kosten würde – bis mir klar wurde, daß diese Befürchtungen nur von meinen wahren Ängsten ablenkten: der Angst vor Japan, den Kämpfen und vor Ké und seinen unvorhersehbaren Reaktionen ... Da hörte ich eine Stimme meinen Namen aussprechen. Mein Herz krampfte sich zusammen: Ich erkannte diese Stimme. Ich drehte mich zu ihr um und sah, wie das Mädchen, zu dem sie gehörte, sich leichten, ja fast tänzerischen Schrittes näherte.

Ich hatte ihre Blässe vergessen und ihre Gesichtszüge, die weich und scharf zugleich waren, wie ein orientalisches Messer. Meinem Eindruck nach erriet man jetzt leichter als auf dem Gymnasium ihre türkische Herkunft: Sie war auf eine andere, weniger ätherische, weniger fade Weise blond, ohne diese leicht grünlichen oder rötlichen Reflexe, die die Haarfarbe selbst der schönsten europäischen Blonden beeinträchtigen. Einen Großteil meiner Jugend hatte ich sie, mehr oder weniger heimlich, rasend geliebt. Sie wiederzusehen ließ in mir einen dumpfen Schmerz wiederaufleben, freute mich aber gleichzeitig auch ungeheuer.

Sie musterte mich, fassungslos über den mächtigen Körper, der in meinem Armani-Anzug steckte. Ich sah diese Verstörtheit häufig in den Augen der Leute, die mich gekannt hatten, bevor ich Sumo-Ringer war. Mein geschmeidiger Gang minderte den Eindruck von monströser Dicke, ja konnte ihn sogar völlig aufheben; ich ging ein paar Schritte auf sie zu. Aber sie fuhr fort, mich argwöhnisch und beunruhigt mit zusammengezogenen Augenbrauen von unten her anzublicken.

All die schmerzliche Liebe, die ich einst für dieses Mädchen empfunden hatte, ergriff mich erneut und zwang mich innerlich in die Knie. Die Jahre waren vergangen. Ich war nicht mehr der fiebrige, romantische Jugendliche, der in ihrem geringsten Zaudern, in dem Flattern ihrer Wimpern und ihrem zerstreuten Lächeln die Zeichen einer verletzten, unendlichen, stummen, da allzu schüchternen, Liebe zu mir lesen zu können glaubte. Jetzt sah ich es ganz deutlich: Keinerlei Vieldeutigkeit lag in ihrer Stimme, keinerlei Andeutung war aus ihr herauszuhören; ihr Blick war sanft, aber gelassen; zwischen uns würde es ganz sicher nichts geben, was mit Liebe oder Sex zu tun hatte. Sie liebte mich nicht, hatte mich nie geliebt, würde mich nie lieben. Aber in ihrer Bestürzung spürte ich Zuneigung. Auch wenn sie mich jahrelang nicht gesehen hatte, sah sie mich doch noch als Freund an. Das war schon eine ganze Menge.

Schließlich kam das Taxi. Ich schickte es mit einem dicken Trinkgeld für den Fahrer wieder weg und setzte mich mit ihr auf eine der Bänke am Square. Sie erzählte mir von dem Schauspielunterricht, den sie genommen hatte, ihren Eltern, unseren gemeinsamen Freunden, die ich seit dem Gymnasium aus den Augen verloren hatte. Sie reihte fieberhaft einen Satz an den nächsten, als wolle sie ein anderes Gesprächsthema vermeiden. Am Ende schwieg sie. Sie zögerte und fragte dann, in künstlich ungezwungenem Tonfall:

»Und was machst du?«

»Ich bin Sumo-Ringer.«

Ich stellte fest, dass diese Bemerkung idiotisch war. Das einzige, was sie wahrscheinlich über mich wußte, war eben dies, daß ich Sumo-Ringer war. Ich fügte also hinzu: »Morgen fahre ich nach Japan.«

Sie schien mehr und mehr beunruhigt und ließ mich dadurch um so mehr die Zuneigung fühlen, die sie mir entgegenbrachte. Und es war diese Zuneigung, die Sanftheit, die in ihr lag, die mich dazu bewegte, mich zu öffnen und ihr zu offenbaren, was ich mir selbst nicht eingestand.

Sie fragte mich:

»Was machst du denn in Japan?«

»Verlieren.«

Und ich lächelte.

»Und was machst du, wenn du verloren hast?«

»Dann werde ich Schriftsteller.«

Ich hatte meine Antworten eine nach der anderen ganz unüberlegt gegeben; gleichzeitig war dies jedoch eine klare Tatsache. Ich hatte seit vier Jahren kein einziges Buch mehr gelesen und keine Zeile geschrieben. Aber wenn es mir nicht gelang, Juryo zu werden, dann war dies eben, so beschloß ich, mein Schicksal. Denn letztlich waren Sumo-Ringen und

Schreiben dasselbe: Ob man gewann oder verlor, war weniger wichtig, als seinem Stil treu zu bleiben. So wenig wie ich wahrscheinlich ein Maegashira oder auch nur Juryo sein würde, wäre ich als Schriftsteller ein Proust, Beckett, Céline, Joyce oder Kafka; ich müßte mich dazu entschließen, einfach Philippe Blasband zu sein. Ich würde weder die Schreibkunst noch die Literatur meiner Epoche revolutionieren, dennoch würde ich es versuchen müssen, und damit stranden, aber auf meine Weise.

Ich sah so gut wie nichts von Japan. Ké quartierte mich im Trainingslager ein. Als ich ihn darum bat, einen Stadtrundgang machen zu dürfen, antwortete er mürrisch und lapidar: »Die Zeitverschiebung wirft dich schon genug aus der Bahn!« Wenn ich jetzt an diese Zeit von damals zurückdenke, frage ich mich, warum ich ihm so blind gehorcht habe. Wahrscheinlich brauchte ich damals eine simple Denkstruktur, die es mir noch ein paar Jahre lang ermöglichte, daran zu glauben, daß es nur eine einzige Wahrheit gab, im vorliegenden Fall die des Sumo. Ich hatte bereits eine dunkle Ahnung von der unendlichen Komplexität der Welt, von der Subjektivität einer jeden Meinung und Wahrnehmung, wollte dem jedoch keine Beachtung schenken. Ich wollte noch ein paar Jahre in einer unzweideutigeren Welt leben. Ich wollte ein Kind bleiben.

Ich sah von Japan also nichts als dieses Sportlerdorf, in dem man mich untergebracht hatte, und den Rokugikar. Dieses Dorf hätte sich sonstwo in Europa, Asien oder Amerika befinden können: würfelförmige Bungalows aus Beton, pastellfarbene und vom Regen ausgewaschene Anstriche, winzige quadratische Fenster und Flachdächer. Das einzig Exotische waren die japanischen Zeichen und Beschriftungen und diese Menschen, die mich unablässig mit den Augen verfolgten, ohne den Mut zu finden, mit mir zu sprechen oder sich mir gegenüber auch nur die geringste freundschaftliche Geste abzuringen: Ich war der einzige Weiße im Umkreis von Kilometern.

Ich hatte derartig Angst, mich zu verirren, daß ich meinen Bungalow nicht allein zu verlassen wagte. Brav aß ich, was Ké mir brachte, trainierte und schlief in dem Bemühen, den Jetlag abzubauen.

Am Vorabend des ersten Kampfes kam Ké in meinen Bungalow, wie üblich ohne zu klopfen. Zuerst erkannte ich ihn nicht: Dieses eingefallene, schmutzige, blasse Gesicht sah ihm gar nicht ähnlich, so wenig wie der gebeugte Körper. Er weinte, die Lippen zu einer Schnute verzogen, wie ein Kind, das ungerechterweise bestraft wurde. Sein Atem roch dieses eine Mal nach Saké, nicht nach Bier.

Er ließ sich auf den einzigen Sessel im Bungalow fallen, massierte seinen Schädel und sagte. »Tut mir so leid, tut mir so leid. Habe einen Kampf gesehen. Sind viel stärker hier ... Du wirst verlieren. Und ich bin schuld. Nie hätte ich dich hierher bringen dürfen. War ein Fehler.«

Er zog die Nase hoch und schüttelte den Kopf, wagte es aber weiterhin nicht, meinem Blick zu begegnen.

Ich ging langsam und so leise wie möglich auf ihn zu. Jedem anderen hätte ich meine Hand auf die Schulter gelegt, aber er war ein Oyakata, ein Lehrmeister, und selbst wenn wir damals mehrere Stunden am Tag miteinander in Berührung kamen, so blieb zwischen uns doch eine enorme Distanz. Ich begnügte mich daher, schweigend neben ihm zu stehen. Die Stille wurde so drückend, daß wir von draußen den Lärm der Stadt hören konnten. Ich murmelte: »Ich weiß genau, daß ich verlieren werde. Ich bin nicht gekommen, um zu gewinnen. Ich bin gekommen, um Sumo zu machen.«

Ké drehte sich zu mir um. Er war, das spürte ich, kurz davor, mich zu beschimpfen oder zu ohrfeigen – er ohrfeigte seine Schüler häufig. Aber sein Gesicht entspannte sich, und er brach in lautes Lachen aus.

Beim Eintritt in den Ring, also während des Dohyo-Iri, blickte ich meinem Gegner voller Vertrauen entgegen. Dabei hatte mich das Publikum ausgepfiffen, und der Makushita, mit dem ich gleich kämpfen sollte, wog achtzig Kilo mehr als ich und überragte mich um zwanzig Zentimeter. Aber ich war derartig sicher, daß ich verlieren würde, und so wenig nervös oder ängstlich, daß ich das Gefühl hatte, diesem Kampf von außen beizuwohnen, wie ein Zuschauer.

Mein Gegner wertete meine Ruhe als Entschlossenheit. Das brachte ihn leicht aus der Fassung, ein klassischer Fehler während des Dohyo-Iri, ein Fehler, der das Gleichgewicht zwischen zwei Ringern auf den Kopf stellen und den schwächeren gewinnen lassen kann. Das war hier aber offenkundig nicht der Fall. Gleich zu Anfang, beim Tachi-ai, schlug er mich, ohne sich allzu sehr anstrengen zu müssen, haushoch, wie mich auch die sechs anderen Rikishi schlugen, was die Auflösung des europäischen Sumo-Stalls zur Folge hatte.

Ich war gescheitert, aber ich hatte nach meinem Sumo gekämpft: Die japanischen Zuschauer würdigten das, und die Pfiffe während des ersten Kampfes verwandelten sich in Hochrufe. Sie wußten meine würdige Art des Verlierens zu schätzen, bewunderten meine Schwäche und Aufrichtigkeit. Die Sumo-Ringer lächelten mir zwischen den Kämpfen zu. Einer von ihnen klopfte mir sogar im Umkleideraum, im Shitaku-beya, auf die Schulter.

Ich verlor alle sieben Kämpfe, aber das war ohne jegliche Bedeutung, sowohl für mich wie auch für Ké. Uns ging es nicht mehr um das Gewinnen oder Verlieren. Für uns war jetzt alles nur noch eine Frage von Rhythmus und Phantasie, eine Frage des Austauschs und der Kommunikation zwischen zwei menschlichen Kräften. Für uns war es von nun an eine Frage des Stils.

PAUL BECKMAN

Das P-Wort

Im November, als das Wetter in New England gerade von annehmbar in kalt überging, kehrten mein Onkel Mike und meine Tante Tess aus Florida zurück nach New Haven, in Gegenrichtung also zu Tausenden ihrer klügeren Altersgenossen, die dann nach Süden ziehen. Auf die Frage, wieso er nach fünfzehn Jahren und einem ganz anderen Leben in Florida ausgerechnet zum Winteranfang in den Norden zurückwollte, hatte mein Onkel jedesmal dieselbe Antwort: »Red keinen Quatsch.« Meistens gefolgt von einem angewiderten Kopfschütteln, manchmal auch von einem »Schsch!« à la Art Carney.

Am Eßtisch für das Thanksgiving-Mahl im Haus seiner Tochter saßen Onkel Mike, Tante Tess, Onkel Mikes Schwester Tante Gert, Onkel Mikes Schwiegersohn Albert samt seiner Mutter Bertha sowie ich und die Frau, mit der ich seit Jahren liiert bin, Angie.
Angie, Mike und Tess sahen sich zum allerersten Mal, und kaum hatten sie sich bekanntgemacht, fragte Onkel Mike: »Und – wann wird geheiratet?«

Angie und ich hatten eine Abmachung. Sie hatte nämlich vor ungefähr einem Jahr das Thema Heiraten aufgebracht, woraufhin ich sie höflich ersuchte, dieses H-Wort künftig nicht mehr zu verwenden, um nicht eine wunderbare, harmonische, liebevolle Beziehung zu vermasseln. Sie verwendete es dann doch ein bißchen zu penetrant, weshalb ich beim nächsten Treffen ihrer Familie zum Sch-Wort greifen mußte. Am Ende dieses Tages hatte Angie nicht mehr mit mir geredet. Ihre Sch-Familie auch nicht.

Es dauerte ein bißchen, aber schließlich hatten wir uns wieder zusammengerauft. Seitdem sieht sie von der Benutzung des H-Worts in der Privatsphäre und sehe ich von der des Sch-Worts in der Öffentlichkeit ab.

Ich hatte auch meinem Onkel Mike, als er das Gespräch einmal auf Heirat gebracht hatte, bereits gesagt, daß ich es begrüßen würde, wenn er dieses Thema bei Treffen mit Angie nicht ansprach, und er hatte lächelnd behauptet: »Klar doch.«

Es war gelogen. Bei jeder sich bietenden Gelegenheit kam er auf das H-Wort, und jedesmal fand er es noch komischer. Angie kostete natürlich jede Minute aus, die beiden waren überhaupt ständig am Tuscheln, wenn sie dachten, ich höre gerade nicht zu. Ich tat, als ob es mir nichts ausmachte, aber zum Abendessen wurden Onkel Mike und ich doch sicherheitshalber an die beiden weit entfernten Tischenden gesetzt. Er grinste die ganze Zeit zu mir herüber.

Beim Essen – Onkel Mike sitzt neben Angie – fängt er wieder an: »Ob die Braut mir mal die Soße reicht?« Und ein paar Minuten später fällt ihm ein: »Bermuda soll ja herrlich für Flitterwochen sein.« Der Mann ist achtzig und eine echte Dampfwalze. Er steht zu gern im Mittelpunkt der Aufmerksamkeit, im Rampenlicht – am liebsten auf meine Kosten.

Das Thanksgivingessen verläuft gemäß der Familientradition und ohne Zwischenfälle. Aber dann bellt Onkel Mike plötzlich vom anderen Tischende: »Wie geht's eigentlich dem Jungen?« (Der Junge ist mein mittlerweile zwanzigjähriger Sohn, an dessen Namen sich Onkel Mike nie erinnern kann, jetzt auch nicht.)

»Gut geht's ihm«, sage ich.

»Was macht seine Psoriasis?«

»Die hat er noch.«

»Aber nicht halb so schlimm wie ich, der Glückspilz«, verfügt Onkel Mike.

Die Schuppenflechte meines Sohnes ist *sehr* schlimm – beide Hände verschorft, alle möglichen Körperteile befallen –, aber ich hatte keine Lust auf einen »Wer-hat-den-Längsten«-Wettbewerb mit meinem Onkel in Sachen Psoriasis. Onkel Mike hatte sowieso stets das Beste oder das Schlimmste.

»Ich war gerade beim Arzt wegen meiner«, fängt er trotzdem an. »Ist der schlimmste Fall, sagt der Doktor, den er in den letzten zwanzig Jahren gesehen hat.« Dann beschreibt Onkel Mike, wo überall an Kopf und Körper bei ihm die Psoriasis ausgebrochen ist, und ich sehe ihn mir genau an und finde keinerlei Indiz dafür.

»Ich mußte mit meiner neulich auch zum Arzt«, sage ich.

»Nun hör aber auf. Du hast doch keine Psoriasis. *Ich habe Psoriasis*«, erklärt Mike und wischt mich mitsamt meiner Arztgeschichte mit einer Handbewegung weg.

»Doch«, beharre ich. »Hab ich leider.«

»Wo?«

»Am Körper, diverse Stellen.«

»Also *ich* hab sie auf dem ganzen Brustkorb, auf der Kopfhaut, am Hintern, an den Knien und an den Ellbogen. Und an meinem besten Teil«, behauptet er mit perversem Stolz.

Die ganze Zeit, während wir so reden, nickt seine Frau Tess schweigend vor sich hin.

»Und wo hast du deine?« fragt er weiter.

»Ich möchte jetzt wirklich nicht darüber reden, Onkel Mike, aber ich hab sie auch an diversen Körperteilen.«

Er krempelt einen Ärmel hoch. »So schlimm kann dein Ellbogen gar nicht sein.«

»Stimmt«, sage ich. Aber er besteht darauf, daß ich auch einen Ärmel hochkrempele. Und meine Psoriasis ist – wer hätte das gedacht – ungefähr dreimal so schlimm wie seine. Er läßt trotzdem nicht locker, wir müssen auch noch den jeweils anderen Ärmel hochkrempeln, und beim anderen Ellbogen ist es genauso.

So absurd der Vorgang auch ist, niemand am ganzen Tisch

beschwert sich wegen Ekelhaftigkeit. Alle gucken mit neugieriger Vorfreude zu, nur ich finde es wirklich ekelhaft und will unbedingt weg.

Das nächste, was ich mitkriege, ist, daß Onkel Mikes Hemd nicht mehr in der Hose steckt und er die Flechten um seinen Bauchnabel herum vorführt. »Zeig doch mal, ob du das überbieten kannst«, tönt er.

»Nein, danke«, versuche ich diesem Irrsinn ein Ende zu bereiten.

»Feigling«, sagt Onkel Mike und fordert mich heraus zur Nabelschau, und bevor ich noch ein Nein herauskriege, hat Tante Tess gerade lange genug mit dem Genicke aufgehört, um zu sagen: »Ich setze zehn auf Mikes Bauchnabel.«

Angie greift zum Portemonnaie und knallt einen Zehner auf den Tisch. »Ich geh mit.«

Dann schwirren Geldscheine über den ganzen Tisch, und irgendwann kreischt jemand: »Zeigen!« Und ich lüfte mein Hemd auch, und die Schuppenflechten um meinen Nabel herum sind doppelt so groß wie die von Mike. Angie streicht lächelnd ihren Gewinn ein.

Ich muß noch etwas ergänzen über Tante Tess. Sie wettet nämlich auf alles und jeden. Das hat sie immer schon gemacht. Wenn jetzt zum Beispiel jemand ins Zimmer käme und sagte: »Wetten, daß kein Mensch hier so blöd ist und auf den Rerun in der Superbowl setzt!«, würde Tess sofort hochschießen und loskreischen: »Zwanzig drauf, daß du keinen Schimmer hast!« Obendrein hat Tante Tess auch noch die Fähigkeit, bei allen anderen Familienangehörigen Wettfieber auszulösen.

»Achselhöhlen«, sagt Onkel Mike. »Bei mir unterm Arm ist es so feuerrot, da kommst du im Traum nicht mit.«

Tess sieht Mike an, nickt, lächelt und nennt ihren Einsatz: »Zehn auf Mikes Feuer unterm Arm.«

Angie will wissen, ob sie an zehn pro Achselhöhle oder an zehn für beide denkt.

»Ganz wie du möchtest, Kleines«, antwortet Tante Tess.

Ihr herablassender Ton macht Angie wütend, weshalb sie wieder ins Portemonnaie greift und einen Zwanziger hinknallt: »Zehn auf jede.«

Ich sitze dabei, sehe ungläubig zu, wie Albert mit Gerts und Berthas Geboten mitzieht, weiß aber nicht, auf welche Seite er wettet. »Zieh dein Hemd aus, Schatz«, sagt Angie. Ich gehorche und gucke hinüber zum anderen Tischende, wo Onkel Mike sitzt und die Arme hochgerissen hat, als ob ihm jemand eine Knarre an den Kopf hält.

»Laß sehen«, fordert er. Auch das tue ich, widerstrebend, und *meine* Psoriasis – wozu immer das gut sein mag – ist wieder schlimmer als die von Onkel Mike.

»Nachdem das jetzt geklärt ist, können wir uns vielleicht wieder dem Essen zuwenden und zum Nachtisch kommen.« Ich ziehe mir das Hemd wieder an.

»Wenn wir hier nicht ganz *en famille* wären, würde ich so was ja nie vorschlagen«, sagt Onkel Mike, »aber ich biete zwanzig gegen zehn von dir, daß ich am Hintern eine Flechte hab, da wird deine blaß vor Neid.«

»Sagen wir fünfzig zu zwanzig, dann bin ich dabei«, kontert Angie. Angie hat jetzt das Tess-Fieber gepackt. Sie schaukeln sich gegenseitig hoch, als wäre ich gar nicht da. Und schließlich nestelt Tante Tess fünf Zehner hervor und wirft sie mitten auf den Tisch, und Angie legt noch zwei oben drauf. Onkel Mike steht vom Stuhl auf, kniet sich verkehrt herum wieder drauf und zieht blank. Angefeuert von Angie tue ich das gleiche, und Albert erklärt mich zum Sieger um Haaresbreite.

Als Onkel Mike seinen Nachtisch fast aufgegessen hat, fällt ihm wieder etwas ein. »Verdoppeln oder aussteigen für den Penis.«

Ich sehe Angie kurz die Augen schließen. Schweigen legt sich über die ganze Tafelrunde. Dies ist offensichtlich der Augenblick, auf den alle gewartet haben.

»Ich mach dir einen Vorschlag, Onkel Mike«, sage ich. »Du legst deinen auf den Tisch, und ich sag dir, ob's bei dir schlimmer ist als bei mir. Wenn nicht, hol ich meinen auch raus, dann soll die Familie entscheiden.«

»Nein«, sagt Mike. »Entweder beide gleichzeitig oder keine Wette.«

»In Ordnung«, sage ich, »dann eben keine Wette.«

»Hör mal, mein kleiner Hosenscheißer von einem Neffen. Bei Kleinkram gehst du mit und sackst mein Geld ein, aber wenn's ans Eingemachte geht, dann machst du auf zuge-knöpft. Zum Kotzen. Angie, ich kann gut verstehen, daß du diesen Versager nicht heiraten willst.«

Gert und Bertha wollen jetzt auch einsteigen und mit Albert gleichziehen dürfen.

»Na schön, Onkel Mike«, knurre ich, »schmeiß das Geld in die Mitte vom Tisch.«

Albert übernimmt. »Bei eins macht ihr beide die Hose auf, bei zwei faßt ihr rein, und bei drei zeigt ihr euer bestes Stück. Ich zähle.«

»Gebongt.« Mike könnte nicht hinterfotziger klingen.

»Okay«, sage ich nur.

Tess steht auf und stellt sich neben Mike, Angie kommt um den Tisch herum und stellt sich neben mich. Unsere Sekundanten.

Gert und Bertha beziehen Posten in der Mitte, Albert bleibt mit seiner Frau auf dem Schoß grinsend sitzen.

»Eins«, fängt er an. Man hört zwei Reißverschlüsse.

Um die Spannung hochzutreiben und weil er das Spiel auskosten will, macht Albert eine Kunstpause, bevor er end-lich »Zwei« sagt.

Wir packen zu wie Pistoleros, alle beide.

»Drei«, sagt Albert diesmal sofort.

Ich hole meinen Penis raus und lege ihn auf den Tisch. Onkel Mike zieht seinen Reißverschluß hoch und geht la-chend aus dem Zimmer. Tess folgt ihm, nickend.

Schattenstädte

Als ich an einem Morgen im späten Frühjahr vor vier Jahren den Broadway entlangging, fiel mir plötzlich auf, daß etwas Furchtbares mit Straus Park passiert war. Der kleine Park an der Hundertsechsten Straße, wo Broadway und West End Avenue aufeinandertreffen, wurde gerade eingezäunt. Arbeiter in orangefarbenen Schutzwesten waren mit allerlei Maschinen zugange, und neben einem mobilen Toilettenhäuschen stand ein mächtiger Stromgenerator. Straus Park wurde eingeebnet, beseitigt,

Nicht, daß Straus Park je besonders attraktiv gewesen wäre. Die Holzbänke waren schmutzig, kaputt und ewig voller Taubendreck. Man überlegte es sich zweimal, bevor man dort Platz nahm, und wenn man saß, wollte man am liebsten sofort wieder gehen. Außerdem war der Park Treffpunkt von Obdachlosen, Alkoholikern und Drogensüchtigen geworden. Im Laufe der Zeit hatte sich das alte Kopfsteinpflaster in ein ausgetretenes Terrain voller Löcher und Buckel verwandelt, das sporadisch mit Teer oder Zement ausgebessert wurde und überzogen war von einem schmutzigen, tristen Dunkelgrau. Das leere Brunnenbecken glich einem verschmuddelten Sandkasten. Im Gegensatz zu den Springbrunnen Roms machte dieser, wie der Park insgesamt, einen ausgesprochen ungepflegten Eindruck. Nie sah man hier eine Fontäne. Das Wasser war schon vor Jahrzehnten abgestellt worden.

Straus Park war, wie so viele kleine schäbige Parks in der Lower East Side, die man kaum bemerkt, ein Relikt einer Zeit, die noch nicht lange genug vergangen war, als daß man ihr den Schönheitsfehler vergeben oder sich ihrer mit Wehmut erinnert hätte. Das galt auch für die Jugendstilstatue, eine ruhende griechische Nymphe, meiner Ansicht nach, die, verloren in stummer Kontemplation, den Blick gewissermaßen nach innen richtete, um ihre Umgebung nicht wahrnehmen zu müssen. Sie wirkte sehr unschuldig, sehr altmodisch, sehr deplaziert, und fast schien es, als wollte sie unbedingt aus dieser häßlichen Ödnis, die sich als Park ausgab, herausgeholt werden. Und tatsächlich war die Statue an diesem Tag nicht mehr da. Sie war verschwunden, bestimmt verkauft worden.

Das, was mir am ganzen Platz am besten gefiel, existierte nicht mehr – wie so vieles andere heute in seiner Umgebung nicht mehr existiert: das Restaurant Olympia, das Blue Rose, das Restaurant Ideal, Mr. Kays Friseurladen, die Buchhandlung Pomander, das Siam Spice Rack, das Chelsea Two und das alte Olympia, ausgeweidet und zerteilt wie alle Theater heutzutage, außerdem der Getränkeladen, der auf die andere Straßenseite umzog, mit den neuen Besitzern aber in Wahrheit verschwand, der Blumenladen, der jetzt modernistisch gestylt daherkommt, und das schmuddelige, inzwischen schicke La Rosita.

Wem ging das schon nahe? Und warum ging das ausgerechnet mir nahe, einem Ausländer? New York war doch nicht einmal meine Stadt. Aber ich war hierhergekommen, ein Emigrant aus Alexandria, und tat, was alle Emigranten spontan tun: sie suchen in der Fremde ihre Heimat, verbinden das Hier mit dem Dort, schreiben die Gegenwart um, damit die Vergangenheit nicht abgeschrieben werden muß. Überall wollte ich Dinge erhalten sehen, als blieben sie dadurch auch anderswo erhalten. Wenn ich bemerkte, wie ein griechisches Restaurant verschwand oder die Werkstatt eines alten italienischen Schusters sich in eine Bodega verwandelte, stellte ich abermals fest, daß der Stadt und damit auch mir etwas genommen wurde – und daß, selbst wenn ich einem Ort nicht abhanden komme, Orte mir abhanden kommen.

Ich wollte, daß nichts sich veränderte. Denn auch das ist typisch für Leute, die alles verloren haben, einschließlich ihrer Wurzeln und der Fähigkeit, neue zu schlagen. Sie mögen mobil, verstreut, nomadisch sein – in ihrer nervösen Ruhelosigkeit sind sie außerordentlich seßhaft. Eben weil man keine Wurzeln hat, bewegt man sich nicht von der Stelle, scheut man jede Veränderung, baut man an allen möglichen Orten, statt nach festem Boden zu suchen. Der Emigrant hat nicht bloß sein Zuhause verloren, er ist nicht imstande, ein neues zu finden, es sich überhaupt vorzustellen. Manche wissen gar nicht mehr, was Zuhause bedeut. Sie erfinden diesen Begriff neu mit dem, was sie haben, so wie wir die Liebe jedesmal neu erfinden mit dem, was uns geblieben ist. Manche Leute tragen das Exil mit sich, wo immer sie sind.

Ich mag es nicht, wenn Geschäfte umbenannt werden, sowenig ich den Wechsel der Jahreszeiten mag, nicht weil ich den Winter schöner finde als den Frühling oder weil mir der alte Laden X besser gefällt als der neue Laden Y, sondern weil ich – wie alle Ausländer, die hierhergekommen sind und das Gefühl haben, daß ihr Zeitbegriff nicht ganz zum Rhythmus der Stadt paßt und sie gewissermaßen ein paar Minuten vor oder nach Erdzeit angedockt haben – mit jeder Veränderung darauf aufmerksam gemacht werde, wie ungenügend ich mit der Stadt verbunden bin. Es erinnert mich an das, wovor ich mich am meisten fürchte: daß ich nicht mit beiden Beinen fest auf dem Boden stehe, daß aber auch der Boden unter meinen Füßen wackelig ist, daß das verpflanzte Gewebe nicht angenommen wird. Das Verschwinden der kleinen Dinge betrachte ich als Symbol meiner eigenen Entwurzelung, meiner eigenen Vergänglichkeit. Emigranten interpretieren jede Veränderung – auch Zeit, Erinnerung, die eigene Person, Liebe, Angst, Schönheit – unter dem Aspekt von Verlust.

Ich erinnerte mich, daß ich viele Jahre zuvor, als ich an meiner Dissertation arbeitete, manchmal an Sommertagen die düsteren Bibliotheksräume der Columbia University verließ und hinaustrat in die Sonne, die Hundertsechste Straße entlangging, bis ich eine schattige Bank in einiger Entfernung von den Pennern fand und dort eine Weile saß, ein Sandwich oder eine Pizza aß und gelegentlich einer der älteren Damen zulächelte, die nicht in, sondern auf Bänken vor dem Park saßen, so wie sie samstagnachmittags am Verdi Square an der Zweiundsiebzigsten Straße saßen, wie sie vermutlich schon in Mitteleuropa an sonnigen, frischen Sommertagen draußen gesessen hatten und heute noch in Paris auf diesen winzig kleinen Plätzen sitzen, den *petits squares*, wo die Leute miteinander plaudern, während ihre Kinder spielen. Einige Damen sprachen mit starkem Akzent. Ich stellte mir ihre Wohnungen vor: Spitzendeckchen, altmodisches Tafelsilber, die ganze Atmosphäre österreichisch-ungarisch, bis hin zu dem alten Grammophon, den Schwarz-Weiß-Fotografien an der Wand und dem unvermeidlichen Likör oder Slivovitz.

Das erinnerte mich an New-York-Fotos aus den fünfziger Jahren, auf denen es immer sehr viel früher dunkel zu werden schien als heute. Die Leute tragen lange graue Mäntel, weil die Winter kälter waren, und in der Upper West Side wimmelte es von Menschen, die vor dem Krieg aus Europa gekommen und geblieben waren und sich eingerichtet, und eine bescheidene Existenz aufgebaut hatten. Das Viertel verwandelte sich in einen Frankfurt-Schrein, wurde ihr Frankfurt-fern-der-Heimat, Frankfurt-am-Hudson, wie es spöttisch, aber durchaus passend hieß, auch wenn das deutsche Frankfurt, das heute Mainhattan genannt wird, ihnen bemerkenswerterweise sehr viel fremder ist als ihr angenommenes Manhattan, das das alte Frankfurt imitiert. Hier begegnete ich Mrs. Danziger mit dem tätowierten Arm. Auch der dreiundachtzigjährige Kurt Appelbaum, vormals Konzertpianist, saß auf einer solchen Bank; wir unterhielten uns; wir freundeten uns an, und eines Abends erklärte er sich unaufgefordert bereit, mir die »Waldsteinsonate« und die »Rhapsody in Blue« vorzuspielen. »Aber kein Tonband«, sagte er, weil er es sich vielleicht wünschte, und jetzt bedaure ich, keine Tonbandaufnahme gemacht zu haben, während ich ihm zuhörte, auf einem kaputten Stuhl sitzend, den er von Hannah Arendt geschenkt bekommen hatte, die ihn ihrerseits von einem alten deutschen Kollegen an der New School geerbt hatte, der inzwischen gestorben war.

Das war in dem Jahr, in dem ich die Beethoven-Aufnahmen des Busch-Quartetts aus den dreißiger Jahren wiederentdeckte. Ich stellte mir die Musiker vor, wie sie in diesen altmodischen Vorkriegswohnungen am Straus Park spielten, und projizierte sie in den Park, so daß die Bänke und die Statue und die umliegenden Gebäude und Geschäfte gleichsam stigmatisiert schienen wie Heilige von Beethovens Musik, gespielt von ein paar Musikern, die aus Hitlers Reich geflohen waren.

Jeden Mittag kam ich in den Park, hauptsächlich der Statue wegen, die, genau wie ich, in diesem Provisorium namens Straus Park aushielt. Sie erinnerte mich an die Statuen, die einen überall in Rom aus ihren Nischen heraus überfallen, abends, wenn man sie am wenigsten erwartet.

Schwer zu sagen, was Abgeschiedenheit bedeutet, wenn man sie im mittäglichen Verkehrslärm auf einer Insel am Broadway findet. Was ich suchte und zufällig auch fand, erinnerte an eine Oase (im übertragenen Sinne, denn der Brunnen war »ausgetrocknet«), eine Oase für die Seele, in der die Leute auf ihren verschiedenen Wegen aus keinem erkennbaren Grund haltmachen. Straus Park schien genau dafür gemacht – zum Nachdenken, zur inneren Einkehr, um sich selbst zu finden, um das Zentrum der Dinge zu finden.

Und Straus Park hatte auch tatsächlich etwas Zentrales. Immerhin lag er an der Kreuzung von Broadway und West End Avenue, und er wirkte fast wie ein erhöhter Punkt an der Hundertsechsten Straße, von dem man auf der einen Seite zum Riverside Park, auf der anderen zum Central Park gelangte. Hier, am Straus Park, trafen nicht zwei, sondern vier Straßen aufeinander. Plötzlich, unerklärlicherweise, fühlte ich mich zu Hause. Ich war an einem Ort, der mindestens vier Adressen hatte.

Hier konnte man sitzen und die Gedanken in vier verschiedene Richtungen schweifen lassen: zum Broadway, der in diesem Abschnitt irgendwie nordeuropäisch wirkte; zur West End Avenue, die deutlich an London erinnerte, zur Hundertsiebten Straße, sehr ruhig, sehr eng, ein wenig versteckt, die mich an diese täuschend schlichten Amsterdamer Straßen mit den prächtigsten Grachtenhäusern erinnerte. Und die Hundertsechste Straße, die in Richtung Central Park führt, sah aus wie der Corso eines Städtchens an der italienischen Riviera, auf dem man sich in der grellen Mittagssonne vorandrängt, in der Nase noch den Geruch des Bahnhofs, an dem man gerade ausgestiegen ist, bis man sich schließlich einer Bucht nähert, man sieht sie noch nicht, weiß aber, sie ist da, versteckt hinter einer dichten Reihe von Pinien, über deren Gipfeln, wenn man genau hinschaut, die gestreiften Sonnenschirme am Strand zu sehen sind und dahinter, wenn man noch ein paar Schritte näher treten könnte, urplötzlich das spektakuläre Blau des Meeres.

Dagegen hatte das Stückchen Riverside und Hundertsechste Straße westlich von Straus Park etwas auffällig Pariserisches angenommen, und mit der frischen Brise, die den ganzen Nachmittag bald stärker, bald schwächer wehte, spürte man, daß hinter den Bäumen von Riverside Park heiter und lautlos eine imaginäre Seine floß. Und hinter den Brücken, auf denen man sie überquerte, allerdings noch nicht zu sehen, lag nicht der Hudson, auch nicht New Jersey, sondern die Rive Gauche – nicht das Ende von Manhattan, sondern der Anfang einer quirligen Stadt, die hinter den Bäumen wartete, wie damals in Alexandria, als ich, von Paris träumend, nachts ans Fenster trat und auf das Meer hinaussah und dachte, daß dies nicht Nordafrika war, sondern die Ile de la Cité. Vielleicht lag hinter den Bäumen nicht das Ende von Manhattan oder von Paris, sondern der Anfang einer anderen, unbekannten Stadt, der wahren Stadt, derjenigen, die immer lockt, die wir immer neu erfinden und vielleicht nie sehen werden und wohl schon ein wenig vergessen haben.

Und manchmal, wenn die Ampeln umsprangen und alles hielt und niemand mehr sprach und die Sonne gnadenlos auf den Asphalt brannte, hätte man trotz der Busse und Lastwagen und der Jugendlichen mit ihren lärmenden Ghettoblastern fast schwören mögen, daß dies ein Frühsommernachmittag in Italien war, und wenn ich es mir genau überlegte, lag hinter Riverside Park nicht nur eine imaginäre Seine, sondern vielleicht auch der Tiber. Auf Rom kam ich, weil mich alles hier an einen Ort erinnerte, den Touristen so gut kennen: eine leere Piazzetta mit einem kleinen Barockbrunnen, an dem man, durstig und vom vielen Laufen erschöpft, das Gesicht erfrischt und dann die Sandalen auszieht; man setzt sich auf den heißen marmornen Brunnenrand und hält die müden Füße einfach ins Wasser, das immer herrlich klar, wenn auch nicht trinkbar ist.

Je nachdem, wo ich saß oder in welchen Teil des Parks ich ging, konnte ich in vier oder fünf unterschiedlichen Ländern sein und nicht eine Sekunde in dem Land, das zu hören, zu sehen und zu riechen ich nicht vermeiden konnte. Vermutlich habe ich in diesem Moment angefangen, New York zu lieben, wenn »lieben« das richtige Wort ist. Jeden Tag ging ich in den Straus Park, weil diese Rückkehr zum Ritual der Erinnerung an die dort versteckten Schattenstädte gehörte – so daß ich, der ich mich dort niedergelassen hatte, so wie Hausbesetzer sich irgendwo mit Nichts, aus Nichts etwas aufbauen, dorthin zurückkehrte aus keinem anderen Grund als dem, vielleicht in meine eigenen Fußstapfen zu treten. Dies wurde mir zur Gewohnheit, in der ich mich einrichtete. Die Erkenntnis, daß man sich genau dort verlaufen hat, wo man sich ein Jahr zuvor schon einmal verlaufen hat, kann eigentümlich beruhigend sein. Sich selbst findet man vielleicht nie, aber man erinnert sich, daß man nach sich gesucht hat. Auch das kann beruhigend, tröstlich sein.

An einem heißen Sommertag suchte ich Wasser an einem Ort, an dem es kein Wasser gibt, so wie Wünschelrutengänger den Geist des Wassers suchen, seinen Nachhall. Das Wasser, nach dem ich suchte, war aber kein Brunnenwasser, weder römisches noch sonst welches. Ich erinnerte mich an die Enttäuschung, die ich vor Jahren einmal empfand, als mir in Rom eines Nachmittags, während ich die Füße in den Brunnen mit der Schildkröte hielt, der Gedanke kam, daß diese heimlichen Fußbäder in einem menschenleeren Rom im August und diese Sehnsucht nach Sonne, Hitze und Wasser nichts anderes waren als das vorgetäuschte Schwimmen eines armen Mannes an den Stränden meiner Kindheit, an denen es wirklich reichlich Wasser gab und wo man den ganzen Körper ins Wasser tauchen konnte und nicht nur die Zehen.

Im Straus Park hatte ich die Erinnerung an das Wasser entdeckt. Hierher kam ich weniger, um mich an die Schönheit der Vergangenheit zu erinnern, als vielmehr an die Schönheit des Erinnerns und mir wurde bewußt, daß wir die Dinge, auf die wir zurückschauen, nicht unbedingt gern haben, nur weil wir gern zurückblicken.

Auf der Piazza Navona in Rom steht ein großer Brunnen, auf dem die vier großen Ströme der Welt dargestellt sind – Ganges, Nil, Rio de la Plata und Donau. Ich kenne den Brunnen gut, denn in der Nähe war eine Buchhandlung, in der ich vor vielen Jahren als Teenager einmal in der Woche ein Penguin-Taschenbuch kaufte – ein kleiner, muffiger, dunkler Laden, und ich erinnere mich noch gut an das Glücksgefühl, das ich empfand, als ich zum erstenmal mit einem Buch in der Hand wieder hinaustrat ins Licht. Die Frage war nur, an welchem dieser vier Flüsse ich mich erfrischen sollte.

Für Emily Dickinson sind Bücher wie Fregatten, die einen in fremde Länder entführen. Nichts habe ich in Rom lieber getan, als mir mit einem guten Buch ein ruhiges Plätzchen zu suchen, umgeben von so vielen Altertümern, irgendeine Seite aufzuschlagen und mich auf die Reise zu machen, zurück in die Vergangenheit, wenn ich Lawrence Durrell und Kavafis las, mit den Gedanken – um Whitman zu zitieren – bei Zeit und Rückschau oder voller Sehnsucht nach der Neuen Welt, als ich Eliot und Pound lieben lernte. Wird ein Ort Heimat, weil man dort die meisten Bücher über andere Orte gelesen hat? Kann ich mich nach Rom sehnen, wenn ich endlich dort bin, wohin ich mich einst als junger Mann in Rom immer gesehnt habe?

Während diese Gedanken allmählich absurde Dimensionen annehmen, wohl schon längst angenommen haben, fällt mir ein, daß ich mich während meines Dissertationssommers vor vielen Jahren um eine Stelle als Lehrer an einer amerikanischen Schule in Rom beworben und den Job auch bekommen hatte. Ich saß damals also mit dem üblichen Imbiß und dem Hin und Her von Erinnerungen im Straus Park, und plötzlich kam mir eine eigentümliche Erkenntnis: Ich wollte nicht nach Rom, nicht für ein Jahr, nicht für ein halbes Jahr, nicht einmal für einen Monat, weil mir endlich klar geworden war, daß ich Rom nicht sonderlich mochte und daß ich eigentlich auch nicht in Frankreich sein wollte oder in Ägypten – und wenn ich mich in New York auch nicht unbedingt wohler fühlte, so gefielen mir mein Straus-Park-Italien und mein Straus-Park-Paris weitaus besser, so wie ich Ansichtskarten und Reisebücher mitunter sehr viel schöner finde als die Orte, an die sie mich erinnern, Kunstbücher schöner als Gemälde, Schallplatten schöner als Konzerte und das Bild, das ich mir von Menschen mache, mir besser gefällt als diese selbst – manche enttäuschen einen nicht nur, man kann ihnen nicht einmal verzeihen, daß sie dem Bild nicht entsprechen, das man sich von ihnen gemacht hat. In Rom würde ich mich natürlich danach sehnen, im Straus Park zu sein und an das Rom zu denken, in dem ich früher an die Strände meiner Kindheit gedacht hatte. Italien war einfach eine Möglichkeit, mich nach New York zu verpflanzen.

New York konnte ich erst verstehen oder schätzen, als ich es zum Spiegelbild, gewissermaßen zur mnemonischen Entsprechung anderer Städte machte, die ich kenne oder mir vorstelle. Wer am Mittelmeer aufgewachsen ist, kann keinen Sonnenuntergang in Manhattan betrachten, ohne an einen anderen, Tausende von Kilometern entfernten Sonnenuntergang zu denken. Und der Anblick der winzigen Lichter, die nachts an der Küste von New Jersey funkeln, wird ihn an die unzähligen Fischerboote erinnern, die sich nachts als kleine blinkende Lichtpunkte über das Meer verteilen, bis sie frühmorgens wieder zur Küste zurückkehren. Aber wenn ich von Riverside Drive aus den Sonnenuntergang beobachte, sehe ich nicht New Jersey.

Auch das wirkliche New York sehe ich nie. Ich sehe nur das New York, das entweder andere Städte vertritt oder mir dabei hilft, sie mir vorzustellen. New York ersetzt mir all die Dinge, an die ich mich erinnere und die ich nicht haben kann und vielleicht nicht einmal begehre, geschweige denn liebe, die ich aber trotzdem suche, weil das Finden von Parallelen faszinierender sein kann als das Finden eines Zuhauses, denn ohne Parallelen gibt es kein Zuhause, selbst wenn uns das Vergleichen am Ende mehr bedeutet als die verglichenen Gegenstände. Wenn wir nicht vergleichen, können wir nichts empfinden. Man kann New York verfälschen, um es bewohnbarer zu machen, aber damit bleibt es auch etwas Unechtes, ein Phantasieprodukt.

New York ist ja deswegen mein Zuhause, weil ich mich von dort wegdenken kann – eine Analogstadt, eine Surrogatstadt, eine Schattenstadt, die es mir ermöglicht, diese schreckliche, abstoßende, unwirtliche Megalopolis zu naturalisieren und neutralisieren, indem ich mir einbilde, sie sei etwas anderes und woanders, sehr viel kleiner, malerischer als befürchtet, so wie bestimmte Mittelmeerstädte ewig klein und malerisch sind, mit gerade genügend vielen Orten, wo die Leute hingehen und sitzen können und, wie Narziß an seinem Teich, sich an jeder Kurve, jedem Schaufenster, jeder Hausfassade wiederfinden. In Straus Park konnte ich mehr als nur eine Schicht über ganz New York legen, so wie man in manchen Romführern bei jeder Abbildung einer antiken Ruine mehrere durchsichtige Blätter darüberlegen kann. Plötzlich erscheinen die fehlenden Teile, so daß man eine Vorstellung davon gewinnt, wie Forum und Kolosseum einst ausgesehen haben müssen oder wie Rom im Mittelalter und in der Spätrenaissance und so weiter ausgesehen haben muß. Doch wenn man all die Plastikplanen anhebt, sieht man nur die Linien von heute.

Ich wollte das reale New York nicht sehen. Ich wollte in die Vergangenheit zurückgehen und ein älteres New York bloßlegen, als besäße New York, wie so viele Mittelmeerstädte, eine alte Seite, die weniger bedrohlich, nicht so schwer wiederherzustellen war, die mehr Vergangenheit als Gegenwart hatte und jener altmodischen Welt entsprach, aus der ich wohl stamme. Von daher rührt auch meine zwanghafte Beschäftigung mit Dingen, die alt und verschwunden sind und zum Vorschein kommen wie alte Pflastersteine und vergrabene Bahngleise unter immer neuen Asphalt- und Teerschichten. Verrammelte Feuerwachen, ehemalige Ställe, jetzt Garagen, Geistergebäude vor dem Abriß, alte Kinos, zu Baptistenkirchen umgebaut, verschwundene Marktplätze, U-Bahnhöfe, heutzutage Geisterstationen – das sind die Ruinen, die ich gern wiederherstellen möchte, und sei es nur, um die ganze Welt ein Stückchen in meine eigene Zeit zurückzuholen, so wie Herr Appelbaum und Frau Danziger in meine Zeit gehörten. Ein Besuch in Straus Park glich einer Reise in eine andere Zeit. Wie schlicht ist das Gefährt, das die Menschenseele trägt – schreibt Emily Dickinson.

Es war also beinahe unheimlich, als ich fünfzehn Jahre später feststellte, daß die Statue, mit deren Hilfe ich meine Zeitreisen unternommen hatte, keine Nymphe war, sondern Mnemosyne darstellte, die Göttin der Erinnerung, Geliebte des Zeus, Mutter der Musen. Ich hatte, ohne es zu wissen, letzten Endes doch den richtigen Ort gefunden. Deshalb hat mich der Abriß des Platzes auch so getroffen: mein Haus der Erinnerung würde sich in einen Geisterpark verwandeln. Stirbt ein Teil der Stadt, so stirbt auch ein Teil von uns.

Natürlich war ich zu früh in Panik geraten. Straus Park wurde wunderschön wiederhergestellt. Mnemosyne entsann sich, nachdem sie über ein Jahr in einer Gießerei verbracht hatte, ihres angestammten Platzes und nahm im Park ihre alte Position wieder ein. Ihr Brunnen ist die Freude der Kinder und all der Leute, die sich darüber beugen, um sich an warmen Sommertagen das Gesicht zu erfrischen. Ich gehe morgens oft dorthin, manchmal auf eine Tasse Kaffee, wenn ich meine Kinder zur Schule gebracht habe. Inzwischen habe ich vergessen, wie der alte Straus Park aussah. Ich vermisse ihn nicht, aber irgendwie ist dort auch ein Teil von mir eingeschlossen, so daß ich manchmal hingehe, um mich an einen Sommer vor vielen Jahren zu erinnern, obwohl ich froh bin, daß diese Zeit vorbei ist.

Durch meine wiederholten Besuche im Straus Park wird New York nicht nur zur Schattenstadt vieler anderer Städte, die ich kenne, sondern eine Schattenstadt seiner selbst. Sie verweisen mich auf ein älteres New York in meinem Leben und auf ein New York, das schon vor meiner Geburt existierte und nichts mit mir zu tun hat, das ich aber sehen muß (auf alten Fotografien etwa), weil ich, Emigrant ohne Vergangenheit, gern anderer Leute Fundamente anschaue, um mir vorzustellen, wie meines aussehen würde, wenn ich hier geboren wäre, wo meines wäre, wenn ich hier baute. Es gefällt mir, zu wissen, daß Straus Park früher Schuyler Square und davor Bloomingdale Square hieß und daß hier, an diesen Orten, alles an mir und der Stadt eine lange, kontinuierliche, sagen wir eine gemeinsame, angestammte imaginäre Vergangenheit hat, wo nichts aus heiterem Himmel hereinbricht, aber auch nie etwas verschwindet, nicht meine geliebten Menschen von heute und auch nicht die von früher, zu wissen, daß Menschen aus der alten Heimat wie Herr Appelbaum, der eines Abends in der Hundertfünften Straße für mich Gershwin spielte, wo er doch Schubert hätte spielen können, und Mrs. Danziger, die den Nazis überhaupt nicht entkommen ist, sondern sie in ihren nächtlichen Träumen mitgebracht hat, vielleicht noch immer neben Ida Straus sitzen, die sich weigerte, eines der Rettungsboote der *Titanic* zu besteigen, und mit ihrem Mann an Bord blieb – daß all diese Menschen und diese vielen Schichten von Begebenheiten, von immer wieder aufgewärmten Erinnerungen und überzogenen Träumen dazu beitragen, daß mein Straus Park mit seinen pariserischen Frankfurts und römischen Londons immer ein winziger, künstlicher Fleck auf der Landkarte bleibt, für mich ein Schwerpunkt, von dem jede Straße ausgeht, auf der ich gereist bin und auf der zurückzukommen ich mich jedesmal sehne, wenn ich verreist bin.

Aber vielleicht sollte ich offen aussprechen, was all dem zugrunde liegt. Straus Park, diese Kreuzung der Welt, diese Hauptstadt der Erinnerung, dieser Ort, an dem die vier Brunnen der Welt und die vier Viertel in mir zusammentreffen, ist nicht Paris, nicht Rom, nicht London oder Amsterdam, Frankfurt oder New York. Es ist natürlich Alexandria.

Ich gehe in den Straus Park, um mich an Alexandria zu erinnern, an ein imaginäres freilich, ein Alexandria, das nicht existiert, das ich erfunden oder in Rom und Paris kultiviert habe, so daß das Paris und das Rom, das ich hier wiedererwecke, in Wahrheit Schatten des Schattens von Alexandria sind, Versionen von Alexandria, die nun Straus Park erfüllen und mich an etwas erinnern, das nichts mit einem Anderswo zu tun hat, sondern vermutlich mehr mit mir, vielleicht nur mit mir, einem Ich, das eine Phantasie von Zeit ist, so wie diese Stadt eine Phantasie von Raum ist.

Mr. Lustgarten verliebt sich

Als das Dienstmädchen bei Mr. Lustgarten einzog, dachte er:
»Hat nicht auch Goethe sich in eine junge Frau verliebt?« Es
wurde ihm immer klarer, daß er sehr verliebt war. Seine
Familie hatte Anna Kaminska unbesehen engagiert. Statt den
weiten Weg von Boston und New Haven nach New York zu
fahren (im Schnee), hatten seine Söhne bei der katholischen
Pfarrgemeinde angerufen und den Pfarrer gefragt, ob er jemanden zur Pflege ihres alten Vaters wisse. Sie schilderten
und entschuldigten ihn stolz – als einen alten Intellektuellen,
der vor dem Krieg in Österreich mehrere dicke Bücher veröffentlicht und in New York an einer guten Adresse einen
Party-Service aufgebaut habe. Nein, nein, er sei nicht katholisch, habe aber eine katholische Frau gehabt und ihr erlaubt,
die Kinder in einem anderen Glauben zu erziehen als dem
seinen. Nun sei er Witwer und ein bißchen tatterig, ohne mit
seinem Gram (dem Trauma der unersetzlichen Mutter) zu hadern. Er brauche eine tüchtige und verläßliche Person, die bei
ihm wohne und für das Nötigste sorge. Nein, keine Lebens-
gefährtin. Eine Haushälterin. Lustgartens Söhne riefen abwechselnd an. Die Kosten spielten keine Rolle. Er habe Geld,
werde aber nicht zahlen; zahlen würden sie. (An eventuelle
Nebenkosten oder Komplikationen dachten sie nicht.)

»Ich wüßte da schon jemand. Eine Seele von einer Frau«,
erklärte der Pfarrer. »Ehrlich, pünktlich und so weiter. Einziges Problem: Sie ist Polin. Manche mögen das nicht. Es gibt
plötzlich so viele Polen hier.«

»Hervorragend!« sagten Mr. Lustgartens Kinder, ohne sich
zu besinnen. »Er spricht nämlich manchmal Polnisch.«

Mr. Lustgarten war kurz vor der Jahrhundertwende irgend-

wo in Österreich-Ungarn geboren, wo die besseren Klein-
stadtbürger gern so taten, als lebten sie in Preußen. Die Eltern
des Jungen sprachen ein gepflegtes Deutsch, seine Kinder-
mädchen ein ordinäres Polnisch, und er behandelte beide als
ebenbürtig. Lustgarten ging von zu Hause weg, um zu studie-
ren, und während seiner Abwesenheit löste sich Österreich-
Ungarn in Luft auf.

In den folgenden zwanzig Jahren wechselte Lustgarten seine Wohnorte und Staatsbürgerschaften mit derselben Non-
chalance, mit der er älter wurde. 1941 kam er mit einem
halbleeren Koffer – eine Familie hatte er nicht mehr – im
New Yorker Hafen an, aber er war in mehreren Berufen zu
Hause, und das war sein Kapital; nie hatte er, wie andere
Flüchtlinge aus Europa, Angst vor Amerika.

Das Alter traf ihn so unverhofft, als hätten die Dienstboten
sich plötzlich aus dem Staub gemacht und seine Lebensgeister
mitgehen lassen. Er verlor den Überblick über Zeit und Ereignisse. Dann entglitten die Sprachen seinem Gedächtnis in
umgekehrter Reihenfolge, wie er sie erworben hatte: Englisch
verflüchtigte sich zuerst, dann Portugiesisch, dann Französisch, dann Ukrainisch; klassisches Griechisch und Latein
verließen ihn gleichzeitig; Deutsch hielt lange die Stellung,
und als es fiel, blieb nur noch das von seinen Eltern so verachtete Polnisch.

»Das ist ja das Problem, wenigstens zum Teil«, räumten
seine Söhne ein. »Denken Sie mal. Er redet wahllos mit jedem
polnisch, im Laden, auf der Straße, sogar mit uns!« Sie waren
alle in den USA geboren, ihre Mutter war in Brooklyn aufgewachsen. Sie teilten die amerikanische Aufgeschlossenheit
für fremde Arbeitskräfte und die Angst vor fremden Sprachen.

Und so klingelte eines Wintermorgens Anna Kaminska an
der Tür zu seiner zunehmend verwahrlosten Wohnung am
oberen Broadway und stellte sich ohne Umschweife vor. Sie
hatte dreimal klingeln müssen, bevor die Tür zur Nachbarwohnung aufging und die Stimme einer alten Dame durch

den Spalt piepste: »Wenn er aufmachen soll, müssen Sie vorher anrufen. Ans Telefon geht er – die Zelle ist unten an der Ecke.«

Mr. Lustgarten meldete sich am Telefon sehr energisch: »Hällouuu!« Aber an die Tür ging er nur zögernd. Was ihn so zaghaft machte, war nicht seine Gebrechlichkeit – er war schon immer sehr zart gewesen –, sondern sein schlechtes Gedächtnis. Der Anblick einer echten Dame entzückte ihn, und er legte den Kopf schief, um besser zu ihr aufsehen zu können. Zugleich erinnerte er sich, daß Tränensäcke, Falten und Krähenfüße seine eigenen hervorstechenden Gesichtszüge waren. Er erinnerte sich aber auch an den wachen Blick, den man ihm immer nachgesagt hatte, die weise Melancholie seines Lächelns. Sein flauschiges weißes Haar war stets wohlgepflegt, und er trug immer ein sauberes Hemd mit Schlips zur ausgeblichenen Hose und zu den altersschwachen Pantoffeln. Er sah sich noch immer als Gentleman. »Verzeihung, kenne ich Sie?« fragte er Anna Kaminska. Demnach ist er noch nicht ganz gaga, dachte seine Nachbarin, die durch den Türspalt spionierte; wie schön für ihn, daß er mal Besuch bekommt.

Er hatte sie zu Recht nicht erkannt. Mr. Lustgarten hieß sie willkommen, indem er sich umdrehte und über den Flur davonschlurfte. An dessen hinterem Ende flatterten Zeitungsblätter auf und ab wie Tauben im Schlag. Schneeflocken wirbelten in der Zugluft. »Darf ich das Fenster zumachen?« fragte Anna Kaminska, die ihm nachgekommen war.

»Ich wollte gerade den Müll rauswerfen«, erklärte Mr. Lustgarten.

Anna Kaminska blieb und zog in das kleine Dienstmädchenzimmer mit eigenem Bad am hinteren Ende von Mr. Lustgartens großer, chaotischer Wohnung. Der alte Herr nahm es wohl zur Kenntnis, erhob aber keine Einwände, als sie alle die alten Zeitungen in die Mülleimer warf. Später merkte er, daß sie die Plastikbestecke, die er seit Jahren gewissenhaft bei McDonald's mitgehen ließ, ebenso beseitigt hatte wie die Papiertüten, die er für bittere Notzeiten im Kleiderschrank hortete; doch er akzeptierte ihre Entscheidung als Äußerungsform weiblicher Metaphysik, obwohl er ökonomisch keinen Sinn darin sah. Es erfüllte ihn mit Respekt, daß sie ihn nie in ihrem Zimmer oder in der Küche duldete. Er liebte es geradezu, wie sie ihn wegscheuchte, wenn sie beim Kochen war – wie sie sich vor dem Herd oder am Spülbecken umdrehte, daß ihre bunten Nylonröcke flogen, und die roten Wangen aufblies und den roten Mund spitzte, um die lieblichen Worte zu sprechen: »Pan Lustgarten!« Dann machte er ein Gesicht wie ein unartiger kleiner Junge und zog sich verschmitzt zurück. Daß er sie aus der Ruhe gebracht hatte, hielt er für einen Vitalitätsbeweis. Außerdem zwang Anna Kaminska ihm keine einschneidenden Neuerungen auf. Anders als seine Kinder verlangte sie nicht, er solle sein Bett wieder aus dem Eßzimmer räumen. Statt dessen räumte sie den Eßtisch ins Schlafzimmer. Wie ehedem Mrs. Lustgarten, so hielt das polnische Mädchen die Wohnung in Ordnung, kochte ihm schlichte Mahlzeiten und brachte seine Wäsche in den Waschsalon. Als sie seine abgetragenen Pantoffeln fortwarf und ihm ein Paar neue von der gleichen Art kaufte, fand Mr. Lustgarten, Goethe würde seine Gefühle sehr gut verstehen.

Kurz, Mr. Lustgarten erkannte in Anna Kaminska – ihren Gesten und Taten – die Quintessenz der Weiblichkeit, nach der er sich stets gesehnt hatte. Es störte ihn nicht, daß sie viel größer und stärker war als er; wenn sie sich zum Essen an den Tisch setzten, waren sie gleich groß. Dann mußte er dem Drang widerstehen, ihr über das rote Haar zu streichen, das sie zu einem altmodischen Bouffant hochfrisiert hatte, für ihn jetzt die schönste Haarmode, die Frauen je getragen hatten. Er hätte ihr gern den sommersprossigen weißen Hals oder die sanften weißen Hände gestreichelt, aber schließlich war er ein Gentleman. In meinem Alter? lachte er stolz bei sich.

Zwar wußte Mr. Lustgarten über Anna Kaminska nur, was er sah und fühlte, aber er war weder neugierig noch mißtrauisch. Sie lebten zusammen, und was er wahrnahm, war ihr Dasein und sein Nicht-mehr-Alleinsein. Mr. Lustgarten rief nun nicht mehr seine Söhne an, um sich darüber zu beklagen, daß sie ihn so schamlos im Stich ließen. Und wenn Mr. Lustgartens Kinder jetzt anriefen, schien er immer ganz angenehm überrascht, ihre Stimmen zu hören. Früher hatte er alle ihre Fragen mit bitteren Bemerkungen beantwortet. Jetzt antwortete er: »Mir? Gut geht's mir, gut. Aber wie geht's *euch*?« Das beunruhigte seine Kinder. »Und was macht Mrs. Kaminska?« fragten sie scheinheilig.

»Ich weiß nicht, ob sie eine ›Mrs.‹ ist. Du meinst doch meine Freundin Anna?« erwiderte er, als wäre es eine abwegige Frage. »Nun, ich denke, ihr geht's auch gut. Sie scheint recht glücklich mit mir zu sein.«

Der Söhne Neugier verwandelte sich bald in tiefe Sorge. »Wie alt ist sie?« fragten sie beiläufig. »Wie sieht sie aus?«

»Sehr jung«, prahlte er, »sehr hübsch. Ein Rotschopf, wie man hier sagt. Leider zu jung für mich, neunzehn oder zwanzig, hat sie mir mal gesagt, ich weiß es nicht mehr. Ich bin ja doch ein sehr alter Mann. Ansonsten ...!« Und er kicherte voller Zufriedenheit. »Aber macht euch nur keine Sorgen. Denkt bloß nicht, ich hätte eine Liaison mit ihr.« Der Klang dieses Wortes gefiel ihm: Liaison. Als sie eines Tages wieder anriefen, meinte er: »Ihr braucht keine Angst zu haben, daß ich sie heirate. Das Erbe ist euch sicher.«

Kaum war ihm das eher unbedacht herausgerutscht, da fragte er sich auch schon: Warum eigentlich nicht? Du bist ein alter Mann, gib's zu! schalt er sich heftig. Goethe auch, versetzte er.

»Anna, Darling«, fühlte er später vor, als er ihr in die Küche nachwatschelte. »Sind Sie eigentlich verheiratet? Ich frage nur aus Neugier.«

»Raus aus der Küche«, erwiderte sie. »Ja«, antwortete sie später, als er wieder fragte. Er hörte aus ihrem Ton keine Gefühle heraus. »Mein Mann ist in Polen.« Obwohl Mr. Lustgarten soeben erst ans Heiraten gedacht hatte, schockierte ihn dieses Hindernis zum Glück doch zutiefst. Er wurde jetzt zum erstenmal richtig neugierig auf sie, auf ihre Vergangenheit, ihre Gegenwart, ihre Pläne. Doch er war zu diskret, um ihr die eigentlich wichtigen Fragen direkt zu stellen. »Ihr Mann liebt Sie wahrscheinlich sehr«, sagte er. »Und Sie ihn auch!« Er wandte sich ab, bevor sie antworten konnte, denn er hatte Angst, sie »Ja« sagen zu hören.

Er begann ihr andere Fragen zu stellen, auf die er eher eine Antwort erhoffen konnte. »Wo waren Sie neulich nachmittags?« fragte er. »Eine Bluse kaufen«, antwortete sie.

»Wo gehen Sie hin, wenn Sie abends weggehen?« erkundigte er sich.

»In die Kirche«, sagte sie, »zur Messe. Letzte Woche hatten wir einen Basar.« Sie beantwortete seine Fragen prompt und mit einer Kürze, die er zuerst als Bescheidenheit auslegte – sie hielt sich eben nicht für interessant. Bald argwöhnte er andere Motive. Sie ließ ihn wissen, daß sie vor zwei Jahren und aus Gründen, die sie ihn nicht wissen ließ, aus Polen gekommen sei und dann im Flüchtlingsheim der Kirchengemeinde gewohnt und für den Pfarrer genäht und gewaschen habe. Sprach sie mit einem Hauch zuviel Ehrerbietung von diesem Pfarrer? grübelte Mr. Lustgarten. Der Pfarrer war in eine andere Gemeinde im Norden des Landes versetzt worden, so daß Anna Kaminska frei war und sich eine neue Arbeit suchen mußte. Mr. Lustgarten wagte nicht zu fragen, ob sie sonst noch Freunde in der Gemeinde habe.

»Wer ist Ihr Mann, Anna?«

»Tadeusz Kaminsky, Pan Lustgarten. Ein Chemiker.«

»Haben Sie Kinder?«

»Nein.«

»Nun, Sie sind noch jung, Sie könnten noch … Gehen Sie heute abend wieder aus?«

»Nein. Aber wenn ich gehe, bin ich immer um zehn zurück.«

Nach und nach merkte Mr. Lustgarten, wann ihr Ton gereizt klang.

Mr. Lustgartens Kinder hatten sich gedacht, sie könnten dem polnischen Mädchen bei dem Preis, den sie zahlten, nötigenfalls auch befehlen, emotional auf Abstand von ihrem Vater zu bleiben, weshalb sie sich über seine Begeisterung für sie nicht allzusehr den Kopf zerbrachen. Allerdings erwähnten sie ihm gegenüber einmal die finanzielle Seite. Sehr viel Geld. Ein Dienstmädchen in ihrem Sold. Mr. Lustgarten überhörte das. »Sie ist nett zu mir, weil sie mit mir glücklich ist. Sie ist meine Freundin. Eine einsame junge Frau. Sie hatte wohl ein bißchen Ärger mit ihrem Mann.« Er sah es nicht so, daß sie bei ihm arbeitete. Was gab es da schon zu tun? Er war doch kein inkontinenter Alter!

Aber er begann ihr mehr und mehr zu mißtrauen. Ihre Abwesenheiten beschäftigten ihn. Es mußte da draußen jemanden geben, der sich für sie interessierte. Oder interessierte womöglich *sie* sich für jemanden, einen anderen Mann? Nicht auszudenken! Bald stellte Mr. Lustgarten sich mutig der Frage: Wenn seine Anna sich nun in einen anderen verliebte? Ihre weiße Haut, ihr rotes Haar, ihr weibliches Wesen mußten unweigerlich auch anderen Männern auffallen. Und sicher wußte sie das, denn unabänderlich zupfte sie, bevor sie allein fortging, ihre Frisur in vollendete Form, tupfte sich einen Tropfen Parfum hinter die entzückenden Ohren und strich ihre bunten Röcke glatt. Immer wenn er sie vor dem Spiegel stehen sah, tat ihm das Herz weh. Ihre Eitelkeit machte ihm angst. Würde sie ihm denn freundlicherweise ihre Telefonnummer dalassen? Sie kam seinem Wunsch nach. Wenn er die Nummer nicht verlegte, rief er, kaum daß sie fort war, dort an. Es meldete sich die Pfarrgemeinde. »Das ist nur für Notfälle!« schalt Anna Kaminska ihn später. Er fand sie dann kalt und gefühllos. »Und rufen Sie bitte nicht sonntags an, die holen mich nämlich nicht aus einer vollen Messe heraus!«

An Sonntagen waren seine Leiden fast nicht zu ertragen.

Seine Kinder riefen ihn meist am Sonntagmorgen an (Billigtarif), und mit der Zeit meldete er sich am Telefon immer mißgelaunter. »Hällouuu!« – »Was willst du?«

»Was ist denn los?« fragten sie ängstlich.

»Nichts!« schnauzte er. »Gar nichts ist los. Ich habe ein bißchen Ärger mit Leuten, die ihr nicht kennt.« Aber eines Sonntags ließ er vor lauter Qualen alle Vorsicht fahren, und er gestand: »Sie ist grausam.«

Nachdem ihre schlimmsten Befürchtungen sich so bestätigt hatten, riefen Mr. Lustgartens Kinder ihn der Reihe nach an und drangen in ihn: »Was macht sie mit dir?« Er wollte sich auf Einzelheiten jedoch nicht einlassen. So blieben ihnen nur bange Spekulationen. Nie hatten sie sich um ihren »armen alten Vater« soviel gesorgt. Man hatte natürlich schon gehört, zu welchen Scheußlichkeiten Dienstboten fähig waren, wenn ihre hochbetagten Herrschaften hilflos wurden. »Ich kann euch nicht sagen, was sie macht. Es tut mir zu weh, darüber zu reden«, sagte Mr. Lustgarten mit brechender Stimme. »Ja, ja, sie quält mich fürchterlich.«

Nach diesem Eingeständnis waren Mr. Lustgartens Kinder sich einig, daß es an der Zeit sei, einzugreifen. Sie versuchten den Pfarrer zu erreichen, der diese Mrs. Kaminska empfohlen hatte, aber vergebens, denn er hatte eine neue Telefonnummer irgendwo im Norden. Im Pfarramt wußte niemand Näheres über sie zu sagen, außer daß sie wohl eine dieser Polinnen sein müsse; davon gebe es recht viele. Mr. Lustgartens Kinder hielten Rat und kamen überein, den alten Herrn jeweils für eine Woche nach Boston und New Haven einzuladen, statt daß einer von ihnen den weiten Weg nach New York auf sich nahm (bei der Hitze).

Er brachte einen Koffer angeschleppt, der so überlegt gepackt war, daß es nur das Werk einer Frau sein konnte. »Sie war froh, daß ich wegfuhr!« weinte er. Nachdem er zwei Tage in Boston und drei Tage in New Haven ums Telefon geschlichen war und bei sich zu Hause angerufen hatte, um zu sehen, ob sie da war (meist war sie es; das Gespräch wurde auf Polnisch geführt), eilte er nach New York zurück, von wo er seinen Söhnen im ersten Telefongespräch mit leiderstickter Stimme klagte, wie sie ihn »behandelte« – es war Sonntagmorgen.

Mr. Lustgartens Kinder sahen, daß sie sich nun auf dem gefährlichen Boden der Fahrlässigkeit bewegten und daß ihr Vater, während er ihnen jetzt nur lästig war, sie später im Traum verfolgen könnte. Sie hatten ihn ahnungslos einer skrupellosen jungen Opportunistin in die Hände gegeben, die schön und ohne Mitgefühl für das Alter war. Und obwohl es wirklich große Umstände machte, organisierten sie eine gemeinsame Reise nach New York (im freundlichen Altweibersommer). Sie kamen mit einem Aufgebot von drei vollklimatisierten viertürigen Limousinen, denen die Sorge, was sie vorfinden mochten, immer mehr Tempo vorgab, hielten mit quietschenden Reifen in dem ärmlichen Viertel und brachten nicht die Geduld auf, legale Parkplätze zu suchen. Sie trafen sich in der Halle des Hauses, in dem ihr Vater wohnte, rafften all ihren Familiensinn zusammen und stürmten (Fahrstuhl außer Betrieb) die Treppe, ein Fähnlein der Gerechten: drei Söhne mit prallen Brieftaschen an den Hüften, die Klingel schrillte, die Nachbarin erschien mit ihrem »Sie müssen erst anrufen, auch wenn er nicht allein ist«, doch dann ging die Tür auf, und kein Zweifel, das war SIE:

Anna Kaminska, eine Frau von vielleicht fünfzig Jahren, zart gebaut trotz ihrer Korpulenz, mit sehr viel Weiß im Rot ihrer altmodischen Hochfrisur, einfältigem dickem Gesicht, stumpfen kleinen blauen Augen und einem Rosenkranz, der sich ihr wie ein Wurm durch die Finger wand. »Oh!« sagte sie erschrocken. Mr. Lustgarten kam mit geistesabwesender, durch und durch zufriedener Miene hinter ihr angeschlurft. »Oh, hällouuu!« sagte er und hieß sie willkommen, wie ein Fürst in seinem Palast. Anna Kaminska verschwand in die Küche, um Kaffee zu kochen und selbstgebackene kleine Kuchen zurechtzulegen, deckte den Eßtisch im Schlafzimmer und zog sich dann taktvoll in ihr eigenes kleines Zimmer zurück, wo sie ihr nacheinander ihre Aufwartung machten: Unter Kruzifixen und Weihwasser, frommen Büchern, getrockneten Blumen und Fotos von Neffen und Nichten und jungen Hunden, erschien sie ihnen scheu, fromm und welt-

abgewandt; aufopfernd und darum über die Maßen verdienstvoll.

Mr. Lustgartens Kinder waren zutiefst beschämt.

»Vater, du weißt ja nicht, was für ein Glück du hast!«
schalten sie ihn ärgerlich. Von nun an duldeten sie kein un-
gutes Wort mehr über sie. Statt dessen erhöhten sie ihr Gehalt
und segneten sie hinter ihrem Rücken.

Und als Mr. Lustgarten im Jahr darauf neunzig wurde,
gaben sie in New Haven ein Diner für ihn, zu dem auch sie
eingeladen wurde. Sie hießen sie zu seiner Rechten Platz
nehmen wie eine Braut, und da sie wußten, daß sie sich als
gute Katholikin nie von ihrem fern in Polen lebenden Gatten
scheiden lassen würde, fragten sie: »Dürfen wir Mama zu dir
sagen?«

Vorlauftaste

Um 19.10 Uhr bin ich wieder zu Hause. Noch fünfzig Minuten Zeit bis um acht herum. Mein Bedürfnis nach genauer
Zeiteinteilung war noch nie so dringlich wie im Augenblick.
Die Sache ist nämlich die, ich habe einen Ständer. Das muß
man nicht ausdrücklich betonen, es ist einfach so. Und so
stehe ich vor jenem speziellen Dilemma, das Männern fünfzig
Minuten vor einem heißen Date so vertraut ist: Soll ich meine
ganze Manneskraft für später aufbewahren, oder soll ich mir
jetzt schnell einen runterholen? Hier die Pros und Kontras
für letztere Option:

Pros: 1. Werde nicht das ganze Essen hindurch in einem
schrecklich hochgeputschten Zustand sexueller
Erregung sein, Dinge verschütten und herum-
stottern.
2. Sollte es wirklich zum Sexualakt kommen,
kann ich ihn vielleicht länger hinauszögern als
sonst, so wie oft in den Video-Sex-Ratgebern
vorgeführt.
3. Ich würde mich bestimmt gut fühlen.

Kontras: 1. Mitten im Essen wird mir auffallen, daß ich wie
ein Malteser Bordell rieche.
2. Sollte es wirklich zum Sex kommen, explodiert
meine Prostata.
3. Daß es mittendrin an der Tür klingelt.

Ich gucke auf die Uhr. 19.17 Uhr. Zum Teufel! Schnell einen Blick in die Bibliothek. Ich öffne die Schublade über dem

Fernseher: *New Wave-Stricherinnen, Anale Exzentrizität, Spritziger Geburtstag, Piß-Party, Heiße Titten, Feucht und fickrig, Innen in Desirée Cousteau, Anal Anal Anal, Max Hardcore, Buttmans Große Titten-Abenteuer:* Irgendwann muß ich die Dinger wirklich mal alphabetisch einordnen. Zweite Lage: *Ruten für Schulmädchen, Der Ed Powers-Pummelpimmel. Gandhi.* Ich weiß nicht, wie der hier hergekommen ist. Die dritte Lage ist hauptsächlich schreckliche britische Softcore – *Electric Blue* und so weiter –, plus drei unbetitelte Bänder, wo das kleine Loch in der Kassette, das das Überspielen verhindern soll, mit einem breiten Streifen überklebt ist.

Eine schwere Wahl. Sie alle bergen so viele Erinnerungen für mich. *Feucht und fickrig* – das erste Video, das ich je besaß, und das ich in der Schule Julian Ng für 3,95 Pfund abkaufte; *Exchange and Mart*, das ich hunderte Male spielen konnte, ohne mich zu langweilen: Heute kann ich natürlich von Glück sagen, wenn ich nicht schon vor Ende des ersten Durchlaufs einer neuen Kassette das Interesse verliere. *Max Hardcore*, den ich zerbrochen auf einem Abfallhaufen hinter dem Cricklewood-Bahnhof fand und dann wie eine Taube mit gebrochenem Flügel hegte und pflegte, bis er wieder abspielbar war. *Heiße Titten*, das mir mein Dad schenkte. *Anal Anal Anal*, das so sehr nach einem Remake von *Tora! Tora! Tora!* klingt. *Spritziger Geburtstag*, dessen Titel einem auf so spitzfindige Weise erlaubt, Rückschlüsse auf den Inhalt zu ziehen. *Innen in Desirée Cousteau* (keine Verwandte, glaube ich), bei der ich mich immer frage, ob wohl am nächsten Morgen in der Kulisse jemand aus Versehen dieses hartgekochte Ei zum Frühstück gegessen hat.

Genau, die ist's, auf *Desirée Cousteau* fällt meine Wahl. Ich will sie aus der Schublade holen, und etwas schnappt zu, ein scharfer, stechender Schmerz durchzuckt meine rechte Hand.

Ich ziehe sie schnell zurück. Mein roter, pochender Finger steckt in einer Mausefalle, die mit Klebestreifen an der Rückseite der Kassette befestigt ist. Eine verdammte *Mause-*

falle! Vor einigen Jahren kaufte ich ein paar von den Dingern, weil Mäuse, perverserweise, die einzigen Wesen sind, die Jezebels Tötungsinstinkte kalt lassen. Aber ich kann einfach nicht glauben, daß sie die Falle da angebracht hat: So weit geht selbst ihre Gehässigkeit nicht. Mit der linken Hand klappe ich vorsichtig den Metallbügel zurück und befreie meinen Finger. Auf der Stelle, wo er war, steht mit schwarzen Filzstiftbuchstaben: **DU STECKST IN DER FALLE.**

Nick. Dieser elende Heuchler. Der glaubt wohl, jetzt, wo er verrückt geworden ist, wäre sein ganzes vorheriges Sündenregister gestrichen. Himmelarsch, Nick hat mehr Zeit damit verbracht, sich Pornos anzugucken, als die staatliche Filmzensurstelle. Wenn ich mir eine neue Kassette kaufe, dann gucke ich sie mir vielleicht einmal an, und dann vielleicht drei Stunden später noch mal, und damit lasse ich es gut sein für den Tag. Nick hat mir einmal erzählt, daß er sich eine anguckt, sich einen Tee macht, sie sich wieder anguckt, sich noch einen Tee macht, sie sich noch mal anguckt, sich wieder eine Tasse Tee macht und sie sich wieder anguckt, bis – darauf läuft's hinaus – ihm der Tee ausgeht. Und wenn ich sage angucken, dann meine ich kein rein passives Betrachten unter Ausschluß von Interaktion.

Während ich darauf warte, daß sich der Kaltwasserhahn dazu bequemt, mir Wasser über die Finger rieseln zu lassen, fällt mir ein, daß Nick diese exzentrische Ader schon hatte, ehe er verrückt wurde: sie ging nur in die entgegengesetzte Richtung. Wir haben untereinander die Hausregel aufgestellt, nie zusammen Pornos zu gucken – für welche Sorte Männer halten Sie uns, bitte sehr? –, und so gab es oft Zeiten, gegen Ende der Nacht, wenn wir beide summend und gähnend auf dem Sofa saßen und warteten, daß der andere ins Bett ging. Normalerweise war ich derjenige, der nachgab – schließlich hatte Nick, wie gerade erklärt, ein größeres Pensum zu bewältigen –, aber einmal – ich glaube, es war direkt nachdem wir uns *Buttmans Große Titten-Abenteuer* angeschafft hatten – weigerte ich mich. Ich sagte mir: Nein, hab ein bißchen

Rückgrat, ein bißchen Willenskraft. Also blieb ich sitzen und tat so, als wollte ich noch aufbleiben, um mir *Das Model und der Schnüffler* anzusehen. Da drehte Nick völlig durch. Er sprang auf und fing an herumzuschreien, wie egoistisch und rücksichtslos ich wäre, was für einen harten Tag an den Windschutzscheiben er hinter sich hätte, und daß es Menschen gäbe, die wenigstens ab und zu auch mal an andere dächten und nicht nur an sich selbst. Unglaublich, nicht wahr? Er versuchte allen Ernstes, das moralische Vorrecht auf eine Wichserei für sich zu beanspruchen.

Ich würde ihm die Meinung sagen, aber er ist mit dieser Frau, dieser Fran, von der er dauernd redet, zu einem dieser dämlichen Esoterik-Wochenenden losgefahren. Na, diesmal wird er mich nicht fertigmachen. Nein, das kann ich selbst viel besser. Ich schiebe die Kassette in den Rekorder, gehe zurück zum Sofa, öffne meine Hose und taste nach der Fernbedienung.

Verdammt. Sie liegt nicht auf der Armlehne. Wenn ich sie nicht finde, kann ich das Ganze gradsogut vergessen. Ich gucke Pornos nur per Schnellauftaste. Einige Nächte meines Lebens habe ich in Hotelzimmern verbracht, und in einem gab es einmal einen Pornokanal, aus dem das meiste an echtem Porno herausgeschnitten war – ich muß schon sagen, ein wirklich heißer Pornokanal! Trotzdem, ich erinnere mich, als ich kaum fünf Minuten geguckt hatte, griff meine freie Hand instinktiv nach einer Phantom-Videofernbedienung. Denn ich habe einen geschulten Blick. Ein Pfundsauge habe ich! Wissen Sie, die meisten Leute glauben, ein gutes Auge sei die Fähigkeit, winzige Details in der ersten Dimension zu erkennen – im Raum, auf die Ferne –, aber was ist mit denen von uns, die in der Lage sind, Details in der vierten Dimension herauszupicken – in Zeit und Geschwindigkeit? Die winzigste braune Falte; die leichteste weiße Wölbung; sich für den Bruchteil einer Sekunde öffnendes Gewebe – all das kann ich mit 150 Einzelbildern pro Sekunde erkennen. Und, bom! Mein Finger ist auf der Normallauftaste. Dann auf der Langsamtaste.

Eins ist allerdings ein Problem, wenn man zuviel Pornographie guckt – und das tue ich, ich gucke zuviel Pornographie –, irgendwann stellt man fest, daß man den Finger nie mehr von der Schnellauftaste nimmt. Bilder blitzen rosahaufenweise vorbei, Normalsex, lesbischer Sex, Zweier-, Dreier-, Siebener-, oraler Sex, analer Sex, oro-analer Sex, goldene Fontänen, Klistiere, und trotzdem rührt sich dein Daumen nicht von der Stelle. Das ganze Video ist schon fast an dir vorbeigesaust. Und plötzlich fragst du dich: »*Wonach verficktnochmal bin ich auf der Suche?* Oder, anders ausgedrückt, nach welchem Fick suche ich?«

Wo *ist* das Ding bloß? Hmm. 19.22 Uhr. Ah, da ist es ja. Nein, das ist die für den CD, die ich nie benutze. Hat Nick die Fernbedienung etwa als Bestandteil seines moralischen Säuberungsprogramms versteckt? Lieber Himmel, Dina kann jeden Moment kommen. Warum verliere ich bloß soviel Zeit meines Lebens mit der Suche nach verlorenen Dingen? Ich gucke in die Polsterritzen des Sofas ... unter den Stapel alter Zeitschriften ... na, endlich. Direkt vor meiner Nase, auf dem Kaffeetisch.

Ich sinke in die Polster, ziehe die Hose bis zu den Knöcheln herunter, drücke auf Play, dann, schon vor dem ersten Bild, auf die Schnellauftaste. Das Band saust los, Zwei Frauen/ein Kerl-Standardnummer; Eine Frau/ein Kerl-Standardnummer, Eine Frau/zwei Kerle ... o jaah. Das ist die Stelle. Unglaublich. Nicht so sehr ein erotischer Kick, eher ein Zaubertrick. Na, fangen wir jedenfalls mal hier an. Ich ergreife mein – ich glaube *straffes* ist das richtige Wort – Glied. Dann höre ich dieses Geräusch.

»Wibbit.«

Ich meine, das ist die einzige Art, wie ich es hinschreiben kann. Natürlich war es nicht exakt »wibbit«, aber ein krächzender Ton eben. Dann wieder.

»Wibbit.«

Die Hand weiterhin unbeirrt an meinem – ich glaube *stolzen* ist das richtige Wort – Glied und die Augen immer noch standhaft auf den Bildschirm geheftet, nehme ich am Rande meines Blickfelds plötzlich noch etwas anderes wahr, etwas, das, wenn Sie die Wahrheit wissen wollen, völlig folgerichtig zu dem ganzen Gewibbitte paßt. Zögernd und widerwillig wende ich den Hals von der Fleischpyramide im Fernseher ab, und da, am hinteren Ende des Wohnzimmerteppichs, sehe ich einen kleinen Frosch hocken, der irgendwie neugierig zu mir herguckt.

Vor Schreck mach ich einen Satz auf das Sofa. Was hat das jetzt schon wieder zu bedeuten – was sucht ein verdammter *Frosch* hier? Ist das schon wieder so ein Auswuchs von Nicks Verrücktheit?

Ich kaure in Hockstellung da, die Hosen um die Fußknöchel, und mustere den Frosch, und der Frosch mustert mich. Vielleicht glaubt er, ich äffe ihn nach. Dann *flap!patpatpat:* kommt Jezebel durch die Tür, guckt mich verächtlich an, schnappt sich den Frosch und geht wieder raus, wobei die Froschbeine ihr wie eine Art amphibischer Moustache aus dem Maul hängen.

Ich zieh mir Slip und Hose über mein – *erschlaffendes* ist ohne jeden Zweifel das richtige Wort – Glied. Die Leute auf dem Bildschirm japsen und seufzen mit viel »O-ja-Baby«-Gestöhne. Ich schnappe die Fernbedienung und drücke auf Aus.

Es war Jezebel. Sie hat den Kerl angeschleppt. Na ... wahrscheinlich wollte sie mir wieder mal ein Geschenk machen. Bestimmt hat sie gemerkt, daß der grüne Teichschleim, auf den sie sich in letzter Zeit verlegte, nicht sonderlich gewürdigt wurde, und sich gedacht: »Ich hab eine Idee. Ich bring ihm das Neuste vom Neuen auf dem Markt, diesen grünen Teichschleim, der sich bewegt.« Entweder das, oder sie arbeitet sich die Evolutionsskala hoch, und ehe ich mich versehe, zerrt sie den um sich tretenden und schreienden Mann Der Unter Uns Wohnt durch die Katzenklappe in die Wohnung. Ach, da kommt sie ja zurück, ohne den Frosch.

»Wo ist der Frosch?«

Sie guckt mich an, als wollte sie sagen: »Frosch? Welcher

Frosch?« Ich sehe zu ihrem neuen, mit Katzenminze gefüllten Kratzbaum hin – unberührt, kein Krallenabdruck darauf. Jetzt verliere ich die Geduld.

»ICH WILL KEINE SCHEISSFRÖSCHE HIER!! SCHLEPP BLOSS KEINEN FROSCH MEHR AN!!«

Jezebel blickt mich leicht verdutzt an. Dann fängt sie an sich zu putzen, langsam und methodisch, was sagen will: Was schreist du mich an? Ich bin eine Katze. Ich hebe die Hand, um ihr auf den Kopf zu hauen, und sie guckt zu mir hoch wie: Laß dir so was nicht im Traum einfallen! Und ich denke nicht im Traum daran. Dann klingelt es an der Tür.

MAXIM BILLER

Land der Väter und Verräter

1.

Das erste, was sie von Haifa sah, war ein Lichtstrahl. Er stürzte von oben, vom Karmel, tief hinunter zum Meer, stieß sich wieder ab, von grünen und schwarzen Tiefen, flog an okkerfarbenen Häusern und dunkelglänzenden Straßen vorbei den Berg hinauf bis zu einem großen Garten, in dessen Mitte sich ein machtvoller Tempel mit einer goldenen Kuppel befand. Dort verharrte der Strahl für einen Augenblick und machte sich dann auf den Weg mitten in Assjas Augen, um darin wie ein weißes großes Nichts zu explodieren. Im Radio kam im gleichen Moment ein altes Kibbuznik-Lied, und der Taxifahrer, der auf dem ganzen Weg vom Flughafen bis hierher über dem Steuer gedöst hatte, wurde wach, er drehte den Ton lauter, und als der Refrain einsetzte und der Sänger mit seinem sozialistischen Knödeltenor-Tremolo gegen die hundert ergriffen hin und her wogenden Stimmen des Chors anzusingen begann, lief es Assja, trotz der schrecklichen Hitze, eiskalt über den Rücken.

Sie preßte ihren Körper gegen den Sitz und drückte die Ellbogen ganz fest in die Lederpolster. Sie dachte sich Lew weg, den armen, verstümmelten Lew, der neben ihr gerade den letzten Akt seines Einzugs ins Land der Väter verschlief, und dann stellte sie sich vor, wie Mark sie von hinten umklammerte, wie er seine Arme um sie legte, wie er sie abwechselnd streichelte und kniff, und schließlich stellte sich Assja auch noch den Rest vor, und obwohl sie nicht sicher war, ob ihr diese Vorstellung wirklich gefiel, wühlte sie sich nun noch tiefer in ihren Sitz hinein. Kaum hatte sie die Augen geschlossen, wachte Lew auf. »Sind wir schon da?« sagte er, worauf Assja ihm über sein entstelltes Gesicht strich, dessen Züge vor einigen Monaten noch so klar gewesen waren. »Aber ja«, antwortete sie, und ihre Wut darüber, daß sie wohl niemals mehr nach Moskau zurückkehren würde, war in diesem Moment so groß wie noch nie.

2.

Assja und Lew nahmen sich eine kleine, billige Wohnung am Schuk. Nichts war mehr wie früher, und sie hatten beide, jeder auf seine Art, das Gefühl, sie hätten plötzlich zu denken aufgehört. Sie kümmerten sich um die Papiere von der *Sochnut*, sie saßen stundenlang über den Formularen des Einwanderungs-Ministeriums, sie überschlugen immer wieder ihren monatlichen Etat und rechneten aus, wieviel Geld sie am Tag ausgeben durften. Sie schoben die kleinen Summen, die ihnen zur Verfügung standen, wie ausgefuchste Finanzjongleure hin und her, und jedesmal, wenn sie eine neue, vermeintlich bessere Kalkulation ausgetüftelt hatten, stellten sie fest, daß genau die acht Schekel, die sie brauchten, um zumindest einmal in der Woche mit dem Bus an den Strand fahren zu können, einfach fehlten. So verbrachten Assja und Lew die meiste Zeit zu Hause, sie sahen sich im Fernsehen die russischen Nachrichtensendungen an und lasen russische Zeitungen, sie besserten ihre Wohnung aus und warteten auf eine Nachricht von der Spedition, die die Container mit ihren Möbeln und Büchern von Moskau via Odessa nach Haifa verschifft hatte. Natürlich gingen sie auch jeden Tag in den Ulpan zum Hebräischunterricht, vier Stunden an einem Stück, vier Stunden reden und lesen und lernen, vier Stunden, die Lew wie ein Kind genoß und die Assja bald so zu verabscheuen begann, daß sie schließlich nicht mehr mitging. Statt dessen richtete sie sich auf der Terrasse ihre kleine Ecke ein, mit Stuhl, Sonnenschirm und einem Kissen, das sie auf die Brüstung legte, und auf das Kissen legte sie ihren Kopf, sie winkelte ihn schräg an, sie preßte die Wange gegen den weichen, kühlenden Stoff und sah nach unten, zu den Ständen, an denen von morgens bis abends Melonen verkauft wurden, große, weißgrün gestreifte Melonen, wie es sie nur im Orient gibt.

Assjas Schreibmaschine stand seit ihrer Ankunft unberührt auf dem Küchentisch. Einmal hatte sie sie angeschaut, nur so im Vorbeigehen, weil ihr ein schöner Gedanke gekommen war, aber dann entwischte er ihr gleich wieder und verwandelte sich in eine ferne, verschüttete Erinnerung. Sie drehte den Kopf weg und ging, wie in Trance, auf die Terrasse hinaus, sie setzte sich auf ihren Stuhl, legte den Kopf auf das Kissen und tauchte den Blick wieder in das Durcheinander des Schuks. Ich bin eine Tschechow-Figur, dachte Assja, ich bin die gelangweilte Tochter eines reichen Kaufmanns, die nichts will und niemanden möchte, die einfach nur froh ist, wenn sie dem Leben eine neue Stunde, einen weiteren Tag abringen kann.

Die Männer vom Markt, die Assja von ihrem Balkonplatz aus bei der Arbeit beobachtete, sahen alle wie poliert aus, sie hatten dunkles, glänzendes Haar und eine sesambraun glänzende Haut. Den ganzen Tag lang liefen sie nur in Shorts herum, sie hörten arabische Musik, tranken heißen Tee und amüsierten sich mit ihren Kunden. Auch nachts blieben sie bei den Ständen, um die Ware vor Dieben zu schützen, sie schliefen auf bunten Bergen aus Decken und Kissen, und im Morgengrauen lieferten sie sich aus Langeweile wilde Melonenschlachten. Meistens zielten sie schlecht, sie trafen nur den Bürgersteig oder bestenfalls eine Hauswand, und das leise, dunkle Zerplatzen der Früchte weckte Assja jedesmal, wenn sie, nachdem Lew sich endlich ausgetobt hatte, gerade erst mit viel Mühe eingeschlafen war.

Bald kam es Assja so vor, als lebte sie in der lautesten Straße der Welt, und am Freitagnachmittag nahm der Lärm, kurz vor Beginn des Schabbats, dann noch zu, wenn die

Händler so jämmerlich und herzzerreißend zu kreischen begannen, daß man denken mußte, jemand bohre ihnen gerade
ein langes Messer tief in die Brust. Sie winselten und keuch-
ten, sie ruderten verzweifelt mit den Armen, und erst als sie
auf diese Weise den letzten Rest ihrer leicht verderblichen
Ware losgeworden waren, wurde es für eine Nacht und einen
Tag endlich still über dem Schuk, und man hörte nur noch die
Schreie der beiden neuen Mieter aus Rußland.

3.

Die Sache mit dem Schreien begann, zumindest was Assja
betraf, als Wispern. »Gott«, flüsterte sie an einem der ersten
Abende in ihr Kissen, »was habe ich getan?« Am nächsten
Tag dann bemerkte sie zum ersten Mal jenen säuerlichen
Geruch, der sich plötzlich vom Flur aus in alle Räume ausbreitete. Zwei Stunden lang lief sie kreuz und quer durch die
Wohnung und kontrollierte jede Ecke und jeden Winkel. Als
sie bereits aufgeben wollte, entdeckte sie in der Nische hinter
der Küchentür einen schmalen, unscheinbaren Wandschrank.
Sie öffnete das weiße Schiebefach, und sah zunächst nur einen
dunklen Haufen, der sich zu bewegen schien. Sie holte eine
Kerze, leuchtete hinein und begann zu weinen. So etwas hatte
sie überhaupt noch nie gesehen: Auf einem Berg aus Essens-
resten, Kot und Kondomen kroch ein halbes Dutzend hand-
tellergroßer Insekten herum. Sie waren rotbraun, hatten weite, transparente Flügel, die sie ab und zu durchschüttelten,
und Assja war felsenfest davon überzeugt, daß sie sich miteinander unterhielten, denn immer, wenn eines der Tiere ein
tiefes, fauchendes Geräusch ausstieß, bekam es eine vielstim-
mige Antwort. Der Kammerjäger, den sie am nächsten Tag
kommen ließ, hatte einen trägen, ernsten Blick, und beim
Hinausgehen erklärte er, er wäre für eine längere Zeit nicht
zu erreichen, da er mit seiner Familie Urlaub in Europa
mache. Assja schaute ihm hinterher, sie sah, wie er langsam –

den himmelblauen Sprühcontainer um die Schulter gehängt – die Treppe hinabstieg, und dann stellte sie sich ihn mit zwei großen, rotbraunen Käferflügeln vor. Lachend schloß sie die Tür hinter ihm, doch als ihr auf dem Weg zur Küche der alte säuerliche Geruch entgegenwehte, sammelten sich erneut Tränen in Assjas Augen, und sie stieß einen Schrei aus, der selbst in ihren eigenen Ohren merkwürdig klang.

Den Rest des Tages verbrachte Assja auf dem Balkon. Sie rauchte eine Zigarette nach der andern, kaute auf ihren Haarspitzen herum und stierte auf die Straße. Gegen Abend ging sie hinunter, um etwas zum Essen zu besorgen, doch sie kam unverrichteter Dinge zurück, weil ihr jedesmal, wenn sie an der Reihe gewesen wäre, der Mut gefehlt hatte, den Händler mit ihrem Drei-Worte-Hebräisch anzusprechen. Mit gesenktem Kopf betrat sie schließlich wieder den Hauseingang, sie machte zwei, drei Schritte, und als sie im hintersten Winkel ihres Gesichtsfeldes eine Bewegung wahrnahm, hob sie den Blick. Links, bei den Briefkästen, stand einer der Melonenverkäufer und urinierte – ein schlanker, schwarzhäutiger junger Mann mit einem ovalen Äthiopiergesicht. Obwohl er genau wußte, daß er ertappt worden war, brachte er nicht einmal die Mühe auf, sich zur Seite zu drehen. Er machte weiter, und während Assja ihn nun aus Trotz unten fixierte, lächelte er schüchtern zurück. Assja ging dicht an ihm vorbei, sie hatte ihn bereits passiert und siegesbewußt den Fuß auf die erste Stufe gesetzt, da spürte sie plötzlich, wie einige der von der Wand abklatschenden Urinspritzer auf ihren Knöcheln landeten. Sie ging stumm weiter, und erst nachdem sie am letzten Treppenabsatz angekommen war, entfuhr ihrer Kehle wieder dieser seltsame, ohrenbetäubende Schrei. Mein Insektenruf, dachte Assja überrascht. Als sie später im Badezimmerspiegel das fremde Lächeln betrachtete, das ihr weißes, sonst so symmetrisches Gesicht wie bei einer Gelähmten verschob, schrie sie gleich noch einmal. Von da an verging kein Tag mehr, an dem sie nicht zumindest einmal mit ihren Schreien die Nachbarschaft in Angst und Schrecken versetzt hätte.

4.

Während Assja sich vor allem tagsüber – wenn ihr Mann im Ulpan war – gehen ließ, schrie Lew immer nur im Schlaf. Das war natürlich unangenehm, für Assja genauso wie für Lew selbst, weil beide deshalb nun schon seit drei Wochen keine einzige Nacht mehr durchgeschlafen hatten. In seinen Alpträumen bediente sich Lew allerdings niemals des Russischen oder Hebräischen. Statt dessen brüllte er immerzu jiddische Worte und Sätze, die er auf seine Art teils falsch betonte, teils russisch verballhornte, was daher rührte, daß er bis vor zwei, drei Jahren die Sprache seiner Kindheit noch vollkommen verdrängt hatte. Danach war sein Interesse daran gewachsen, er hatte sich an Ausdrücke und Redewendungen, die er vom Vater kannte, im Verlauf seiner nationalen Wiedererweckung allmählich wieder erinnert, und später dann hatte Lew ohnehin mit Mark Jiddisch sprechen müssen, denn eine andere Möglichkeit, sich mit Assjas deutschem Liebhaber zu verständigen, gab es nicht. Darum fand Lew es – wenn er die Sache nüchtern betrachtete – vollkommen logisch, daß er nun seine somnambulen Mayday-Rufe auf jiddisch verschlüsselte. Und auch sonst war es doch nur ganz konsequent: Schließlich hatte er Mameloschen niemals als das Idiom von etwas so Idiotischem wie der guten alten Schtetl-Idylle betrachtet, sondern allein als die gestammelte Rede fließenden Blutes, inneren Aufruhrs und lärmenden Pogroms. »Mußt du aber deshalb«, erwiderte Assja immer, wenn er mit ihr darüber sprach, »jede Nacht zwanzig Mal ›Jiden helft‹ schreien?!«

Lew mußte. Er konnte sich an seine Träume zwar nie erinnern, doch hatte er keine Zweifel darüber, was in ihnen geschah. Es gab, so vermutete er, zwei Situationen, die ständig wiederkehrten, beide wohl genauso real wie in der Wirklichkeit, die höhnischen Zeitlupen seiner Erinnerung.

Situation Nummer eins lag nun schon mehr als ein Jahr zurück. Die ganze Sache hatte sich am letzten Abend des Kongresses abgespielt, den Lew und seine Freunde von der

Archipow-Synagoge damals gemeinsam mit den Deutschen veranstaltet hatten. Den Kongreß hatten viele Moskauer Bürger als Provokation empfunden – daß die Juden, nach siebzig Jahren, plötzlich wieder den Nerv besaßen, sich öffentlich zusammenzurotten, rief denn auch eine ganze Armada von Patrioten auf den Plan. Alte Parteileute und neue *Pamjat*-Anhänger, eitle Kostüm-Kosaken und nach Brillantine riechende Monarchisten zogen drei Tage lang vor dem Gewerkschaftshaus am Marx-Prospekt auf und ab, schwarze und weiße Fahnen schwenkend und die Allmacht der Weisen von Zion verfluchend, während drinnen jüdische Delegierte aus vierundzwanzig Ländern so sachlich und vornehm wie möglich über die Wiederkehr des Antisemitismus in Europa berieten. Erst zum Schluß, als die Hatikwa gespielt wurde, flossen hier und da ein paar Tränen, grauhaarige Greise verbargen die gerührten Gesichter in ihren Sitzungs-Unterlagen, und junge Männer und Frauen beschlossen zum hundertsten Mal, nach Eretz Israel auszuwandern – oder zumindest nie mehr mit einem Goj oder einer Schickse zu schlafen.

Auch Lew hatte in jenem hochjauchzenden Moment ähnlich empfunden: Er wußte ja ganz genau, wo sein Platz war, er wußte es schon viel zu lange, und nun also flehte er, still und wütend, Gott, Herzl, Hitler oder welcher Wahnsinnige auch immer solle ihm endlich die Kraft geben, die er brauchte, um Assja davon zu überzeugen, daß für sie die Alijah ebenfalls das beste sei. Vor allem aber flehte er um Kraft für sich selbst, denn ihm war klar, daß er, der wunderbare Lew Gurjewitsch, Nationalschauspieler und Filmheld, Liebesidol aller russischen Frauen zwischen fünfzehn und fünfzig, schon verdammt viel Willensstärke benötigen würde, um einfach so, nur für ein paar abstrakte, historische Ideale sowie den ganz konkreten Geruch des Mittelmeers und die tausend Farben des Sandes von Judäa, seine Karriere aufzugeben.

Lews Flehen sollte schon bald erhört werden, noch in derselben Nacht, in der der Kongreß zu Ende ging. Sie saßen, nach der großen Abschlußfeier, im *Lermantov* am Arbat, er und die Freunde aus Deutschland, sie tranken scharfen armenischen Cognac und aßen Nüsse und Baklava dazu. Die Moskauer hatten sich eine Gitarre besorgt und spielten ein herzzerreißendes Klezmer-Stück nach dem andern, während die Deutschen sie ständig unterbrachen und laut schreiend Wyssotzkij-Lieder forderten. Es war viel Lärm und Trubel im Lokal, sie waren eine hysterische, aufgekratzte Chassiden-Bande, und darum bekam zunächst niemand mit, wie sich Mark Goldenblatt, der Frankfurter ZJD-Chef, mit den drei Russen am Nachbartisch zu zanken begann. Schließlich verstummte die Runde, sie drehten sich alle in Marks Richtung, eher interessiert als beunruhigt, und Lew, auf den der Streit ebenfalls ganz harmlos gewirkt hatte, wie eine zärtliche, verspielte Welpenbalgerei, bot den Russen zu trinken an. Aber die sahen ihn mit ihren grauen mongolischen Augen nicht einmal an, sie erstarrten plötzlich, eine Weile saßen sie dann schön und statuengleich auf ihren Stühlen und musterten stur Goldenblatts jüdisches Gesicht. Und da erst wurde Lew klar, worum es hier ging und worauf alles hinauslief. Doch Mark, der sich wie jeder deutsche Jude, den Lew bis dahin kennengelernt hatte, vollkommen unverwundbar fühlte, weil er in einem Land großgeworden war, das seinen Juden seit mehr als vier Jahrzehnten das Gefühl vermittelte, sie seien unantastbar, der nette, arrogante, stolze Mark begriff einfach nichts, er besaß nicht die Spur einer Vorahnung, er kapierte nicht, daß dies hier eine andere Welt, ein anderes Jahrhundert war, und man sah an seinen knallrot leuchtenden Wangen und dem vergnügten Hochmut in seinem Blick, daß ihm die Auseinandersetzung gefiel. Schließlich standen die drei *Pamjat*-Musketiere auf, sie griffen mit einer einzigen Bewegung hinter sich, schlüpften in ihre schwarzen paramilitärischen Mäntel und marschierten zur Tür. Und wieder funkelte es in Marks Augen, seine Wangen glühten jetzt wie Kohlen, er sprang auf und rief ihnen »Heil Hitler!« hinterher, und als sie sich umdrehten, abermals völlig synchron, wie drei aufeinander abgestimmte Automaten, bekam Mark eine Idee: Er warf den Arm zum Führergruß in die Höhe, aber dann plötzlich schlug er mit dem andern Arm dagegen, der Arm federte zurück, im gleichen Moment schoß der Mittelfinger heraus, und Mark schrie auf deutsch: »Fickt euch, ihr gottverdammten Chmielnicki-Nazis, und fickt eure gottverdammten kosakischen Mütter, bis es ihnen aus dem Rachen wieder rauskommt!«

Nein, Lew hatte sich natürlich nicht zwischen Mark und die Russen werfen müssen, aber weil er es trotzdem getan hatte, sollte es wohl auch genauso sein. Die ganze Sache dauerte keine fünf Minuten, und als die drei abgezogen waren, hinterließen sie einen Haufen verschreckter, entmutigter Juden sowie einen halbtoten Schauspieler, dessen Gesicht von Fäusten und Glasscherben im Handumdrehen derart zerfetzt und verstümmelt worden war, daß er nie wieder eine Rolle bekommen würde. Lews Schönheit, die Schönheit seines strahlenden, blonden jüdischen Gesichts, war für immer dahin, und nun endlich stand der großen Reise also nichts mehr im Weg. Die *Mosfilm*-Leute würden sich für die Frauen von Moskau, Kiew und Minsk eben ein neues Sexsymbol suchen müssen.

5.

Sechs Wochen waren bereits vergangen, sechs lange, heiße, verfluchte israelische Wochen, und Mark hatte sich noch immer nicht gemeldet. Lew machte das nichts aus – es fiel ihm nicht einmal besonders auf, daß Mark bisher nicht aufgetaucht war, und an das versprochene Geld verschwendete er ebenfalls keinen einzigen Gedanken. Er war mit sich und seiner neuen Welt vollkommen im Einklang, und so bemerkte er auch gar nicht, daß seine Frau noch immer nicht richtig angekommen war. Daß sie nicht in den Ulpan ging? Sie würde ihre Meinung schon ändern. Daß sie zu schreiben aufgehört hatte? Sie war schließlich Schriftstellerin, keine Maschine.

Und daß sie den ganzen Tag lethargisch auf der Terrasse saß? Schlimmeres sollte nicht geschehen!

Assja hatte irgendwann aufgehört zu warten. Sie sprang nicht mehr jedesmal wie eine Comic-Figur einen Meter in die Luft, wenn es an der Tür läutete, sie sorgte nicht mehr dafür, daß das Telefon, egal in welcher Ecke der Wohnung sie sich befand, griffbereit neben ihr stand. Auch ihre Phantasien hatten längst die alte Kraft eingebüßt, und nahm sie dann doch einmal in Lews Abwesenheit ihre ganze Konzentration zusammen, um den Geliebten vor ihr inneres Auge zu zwingen, ging alles sehr schnell, und Marks Hände, sein Körper, sein Atem verschwanden, noch bevor sie gekommen war, sie verflüchtigten sich wie eine Skizze, deren matte Striche man von weitem nicht mehr richtig erkennt. Und während Assja dann noch eine Weile schlecht gelaunt im Bett lag, den Blick stumpf nach innen gerichtet, begannen plötzlich ganz andere Bilder Konturen anzunehmen, Bilder einer alten, verlorengegangenen Zeit.

Besonders ausgefallen waren Assjas sentimentale Ausflüge in ihre Moskauer Vergangenheit nie. Sie bewegte sich immer auf denselben, längst ausgetretenen Pfaden und war ebensowenig wählerisch wie jeder andere Mensch auch, den die Wehmut schon zum hundertsten Mal mit ihren schwarzen, heißen Armen packt. Assja sah sich als Kind, mit den langen, ordentlich geflochtenen Zöpfen, sie sah sich in der Schule, hinter der viel zu hohen Bank, glücklich, fordernd, zielbewußt, und daß sie sich dabei in Wahrheit bloß an ein altes Foto erinnerte und nicht an eine reale Situation, fiel ihr genausowenig auf wie bei der andern Szene, die ihr einen winzigen Augenblick später erschien: Assja, nun eine junge Frau, in einem Kleid, das unten ganz eng die Taille umschließt und oben, im Ausschnitt, noch enger ist, so daß der Schatten zwischen ihren Brüsten schon ganz fraulich, erwachsen wirkt, die junge, neugierige Assja also, wie sie in der weißen Sonne von Sotschi auf den Stufen eines Cafés steht und dabei, von einer Gruppe junger Männer umringt, lachend und kreischend die Hände in die Luft wirft, die perfekte, ausgelassene Imitation eines italienischen Starlets, das am Flughafen von der Gangway aus die Menge begrüßt. Das war natürlich Assjas allerliebster Assja-Schnappschuß gewesen, und sie hatte selbstverständlich noch viele mehr von dieser Sorte, Bilder der Erinnerung, auf denen sie schöner aussah als Marina Vlady und süßer als Gina Lollobrigida. Es machte Assja aber auch nichts aus, sich Situationen zu vergegenwärtigen, in denen sie eine ganz andere, viel ernstere Assja war. Da trug sie ihr Pioniertuch oder das rote Komsomolzenabzeichen, sie winkte bei der November-Parade zur Tribüne hinauf oder schwenkte ihr Transparent so grimmig und entschlossen, als müsse sie ganz allein, nur mit einem Maschinengewehr bewaffnet, Leningrad vor den Deutschen verteidigen. Dann wieder saß sie, so glücklich und in sich gekehrt wie ein Mönch, in der Instituts-Bibliothek, saß bis abends um zehn über den Büchern der Großen, und zu Hause las sie dann weiter, in den Büchern der andern Großen, der Verbotenen, und schwor sich jedes Mal vor dem Schlafengehen, es ihnen allen eines Tages gleichzutun. Schließlich, zum Ausklang, beschwor Assja jedesmal das allerherrlichste Bild: Sie sah sich mit Iwan Michalytsch, dem Chefredakteur von *Nowyj mir*, dem sie ihre Geschichten geschickt hatte, sie saßen im Schriftstellerklub – ja, im Schrifstellerklub! –, aßen Bœuf Stroganoff, tranken Wein und korrigierten gemeinsam das Manuskript von Assjas erster Erzählung, die Iwan Michalytsch bringen wollte. Das war letzten Sommer gewesen, noch vor dem Putsch, und aus welchem Grund die Erzählung schließlich doch nicht erschienen war, fand Assja nie mehr heraus, denn sie hatte ja von einem Tag auf den andern keinen Kopf mehr für sich selbst gehabt. Plötzlich waren da Lews Operationen gewesen und die Streitereien mit den neuen, privat praktizierenden Ärzten, die für ihre Arbeit ein Vermögen verlangten, da war Lews zermürbender Aufenthalt in der Rehabilitations-Klinik, der den Rest ihres Geldes verschlang, da waren die endlosen Reisevorbereitungen, der Kampf gegen die allmächtigen

OVIR-Bürokraten, da war die Zeit mit Mark, als Lew noch wie gelähmt zu Hause in seinem Bett lag, diese verrückte, verbotene Zeit, in der Assja der Rest ihrer Vernunft abhanden kam, und da waren vor allem die ständig neu aufflammenden Diskussionen über den Sinn und Unsinn der Auswanderung, welcher Assja am Ende nur wegen Mark zugestimmt hatte, aus Leichtsinn und Abenteuerlust und einem bis dahin für sie ganz unbekannten Gefühl. Das alles dachte sie jetzt, ernst, ohne Reue, und im gleichen Moment war Assjas sentimentale Vorstellung plötzlich vorüber, und das Andere, das Bessere, war wieder einmal zu Ende geträumt.

Kaum hatte Assja die Augen geöffnet, hörte sie auch schon das Telefon. Sie lag in ihrem Bett, die Arme und Hände schmerzten, und als sie sah, daß sie nackt war, nackt am hell-lichten Tag, sprang sie auf und fuhr panisch in ihre Kleider. Das Telefon läutete weiter, laut und fordernd, aber sie achtete nicht darauf, und erst nachdem es verstummt war, schlug sich Assja entsetzt mit der Hand gegen die Stirn, und kurz darauf vernahm man in der Herzl-Straße einen lauten Schrei. Der Schrei, das war Assja selbst aufgefallen, hatte diesmal etwas heller geklungen als sonst, und während sie noch darüber nachdachte, ob sie sie überhaupt verstehen konnten, lief Assja zur Terrasse hinaus. Unterwegs sah sie herüber zu ihrer Schreibmaschine, und vielleicht lächelte sie sogar dabei.

Sie hatte gerade den Kopf auf das Kissen gelegt, als das Telefon ein zweites Mal zu klingeln begann. Diesmal rannte sie sofort hin, und während sie ernst zuhörte und noch ern-ster sprach, atmete Assja immer wieder tief ein. Die Luft war kühl, feucht und roch säuerlich.

6.

Wie sollte man Mark beschreiben? Lew fand, er sei etwas zu groß geraten, in der ganzen Statur vollkommen asym-metrisch und also keineswegs schön gebaut. Die Arme flogen um seinen langen Körper herum wie Lianen, die Beine bewegten sich oft wie von selbst, als gehörten sie gar nicht zum Rumpf. Er hatte eine kräftige Nase, an der Wurzel flach, vorne dafür um so ausgeprägter, und darunter lag sein übergroßer Mund mit den übergroßen Lippen, die immer, wie bei einem Karikatur-Neger, etwas herausstanden und deren Haut sich in einem fort schälte. Marks Hosen und Jacketts – er trug nur Anzüge – wirkten einfallsreich und teuer, sie saßen trotzdem nie richtig, sie waren mal zu eng, mal viel zu weit, eben so, als hätte er sie nicht selbst gekauft, sondern immer nur von jemand anderem vererbt oder geschenkt bekommen. Und auch mit den Schuhen, die er besaß, schien etwas nicht zu stimmen, sie waren alle solide, schwer, gut gearbeitet – und zugleich stark abgetragen. Wenn man wollte, konnte man, so fand Lew, ohne Umschweife von Marks Äußerem auf sein Inneres schließen, das ebenfalls auf eine interessante Weise widersprüchlich und verworren schien. Die Frage, die Lew deshalb in Moskau unentwegt beschäftigt hatte, war gewesen, ob also Mark Goldenblatt das Gute in seinem Wesen mit den ihm eigenen lauten Gesten und schlechten Manieren aus Bescheidenheit bloß zu verdecken versuchte, oder ob ihm, ganz im Gegenteil, seine manchmal so vordergründige Nettigkeit, seine fast pathetische Sorge um andere sowie dieser mechanische Charme einzig und allein dazu dienten, einen miesen, niederträchtigen Charakter zu tarnen. Zum Schluß entschied sich Lew für die zweite Variante: Sie klang erstens realistischer, und zweitens verhalf sie Lew jedesmal wieder zu einem bequemen, herrlich wohligen Überlegenheitsgefühl gegenüber dem Mann seiner Frau. Daß es aber gerade das Schräge, Widersprüchliche in Marks Wesen war, das Assja offenbar anzog, machte Lew nichts aus, denn es diente schließlich nur seinem eigenen Ziel.

Lew dachte viel über Assjas Liebhaber nach, und so hatte er, unter anderem, auch bald herausgefunden, was für ein Karnevals-Zionist Mark Goldenblatt in Wahrheit war. Alles, was er zum Thema zu sagen hatte, klang genauso auswendig gelernt wie einst die Lügengeschichten der KPdSU-Gangster, seine Rede war mit Parolen und Losungen gespickt, und nur wenn Mark auf die Toten des Holocaust zu sprechen kam, die, wie er meinte, mit ihrem Opfer die Entstehung Israels überhaupt erst ermöglicht hatten, klangen seine Sätze etwas weniger seelenlos, und Lew bekam dann für einen flüchtigen Moment das Gefühl, Mark Goldenblatt sei vielleicht doch ein durch und durch guter, aufrichtiger Mensch – immerhin war da tatsächlich mit einem Mal so etwas wie Überzeugung und Glaube in Marks Stimme, der Anflug einer echten jüdischen Paranoia und aufrichtigen Selbstmitleids. Dies, allerdings, fand Lew, der selbstgerechte Lew, der immer über andere nachdachte, aber nie über sich selbst, im Endeffekt noch unglaubwürdiger, denn Marks Shoah-Pathos konnte nur eine Kabarett-Nummer sein, genauso lächerlich, als wenn er, der 1960 Geborene, nun plötzlich wegen Antiochus oder Vespasian in Tränen ausbrechen würde.

Aber was scherte es Lew überhaupt, ob Mark aufrichtig war oder nicht? Er selbst brauchte seine Durchhalte-Parolen ja am allernötigsten, er war längst süchtig nach Marks kitschigen, chauvinistischen Anfeuerungsrufen, die sein Gemüt manchmal in ein einziges Tal der Tränen verwandelten und dann wieder in einen Himmel voller Farben und Licht. Es spielte keine Rolle, daß Mark, der Profi-Zelot, der seinen Job in historischen Crash-Kursen und psychologischen Schulungsseminaren gelernt hatte, von Berufs wegen wußte, welches Register zu ziehen war, damit ein neuer Alijah-Fisch anbeißt. Lew lag in Moskau, am Lenin-Prospekt, in seinem Krankenbett, das Gesicht entstellt, die Glieder kaputt und zerschlagen, und ließ sich erzählen. Er wollte von Mark wissen, wie die Luft in Jeruschalajim riecht und welche Farbe der Kinneret hat, er ließ sich jedes einzelne Scharmützel aus dem Unabhängigkeits-Krieg schildern und den Tag, an dem die israelische Armee endlich die verfluchten Golan-Höhen nahm. Er konnte nicht genug über die Befreiung der Klagemauer erfahren, er war gerührt, als er hörte, daß inzwischen bereits Juden aus mehr als siebzig Ländern in ihre Heimat zurückgekehrt waren, es machte ihn stolz, daß Tel Aviv eine Großstadt geworden war, ebenso verrückt und kosmopolitisch wie Buenos Aires oder New York, er war begeistert davon, wie viele große Schriftsteller und Wissenschaftler über die Grenzen des so kleinen Landes hinaus wirkten, er hörte sich die Geschichte der israelischen Sportler an, die man 1972 in München massakriert hatte, um kurz darauf in allen Details mit der Befreiung von Entebbe und Jonis heldenhaftem Tod bekanntgemacht zu werden, und wenn dann, in einer Art Finale, Mark ernst und routiniert wieder einmal davon begann, daß der Staat Israel dafür schon sorgen werde, daß nie wieder das Schreckliche, das Unaussprechliche geschieht, spürte Lew einen widerlichen, herrlichen Schauer über seinen bandagierten Rücken laufen, und er dachte still bei sich: Gib mir noch einen Schuß, du zionistische Agitprop-Maschine, mach, daß ich dir glaube, daß mein Wille bloß nicht erlahmt!

Alles war, wie es sein sollte, und Lews Plan, der nie ein echter Plan gewesen war, sondern eher eine Phantasmagorie, die Hoffnung eines Hoffnungslosen, begann auf einmal wie von selbst Umrisse anzunehmen. Denn während Mark mit seinen israelischen Geschichten Lew immer weiter bearbeitete, während er, der perfekte Funktionärsroboter, inzwischen offenbar am allermeisten überzeugt schien, daß das Heil der Weltjudenheit allein davon abhing, ob Lew und Assja Gurjewitsch es ins Land der Väter schafften, während Mark Goldenblatt also plötzlich selbst an das Polit-Kauderwelsch, das man ihm beigebracht hatte, zu glauben anfing, still und aufgeregt erstmals die eigene Alijah erwägend, während er, davon ergriffen, Lew mit feuchten Augen versicherte, er würde ihn und Assja in Israel am Anfang finanziell unterstützen und ihnen auf diese Weise den Start in das neue, das bessere Leben erleichtern, gleichwohl er, wie er noch etwas gerührter hinzufügte, wisse, daß er auch so das, was Lew für ihn getan hatte, nie wiedergutmachen könne – während Mark nun erstmals sich selber sowie seine Arbeit zu lieben begann und

Lew natürlich irgendwie auch, entdeckte er, beinah automatisch, Assja.

Wie das Ganze angefangen hatte, wußte Lew nicht, es war wohl zu der Zeit gewesen, als er noch im Krankenhaus lag. Lew wußte nur, daß Mark, der bereits am Tag nach dem Zwischenfall im *Lermontow* nach Frankfurt zurückgeflogen war, kurz darauf wiederkam, ihn in der Klinik besuchte und sich schließlich bei ihnen zu Hause einquartierte. Er blieb ein paar Tage, ließ sich immer wieder in der Klinik sehen, reiste ab und kehrte dann, innerhalb der nächsten Monate, noch dreimal nach Moskau zurück. Er machte nicht auf Samariter, das nun wirklich nicht; er tat nicht so, als wäre er allein wegen Lew plötzlich so oft in Moskau. Statt dessen erklärte er, es hätten sich für ihn neue Kontakte zu russischen Firmen ergeben und so nutze er jede Gelegenheit, um die geschäftlichen Interessen mit seinen privaten zu verbinden, um also so oft wie möglich bei jenem Mann zu sein, der ihm das Leben gerettet hat.

Marks Geschichten! Lew war gerade erst eine Woche wieder zu Hause, als er in der Nacht aus Assjas Zimmer Stimmen hörte. Es war eine Qual, eine zehnminütige Qual, die er durchstehen mußte, bis er sich, auf den Stock gestützt, endlich bis vor Assjas Tür geschleppt hatte, und dort stand er dann an die Mauer gelehnt, darauf bedacht, daß man sein Gesicht in dem kleinen runden, mit Jugendstilblumen verzierten Türfenster nicht sah. Zuerst war da nur Assjas gurgelndes, zwitscherndes Lachen gewesen, das Lachen verwandelte sich schnell in einen ernsten, verzweifelt langgezogenenen Laut, und schließlich verstummte dieser Laut, und Mark sagte, Assja solle nur mutig sein, sie solle mit ihrem Mann ausreisen, denn das sei die einfachste, die fairste Lösung. Sie solle vorfahren, und später, wenn Lew wieder gesund sei und er, Mark, in Deutschland seine Angelegenheiten geregelt und sich einen Job in Israel besorgt hätte, würde er nachkommen, um sie zu sich zu holen. »Ich mache dich zur glücklichsten Frau des Nahen Ostens«, flüsterte Mark auf Jiddisch, er wiederholte diesen Satz noch zwei-, dreimal, und während Lew triumphierend lächelte, während sich die Faust, mit der er gerade noch krampfartig seinen Stock umfaßt hatte, ganz allmählich zu lockern begann, verstummte das Gespräch in Assjas Zimmer, und die Melodie, die Lew jetzt vernahm, diese seufzende, verzweifelte Melodie von Liebe und Gewalt rührte den glücklichen Hahnrei so sehr, daß er, ohne nachzudenken, den Kopf langsam wie ein Dieb vor das kreisrunde Türfenster schob.

Er spähte kurz in das hellerleuchtete Zimmer hinein, zuckte zurück, dachte nach, und dann, wie von Sinnen, brachte er sich wieder in die vorteilhafteste, unvorsichtigste Beobachtungsposition. So stand er im dunklen Flur, nur der gelbliche Lichtstrahl, der aus dem Zimmer drang, beleuchtete sein verbundenes Zombie-Gesicht, und da konnte er sich nicht mehr zurückhalten, er blickte auf und sah Assja, auf allen vieren, in ihrem Bett, das Gesicht in den Decken vergraben. Hinter ihr kniete Mark, der Lügner und Helfer und Held, seine Hände lagen auf Assjas Rücken, seine übergroßen Lippen waren leicht geöffnet, seine verschlafenen Augen geschlossen, und er machte schöne, beinah flüssige, nach Harmonie trachtende Bewegungen. Lew fixierte Marks Augen, er sah ihm unverwandt und voller Ungeduld ins Gesicht, er konnte den Blick von ihm einfach nicht fortreißen, und als Mark nun langsam die Augen zu öffnen begann, starrte Lew ihn immer weiter an, er lächelte ihm zu, und Mark, der nur für den Bruchteil einer Sekunde erschrak, machte – so als habe er verstanden und wie zur Bestätigung – ein paar wilde, heftige Stöße. Kurz darauf wurde er richtig gemein, seine Bewegungen schienen auf einmal vollkommen unverfroren und selbstsüchtig, die Hände rutschten an Assjas Rücken hinunter, sie kneteten das Fleisch und die Haut unter sich, und egal, ob es Lew hinterher nur so vorkam oder ob es tatsächlich so gewesen war, daß Mark jetzt auch noch geringfügig die Position wechselte, um Assja das Verbotene anzutun – dies jedenfalls war ganz absolut und hundertprozentig der Augenblick, da Lew – ein halbes

Jahr später, dreitausend Kilometer südlich vom Lenin-Prospekt entfernt – im Schlaf »Jiden helft! « zu schreien begann. So zumindest dachte er es sich, ach was, nein, er war vollkommen überzeugt davon, daß genau dieser eine schrecklichschöne Moment seines Moskauer Verrats es gewesen war, der seit Wochen schon als Situation Nummer zwei in seinen Haifaer Alpträumen herumspukte. Und wenn nicht, dann hätte er es doch trotzdem, Teufel noch mal, wirklich verdient. Schließlich, das hatte Lew irgendwann kapiert, lebte man einzig und allein, um im nachhinein überprüfen zu können, ob alles einen Sinn gehabt hat, und die Zukunft war immer nur Teil der Vergangenheit.

7.

Zweimal hatte Mark noch angerufen, zweimal hatte er seinen angekündigten Besuch verschoben, und dabei klang seine Stimme jedesmal noch ein bißchen freundlicher und erwartungsvoller. Assja wunderte sich zwar, daß er es am Telefon immer so eilig gehabt hatte, daß er sie nie ausreden ließ und daß er – von den finanziellen Angelegenheiten, die sie besprachen, abgesehen – gar nicht wissen wollte, wie es Lew und ihr ging. Aber darüber machte sie sich keine Gedanken, sie hatte plötzlich, das erste Mal, seit sie in Haifa angekommen war, das Gefühl, als habe alles seine Richtigkeit, und das genoß sie so sehr, daß sie das neue Wohlbefinden nun mit aller Macht gegen ihre andern, gegen die schwarzen russischen Gefühle, wie sie selbst sie nannte, zu verteidigen begann. Jeden Tag saß Assja jetzt an ihrer Schreibmaschine, auf die Terrasse ging sie nur, um schnell, zwischen zwei Absätzen, eine Zigarette zu rauchen. Sie kaufte ein und kochte, sie ging wieder in den Ulpan, sie putzte die Wohnung, sie strich eigenhändig die Wände in der Küche neu und ließ dort ein schönes, hellblaues Linoleum legen. Sie lächelte am Morgen, und sie lächelte am Abend und sagte dabei immer wieder zu sich selbst, dies alles habe nichts mit Mark und seinem Zögern zu tun. Und um es sich zu beweisen, schlief sie wieder mit ihrem Mann Lew, und die Tränen, die sie dabei vergoß, nannte sie Tränen des Glücks.

Eines Nachts, als Lew bereits eingeschlafen war, lag Assja noch lange wach. Der Lärm, der von der Straße hinaufdrang, störte sie nicht, sie mochte heute die heißen, hohen Stimmen der Händler, ihr Lachen und ihre Flüche. Als dann unten eine neue Schlacht begann, als Assja das Zerplatzen der Melonen auf dem Bürgersteig vernahm und dazu ein vielstimmiges Gelächter, mußte auch sie lachen. Sie stützte sich im Bett auf und sah zum Fenster, wo hinter den halbgeschlossenen Rolläden ein großer, goldener Mond hing. Der Mond blendete sie, und so senkte Assja schnell den Blick, sie drehte die Augen vom Fenster weg und richtete sie auf Lew, und als sie dann, durch das Halbdunkel des Zimmers noch stärker konturiert, Lews Fratze erblickte, mit all ihren Hautüberlappungen, Narben und merkwürdig dunklen, rötlichen Flecken, begann sie dieses Schlachtfeld von Gesicht zu streicheln, so sanft und vorsichtig sie nur konnte. Lews Schlaf war nun auch der ihre, und ihre Gedanken meinten nur ihn.

Nein, Assja hatte nie wirklich verstanden, was ihren Mann antrieb, warum er was tat und wer er überhaupt war. Als er sie damals zur Heirat zwang, als er ihr, beim Ball im *Haus der Schauspieler*, gleich bei ihrer ersten Begegnung, erklärte, sie müsse seine Frau werden, denn ohne sie könne er nicht sein, und er wisse genau, er habe auf sie und nur auf sie gewartet – als also damals der berühmte, strahlende, aufreizende Lew Gurjewitsch wie ein Amokläufer über sie herfiel, war Assja schockiert. Sie war gelähmt und glücklich, und sie hatte – wenn sie ehrlich mit sich war – nie darüber nachgedacht, was er ihr bedeutete. Sie begriff seinen Ruhm, sie verstand seine Schönheit, und das hatte ihr dann auch genügt, um bereits eine Woche später ja zu sagen. Ach, was waren das für Jahre und Monate gewesen, Jahre und Monate, in denen sie durch ihn mit den größten Künstlern des Landes zusammengetroffen war, mit klugen Männern und weisen Frauen, mit Angebern und Schwätzern, mit Wichtigtuern und Clowns, mit Malern, mit Regisseuren und Schriftstellern! Erst allmählich begann Assja zu verstehen, daß Lews Welt, die Welt der Inspiration und des schamlosen Genusses, eine Welt von Menschen war, die sich alle gegenseitig insgeheim haßten und die zugleich dennoch imstande waren, nächtelang miteinander zu saufen, zu reden, zu weinen. Vielleicht, dachte Assja zum Schluß immer öfter, war es genau dieses Lügen, das sie so groß machte, vielleicht mußte man als Künstler immer anders handeln als sein.

Eine Einsicht, die Assja gefiel, es war eine gute, befeuernde Einsicht, und kaum nahm Assja sich vor, sie auch für sich selbst zu verinnerlichen, bemerkte sie, daß ihre Liebe zu Lew sofort ernstere Züge anzunehmen, sich in eine eindeutige Angelegenheit zu verwandeln begann. Was aber geschah dann? Es war nun Lew, der plötzlich auf seine Künstlerfreunde schimpfte, es war der Verdiente Schauspieler der UdSSR Lew Gurjewitsch, der Assja Abend für Abend wütende Vorträge über den narzißtischen Wahnsinn dieser selbsternannten Menschen-Erlöser hielt, die glaubten, eine gute Miene, ein schöner Satz setzten die tausendbödige Wirklichkeit problemlos außer Kraft, und die dabei nicht einmal bemerkten, daß die Wucht ihres Ruhms und ihrer Talente allein aus der Macht der Partei erwuchs, einer Partei, die vielleicht etwas von Panzern und Landwirtschaftsmaschinen verstand, doch gewiß nichts von Eingebungen und Gefühlen.

Assja hielt sich erschrocken die Hand vor den Mund und schwieg. Ihre Verwirrung konnte nun nicht mehr größer sein, und als Lew dann immer häufiger Rollen auszuschlagen begann, als er sich weigerte, auf privaten Feiern wichtiger Parteileute als Conférencier aufzutreten, als er, statt mit seinen alten Freunden nächtelang zu trinken, plötzlich über Hebräisch-Grammatiken und jüdischen Geschichtsbüchern saß, da begann Assja das erste Mal zu überlegen, wer er ihr überhaupt war. Denn während sie selbst sich plötzlich auf dem

Sprung nach oben befand, tat er alles, um das bis dahin Erreichte zu verlieren, und wenn er ab und zu dennoch bei einer Produktion mitmachte, um leichtfertig und souverän seine Rolle als weicher, verlogener Frauenheld zu geben, für die man ihn in Rußland so liebte, dann tat er es offenbar nur aus finanziellem Grund. Oder vielleicht doch nicht? Manchmal schien es Assja, als ob es Lew – egal, wie laut er von der jüdischen Sache und der Auswanderung tönte – eben doch nicht so leichtfiel, seine Vergangenheit fahren zu lassen, manchmal dachte sie, daß Lew längst wieder zu seinem alten Leben zurückwollte, aber vielleicht täuschte sie sich ja auch. Doch was spielte das noch für eine Rolle, ihre Verwirrung wich nun einer neuen, furchtlosen Siegesgewißheit, sie wußte, sie brauchte Lew nicht mehr; und als dann Iwan Michalytsch anrief und sagte, er wolle ihre Sachen drucken, dachte Assja immer nur diese fünf falschen, aufrechten Worte: Das Ziel ist das Ziel ...

Ach, Lew, Ljowa, mein Herz! Wie dumm bin ich gewesen! Und wie sehr hattest du recht gehabt! Assja fuhr mit den Fingern über Lews schlafendes Gesicht, sie umkurvte die harten, schorfigen Stellen, und sie verharrte dort, wo die Haut weich und aufgedunsen war. Sie blinzelte ins grelle Mondlicht hinein, sie konzentrierte sich kurz auf die immer leiser werdenden Stimmen der Händler, sie fühlte Wärme in sich aufsteigen und eine neue, frische Neugierde, die Neugierde auf den kommenden Tag, und als sie dann plötzlich – sie wußte selbst nicht wieso – begriff, daß Mark nicht kommen würde, weil er ein Feigling und Geizkragen war, ein Frauenverächter, ein Weichei, ein gottverdammter deutscher Luxusjude eben, da machte Assjas Herz einen Sprung, und sie spürte in all ihren Gliedern das Gefühl von Erleichterung. Ein neuer Wärmestrom wanderte durch ihren ganzen Körper, und als der Schauer erneut ihre Fingerspitzen erreichte, hörte Assja ein Rascheln und Knistern, sie drehte den Kopf zu Lew und sah von der Seite zu ihm herunter. Im ersten Moment glaubte sie an eine Sinnestäuschung, aber es war alles ganz wahr und ganz echt, und die handtellergroßen Insekten, die über Lews Gesicht krochen und an seinen Narben zogen und herumfuhrwerkten, berührten mit ihren warmen Bäuchen nun auch ganz deutlich Assjas Finger und Assjas Hand. Kaum hatte Assja begriffen, was vorging, da federte Lew von seinem Lager hoch, er schrie »Jiden helft!« und schlug sich dabei wie ein Flagellant mit den Händen gegen das Gesicht, worauf Assja selbst zu schreien begann, und der Schrei, der sich nun ihrer Kehle entwand, klang sehr schön und sehr fremd, und sie war sicher, er bliebe nicht ohne Antwort.

8.

An dem Tag, als Assja verschwand, war Lew ohne sie zum Hebräisch-Unterricht gefahren. Sie hatte über Kopfschmerzen geklagt, unter ihren Augen waren große schwarze Ringe gewesen, und kaum hatte sie sich am Vormittag an ihre Schreibmaschine gesetzt und ein paar Zeilen getippt, sprang sie schon wieder auf und begann in ihrem Zimmer auf und ab zu laufen. Dann fegte sie mit einer Handbewegung alle Papiere vom Tisch, und als Lew später das Haus verließ, saß sie auf der Terrasse, das Gesicht in ihr Kissen gebettet. Doch Lew achtete nicht auf Assja, er war im Gegenteil sogar froh, daß sie ihn heute nicht begleiten würde. Er wollte später wieder einmal allein an den Strand fahren, und für sie beide hätte das Fahrgeld nicht gereicht.

Im Ulpan blieb Lew nur die ersten zwei Stunden. In der Pause verschwand er, ohne sich abzumelden, er lief zum Sderot Moriah, kaufte sich an seinem Lieblingsstand Falafel und sprang in den Bus. Während der Fahrt sah er ständig zum Fenster hinaus und verglich auf sämtlichen Reklame- und Geschäftstafeln die hebräischen und lateinischen Lettern miteinander. Der scharfe, heiße Wind schnitt ihm ins Gesicht, der Geruch von gebrannten Sonnenblumenkernen und Abgasen sammelte sich in seiner Nase, Lew lächelte selig vor sich hin, und als er dann, noch immer aus dem Fenster blickend, entdeckte, daß im *Chorev*, in einer Nachmittagsvorstellung für russische Immigranten, einer seiner frühen Filme lief, stieg das erhabene Triumphgefühl eines Mannes in ihm hoch, der die eigene Bescheidenheit für seine allerhöchste Tugend hält. Über dem Eingang des Kinos hing ein großes buntes Schild, und neben dem hebräischen Titel hatte der Maler Lews Porträt und das seiner damaligen Partnerin gezeichnet. Lew sah auf dem Bild sehr blond und sehr jüdisch aus, und das gefiel ihm sehr gut. Er betrachtete eine Weile interessiert das Plakat, doch dann fiel ihm plötzlich etwas ein. Er schüttelte wie jemand, der einen abwegigen Gedanken verscheuchen möchte, den Kopf, und im gleichen Augenblick verschwand das *Chorev* aus seinem Blick.

Der Bus hatte inzwischen das Zentrum verlassen, er umfuhr, am machtvollen Bahai-Tempel vorbei, den südlichen Teil der Stadt, er preschte die Serpentinen hinab und bog schließlich an der Schnellstraße nach Tel Aviv nach links ab, um wieder zwei, drei Kilometer nordwärts zu fahren. Dann ging es erneut in eine scharfe Linkskurve, von der Schnellstraße weg, und sie fuhren nun eine Weile durch ein verlassenes Industriegelände. Die Straße war eng und unbefestigt, überall lag Sand und Geröll, und man hörte von unten Steine gegen die Karosserie schlagen. Schließlich wurde die Straße wieder breiter, die verrotteten Fabrikgebäude und Lagerhallen traten zurück und gaben den Blick frei aufs Meer.

Das Meer war dunkelgrün, fast grau, der Himmel darüber bedeckt, und hinten, am Horizont, stand ein weißer, schimmeliger Dunst über dem Wasser. Lew stieg aus dem Bus und hob den Blick. Über ihm, hoch in der Luft, hingen Hunderte weißer Sonnenfäden. Er kletterte über die Abgrenzung und lief barfuß zum Wasser hinunter. Der Sand glühte, aber das war Lew egal, er freute sich auf das Wasser, auf die Wellen, auf die Farben des Meers. Er hatte sich bereits bis auf die Badehose ausgezogen, als ihm erneut der Gedanke von vorhin durch den Kopf schoß. Er sprang in seine Kleider, rannte zur

Haltestelle zurück und erwischte den Bus noch, der gerade in Richtung Zentrum abfuhr.

Assja war tatsächlich nicht mehr da. Sie hatte, außer ein paar Kleidungsstücken, nichts mitgenommen, alles stand noch auf seinem Platz, auch die Blätter, die sie am Vormittag in ihrem Zimmer herumgeworfen hatte, lagen nun wieder, fein säuberlich sortiert, neben der Schreibmaschine. Lew setzte sich hin, er verschränkte die Arme im Genick, dann beugte er sich vor und begann Assjas Geschichte zu lesen. Als er fertig war, stand er auf, er ging in die Küche, er atmete konzentriert ein und aus, doch die Luft roch ganz klar und sauber. Schließlich überprüfte Lew noch den kleinen Wandschrank im Flur, aber auch dort war alles in Ordnung, und so ging er zurück in die Küche und nahm aus dem Eisfach die Wasserflasche heraus. Nachdem er getrunken hatte, fuhr er sich ein paarmal über sein häßliches Gesicht, er setzte sich auf den Küchenstuhl, und dort saß er noch eine Weile, ungerührt, und nur seine Beine zitterten ganz leicht. Später dann, am Telefon, erfuhr Lew von Assja, was geschehen war, und als sie ihn zum Schluß fragte, ob er noch mit Mark sprechen möchte, sagte er nein.

MARCELO BIRMAJER

Am geschlossenen Sarg

Der Tag war vergangen, ohne daß ich meine Literaturbesprechung zustande gebracht hätte. Eigentlich hatte ich das Buch gleich am Morgen lesen wollen, in den drei Stunden des Vormittags, um am Nachmittag den Artikel zu schreiben. Aber als der Abend anbrach, war ich gerade einmal mit der Lektüre fertig geworden, und das nur, weil ich etliche Seiten übersprungen hatte.

Ich lege großen Wert darauf, ein Kritiker zu sein, der die Bücher ganz liest, bevor er sie rezensiert; und wenn ein Buch so zäh ist, daß ich von diesem Grundsatz abrücke, dann rezensiere ich es einfach nicht. Allerdings konnte ich in diesem Fall dem Autor nicht die alleinige Schuld zuschieben, daß sein kurzer Roman sich nicht in einem Zug lesen ließ. Seit einigen Monaten schon bemerkte ich an mir eine gewissermaßen symbolische Schrulle: Egal, wie gut oder schlecht ein Text war, es kostete mich mehr, ihn zu lesen, wenn man mich dafür bezahlte.

Dieses Buch hier war nicht schlecht, aber man merkte ihm an, daß der Autor die Kontrolle über eine Erzählung verloren hatte, aus der schließlich ein Kurzroman geworden war. Der Verlag verkaufte es ohne Wenn und Aber als einen Roman. Doch das änderte nichts daran, daß dies keine lange Erzählung war, sondern eine lang gewordene, und dieser kleine Unterschied machte sich letztlich doch bemerkbar, nicht zum Vorteil des Buchs. Es hieß *Osmanys Frau* und handelte von einer Witwe, die sich an die Polizei wendet, nachdem sie mehrmals mitten in der Nacht heftige Hammerschläge aus der Wohnung unter ihr gehört hat. Der Vorfall erwächst zu einer Kriminalgeschichte mit Mordfall, Rätseln und – nichts sei ausgeschlossen – Gespenstern.

Soeben, es war fast Mitternacht, hatte ich mich endlich in konzentrierter Kritikerverfassung an das Buch gesetzt, da mein Sohn nun eingeschlafen war. Und auch jetzt mußte ich immer noch eine gute halbe Stunde warten, bis meine Frau sich abgeschminkt und ins Bett gelegt hatte und ich die ersten Wörter in die Tastatur tippen konnte, ohne unvermutete Geräusche befürchten zu müssen.

Aber es hatte noch nicht ein Uhr geschlagen, da begann irgendwer in unserem Haus, vermutlich sogar genau in der Wohnung unter uns, mit diskreten Umräumarbeiten, so daß ich mir vorkam wie in einer phantastischen Erzählung: Ich hörte Möbel rücken, umfallende Stühle, hin und wieder auch das Schlagen eines Hammers. Vielleicht ein Umzug, oder eine Reparatur zu unpassender Stunde (wer hellwach ist, vergißt gern, daß die anderen schlafen). Oder einer der Hausbewohner wurde gerade Opfer eines Raubmordes. Wie auch immer, an Schreiben war nicht mehr zu denken. Den Inspirationssegen, mit dem die nächtlichen Stunden alle Arbeitswütigen belohnen, die dem Schlaf entsagen, machte dieser außerplanmäßige Höllenkrach zunichte.

Ich schaltete den Computer aus, nahm ein Heft, einen Bleistift und flüsterte meiner schlafenden Frau zu, daß ich in eine Bar umziehen würde, um meine Arbeit zu Ende zu bringen. Aufgeschreckt fuhr sie hoch und murmelte, als würde sie einem Geschöpf aus ihrem Traum antworten.

Für alle Fälle riß ich ein Blatt aus dem Heft, formulierte darauf meine Nachricht noch einmal schriftlich und legte es neben der Tür auf den Boden.

Seit ich verheiratet war, ging ich üblicherweise nicht mehr um diese Uhrzeit aus dem Haus, schon gar nicht in eine Bar. Aber ich hatte keine andere Wahl: Am nächsten Nachmittag mußte ich meinen Artikel abliefern, vormittags warteten alle möglichen Verpflichtungen auf mich, und bei diesem Lärm konnte ich unmöglich schreiben.

Als ich noch allein lebte, konnte es durchaus vorkommen, daß ich mitten in der Nacht beschloß rauszugehen. Ich litt unter so etwas wie Panikattacken, die ich nur überwand, wenn ich meine einsame Behausung verließ und irgendwohin ging, wo ich andere Gesichter oder Autos sah und also am mehr oder minder normalen Treiben teilhatte. Mit Ehe und Vaterschaft war ich Gott sei Dank ausgeglichener geworden.

Ich schlenderte durch mein Viertel, nichts Böses ahnend, und steuerte eine 24-Stunden-Snackbar Ecke Agüero und Rivadavia an. Erstaunlicherweise verschonte mich die drückende Melancholie, die meine Rückkehr zu den Gepflogenheiten aus fernen Tagen hätte mit sich bringen können, damals, als ich noch ein Einzelkämpfer mit seinen Krisen war. Statt dessen erfüllte mich die sanfte Euphorie des Ehemanns, der ein winziges Stückchen Freiheit entdeckt, das er gar nicht mehr für möglich gehalten hätte. Ich nahm eine große Dose Bier, eine Tüte Chips und setzte mich hinter eine Dreiergruppe junger Mädchen. Ihr Quatschen brachte mich nicht aus der Konzentration; im Gegenteil, ich begann, fieberhaft zu arbeiten, und indem ich immer wieder zu ihnen aufsah, fand ich die notwendige Ablenkung, bevor ich einen Absatz korrigierte oder den nächsten begann. Mir ging es so gut, daß ich das Buch besser behandelte als es verdiente. Das Bier tat sein übriges.

Da trat ein Herr an meinen Tisch und lächelte.

Er streckte mir die Hand hin.

Für einen Augenblick dachte ich: »Der Autor.«

Nach den Hammerschlägen aus meiner Nachbarwohnung hätte diese weitere Koinzidenz meinem Leben einen neuen logischen Kurs geben können. Aber ich stellte sofort erleichtert fest, daß das Buch die ganze Zeit über umgekehrt auf dem Tisch gelegen hatte und daß der Mann aus einer Richtung auf mich zukam, aus der er unmöglich gesehen haben konnte, was ich gerade las.

Der Mann sprach mich mit meinem Namen an und fragte, ob ich es sei.

Ich sah ihn verdutzt an, bevor ich ausrief: »Pancho!«

Es war Pancho Perlman.

Er lächelte. Wie dick auch immer er war, sein Gesicht schien jedenfalls fast zu platzen. Ein feister, schweinsäugiger Kloß. Er mußte drei oder vier Jahr älter sein als ich (die Zeitspanne, die zwischen uns lag, las ich aus seinem Gesicht ab, auch ohne unsere Geburtsdaten zu kennen).

Es war keine große Leistung, daß ich mich an seinen Namen erinnerte, bei diesem Namen: Unter Juden gab es nicht viele Franciscos mit Spitznamen Pancho, so daß er im Jüdischen Club, wo wir uns kennengelernt hatten, der einzige gewesen war.

Aber manche Merkmale überlagern alles andere. Pancho Perlmans Vater hatte Selbstmord begangen, als Pancho noch ein Kind war. Und als auch ich noch ein Kind war.

Ich weiß nicht warum, aber ich hatte an der Totenwache teilgenommen. Einer jüdischen Totenwache, am geschlossenen Sarg. Ich erinnerte mich an eine cremefarbene Decke mit einem aufgestickten Davidstern in der Mitte, die über den Sarg gebreitet war. Ich erinnerte mich auch daran, daß diese Decke an einer Ecke ein Brandloch von einer Zigarette hatte, was ich damals für ein Zeichen hielt, daß der Mann ein Selbstmörder war.

Ich fragte meine Eltern nicht danach, aber ich lebte jahrelang in dem festen Glauben – still und innig –, daß man einen Juden, der Selbstmord beging, nicht nur an der Mauer des Friedhofs begrub, sondern daß man zusätzlich in die Sargdecke mit einer Zigarette ein Loch brannte.

Ich glaube, ich habe mich erst von diesem häretischen Gedanken befreit – wenn überhaupt –, als ich zu einer erschütternden Totenwache gehen mußte, nachdem sich einer meiner Freunde in der Blüte seiner Jahre, in der Blüte seines Erfolgs und insgesamt seines Lebens umgebracht hatte. Nie habe ich erfahren, warum.

Genausowenig habe ich jemals begriffen, warum sich Pancho Perlmans Vater getötet hatte.

Ich bat Pancho an meinen Tisch und begann pflichtbewußt, Gedanken und Wörter zusammenzuklauben, die ihm begreiflich machen sollten, daß ich am nächsten Tag einen Artikel abliefern mußte. Obwohl wir uns zwanzig Jahre nicht gesehen hatten, obwohl ich bei der Totenwache seines Vaters dabeigewesen war, obwohl wir uns so viel zu erzählen hatten und der Zufall uns wie ein Heiratsvermittler einander zugeführt hatte, war ich gezwungen, ihm zu erklären, daß ich für meine Familie Geld verdienen mußte und daß ich dieses Geld nur verdiente, wenn ich mit meiner Arbeit fertig wurde.

Wir alle, die wir nicht Selbstmord begehen, Pancho, dachte ich mit einer Grausamkeit, die mich erschreckte, müssen unseren Pflichten nachgehen.

»Ich lese alles von dir«, sagte er zu mir. »Du bist einer der wenigen Journalisten, die mich interessieren.«

»Vielen Dank«, sagte ich. »Man tut, was man kann.«

»Ich hole mir einen Kaffee«, sagte er.

»Warte ...«, fing ich an.

Aber Pancho steuerte schon zur Theke. Eine Minute später war er mit einem Kaffee in der Hand zurück.

»Du darfst also nicht schreiben, was du willst, nein?«

»Ganz und gar nicht«, sagte ich. »Aber jetzt muß ich einen Artikel fertigschreiben.«

»Jetzt, sofort?« fragte er ungläubig.

»Jetzt, sofort«, bekräftigte ich. »Und was machst du hier?«

Pancho antwortete nicht gleich.

Nach einer Weile, immer noch unsicher, ob er sich mir erklären sollte oder nicht, rückte er heraus: »In manchen Nächten halte ich es nicht allein zu Hause aus.«

Das Bekenntnis erweichte mich. Ich hätte darauf beharren sollen, daß ich arbeiten mußte, aber ich brachte nicht mehr die Kraft auf, Pancho ernsthaft zu bitten, unsere Begegnung aufzuschieben.

»Bist du verheiratet?« fragte er mich.

»Ja, und ich habe einen Sohn«, sagte ich.

Pancho hatte den Kaffee auf meinem Tisch abgestellt, aber er fühlte sich immer noch nicht ausreichend eingeladen.

»Setz dich«, gab ich auf. »Und du?«

Pancho quetschte seine Kilos, so gut es ging, zwischen die Bank und den Plastiktisch. Ein himmelblaues Hemd, das straff in der Hose steckte, hielt seinen Bauch zusammen; er trug abgetragene Jeans und ungeputzte braune Wildlederschuhe.

Auch diese Frage beantwortete er nur zögerlich.

»Bei mir ist alles nicht so einfach«, sagte er schließlich. »Ich war zweimal verheiratet und habe von der schlimmeren der beiden zwei Kinder.«

»Wie alt sind sie?« fragte ich.

»Sieben und neun«, sagte er. »Aber meine Exfrau will nicht, daß ich sie sehe.«

Während des Schweigens, das sich nach der Eröffnung seines Dramas ausbreitete, beschloß ich, Pancho so lange zuzuhören, wie er wollte, und danach meine Buchbesprechung fertigzuschreiben, wie spät auch immer es dann sein mochte. Ich würde gerade noch rechtzeitig nach Hause kommen, um meinen Artikel in den Computer zu tippen und ein paar Stunden zu schlafen, bevor ich morgen zu meinem ersten Termin antreten müßte. Ich brauchte einen anständigen Kaffee.

»Ich hole mir einen Kaffee«, teilte ich ihm mit.

Pancho nickte. Auf seinem Gesicht breitete sich ein sonderbar glückseliges Lächeln aus. Es war die Erleichterung eines Einzelkämpfers in der Krise, der mitten in der Nacht einen Gesprächspartner gefunden hatte.

Auf meinem Weg zur Kasse dachte ich über Panchos einfaches Gemüt nach. Sancho, wie Sancho Pansa, so müßte er eigentlich heißen. Er war immer schon ein einfach gestrickter Mensch gewesen. Seine Gefühle, seine Sehnsüchte verrieten ihn, noch bevor er sie in Worte fassen konnte. Die Aufgedunsenheit seines Gesichts hatte seine Mimik noch eindeutiger gemacht.

In meiner Familie traten Leidenschaft und Schmerz nicht so einfach nach außen. Jeder in meinem Familienclan verfügte über ein ausgefeiltes Mienenspiel, das auf das jeweilige Gegenüber abgestimmt war, ohne jedoch allzuviel mit dem tatsächlichen Empfinden, ob Trauer oder Freude, gemein zu haben. Vorn die Gesichtsgymnastik, dahinter die Worte. Und dann erst kamen unsere Tragödien oder Glücksmomente, die weder uns Familienangehörigen noch einem Außenstehenden jemals offenbart wurden. Niemand ist so intelligent, daß er sein eigenes Empfinden vollständig erfassen könnte, und meine Familie hätte sich niemals eine Äußerung erlaubt, die nicht intelligent gewesen wäre oder ein Phänomen nicht mindestens zu drei Vierteln erfaßt hätte.

Perlmans waren nicht unbedingt ärmer als wir; jedoch entschieden einfacher und weniger gebildet. Das höchste der Gefühle war für sie Wiener Schnitzel mit Pommes frites, und Pudding zum Nachtisch ihr größter Traum. Für sie waren wir »geschmäcklerisch«, nur weil wir noch andere Fische aßen als immer nur Seezungenfilet. Betty Perlman kleidete sich sehr schlecht und drängte meine Mutter andauernd, mit ihr Kleider zu tauschen. Das Ergebnis war, daß meine Mutter unentwegt Kleider an Betty verlieh und sich selbst hin und wieder eines aufschwatzen ließ, das dann im Schrank hing und kurz vor der Rückgabe ein paar Knitter zugefügt bekam, damit Betty die Schmähung nicht bemerkte. Natalio Perlman war anders als mein Vater praktizierender Jude, doch in der jüdischen Kultur kannte er sich weit weniger aus.

Wir waren keine ausgesprochen feinen Leute, wir gehörten ohne Frage zur Mittelklasse; Perlmans hingegen zählten eher zu jener schwer definierbaren Art Leute, deren Grundbedürfnisse gedeckt sind, ohne daß sie einen Sinn für andere Bedürfnisse entwickeln. Mit einer guten Portion italienischer Theatralik und jüdischem Überschwang machten sie aus jedem Essen ein lautstarkes Spektakel und aus jeder Unterhaltung eine Aneinanderreihung von Gemeinplätzen, kurzum, sie waren seicht.

Und trotzdem, trotzdem … Perlmans lachten. Nicht das mechanische Wiehern meines Vaters oder das zurückhaltende Glucksen meiner Mutter. Sie lachten frei heraus. Sie lachten über einen dummen Witz, genauso wie sie über irgendein

Mißgeschick lachten, das einem von ihnen passiert war. Natalio und Betty Perlman küßten sich auch. Sie unternahmen Reisen und ließen die beiden Kinder bei den Großeltern. Manchmal brüllten sich Betty und Natalio Perlman auch vor unseren Augen an; und meine Mutter sagte zu mir: »Da hast du's – Küßchen hier, Küßchen da, aber in Wirklichkeit hassen sie sich.«

Ich habe mich nie getraut, ihr zu erwidern: »Nein, sie hassen sich nicht. Liebespaare schreien sich auch mal an und streiten. Wenn sich jemand haßt, dann du und mein Vater; ihr küßt euch nicht, und ihr streitet euch auch nicht.«

So eine Bemerkung wäre auch vermessen gewesen, da ich die Paare kaum kannte: weder meinen Vater und meine Mutter noch Betty und Natalio.

Und ebenso wenig weiß ich heute über meine Beziehung zu meiner Frau, und ich glaube, daß auch Pancho nicht genau hätte sagen können, warum er sich von seiner Frau getrennt hatte und warum sie ihm ein Treffen mit seinen Kindern verweigerte.

»Warum hast du dich getrennt?« fragte ich ihn, als ich mit dem Kaffee zurückkam.

»Kennst du die Lubawitscher?« fragte er mich.

»Ja«, sagte ich. »Sie kommen sogar in einer Erzählung von mir vor.«

Die Lubawitscher waren »Musterjuden«, sie vertraten die Vorstellungen der Orthodoxen und griffen zu den Methoden der Reformierten: Sie schickten mit Megaphonen ausgestattete Lieferwagen durch die Straßen und organisierten Veranstaltungen, und am liebsten hätten sie jedem Passanten angesehen, ob er Jude war oder nicht, um ihn gegebenenfalls zum Beten zu ermahnen oder ihm gleich die Tefillin anzulegen.

»Dann hast du jetzt Stoff für noch eine Erzählung«, sagte Pancho. »Meine Frau ist eine Lubawitscherin geworden. Ich war immer ein überzeugter Jude, wir haben alle Feste zu Hause gefeiert. Aber meine Frau hat es übertrieben. Sie schor sich den Kopf, trug Röcke bis zum Knöchel und drängte mich, den Jungen Schläfenlocken wachsen zu lassen. Kannst du dir das vorstellen? Ich habe es nicht mehr ausgehalten. Ich bin Jude aus voller Überzeugung, aber auch ich habe meine Tradition. Meine Tischsitten. Jetzt reden die Lubawitscher meiner Exfrau ein, daß meine Kinder mich nicht mehr sehen dürfen.«

Fast hätte ich ihn gefragt: »Und was sagen deine Eltern dazu?« Aber da erinnerte ich mich, daß Natalio Perlman nicht mehr unter den Lebenden war.

»Und deine Mutter?« fragte ich.

»Sie ist am Boden zerstört«, sagte er. »Sie sagt, daß sie nicht mehr leben will. Jetzt versuche ich schon, mich mit meiner Exfrau so zu einigen, daß die Kinder wenigstens einmal in der Woche zu meiner Mama dürfen, damit ich nicht mehr jedesmal um sie betteln muß.«

»Du siehst sie also doch so oft?«

»Sooft ich kann«, sagte Pancho.

Und damit trank er den Rest kalten Kaffees, der noch den Boden seines Plastikbechers bedeckt hatte.

Pancho Perlman, der Junge aus einfachen Verhältnissen, war gar nicht mehr so einfach. Und dann doch wieder. Jede Familie, jeder Mensch macht im Lauf des Lebens einiges durch: Unfälle, Schlägereien oder, wie in diesem Fall, eine Scheidung. Was die einfachen Gemüter von den Feingeistern unterschied, war die Haltung, mit der sie solchen Erschütterungen begegneten. Pancho Perlman war mit seiner Neu-Lubawitscher Frau nicht zur Paartherapie gegangen. Und seine Frau hatte auch nicht versucht, ihre Frustration mit makrobiotischer Ernährung oder Yoga zu bekämpfen. Schon beim ersten Anzeichen eines Schlingerkurses ihrer Psyche oder Ehe oder sonst etwas, das ihr den Boden unter den Füßen wegzuziehen drohte, kehrte Pancho Perlmans Frau ohne Umschweife zurück zu den Ursprüngen: zum *Schtetl* und den frommen Bräuchen ihrer Vorfahren.

Und die Scheidung erst ... Von wegen Aussprache oder friedliches Einanderzuhören. Leidenschaft und Haß: Ich will dich nie wieder sehen, und glaub nicht, daß du jemals meine Kinder wieder zu Gesicht bekommst.

Damit löste man natürlich gar nichts, aber so war es nun einmal, für gewisse Dinge gab es keine Lösung; und Pancho Perlman und seine Frau hatten das früher begriffen als viele andere, das war alles. Ich betete darum, daß meine Frau mich niemals verlassen oder es zumindest so lange neben mir aushalten möge, bis mein Sohn dreißig Jahre alt sein würde. Mehr fiel auch mir nicht ein, um das zu sichern, was als normales Leben galt.

Nur eins fiel mir ein, was ich Pancho hätte raten können, nämlich, praktizierender Jude zu werden und auf diesem Weg zu versuchen, seine Exfrau zurückzugewinnen. Aber ich traute mich nicht, ihm das zu sagen. Außerdem hatte er wieder geheiratet; und ich bekam allmählich Hunger, und ein verführerisches Schwarzbrot-Sandwich mit Schinken und Käse bettelte darum, in die Mikrowelle zu wandern. Das war nicht der beste Zeitpunkt, um jemanden aufzufordern, sich auf seine Traditionen zu besinnen.

Ich stand auf, um das Sandwich zu holen, und währenddessen erzählte mir Pancho von seiner neuen Frau, einer Mulattin aus Ecuador.

Inzwischen fand ich das Buch über Osmanys Frau eine exzellente Novelle, seriös und bemerkenswert, und ich hatte an Aufbau oder Länge nichts mehr auszusetzen. Der Sekundendrehknopf an der Mikrowelle erschien mir wie ein Zähler meiner Lebensjahre: Wie viele gute Bücher hatten auf eine gute Besprechung verzichten müssen, dachte ich, nur weil der Kritiker sich nicht eine Nacht länger Zeit genommen und sich nicht mit Pancho Perlman getroffen hatte.

Warum nicht, sagte ich mir, Wiener Schnitzel mit Pommes frites, pappsüßer Pudding, Mulattin aus Ecuador.

Pancho Perlman hatte auf seine Weise die Familientradition fortgeführt. Und ich bewunderte wie eh und je seine Unverstelltheit. Jedoch, warum hatte Don Natalio Perlman Selbstmord begangen? Wie gesagt, ich wußte es nicht. Niemand weiß, warum sich jemand umbringt. Wir wissen auch nicht, warum wir leben wollen. Aber sich umzubringen ist absonderlich, während leben wollen normal ist.

Natalio Perlman war normal. Seine Eßgewohnheiten waren normal, sein Benehmen war normal, seine Liebe zu seiner Frau und seinen Kindern war normal. Und es war auch normal, daß er mit dem Hausmädchen ins Bett ging, der sogenannten *Schickse*.

Mary war aus Paraguay, noch nicht einmal sehr kurvenreich. Natürlich hatte sie einen ordentlichen Busen, und im Club war sie wie alle anderen *Schicksen* auch ein beliebtes Gesprächsthema. Aber nicht viele hatten einen größeren Busen als Betty selbst, und so viel jünger war Mary auch nicht.

Warum mußte dieser vorhersehbare Zwischenfall in einer Tragödie enden?

Viele Ehemänner wie Perlman hatten irgendeine Affäre, sei es mit der eigenen Hausangestellten, der eines Freundes oder sonst einer x-beliebigen Frau. Und im Höchstfall gipfelte das Drama darin, daß der Hausangestellten gekündigt wurde, die andere abserviert wurde oder daß das Paar sich offiziell trennte. Aber Selbstmord?

Angeblich war Mary schwanger. Keine Ahnung. Andere setzten in die Welt, Natalio sei unsterblich in diese Frau verliebt gewesen, während sie einen anderen gehabt habe, einen Mann in Paraguay. Meine Eltern wollten von keiner Version etwas hören. Bei mir zu Hause war es verpönt, sich dem Gerede der Leute anzuschließen. Oder überhaupt etwas an die Öffentlichkeit zu tragen. Was konnte meinen Eltern größere Genugtuung verschaffen als das Scheitern der einfachen Leute!

Da siehst du, wie sie enden, hörte ich meine Mutter sagen, die, die sich an der Tür Küßchen geben. Die, die unverhohlen lachen, Gerede in die Welt setzen, sich anbrüllen und voller Überschwang versöhnen. Da hast du es.

Die Zurückhaltung, die erstickten Gefühle und der dosierte Sex im Leben meiner Eltern bekamen endlich ihr unbestreitbares Gütesiegel: Wir, mein Liebling, wir bringen uns nicht um.

Und trotzdem, trotzdem … es gab in meiner Familie einen Selbstmörder. Und zwar keinen geringeren als den Bruder meiner Mutter. Mit neunzehn Jahren hatte sich mein Onkel Israel umgebracht. Das war 1967, ich war noch kein Jahr alt.

Der Unterschied zwischen einfachen und besseren Leuten im Angesicht der Tragödie: Als ich von der Existenz meines Onkels Israel erfuhr, war ich fünfzehn. Will heißen: Ich erfuhr an ein und demselben Tag, daß es ihn gab, daß er neunzehn Jahre alt geworden war, und daß er sich umgebracht hatte. Meine Großmutter hatte Stillschweigen über den Selbstmord ihres Sohns gebreitet, als ob sie ihn zur Adoption freigegeben hätte. Aber ihr Sohn war kein Adoptivkind, er war tot.

Meinen Cousinen erzählten sie, mein Onkel sei im Sechs-Tage-Krieg ums Leben gekommen. Als Erwachsener, noch Jahrzehnte nachdem ich von der Existenz und dem Tod meines Onkels erfahren hatte, erinnerte ich mich mit Schaudern an seinen Namen, den Namen des Landes der Juden, das zur selben Zeit, als mein Onkel sich umbrachte, Gefahr lief zu verschwinden. Die Juden hatten es geschafft, sich in ihrem Land zu behaupten, anders als mein Onkel, der die ihn quälenden Geister nicht niederzuschlagen verstanden hatte. Wie mein Freund hier oder Natalio Perlman.

Und warum hatte sich mein Onkel umgebracht? Keine Ahnung. Keiner wußte es.

Als meine Mutter keinen anderen Ausweg mehr sah, erzählte sie mir irgendeine Geschichte von einer Psychose. Aber damit war nichts geklärt: Er war ein ganz normaler Junge gewesen, bis er sich umgebracht hatte.

Mein Onkel war bei meiner Geburt dabeigewesen und bei meiner Beschneidung, er hatte mich im Arm gehalten, und dennoch erfuhr ich von ihm erst mit fünfzehn. Das war die Art, mit der bessere Familien gegen Tragödien angingen.

Die einfachen Perlmans hatten an Natalios Sarg geweint,

sie hatten Freunde und Bekannte zu dem der Tragödie ange-
messenen Ritual geladen, sie hatten ihn in Tablada beerdigt –
mit einer richtigen Zeremonie, wenn auch nur im engen
Kreis, mit Betty, den Kindern und den Großeltern. In der
jüdischen Religion gilt Selbstmord als Sünde, weshalb diejenigen, die freiwillig aus dem Leben scheiden, an einer von den
übrigen Gräbern abgesonderten Mauer beigesetzt werden, unter Teilnahme der engsten Verwandten. Dennoch wußte das
ganze Viertel, daß er sich umgebracht hatte.

Ein Schuß? Gift? Ich erinnerte mich nicht. Und um zwei
Uhr morgens wollte ich Pancho nicht danach fragen. Mein
Onkel, das wußte ich, hatte sich eine Kugel in den Rachen
gejagt, am Terrassenrand sitzend, nachdem er neunzehn Jahre
lang ein ganz normaler Junge gewesen war.

Auf das Sandwich hin war ich müde geworden, und ich
mußte mir noch einen Kaffee holen.

Als ich zurückkehrte, verspürte ich den Wunsch, Pancho
möge gehen, damit ich mich wieder an meine Arbeit setzen
konnte. Trotz allem hörte ich mich fragen: »Wie hat sich dein
Vater eigentlich umgebracht?«

Wie konnte ich nur diese Frage stellen? War ich denn noch
zu retten? So also benahmen sich Söhne aus besseren Famili-
en? So also gedachte ich unsere familieneigene Zurückhaltung und Diskretion weiterzuführen? Was war in mich gefahren, ich wußte doch, daß es keine Lösung war, die Wahrheit
zu sagen, und daß es deshalb sinnvoller erschien, über Be-
langlosigkeiten zu reden, die keinem weh taten.

Pancho starrte mich an, und dabei kreisten ihm, so meine
Vermutung, allerlei Fragen im Kopf: »Ist der Kerl verrückt?
Der fragt mich allen Ernstes, wie sich mein Vater umgebracht
hat? Warum? Und seine Art zu fragen, ist sie Ausdruck seiner
Unverfrorenheit oder seines zwanghaften Bedürfnisses, endlich ein Rätsel zu lösen, das ihn seine ganze Kindheit über
bekümmert hat?«

Sie alle hätte ich mit »Ja« beantworten können.

Ob in seiner Tasse immer noch ein Tropfen Kaffee übrig

war? Warum sonst hob er den häßlichen weißen Plastikbecher zum Mund?

Was auch immer sich in seiner Tasse befand – kaffeegetränkte Zuckerkörner oder das reine Nichts –, Pancho trank es.

Er sah zu der Wanduhr auf – zehn nach zwei –, dann blickte er zu den drei Mädchen hinüber – eine von ihnen war eingeschlafen –, und sagte zu mir: »Mein Vater hat sich nicht umgebracht.«

Das nun folgende Gespräch riß die Schranken meiner antrainierten Zurückhaltung nieder. Ich wußte nicht mehr, ob ich ihn das fragte, was ich fragen wollte, ich wußte nicht mehr, worüber ich Schweigen bewahren und was ich sagen wollte. Ich wußte nicht mehr, was ich wissen wollte. Ich war mir sicher, und ich glaube, von da an für alle Zeiten, daß ich hören konnte, was ich wollte, die Wahrheit würde es nicht sein.

»Sie haben ihn umgebracht?« fragte ich.

»Nein. Er lebt.«

Der geschlossene Sarg, die Decke mit dem Brandloch in der Ecke, die Trauer der einfachen Familie ... Alles Betrug.

Natalio Perlman war mit der *Schickse* durchgebrannt. Betty Perlman, die das nicht verwinden konnte, hatte ihn für tot erklärt. Sie hatte die Totenwache in ihrem Haus abgehalten. Und das Viertel in den Glauben versetzt, er hätte sich umgebracht.

Vater, Mutter und Schwiegereltern hatten ihr zugestanden, Natalio für tot zu erklären. Sie waren mit dem Leichenwagen bis irgendwohin gefahren und dann nach Hause zurückgekehrt. Den Kindern sagten sie die Wahrheit: Vater war mit Mary durchgebrannt. Aber für den Rest der Welt hatte Natalio, Panchos Vater, Selbstmord begangen.

Mein Kontakt zu Pancho hatte den Tod seines Vaters nur um wenige Jahre überdauert. Das letzte Mal, wenn ich mich recht erinnere, sah ich ihn in den Tagen nach meiner *Bar-Mizwa*-Feier.

Ich weiß nicht, ob es ihm gelang, sein Geheimnis vor allen zu bewahren. Und das wollte ich ihn auch nicht in einer 24-Stunden-Snackbar um halb drei Uhr morgens fragen.

Vermutlich hat er seiner Frau und seinen Kindern die Wahrheit gesagt. Und vermutlich hat es zu nichts geführt, ihnen die Wahrheit zu sagen. Kaum eine seelische Verwundung ist mitteilbar. Hatte er also seiner Frau und seinen Kindern die Wahrheit gesagt? Wozu?

War es nicht besser, sie in dem Glauben zu lassen, ihr Großvater und Schwiegervater wäre tot, ehe man ihnen die unsägliche Geschichte einer Señora erzählte, die für ihren flüchtigen Ehemann eine falsche Totenwache gehalten hatte?

In meiner Erinnerung sah ich das Brandmal auf der Decke, und mir wurde übel. Ich stand auf und rannte zur Toilette. Aber als ich mich im Spiegel sah, mußte ich mich nicht übergeben, sondern ich begriff: Das Brandmal auf der Decke bedeutete nicht Selbstmord; es war ein Augenzwinkern an die Eingeweihten, daß der Sarg leer war.

»Nur die Ruhe, Kinder, der Sarg ist leer. Alles nur Theater.«

Ich kehrte an den Tisch zurück und sprach in Gedanken mit meiner Mutter: »Da hast du es, Mama. Die Leute, die sich an der Tür küssen, die lachen und sich anschreien, die bringen sich nicht um. Mehr noch: Sie müssen noch nicht einmal irgendwann sterben.«

»Das hat dich schockiert, stimmt's?« fragte Pancho.

Ich nickte.

»Wie konntest du das geheimhalten?« fragte ich ihn.

Er zuckte mit den Schultern.

Aber hatte es nicht auch meine Großmutter geschafft, zumindest mir fünfzehn Jahre lang die Existenz ihres Sohnes zu verschweigen?

»Inzwischen lebt er in Argentinien«, sagte er.

»Wer?« fragte ich.

»Mein Vater«, sagte Pancho. »Natalio.«

Ich blickte in die Vitrinen der 24-Stunden-Snackbar auf der

Suche nach noch etwas Eß- oder Trinkbarem, aber nichts verlockte mich.

»Vor ungefähr zehn Jahren hat die Paraguayerin ihn verlassen. Kaum waren sie in Paraguay angekommen, erfuhr er, daß sie verheiratet war. Zumindest, daß sie dort einen Mann hatte. Am Ende sorgte mein Vater für den Unterhalt des Ehepaars. Der andere war der Liebhaber und mein Vater der gehörnte Ehemann.«

»Und jetzt ist er also zurückgekommen?«

»Sein Verschwinden hatte meine Mutter versöhnt: Es hatte ihr ermöglicht, ihn für tot zu erklären. Außerdem haben ihm meine Großeltern nie verziehen, daß er mit einer nichtjüdischen Frau abgehauen war.«

»Warum hatte ich eigentlich Zutritt zu der Totenwache?« fragte ich.

»Wir konnten uns nie erklären, warum du dort plötzlich aufgetaucht bist.«

»Ich glaube, ich wollte dich besuchen«, sagte ich. »Und auf einmal stand ich ... mittendrin.«

»Nein«, sagte Pancho. »Das kann nicht sein.«

»Keine Ahnung«, sagte ich. »Wir waren kleine Jungen.«

Wie ein Hologramm in der Luft erstand in meinem Gedächtnis das Bild von Pancho und mir, wir beide in kurzen Hosen, und ich versuchte zu begreifen, wie es war, ein kleiner Junge zu sein, ein kleiner jüdischer Junge aus dem Barrio del Once in einem freundlichen Land. Jetzt stellten wir uns die Frage, wie es war, erwachsen zu sein.

Ich schob alle diese Bilder beiseite.

»Hast du ihn gesehen?« fragte ich.

»Seit zwei Monaten sehe ich ihn wieder«, sagte er. »Es geht ihm ziemlich schlecht.« Und in einem mir verborgenen Zusammenhang fügte er hinzu: »Und jetzt, da meine Mama ihre Enkel nicht sehen kann, kann auch sie Gesellschaft gut gebrauchen.«

»Sie haben sich also getroffen?«

»Ich glaube nicht. Er wohnt in einer Pension.«

»Was arbeitet er?«

»Gar nichts. Er lebt von dem, was er als Schmuggler in Paraguay angespart hat. Womöglich hat er noch irgendwo einen Kumpel, einen *bagayito*.«

Bagayito, dieses vulgäre Wort paßte zum Ernst der Lage so gut wie ein Clownskäppchen auf eine Totenwache. Auf eine echte Totenwache.

»Jetzt werde ich bestimmt nicht mehr schlafen können«, sagte Pancho, das einfache Gemüt.

»Ich muß arbeiten.«

»Ich lasse dich jetzt in Ruhe«, sagte er.

Ich wollte ihm noch sagen, daß das nicht nötig sei, aber er war schon fort.

Letzten Endes waren es doch einfache Leute. Einfache Leute begehen nicht Selbstmord; allenfalls täuschen sie einen Selbstmord vor.

Osmanys Frau war ein großes Buch. »Es erfüllt alle Anforderungen, die ein Roman erfüllen muß«, schrieb ich, während eins der Mädchen seinen ausladenden und schönen Hintern zur Schau trug, um eine Schale Fruchtsalat zu holen, »es meidet die Wirklichkeit. Ein Musterbeispiel für logisches und glaubwürdiges Erzählen.«

Die jiddische Mamme

Angriff auf einen Mythos

Was den Unterhaltungswert angeht, ist das Judentum anderen Religionen und Zivilisationen weit überlegen. Nicht nur sind die fünf Bücher Mose eine supergeile Lektüre, voller Sex and Crime, Krieg und Gewalt, Inzest und Intrige, eine Saga, die buchstäblich bei Nichts anfängt und im epischen Overkill endet; das ganze Leben der Juden besteht im wesentlichen darin, alte Geschichten immer wieder zu erzählen: zu Pessach den Auszug der Kinder Israels aus Ägypten, zu Purim die Rettung der Juden durch Königin Esther zur Zeit des persischen Königs Xerxes, zu Chanukka die Heldentaten der Makkabäer. Am neunten Tag des Monats Av wird der Zerstörung des ersten und zweiten Tempels gedacht, beim Laubhüttenfest leben fromme Juden eine Woche lang in Laubhütten, um an die Entbehrungen während der Wüstenwanderung zu erinnern. Wer einmal einen »Seder«-Abend mitgemacht hat, mit dem das achttägige Pessach-Fest beginnt, verläßt die Feier in der sicheren Überzeugung, alle Teilnehmer seien beim Auszug aus Ägypten dabei gewesen, der große Exodus habe nicht vor Tausenden von Jahren, sondern letzte Woche stattgefunden. Gewiß, auch die christlichen Festtage haben ihren Ursprung in der Geschichte, doch verglichen mit Chanukka und Pessach sind Weihnachten und Ostern, die etwa zur selben Zeit anfallen, Geschichten vom Weihnachtsmann und Osterhasen, die sich bei ALDI treffen.

Geschichten erzählen, Geschichten erfinden, Geschichten leben sind jüdische Domänen. Das erklärt, warum unter Schriftstellern Juden überproportional zu finden sind und warum Hollywood nur von Juden kreiert werden konnte, sobald die Technik die nötigen Apparate erfunden hatte.

Schwieriger zu erklären ist, warum Juden auch unter den Komikern dominieren. Von Danny Kaye bis Mel Brooks, von Groucho Marx bis Zero Mostel, von Jackie Mason bis Woody Allen, das Komikergewerbe ist fest in jüdischer Hand. Die beste amerikanische Sit-Com, »Seinfeld«, ist »a show about nothing«, sie handelt von vier neurotischen Juden auf der Upper West Side von Manhattan, Elaine, Jerry, George und Kramer, und ist um Lichtjahre witziger als Roseanne, Bill Cosby und Verona Feldbusch zusammengenommen, weil sie mit präziser Gemeinheit Alltagssituationen vorführt. Und Whoopi Goldberg mußte sich erst einen jüdischen Namen und eine jüdische Uroma zulegen, bevor sie als komisches Talent anerkannt wurde. Wie kommt's? Eine weit verbreitete Erklärung sagt, Humor sei eine Art Waffe. Bevor sich andere über Juden lustig machen, machen sie es lieber selber, um ihren Feinden zuvorzukommen, sie quasi zu entwaffnen. Die Erklärung ist einigermaßen komisch, sie haut aber nicht hin. Denn bei den Pogromen ging es nicht darum, diejenigen zu verschonen, die am besten Witze erzählen konnten, sondern möglichst alle zu erwischen. Und wäre eine Begabung fürs Komische wirklich ein Mittel der Selbstverteidigung, hätten auch andere verfolgte Völker, wie die Armenier, zu solchen Präventivmitteln gegriffen.

Dabei weist die »Notwehr«-Theorie schon in die richtige Richtung, nur geht es nicht darum, sich gegen Antisemiten zur Wehr zu setzen, sondern gegen die eigene Familie: Wann immer Woody Allen Bilder aus seinem Elternhaus zeigt, glauben die Kinobesucher, er führe fiktive Szenen vor oder er übertreibe schamlos. Was die Zuschauer nicht wissen: Allen ist ein Dokumentarfilmer, der sich streng an die Wirklichkeit hält. So wie in seinen Filmen geht es wirklich in vielen, wenn nicht den meisten jüdischen Familien zu. Die Familiarität und die Nestwärme, wie sie bei Isaac Bashevis Singer immer wieder beschrieben werden, haben ihre grausame Kehrseite: hysterische Mütter, demoralisierte Väter, altkluge Kinder, die zu vergreisen anfangen, noch bevor sie erwachsen sind.

Und mögen andere Völker »dem unbekannten Soldaten« Denkmäler setzen, die Juden heben »die jiddische Mamme« aufs Piedestal. Sie würde auch hervorragend als nationales Wahrzeichen, statt der »Menora«, taugen, mit einer Gesetzestafel im Arm, auf der nur ein einziger Satz steht:

»Ich bin ich.«

So sehen es auch ihre vielen Kinder. Nicht nur Heinrich Heine hat seine Mutter Betty in seinen Gedichten verewigt, 1936 kam in einem Berliner jüdischen Verlag ein Buch heraus, das »der unbekannten jüdischen Mutter« gewidmet war. Darin heißt es unter anderem: »Die jüdische Mutter hat ein Krämchen und handelt, die jüdische Mutter geht von Haus zu Haus und hausiert, die jüdische Mutter steht auf dem Markt und verdient vom frühen Morgen bis zum späten Abend die spärlichen Groschen fürs tägliche Brot der ganzen Familie. Dazu besorgt sie das Haus, kocht das Essen, wäscht die Wäsche, kleidet die Kleinen und hält sie sauber. Es ist ein Rätsel, wann sie die Zeit findet, all das zu tun, Und woher sie die Zeit nimmt, es auszuhalten. Und doch ist es ihr ganzer Stolz und Lebenssinn, dem Mann und den Söhnen das Lernen zu ermöglichen. Sie wird derb und grob vor Elend und bringt noch einmal soviel Innigkeit und Zartheit auf, um eine jüdische Mutter zu sein.«

Aufschlußreich ist auch, was in dem Loblied auf die unbekannte jüdische Mutter nicht steht: Welchen Preis sie für ihr Selbstopfer fordert, welche Art von Tyrannei mit dem Rundum-die-Uhr-Dienst an der Familie einhergeht. Die jüdische bzw. jiddische Literatur steckt voller solcher Legenden, man könnte sagen, der lange Weg der Juden durch die Geschichte ist mit lauter kleinen Denkmälern zu Ehren der »unbekannten jüdischen Mutter« gesäumt.

Im Jahre 1996 machte die *Allgemeine Jüdische Wochenzeitung* eine Umfrage unter erwachsenen jüdischen Männern über ihr Verhältnis zu ihren Müttern. Ein Rabbiner, zwei Schriftsteller und zwei Schauspieler legten Bekenntnisse ab, und die fielen, wie erwartet, sehr konventionell aus. Sie verdankten ihren Müttern – surprise, surprise! – nicht nur die irdische Existenz, sondern auch die Liebe zum Gottesdienst, die Liebe zu den Frauen, die Kraft, das Leben zu meistern, und überhaupt: alles!

Kein anderes Element aus der jiddischen bzw. jüdischen Folklore hat eine vergleichbare Symbolkraft. »Die jiddische Mamme« steht für Herzensgüte, Wärme, Resolutheit, für harmonisches Familienleben, jüdische Tradition und Kontinuität der Werte. Das mag im Einzelfalle so sein, doch wenn sich nur drei »jiddische Mammes« zusammentun würden, könnten sie wegen Bildung einer terroristischen Vereinigung angeklagt werden. Denn im Gegensatz zu der vor allem von Feministinnen gepflegten Ansicht, das Judentum sei eine patriarchalische Kultur, in der die Frauen diskriminiert und untergebuttert würden, besetzen die Männer nur Ehrenpositionen, sie dürfen in den Synagogengemeinden das große Wort führen, während die Frauen die Macht verwalten. Das feministische Mißverständnis basiert vor allem auf dem Umstand, daß fromme Juden beim Morgengebet dem Herrgott dafür danken, daß er sie nicht als Frau geschaffen hat. Doch mit der morgendlichen Danksagung an den Allmächtigen ist es mit der Männerpower vorbei. In allen Kulturen und Zivilisationen gibt es dominante Frauen und schlappschwänzige Männer, doch in keiner anderen Kultur oder Zivilisation sind die Rollen so klar verteilt: Die Männer reißen die Klappe auf und buckeln, während die Frauen zwar sparsam mit den Worten umgehen, dafür aber ein Regiment führen, verglichen mit dem es in der Fremdenlegion geradezu barmherzig zugeht.

Das war bei den Juden schon immer so, seit Sara ihren Mann Abraham dazu brachte, seine Nebenfrau Hagar mit ihrem Sohn Ismael zu verstoßen, womit die Grundlage für die Erbfeindschaft zwischen Juden und Arabern geschaffen und der heutige Nahost-Konflikt vorprogrammiert wurde. Seitdem tun jüdische Männer, wozu sie von ihren Frauen angehalten werden. Widerspruch wird nicht geduldet, mangelnder Gehorsam mit dem Satz »Nach allem, was ich für dich getan habe . . .« abgemahnt. Die meisten arrangieren sich mit der Situation, nehmen sie als naturgegeben hin und trösten sich mit wichtigen Funktionen bei der örtlichen Bnei Brit Loge oder bei den Freunden und Förderern des Israel-Museums. Und wo der Leidensdruck unerträglich wird, nimmt das persönliche Unglück eine politische Dimension an. Theodor Herzl war in einer Katastrophenehe gefangen. Außerstande, sich selbst zu befreien, beschloß er eines Tages, das jüdische Volk in die Freiheit zu führen. Bei Karl Marx, der die Arbeiter, und bei Wilhelm Reich, der die Sexualität befreien wollte, war ebenfalls häusliches Unglück die Triebfeder ihrer Aktivitäten.

So betrachtet hat in der Tat die »jiddische Mamme« kulturprägend gewirkt, man könnte sie für die Geburt des Marxismus und des Zionismus wie für die Orgon-Theorie verantwortlich machen. Und natürlich auch für die jüdischen Wurzeln des Christentums. Denn wie kann man mit hundertprozentiger Gewißheit beweisen, daß Christus Jude war? Seine jiddische Mamme hat ihn wie einen jungen Gott verehrt, und er glaubte fest daran, daß sie eine Jungfrau war.

Das bedeutet, die »jiddische Mamme« hat es schon immer gegeben, nur der Begriff selbst ist relativ neu. 1925 kam in den USA der Song »A Yiddishe Momme« heraus, komponiert von Lew Pollack, getextet von Jack Yellen. Er wurde, als »My Yiddishe Momme« von der damals berühmten Sophie Tucker in einer englischen und einer jiddischen Fassung gesungen, zu einem Superhit. Zur selben Zeit wurde am Broadway »The Jazz Singer« aufgeführt – ethnische Themen kamen in der populären Kultur gut an. »A Yiddishe Momme« bzw. »My Yiddishe Momme« wurde 1929 von einem Artur Rebner ins Deutsche übertragen.

Der deutsche Text, kitschig und klebrig wie Zuckerwatte, heißt »Das Herz einer Mutter« und könnte jeden Kardiologen zum Wahnsinn treiben: »Das Herz einer Mutter, das ist der schönste Diamant, das Herz einer Mutter, das ist der größte Schatz im Land. Es gibt kein Leid auf Erden, das man nicht leichter trägt, solang für uns daheim das Herz einer Mutter schlägt. Durch Wasser und durch Feuer geht eine Mutter für ihr Kind, nichts ist ihr zu teuer, wenn nur die Kinder glücklich sind! Leg die Schätze der Welt in die Waage, alles Gold und Geschmeide zuhauf: doch das liebende Herz einer Mutter wiegt alles andere auf ...«

Immerhin, war in der englischen und der jiddischen Fassung ausdrücklich von der »yiddishe momme« die Rede, so schlug »Das Herz einer Mutter« in einer ethnisch neutralen Brust. Schließlich galt das Copyright der deutschen Fassung auch in Österreich, Ungarn, Rumänien, Polen, Rußland, der Tschechoslowakei, der Türkei und der Schweiz.

Seitdem gehört »Die jiddische Mamme« zum Grundrepertoire aller jüdischen Feste zwischen Nordkap und Feuerland. Als bald nach der Wende ein vermögender jüdischer Vater aus Westberlin seine Tochter verheiratete, da mietete er nicht nur die Ostberliner Linden-Oper an, es wurde auch der Sänger Roberto Blanco engagiert, der »Die jiddische Mamme« auf jiddisch sang – zum Entzücken der 500 geladenen Gäste.

Der Topos hat sich längst zum eigenen Mythos entwickelt. Zwischen dem Ungeheuer von Loch Ness auf der einen und Florence Nightingale auf der anderen Seite steht die jiddische Mamme genau in der Mitte, hat eine Schürze an und jammert über die Undankbarkeit ihrer Kinder, denen sie ihr Leben geopfert hat. *How to be a Jewish Mother* heißt ein Buch, das 1966 in England erschienen ist, eine Art Handbuch für praktizierten Liebesterror. Das fiktive Vorwort wurde von der Mutter des Autors Dan Greenburg geschrieben, die sich darüber beklagt, daß ihr Sohn zwar wunderbar schreiben kann, aber keine Zeit findet, seiner Mutter wenigstens einen Brief zu schreiben. »Um eine jüdische Mutter zu werden«, schreibt Greenburg, genügt es nicht, »jüdisch und eine Mutter zu sein; jüdische Mutterschaft ist eine Kunst, ein Geflecht raffinierter und hochentwickelter Techniken.« Die Grundlage sei die Fähigkeit, »Schuldgefühle zu pflanzen, zu pflegen und zu ernten«. Greenburg macht das Verfahren an einem einfachen, aber überzeugenden Beispiel klar: Eine jüdische Mutter schenkt ihrem Sohn zwei Hemden. Sobald er eines der beiden angezogen hat, sagt sie in einem traurigen Tonfall: »Das andere gefällt dir wohl nicht ...«

Die Methode funktioniert mit hundertprozentiger Sicherheit. Nur ganz besonders robuste Naturen, die zum Überlebenstraining zu den Kopfjägern auf Borneo fahren, schaffen es, in einem solchen Moment keine Schuldgefühle zu entwickeln. Schuldgefühle sind die Grundlage der Beziehungen zwischen jüdischen Eltern und ihren Kindern, ein Mittel der Erpressung, das die Opfer weitgehend entmachtet. Jüdische Frauen und Männer, die den Holocaust überlebten und hinterher Kinder in die Welt setzten, haben außerdem noch ein weiteres Instrument zur Verfügung, das ihre Nachkommen vollkommen wehrlos macht, den Satz: »Euretwegen haben wir überlebt« und dessen Steigerung: »Was Hitler nicht geschafft hat, das schafft ihr!«, wenn die Kinder mal nicht so wollen, wie es die Eltern möchten. Und um die Leiden der Eltern nicht fortzusetzen, um das grausame Werk der Nazis nicht zu vollenden, fügen sich die Kinder dem elterlichen Willen.

Eine junge Frau und ein junger Mann heiraten. Beide tun es, weil deren Eltern es wollen und weil es für sie die einzige Möglichkeit ist, den Eltern zu entkommen. Liebe ist nicht im Spiel, aber »Solidarität«. Die junge Frau macht »eine gute Partie«, der junge Mann ist Arzt; seine Mutter findet, ihr Sohn habe eigentlich etwas Besseres verdient. Das Paar bekommt zwei Kinder, es geht alles seinen soliden Gang. Eines Tages bringt sich der Mann um, ohne auch nur eine Zeile zu hinterlassen. Seine Frau redet sich ein, er sei ermordet worden, seine Mutter hat am Grab ihres toten Sohnes einen großen Auftritt. Sie schreit »Wie konntest du mir das antun?« und will sich in die Grube stürzen. Sie weiß nicht, wie man das Wort »Schuldgefühle« buchstabiert, aber ihr toter Sohn rotiert im Sarg, weil seine arme Mutter so leidet.

Ein junger Mann heiratet eine junge Frau, mit der seine

Mutter nicht einverstanden ist – jüdische Mütter sind mit der Wahl ihrer Söhne nie einverstanden –, das Paar zieht in das Haus der Eltern des jungen Mannes. Seine Mutter findet nichts dabei, mitten in der Nacht in das Schlafzimmer der frisch Vermählten zu kommen, um nachzusehen, ob ihr Sohn ordentlich zugedeckt ist, damit er sich nicht erkältet. So hat sie es immer gehalten, so wird sie es weiter halten, egal was die Frau des Sohnes davon hält. Und das Irre ist: der Sohn läßt sich alles gefallen, denn würde er seine Mutter zurechtweisen, würde er sie kränken. Und er läßt sich lieber in flagranti mit seiner Frau überraschen, als daß er seiner Mutter wehtun möchte.

»Jüdische Mütter sind so wie alle anderen Mütter, nur noch mehr so«, schreibt Fred A. Bernstein im Vorwort zu seinem 1986 erschienenen Buch *The Jewish Mothers' Hall of Fame*, in dem er 24 Mütter berühmter jüdischer Künstler, Schriftsteller und Akteure porträtiert, u. a. die Mutter von Steven Spielberg, Abbie Hoffman, Richard Dreyfus, Uri Geller und Bob Dylan. Und alle sind maßlos stolz auf ihre Söhne, sogar die Mutter von Harry Reems, der in »Deep Throat« die männliche Hauptrolle gespielt hat. 1993 ist in einem Jerusalemer Verlag ein Buch über jüdische Gangster in den USA erschienen, dessen Titel sagt, worauf es in einem Gangsterleben wirklich ankommt: *But he was good to his mother.* Er habe, schreibt Robert A. Rockaway, Historiker an der Tel Aviver Universität, in der Einleitung, die Idee zu dem Buch bei einer Unterhaltung mit seiner Mutter bekommen. Nachdem er ihr von einem jüdischen Gangster aus Detroit und dessen Untaten erzählt hatte, erwiderte sie: »Das mag ja stimmen, aber er war gut zu seiner Mutter.« Lepke Buchalter, Bugsy Siegel, Dutch Schultz, Jack Selig, Meyer Lansky, Dave Berman mögen keine Zierde für das Judentum gewesen sein, aber sie waren gute Söhne, die ihre Mütter liebten.

Sind jüdische Mütter so wie alle anderen Mütter, nur noch mehr so? Worin liegt der kleine Unterschied zu den Müttern anderer Ethnien? »Iß, oder ich bringe dich um«, sagt die italienische Mutter zu ihrem Kind. »Iß, oder ich bringe mich um«, sagt die jüdische Mutter in der gleichen Situation. Es ist, wie schon von Dan Greenburg beschrieben, die ausgefeilte Technik, Schuldgefühle zu erzeugen und auszunutzen. So werden die Kinder in ständiger Abhängigkeit gehalten. Weil es im Judentum das Institut der Beichte nicht gibt, können nur die Eltern – im Normalfall die Mütter – das Kind von seinen Schuldgefühlen erlösen. Doch die Art, wie sie es tun, verstärkt nur die Schuldgefühle der Kinder, statt sie abzubauen: »Geh und amüsiere dich und denk nicht an deine alte Mutter, die allein zu Hause sitzt und wartet, daß du heimkommst ...«

Jüdische Kinder haben nur selten eine Kindheit, sie werden, kaum daß sie gehen können, wie kleine Erwachsene behandelt. Tischrunden von Familienangehörigen brechen in hysterischen Jubel aus, wenn ein Vierjähriger einen Satz mit den Worten anfängt: »Unter diesen Umständen wäre es am besten ...« oder ein Bar-Mitzwa-Junge (Konfirmand) über den Sinn des Lebens eine Ansprache hält. Dafür werden sie als Erwachsene immerzu infantilisiert.

Woody Allen, inzwischen 62, klagt darüber, seine Eltern hätten ihn daran gehindert, »die Reife zu erlangen, die ich in meinem Alter haben müßte«. Seine Mutter, 91, und sein Vater, 97, würden ihn »wie ein Kind« behandeln und bei jedem Besuch ermahnen: »Du mußt dir deine Haare mal wieder schneiden lassen« oder: »Deine Hosen sind zu lang, laß sie kürzer machen.« Der US-Komiker Jerry Seinfeld verdient 90 Millionen Dollar pro Jahr, die er mit niemand teilen möchte, er ist Junggeselle aus Überzeugung. Seine 83jährige Mutter Betty weiß es freilich besser; ihr Jerry, vertraute sie einem israelischen Frauenmagazin an, wünsche sich Familie und Kinder, »er muß nur die richtige Frau finden«. Was bei der Mutter einer »mission impossible« gleichkommt. Dafür rächt sich Jerry an seinen Eltern, indem er sie, d. h. ein Schauspielerpaar, in seiner Sit-Com auftreten läßt: eine resolute Mutter, die wissen möchte, mit wem er grade »geht«, und einen vertrottelten Vater, der von den Zeiten schwärmt, als er mit Regenmänteln gehandelt hat. So könnte Jerry auch eines Tages werden, wenn er »die Richtige« gefunden hat.

In Deutschland hat sich vor allem Rafael Seligmann des Themas angenommen. Der studierte Historiker, 1947 in Israel geboren, hat mehrere Romane geschrieben, darunter *Die jiddische Mamme,* erschienen 1990. Doch der Titel täuscht. Es geht weniger um seine Mutter als um die Mädels, in deren Armen und zwischen deren Schenkeln er Bella, seiner übermächtigen Mutter, zu entkommen versucht. Er treibt es sogar mit seiner Tante Rebecca, deren violette Brustwarzen »sofort steif« werden, wenn er mit ihnen spielt. Rebeccas Mann ist ein Schlappschwanz und Waschlappen, weswegen sich seine Frau ersatzweise ihren Neffen krallt. Seligmann ist kein großer Sprachkünstler (»Mein Pimmel wurde heiß und steif ..., das straffe Fleisch ihres Geschlechts war klebrig feucht ...«), und der primäre Zweck seiner literarischen Bemühungen ist die immer wieder aufgestellte Behauptung, alle Weiber seien scharf auf ihn, als hätte er sich Löwensenf auf seinen allzeit geilen Schmock geschmiert. Doch er beschreibt das muffige Klima und die selbstverordneten Zwänge jüdischen Kleinbürgerdaseins recht genau und manchmal sogar ziemlich witzig, ohne daß ihm freilich der Ausbruch aus dem Horrorkabinett gelingt. »Keine jüdische Ehe war glücklich! Kein jüdischer Ehemann war zufrieden! Warum ging ich freiwillig in dieses Gefängnis?« Er fragt seinen Vater, wie er es mit seiner Frau aushalte und warum sich alle Juden »von ihren Weibern so beherrschen« lassen, worauf Vater Herschl antwortet: »Weil wir's nie anders gelernt haben.«

Am Ende seines Romans heiratet auch Seligmann jr. eine Frau, von der er genau weiß, daß sie ihn so behandeln wird, wie seine Mutter seinen Vater behandelt hat. Seine Mamme will es so, und ihr Wort ist ein Befehl, dem er sich nicht entziehen kann. Unglück – dein Name ist Gehorsam und Tradition.

Seligmanns Roman fängt mit einer Szene an, in der er

gemeinsam mit seiner Mutter badet. Der kleine Sammy, »ganze drei Jahre alt oder so«, registriert »die prallen Brüste mit den fingerhutförmigen rötlichen Warzen, den leicht gewölbten Bauch, das dunkle Dreieck ihrer Schamhaare«. Inzest liegt in der Badezimmerluft.

Peter Finkelgruens autobiografischer Bericht *Erlkönigs Reich* endet mit einer ähnlichen Szene: »Wir sind ganz allein. Ich ... sehe ihren Körper und wie sie plötzlich ein Stück Seife in der Hand hat und meinen Körper einreibt. Esti, meine Mutter, ist guter Laune, und ich bin glücklich, mit ihr ganz allein zu sein.« Finkelgruen erinnert sich nicht wie Seligmann, er phantasiert.

Sein Problem ist, daß seine Mutter zwar auch eine »Mamme«, aber nicht jüdisch war.

Ausnahmen bestätigen eben die Regel. Und jede Mutter ist eine Terroristin, nur sind jüdische Mütter noch ein wenig mehr so.

Theater

Meine Schwierigkeiten, mich in der Zettelwelt zurechtzufinden, rühren von meiner häuslichen Erziehung her. Für meine Eltern hatten Diplome, Scheine, Zettel, Zeugnisse und sonstige Papiere keinen Wert, noch nicht einmal eine Eintrittskarte fürs Theater, auf der schwarz auf weiß Reihe 9 Platz Nr. 18 steht.

Ich hin bereits zwei Jahre in der Schule und an den Wert von Zetteln gewöhnt. Ich habe meine Mutter ins jüdische Theater eingeladen und im Vorverkauf zwei Karten gekauft. 9. Reihe, Plätze Nr. 18 und 19. Beginn der Vorstellung 20 Uhr. Um Viertel vor acht komme ich zu meiner Mutter, um sie abzuholen.

»Warum bist du noch nicht fertig? In einer Viertelstunde fängt das Theater an, und du kämmst dich noch«, rege ich mich auf.

»Bist du verrückt«, sagt sie, »seit wann beginnt ein jüdisches Theater um 20 Uhr, wenn man 20 Uhr schreibt.«

Wir kommen zehn Minuten nach acht an, und meine Mutter hat wieder einmal recht gehabt. Bis auf die ersten beiden Reihen ist der Saal noch leer.

»Was habe ich dir gesagt?« faucht sie mich an, »wie ein Idiot mußtest du dich beeilen.«

Wir betreten den Theatersaal, und sie steuert auf die Reihe drei zu.

»Mama«, sage ich, »wir haben Karten für Reihe neun.«

»Kosten nicht alle Karten dasselbe?« fragt sie.

»Ja, aber ich habe nur noch Plätze in der neunten Reihe bekommen.«

»Warum sollen wir uns in die neunte Reihe setzen, wenn

die dritte noch frei ist?« sagt sie und setzt sich in die dritte Reihe. Ich setze mich neben sie, und es ist mir sehr unangenehm bei dem Gedanken, was die Leute, die unsere Platzkarten haben, sagen werden. Kurz nach uns kommen Bekannte meiner Mutter in den Saal und setzen sich neben uns. »Was für ein Zufall«, sage ich, »daß Sie gerade die Plätze neben uns haben.« Was für ein Glück, denke ich, daß sie nicht die Plätze haben, auf denen wir sitzen. Unser Bekannter, Herr Blumenstern, schaut mich ein wenig befremdet an und sagt: »Wir haben Plätze in der zwölften Reihe, aber was sollen wir uns in die zwölfte Reihe setzen, wenn die dritte noch frei ist.«

Nach und nach füllt sich der Saal, und überall erheben sich Streitereien, denn jeder sitzt auf dem Platz, der ihm gefällt, und dann kommen diejenigen, die für diese Plätze Karten haben ... Ich bin mitten drin in einem Platzkonzert. Die Plätze, auf denen Herr Blumenstern und seine Frau sitzen, hat ein älterer polnischer Jude gekauft, und als er sieht, daß sie bereits besetzt sind, beginnt er auf seinen Sohn zu schimpfen: »Ich habe ihm gleich gesagt, was läufst du und kaufst im Vorverkauf Platzkarten, du weißt doch, daß in einem jüdischen Theater jeder sitzt, wie er will. Aber er hält sich für besonders klug. Um in der achtzehnten Reihe zu sitzen, hätte er doch gestern nicht extra laufen müssen.«

»So ist die heutige Jugend«, antwortet Herr Blumenstern, »alles wissen sie besser.«

Unsere Plätze hat eine deutsche Jüdin erstanden. »Zeigen Sie mir bitte Ihre Platzkarten«, sagt sie zu meiner Mutter.

»Sind Sie ein Kontrolleur?« entgegnet meine Mutter.

»Ich habe die Plätze Reihe drei, Nummer elf und zwölf«, erregt sich die Dame.

»Sie sehen doch, daß diese Plätze besetzt sind«, erklärt ihr meine Mutter.

»Einmal will ich erleben, daß in einem jüdischen Theater Ordnung herrscht«, beginnt die deutsche Jüdin zu zetern.

»Wenn Sie Ordnung haben wollen, Madame«, läßt sich ein

Mann aus der vierten Reihe vernehmen, »dann müssen Sie in ein deutsches Theater gehen.«

»Und wo soll ich sitzen?« fragt sie.

»Dort, wo noch frei ist«, antwortet er.

»So eine Ordnung wie hier, so eine Ordnung herrscht im ganzen jüdischen Staat«, wirft eine dicke Frau aus der zweiten Reihe in die Diskussion ein. »Ist es denn ein Wunder, daß die Inflation ohne Ende steigt?«

»Nun, was ist denn schlecht daran«, sagt der Mann aus der vierten Reihe, »so hat man jedes Jahr mehr Geld.«

»Es ist überhaupt nicht zum Lachen«, weist meine Mutter ihn zurecht, »die Deutschen haben wirklich ein Wirtschaftswunder, und wir haben einen Wirtschaftsdreck.«

Aber von ihrem Platz wäre sie nie aufgestanden, um ein wenig zur Ordnung im Saal beizutragen.

»Es ist schon dreiviertel neun. Warum fangen die Artisten nicht endlich mit der Vorstellung an?« fragt Herr Blumenstern.

»Warum? Weil sie nur für eine Stunde Programm haben«, erklärt ein Mann drei Plätze weiter. »Man hat die Leute für acht Uhr eingeladen, man fängt um neun an und um zehn ist es zu Ende, und am Schluß heißt es, ein schöner jüdischer Theaterabend. Diese Bande. Es ist das letzte Mal, daß ich in ein jüdisches Theater gegangen bin.«

»Das sagst du jedesmal«, antwortet seine Frau.

»Nun, was soll man machen«, sagt die dicke Dame aus Reihe zwei, »jedesmal ist es dasselbe. Nichts ist organisiert, nichts klappt, von gar nichts haben diese Juden eine Ahnung.«

In diesem Moment geht das Licht aus, der Vorhang öffnet sich, und eine jüdische Künstlertruppe beginnt »Schalom Alejchem« zu singen, der Saal singt mit, und alle Vorwürfe sind vergessen. Es ist wieder einmal wunderschönes jüdisches Theater, ganz nach unserem Geschmack.

Die Perücke

Sie nimmt Farben und Stile wahr, Säume, Accessoires, Absatzbreite und -höhe. Auch, daß die Mädchen jeden Monat größer und knochiger werden und kränklicher aussehen. Ruchama hatte selbst eine gute Figur, bis die ersten drei Kinder geboren wurden. Einen Busen und einen richtigen Hintern hat sie aber seit ihrem zwölften Lebensjahr. Es ist ihr wirklich ein Rätsel, wie diese Zaunpfähle sich überhaupt hinsetzen können.

Ruchama interessiert sich besonders für das Haar. Seite für Seite blättert sie das neue *Harper's Bazaar* durch. Solche Magazine sind in Royal Hills Schmuggelware, eitle und schamlose *Narrischkeit,* fast schon Pornographie. Aber sie muß auf dem laufenden bleiben. Ihre Kundinnen bringen ihr Fotos wie diese, die sie ganz klein zusammengefaltet in Portemonnaies oder BHs gesteckt haben oder unter ihren Perücken hervorziehen. Und sie erwarten, daß Ruchama Bescheid weiß. Sie sind erleichtert, wenn sie ein faltiges Foto nimmt und mit wissendem Nicken sagt: »Ja, der Pony ist wieder im Kommen.«

Ruchama ist wegen der Seidenhauben nach Manhattan gefahren, auf die sie und Zippy – ihre beste Freundin und rechte Hand – das Haar knoten. Der Zeitungsstand befindet sich an der Ecke 23. Straße und Sixth Avenue, einer reichlich seltsamen Stelle, nicht weit von ihrem Lieferanten und weit genug von Royal Hills entfernt, daß sie niemanden trifft, den sie kennt. Sie steht zwischen Jamals Stand und dem Papierkorb und blättert die Magazine durch. Sie bezahlt fürs Durchblättern und zwingt Jamal, die zerknüllten Scheine zu nehmen, die sie hinlegt, wenn die neuen Ausgaben da sind, denn wenn sie könnte, würde sie diese mit nach Hause nehmen,

und sie weiß, falls ein bekanntes Gesicht in der Menge auftaucht, wird sie die Hefte in den Papierkorb werfen, im Strom
der Passanten mitschwimmen und die Straße bei der erst-
besten Ampel überqueren, die gerade grün ist.

Sie erspäht niemanden. Sie ist mit dem Durchblättern fertig. Eines nach dem anderen stellt sie die Magazine wieder auf
den Ständer. So gut wie neu.

Zippy trägt einen Karton mit Haar die Treppe zur Werkstatt
hinunter.

»Neues Haar«, sagt sie und stellt die UPS-Sendung auf den
Sortiertisch.

Ruchama spuckt dreimal aus, um den bösen Blick abzuwen-
den. Wenn ein Karton Haar aus Osteuropa kommt, ist da
immer ein Schatten, ein düsteres Phantom. Zippy trinkt ihren
Tee. Ruchama nimmt eine Rasierklinge zwischen die Finger,
schneidet mit drei raschen Bewegungen das Klebeband auf
und öffnet den Kartondeckel.

Sie nimmt ein Haarbüschel heraus, biegt es mit dem Daumen und läßt die Spitzen mit natürlicher Spannkraft zurück-
schnellen. Wie ein Pinsel, gut und dick. Sie hält sie ans Licht,
um die Farbe festzustellen. Zippy und sie verwenden für
Farben nie die gängigen, aber nutzlosen Bezeichnungen. Sie
haben aus Enttäuschungen gelernt, haben gemeinsam vor
einer roten, roten Perücke gestanden, für die sie zwei Monate
gebraucht hatten, während eine Kundin sie anschrie, regel-
recht anschrie: »Das soll Rot sein?« Sie hatten die Augen
zusammengekniffen, die Lampen zurechtgerückt und waren
näher herangegangen. Was sollte es sonst sein als Rot? Sie
haben dazugelernt. Es gibt über eine Million Schattierungen
von »Hellbraun«, zwei Millionen Bedeutungen von »Kasta-
nienbraun«. Sie arbeiten jetzt mit Metaphern: »Dunkler oder
heller als Pumpernickel?« »Schwarz wie Druckerschwärze?
Oder wie schwarze Käfer in schwarzer Tinte?«

Ruchama beurteilt die Haare in ihrer Hand und legt sie in
eine Ecke des großen Sortiertisches. Von hier werden sie aus-

gehen und eine Landkarte der Farben, Längen und Krausen schaffen.

Zippy stellt ihren Tee hin und greift in den Karton. »Feuchte Holzlöffel«, sagt sie und zeigt ihre Wahl. Genau der Farbton. Ruchama ist von ihrer Präzision immer wieder verblüfft.

Zippy beginnt das Haar zu entwirren, läßt es durch die Finger gleiten und vergräbt das Gesicht darin. Sie schnuppert nach einer Vergangenheit, nach dem Shampoo und dem Schweiß der Frau, dem schalen Geruch von Zigaretten oder dem Rauch einer nahen Fabrik. Sie atmet tief ein. Sie nimmt eine Fährte auf, Wind aus einem Dorf, ein Hauch von Parfüm.

»Die bekommen eine Menge Dollars dafür«, sagt Ruchama.

»Frauen, die's nicht nötig haben, lassen das Haar beim Friseur wegfegen«, sagt Zippy.

»Vielleicht sind diese Frauen klüger.«

»Mit solchem Haar?« Zippy winkt Ruchama mit den Enden des Haarbüschels zu. »Das sind Frauen, die irgendwas von sich verkaufen müssen, und hiermit fangen sie an. Diese hier«, sagt sie und schnuppert wieder, »arbeitet in einer Abfüllerei und denkt an ihren Liebhaber. Sie hat ihr Haar verkauft, um seine Spielschulden zu bezahlen, und fragt sich jetzt, wo ihr Haar ist und wohin sich dieser Mistkerl verdrückt hat.«

»Mein Leben ist schon trostlos genug, Zippy. Warum mußt du noch so tun, als würden wir Waisenkinder skalpieren?«

»Ein Teenager«, sagt Zippy, »ein Mädchen, das alles hat, was sie braucht. Aber ihre Eltern wollen ihr keinen gebrauchten Motorroller kaufen, und der Junge, nach dem sie sich verzehrt, lebt auf der anderen Seite des Sees.«

»Du hast wieder Romane gelesen, Zippy. Erzähl mir nicht, du hättest keinen Liebesroman unter dem Bett versteckt.«

Der Vorderraum bekommt natürliches Licht von den Fenstern zum Lichtschacht. Er ist mit Teppichboden ausgelegt, die Wände sind gestrichen, und vor den Fenstern stehen zwei bequeme Sessel. Es gibt Hocker, einen Ladentisch und darauf Spiegel – einen auf einem versilberten Sockel und eine Auswahl an Handspiegeln, aus denen Ruchama sich nicht viel macht.

Ruchama findet es schwierig, die Erwartungen, die der Raum erweckt, zu erfüllen. Hinten in der Werkstatt mit Zippy, wo der Zementboden voller Haare liegt, fühlt sie sich wohler.

Nava Klein sitzt auf einem zu dick gepolsterten Sessel am Fenster. Zippy sitzt auf einem Hocker, die Füße auf der Querstange. Ruchama steht; sie sieht besser aus, wenn sie steht und das Kleid lose vom Busen herabhängt und den Bauch versteckt. Seit wenigstens einem halben Dutzend Jahren hat sie sich vor Nava Klein nicht mehr hingesetzt.

Die ganze Rückwand ist von gerahmten Fotos mit Perücken auf Schaumstoffköpfen bedeckt. Nava zeigt auf eine. »Die dritte von außen. Das muß Aviva Sussman sein. Ruchamas Stil ist unverwechselbar, man erkennt die halbe Nachbarschaft.«

»Erzähl mir nicht, das wär nicht Aviva.«

»Bitte«, sagt Zippy.

Nava schneidet eine Grimasse und wendet ihre Aufmerksamkeit Ruchama zu.

»Ich hab deine Älteste gesehen«, sagt sie. »Wirklich eine Schönheit, und so mager. Sie erinnert mich an dich in dem Alter. Du warst als Mädchen entzückend, einfach entzückend.« Nava seufzt und macht eine Kopfbewegung zu Zippy, als habe sie in einer Unterhaltung unter Erwachsenen nichts zu suchen. »Nur Zippy bleibt, wie sie war, mit Hüftknochen, die man durch den Rock sieht. Wir anderen alten Weiber müssen uns hinter der Schönheit unserer Töchter verstecken.«

Nava schüttelt den Kopf. »Wie machst du das bloß, Zippy? Wo hast du deinen Jungbrunnen in Brooklyn?«

Zippy errötet. Ruchama möchte laut schreien. Jedes Kompliment dieser Frau verstreut soviel Sporen wie Löwenzahn, alle stachlig. Zippy sieht gut aus, weil sie unfruchtbar ist. Ihre Figur hat sich gehalten, weil ihr Schoß steinerne Wände hat. Und Ruchama ist eine stolze Mutter. Natürlich ist sie das, mit sechs wundervollen Kindern und einem Kinn für jedes einzelne.

»Donnerstag in einer Woche habe ich einen Termin mit Kendo von Kendo Keller's«, sagt Nava. »Er wird mich beraten. Und dann stylt er natürlich die Perücke. So gut wie du ist er nicht, Zippy. Du hast es im Gefühl, du bist brillant. Die beste *Scheitel*macherin von allen. Aber das ist nun mal nicht die Madison Avenue, und ich will halt dieses Jahr was Moderneres, eitel wie ich bin.«

Abends vor dem Spiegel bearbeitet Ruchama ihr Gesicht und reibt heftig, um das Make-up und dessen Unterlage zu entfernen, die wie Kies in den Hautfalten sitzen.

Sie war mal die Hübscheste, hübscher als Zippy und Nava. Zu dritt spielten sie in Zippys Zimmer, probierten Kleider an und träumten von Hochzeiten – mit brillanten, aus Jerusalem eingeflogenen Gelehrten, gutaussehenden Prinzen, die in großen Arbeitszimmern sitzen würden, während Juden aus der ganzen Welt an ihre Türen kämen, um Weisheit, Rat und Segen gegen einen Handkuß zu tauschen.

Sie kommen aus der ganzen Welt. Aber nicht wegen Schlomi, nicht wegen ihres Ehemanns. Sie umkreisen den Erdball und wollen Ruchama sehen, weil sie in ihrer Schicklichkeit gefangen sind und die einfache Freude des Winds in ihren Haaren spüren möchten, und sei es auch nur in der Einbildung.

Menucha, die Kleinste, planscht in der Wanne neben Ruchama. Wenn Menucha quiekt, hält ihre Mutter sie zur Stille an. Während sie Make-up entfernt, fragt sie die Körperteile ab, um zu sehen, wo sich das Mädchen gewaschen hat und wo nicht. »Ohren?« fragt sie, »Ellbogen, Nabel, Zehen?«

Schlomi ist aus der *Jeschiwa* nach Hause gekommen und macht in der Küche Krach. Schränke knallen zu. Ein Topf kracht auf eine Arbeitsfläche, eine Pfanne auf eine Kochplatte. Die neue Hausordnung. Sechs Kinder, und zum ersten Mal sind tagsüber alle aus dem Haus. Menucha ist in der ersten Klasse und Shira, die Älteste, in der zehnten. Zum ersten Mal kann Ruchama ohne Unterbrechung arbeiten, und sie hat an der Unabhängigkeit Geschmack gefunden. Sie hat Schlomi kleine Aufgaben übertragen, er muß jetzt sein Essen selbst warm machen und sein Geschirr abspülen, außerdem die Gläser und Löffel, die sich zwischen dem Abendessen der Kinder und der Schlafenszeit ansammeln. Er macht großes Aufheben davon.

Langsam ihr Make-up entfernen, in den Spiegel schauen und traurig sein, mehr will sie gar nicht. Schlomi ruft Fragen und gibt Kommentare, um seine Hilflosigkeit zu betonen. »Wo ist der Schwamm für die Spüle?« »Diese Seife taugt nichts!« Ruchama antwortet nicht, es ist ihr egal, was er an der Seife auszusetzen hat. Er macht ihre Küche *trefe,* um ihr eins auszuwischen. Dauernd wäscht er Fleischbesteck in der Milchspüle ab.

»Sind irgendwo trockene Geschirrtücher?« ruft er hinauf.

Sie schreit so laut, daß Menucha mit dem Planschen aufhört, die kleinen Arme in der Luft gefroren. Ruchama schreit mit Mord in der Stimme, die Hand mitten in der Bewegung erstarrt, etwas Gesichtscreme auf den Fingerspitzen. »Lang mal nach unten«, schreit sie, »zieh die Schublade auf und guck rein.« Sie verteilt die Creme unter den Augen. Sie ist angenehm und kühl. »Wenn du die Schublade geöffnet hast, beug dich rüber und mach die Augen auf.«

Sie wartet, daß er fragt, wo in dem Haus, das sie seit sechzehn Jahren bewohnen, die Schublade mit den trockenen Geschirrtüchern ist.

Als Louise kommt, gibt es Küsse und Umarmungen. Sie rollt die Handschuhe herunter und zieht mit einer Bewegung ein Seidenhalstuch ab. Zippy und Ruchama haben einen Narren an ihr gefressen. Sie ist ihre einzige nichtorthodoxe Kundin, die einzige, die in ausgeschnittenen Oberteilen und schicken Maßhosen die Treppe herunterstöckelt. Sie erinnert Ruchama an die hübschen Damen, die einen in den Kaufhäusern mit Parfüm besprühen.

Louise hat auch eine Tochter, aber Ruchama findet, daß sie sogar jünger aussieht als Nava. Nur die dicken, müden Venen auf ihren Handrücken und ihr sorgfältig geordneter Haaransatz verraten sie. Louise faßt Ruchamas Arm und küßt sie nochmals.

»Ich hab's getan«, sagt Louise. »Ihr werdet wütend sein, aber macht euch nichts draus. Ich konnt's meinem Mann nicht sagen – nicht mit der Perücke und nicht mit dem Geld.« Louise öffnet ihren Geldbeutel. »Harolds Geschenk zum dreißigsten Hochzeitstag. Ein wundervolles Halsband, er hatte es selber ausgesucht. Ich hab's versetzt. Weggegeben.«

»Das ist nicht wahr«, sagt Zippy. Ihre Miene ist so glücklich, daß es peinlich ist. Sie liebt Geheimnisse über alles.

»Doch«, erwidert Louise. »Was man kauft, muß man auch bezahlen.«

»Ich hab dir Kredit angeboten«, sagt Ruchama trocken.

»Ich weiß, meine Liebe. Aber es wäre nicht recht. Ich hab's versetzt und Harold erzählt, die Schließe wär gebrochen, und ich hätte die Pauschalpolice schon auf der Liste gehabt, aber nichts dem Versicherungsmann gesagt. So zahlt es die Versicherung nicht, und Harold würde nie einen falschen Anspruch anmelden.« Sie nimmt einen Umschlag aus ihrem Portemonnaie und streckt mit herrischer Geste den Arm aus. »Hier«, sagt sie und reicht Ruchama den mit Fünfzigern prallgefüllten Umschlag.

Bei ihrem ersten Auftritt hatte sie auf die gleiche geschäftsmäßige Art einen anderen Umschlag aus ihrem Portemonnaie gezogen. »Sie müssen Ruchama sein«, sagte sie. »Hier sind Fotos von mir, als mein Haar noch war, wie es sein sollte. So soll die Perücke aussehen, aber noch besser.« Schon bei dieser ersten Begegnung hatte sich Ruchama in sie verliebt. Für eine Frau, die einen Umschlag mit solcher Selbstsicherheit präsentieren kann, ist auf dieser Welt nichts unmöglich. »Meine Tochter sagt, Sie sind die Beste und die Teuerste. Genau das will ich. Keine Billigangebote. Ich will das Gefühl haben, es ist so schrecklich überteuert, daß es einfach gut sein muß.« Dann nahm Louise in ihren schicken Hosen genau die Pose ein – ein Knie durchgedrückt, das andere gebeugt, ein Fuß gerade, der andere nach außen gedreht –, die Ruchama gern selbst eingenommen hätte, wenn ihr so etwas erlaubt gewesen wäre. »Wenn Sie's nicht schon von meiner Tochter wissen, ich bin in den Wechseljahren, und mir fallen die Haare aus, und meine beiden Ärzte sagen auch, daß ich kahl werde. Geben Sie mir, was Sie haben, hab ich zu ihnen gesagt. Wenn's mich umbringt, macht nichts. Sechs herrliche Monate sind mir lieber als hundert Jahre Normalprogramm.« Dann hatte sie ihnen ein Medaillon gezeigt und es geöffnet. Darin war eine Locke. »Mein Haar als Kind. Rostbraun. Jungfräulich und fein. Suchen Sie das restliche Haar dazu. So soll meine Perücke sein.«

Und jetzt, nach Monaten, schließt Ruchama das Geld in die Kassette und die Kassette in ihren Schreibtisch. Sie nimmt die Fotos und die Locke heraus, geht ins Kämmerchen und nimmt Louises Perücke von einem Styroporkopf. Sie ist majestätisch. Ruchama bringt sie herüber, und Louise preßt die Hände an den Kopf.

»O ja«, sagt sie, »das bin ich.« Sie bringt ihr eigenes, so sorgfältig in Form gespraytes Haar durcheinander. »Das hier bin ich nicht, das da bin ich. Sie haben es. Jetzt geben Sie's mir.«

Sie setzen Louise auf einen Hocker und passen ihr die Perücke an. Sie lehnt sich zum Standspiegel. Ruchama und Zippy stehen mit Handspiegeln hinter ihr. Alle sind der Meinung, daß Louise wirklich wundervoll aussieht. Sie breitet die alten Fotos auf dem Ladentisch aus. Ihre Augen wandern zwischen Spiegel und Fotos hin und her. Sie öffnet das Medaillon. »Rostbraun«, sagt sie. Sie hängt es um den Hals und wendet sich den beiden Frauen zu.

»Ihr seid göttlich«, sagt sie, »ihr vollbringt Wunder. Ich hab das Gefühl, ich hab mein Leben wieder, meine Jugend. Ich bin wieder neunzehn«, sagt sie. »Und ich bin schön.«

Die neuen Hefte kommen frühestens in zwei Wochen, aber Ruchama will nochmal etwas nachsehen, sie hat da ein oder zwei Ideen. Sie nimmt die Magazine mit einem Nicken vom Ständer.

»Ihre Hefte hab ich verkauft«, sagt Jamal. »Die gleiche Nummer, aber andere Hefte.«

»Ich zahle nochmal, wenn Sie das meinen.«

Sie greift nach ihrem Portemonnaie.

»War bloß Spaß«, sagt er. »Nur zu. Die Kids können diesen Sommer halt nicht ins Ferienlager.«

Früher träumten Zippy, Nava und Ruchama davon, Models zu werden. Sie hatten große Pläne. Sie würden nur schickliche Sachen vorführen, den Laufsteg in knöchellangen Röcken und Blusen mit hohem Kragen und am Handgelenk zugeknöpften Ärmeln entlangschreiten. Jeder Auftritt eine Sensation. Sie gingen in Zippys Zimmer auf und ab, drehten sich vor dem großen Spiegel und hielten den Kopf so, daß sie sich dabei sehen konnten.

Sie findet die Reklame, an die sie gedacht hatte, eine Frau, die sich auf einer New Yorker Straße umdreht, das Haar in einem Bogen aus vollen und leichten Locken.

Sie preßt das Magazin auf den Tresen. Sie preßt den Finger auf die Seite. Jamal schaut hin.

»Genauso hat mein Haar ausgesehen«, sagt sie, »als ich ein Mädchen war.«

»Hmm, hübsch«, sagt er. Er faltet einen leeren Karton zusammen, hört dann auf, reibt sich die Hände und bläst gegen die Kälte hinein. »Ihr Haar ist immer noch hübsch«, sagt er, »sehr hübsch.«

Ruchama wird rot. Das hat man von Vertraulichkeit.

»Eine Perücke«, sagt sie zu Jamal. »Ich trage eine Perücke.«

»Sieht richtig echt aus. Ich war nicht sicher. Sie ziehen sich jüdisch an, und deswegen war ich mir nicht sicher. Die anderen chassidischen Damen haben alle Perücken und Kopftücher und so was auf. Und ich hab mich gefragt, was mit Ihnen ist.«

»Echtes Haar«, antwortet sie. Sie ist stolz. »Bei einer wirklich guten Perücke sollte man es nicht sehen. Die anderen haben keine guten auf. Acryl. Müll. Perücken aus recycelten Colaflaschen und alten Plastiktüten.«

Die Anzeige geht Ruchama nicht aus dem Kopf: diese junge Frau, die sich auf einer New Yorker Straße umdreht. Es ist eine Reklame für Shampoo. Die Frau hat einen Verkehrsstau verursacht, weil sie halb den Finger gehoben hat, um ein Taxi zu rufen. Alle auf dem Bürgersteig schauen sie an. Sie lächelt, und ganz New York lächelt mit ihr. Sogar die Taxifahrer – weiß, gutaussehend, alle mit ein paar Falten im Gesicht – lächeln. Sie lachen, während sie Stoßstange an Stoßstange stehen, um diese Frau mit dem schönen langen Haar mitzunehmen.

Ruchama möchte sich auch so sexy fühlen und über das Chaos schmunzeln, das ihre Schönheit anrichtet. Wie herrlich wäre es, schick und mit dem langen, schönen Haar ihrer Jugend in die *Schul* zu kommen und zu sehen, wie Navas Augen größer werden und die Männer sich auf die Zehenspitzen stellen und versuchen, auf die Frauenempore zu spähen, oder zu sehen, wie der Rabbi mit dem Fuß aufstampfen, der *Gabbai* auf die *Bima* schlagen und manche zischen würden, damit Ruhe einkehre, während sie sich setzte. Sie würde mit ihrer zweitältesten Tochter direkt vor Nava sitzen. Alle würden flüstern. Ist das die Mutter oder die Schwester? würden sie fragen.

Schlomi wird spät heimkommen. Heute ist er an der Reihe, in der *Jeschiwa* beim Putzen zu helfen. Da kann er mit dem Besen umgehen. Sie beschließt, ihren sexy Rock anzuziehen und auf ihn zu warten. Der Rock betont ihre Figur, ist aber nicht ganz unschicklich, gerade noch lang genug. Als sie ihn anzieht, merkt sie, daß sie den Knopf nicht schließen kann – sie bekommt den Reißverschluß nicht hoch genug, um es auch nur zu versuchen. Sie feuert ihn in den Kleiderschrank. Auf Zehenspitzen geht sie ins Badezimmer, die Kinder schlafen schon alle. Sie frischt ihr Make-up auf und zieht ein Nachthemd an, kriecht unter die Bettdecke und tut so, als schlafe sie. Sie läßt Schlomis Nachttischlampe an. Ihr Nachtgebet spricht Ruchama heute nicht.

Schlomi kommt ins Schlafzimmer und versucht, leise zu sein. Beim ersten Geräusch, dem Klingeln von Schlüsseln, die aus der Tasche gezogen werden, seufzt Ruchama und schiebt ihre Decke weg, als wache sie gerade auf.

Sie strengt sich sehr an, verführerisch zu wirken. Schlomi geht nicht darauf ein. Als er sich ins Bett legt, greift sie hinüber und streichelt die Innenseite seines Arms. Er nimmt ihre Hand und drückt sie. »Gute Nacht«, sagt er und knipst das Licht aus.

Daß er kein Interesse hat, macht nichts.

Daß sie kein Interesse hat, möchte sie ihm allerdings unbedingt sagen. Lieber hätte sie den Mann, der die Lebensmittel austrägt, muskulös und von der harten Arbeit verschwitzt. Lieber hätte sie Sex mit ihm und würde laut schreien, als bei jedem Atemzug zu befürchten, die Kinder zu wecken.

Sie dreht sich auf die Seite. Sie schiebt eine Hand zwischen die Schenkel, drückt die andere darauf, preßt die Schenkel zusammen und schaukelt hin und her. Sie vergißt jene Gedanken, die mit Schlomi, Ärger und dem Rock im Schrank verbunden sind, und konzentriert sich auf den Lebensmittel-Austräger und die Taxifahrer und die Finger in ihrem Haar. Sie ist allein mit ihren Gedanken und schaukelt hin und her.

Schlomi schaltet seine Nachttischlampe an. Er rüttelt seine Frau an der Schulter, was den Rhythmus beschleunigt und dann unterbricht.

»Ruchie, du hast es versprochen.«

»Hab ich nicht.«

»Ganz egal, es muß aufhören. Es ist eine Sünde.«

»Wo steht das geschrieben? Bei einem Mann, ja. Bei einer Frau – so ausgetrocknet wie die Weintrauben aus dem Supermarkt – macht es nichts. Frag deinen Rebben, der wird's dir sagen. Sag ihm, was deine Frau macht, und frag, ob es erlaubt ist.«

»Ihn fragen? Gott bewahre.«

»Du hättest Christ werden sollen«, sagt sie. »Ein Experte im Vermeiden irdischer Freuden.«

»Gott bewahre. Wie du redest!« Sie dreht sich um und sieht, daß er sich wie ein Kind die Ohren mit den Händen zuhält. Sie preßt die Hände fester in den Schoß. All seine Leidenschaft ist zwischen diesen Ohren begraben, denkt sie und schaukelt und schaukelt und schaukelt sich in den Schlaf.

»Du hast absolut keine Wahl. Sie wartet draußen. Sie will vier Perücken bis *Pessach*. Es geht um zwanzigtausend Dollar.«

»Ich kann's nicht machen, Zippy.« Ruchama sitzt an ihrem Schreibtisch über der Buchführung. »Ich kann Nava heute nicht gegenübertreten. Ich bin zu schwach für ihre Komplimente. Heute wird sie mich ins Grab loben, das sag ich dir.«

»Ich hab' ihr gesagt, du würdest nach Israel telefonieren.«

»Sag ihr, ich wär in die Stadt gefahren. Ich fahre wirklich, ich hab was zu erledigen.«

»Du warst gestern erst in der Stadt.«

»Und? Ist das so außergewöhnlich? Fahren manche Leute nicht jeden Tag rein? Fährt der U-Bahn-Fahrer nicht zehnmal am Tag über den Fluß?«

Nava sitzt in dem Sessel neben der Tür. Sie trägt ein Armani-Kostüm, das bis zum Knie geht. Zu kurz, viel zu kurz. Sie hat neue Stiefel an, und eine neue Handtasche steht auf dem Boden. Ruchama läßt den Blick schweifen und vermeidet es, Nava Genugtuung zu gönnen, indem sie eines dieser Dinge näher betrachtet.

»Ich hab gerade zu Zippy gesagt –«, sagt Nava und hält dann inne. »Irgendwas Neues aus Israel?«

»Nein«, antwortet Ruchama. »In Jerusalem regnet's.«

Nava verlagert ihr Gewicht und nimmt die neue Tasche auf den Schoß. Ruchama schaut aus dem Fenster.

»Ich hab gerade zu Zippy gesagt, Kendo ist ein Genie. Halb Haardesigner, halb Philosoph. ›Erzählen Sie mir vom besten Haar‹, sagt er. ›Reden Sie.‹ Und weißt du, was ich ihm erzählt hab, Ruchama? Ich hab ihm von deiner Hochzeit erzählt. Ich hab ihm erzählt, daß du die erste warst, die geheiratet hat, und daß du das wunderbarste Haar hattest und wie es aus dir gemacht hat, was du warst, ein Mädchen und eine Frau, fromm und wild. Und dann hab ich ihm erzählt, wie du's für die Hochzeit abgeschnitten hast. Bei deinem *Bedecken* hab ich aus zwei Gründen geweint. Das Wunder der Ehe und die Trauer um dein verlorenes Haar. Du warst davor so schön. Und vollkommen.«

»Danke«, sagt Ruchama. Sie geht zu dem Sessel neben Nava und läßt sich hineinfallen.

»Also folgen wir dieser Spur«, fährt Nava fort. »Wir suchen dieses ideale Ich. Und wir finden es. Sie hat langes Haar. Da ist mein wahres Ich. Natürlich kann ich nicht gleich mit langem Haar erscheinen. Es ist so schon unzüchtig genug. Aber die Leute auch noch zu schockieren, wäre unmöglich. ›Kein Problem‹, sagt er. Ein Genie. ›Vier Perücken. Dasselbe Haar, dieselbe Farbe, nur verschiedene Länge. Wir werden das natürliche Wachstum nachahmen. Perücke für Perücke.‹ Das ist sein Plan. ›Langsam‹, sagt er, ›ganz natürlich. Mit jeder Perücke gewinnen Sie ein Stück Freiheit zurück.‹«

Nava geht. Ruchama sitzt immer noch schräg und linkisch im Sessel. Zusammengeschmolzen.

»Tut mir leid«, sagt Zippy. »Fahr in die Stadt. Ich mach die Liste für heute fertig.«

»Ist schon gut.«

»Fahr nur«, sagt Zippy. »Wird dir guttun.«

Die Straßen füllen sich mit dem abendlichen Verkehr. Jamal kommt aus seinem Kiosk und zieht eine Marinewolljacke über. Ruchama blättert an der Ecke die Magazine durch.

»Die Nachtschicht kommt«, sagt Jamal. Er knöpft seine Jacke zu. »Schönen Abend.«

»Gleichfalls«, sagt Ruchama.

»Morgen kommen die neuen Hefte, spätestens übermorgen.«

»Ich werd's versuchen«, sagt sie. Ihre Unterhaltung wird vom Rattern und Klappern einer Sackkarre unterbrochen, die es erst im zweiten Anlauf auf den Bürgersteig schafft. Auf der Karre steht ein Baum in einem Topf, der erst auf den einen, dann auf den anderen von ihnen zu stürzen scheint, von einem rücksichtslosen Mann geschoben und von einem klappernden Rad vom Weg abgebracht. »Scheißbaum«, flucht der Bote im Vorbeigehen. Ruchama folgt ihm, erst einen Schritt und dann zwei. Sie ist wie hypnotisiert.

Ohne jeden Zweifel hat dieser Mann das schönste Haar, das sie je gesehen hat. Ganz gezähmt, ganz voll. Er hat eine Lockenmähne mit der Farbe von geröstetem Bambus, die den halben Rücken herunterhängt und in einer tiefen, stumpfen Kante endet. Die Locken sind einzigartig, voll und feucht, und sie liegen gut übereinander. Ein Haarschopf mit Charakter. Sie ist davon besessen, sie weiß es, aber nicht die Besessenheit macht sein Haar schön; es ist die Besessenheit, die sie das Haar bemerken läßt, obwohl sie fast von einem widerspenstigen Baum umgestoßen worden wäre.

»Solches Haar muß es sein«, sagt Ruchama zu Jamal und deutet mit dem Finger auf den Mann.

»Toll«, sagt Jamal. »Würde sicher 'ne prima Perücke abgeben.«

»Ein halbes Dutzend«, erwidert Ruchama. Sie behält den über der Menge hin und her schwankenden Baum im Auge. »Ich hab einen Warteraum für die Kunden. Zwei Sessel vor zwei Fenstern. Keine Aussicht.« Sie gibt Jamal die Magazine zurück. »Vielleicht macht sich ein Baum dazwischen gut.«

Ruchama folgt ihm zu einem Dschungel an der 28. Straße, wo der Baum in einem Laden verschwindet, dessen Fenster voller tropischer Pflanzen steht. In der Mitte führt ein Pfad hindurch. Ruchama tritt ein, und zwei Vögel flattern aus einem Busch zu einem leeren Käfig. Der Mann läßt den Baum mit einem dumpfen Aufschlag vom Karren gleiten.

»Hübscher Baum.«

»Zurückgegeben«, sagt er. »Die Designerin wollte 'nen Orangenbaum für die Lobby. Sie meint, ich hätt ihr nicht gesagt, daß er erst im Sommer Orangen trägt.« Der Mann hat einen Ring unter der Lippe, der sich beim Sprechen auf und ab bewegt und erstarrt, wenn er schweigt – eine Art pausenloser Zeichensetzung. Ein Punkt aus rostfreiem Stahl unter der Lippe. »So was wie 'nen gebrauchten Baum gibt's nicht, aber wenn Sie wollen, mach ich Ihnen 'nen Sonderpreis.«

»Sind Sie morgen vormittag hier?«

»Jeden Vormittag.«

»Ich komme morgen und bringe das Geld mit.«

Ein Obdachloser bittet Ruchama um einen Dollar, als sie an der 23. Straße die U-Bahn-Treppe hinaufkommt. Normalerweise gibt sie was, sie gibt immer was, aber sie hat das ganze Geld dabei, einschließlich Louises Umschlag mit 4000 Dollar in bar. Die morgendliche Rush-hour hat noch kaum begonnen, nicht die rechte Zeit, auf der Straße das Portemonnaie zu öffnen. Sie preßt ihre Handtasche an sich und geht Richtung Kiosk weiter. »Is' schon gut«, brüllt der Obdachlose hinter ihr her. »Ich vergeb Ihnen, weil 'Se schwanger sind.«

Die Magazine lehnen in Stapeln am Zeitungsstand. Jamal schiebt ihr ein Messer zu, sie ihm einen zerknüllten Zwanzig-Dollar-Schein.

»Sie schneiden auf«, sagt er. Ruchama fährt sich mit der Hand übers Gesicht, sie hat immer noch Schlaf in den Augen.

Es ist wolkenlos und für die Jahreszeit zu warm. Ruchama sitzt auf dem Bürgersteig wie der Obdachlose und lehnt sich an den Zeitungsstand.

Sie sucht nach ihrer Reklame. Sie schlägt die Knöchel übereinander, wendet das Gesicht der Sonne zu. Es ist zehn, zwanzig Jahre her, daß sie auf dem Boden gesessen hat.

Das Shampoo-Mädchen kommt gleich nach dem Inhaltsverzeichnis. Sie hat beim Äpfelschnappen auf der Landwirtschaftsschau mitgemacht und mit ihrem zarten Mund keinen Apfel bekommen. Sie zieht den Kopf aus der Tonne, und ihr durchnäßtes Haar scheint in einem Bogen der Luft zu stehen. Ein Regenbogen schimmert in dem glänzenden Haar und dem Wasser, das auf die Menge niederregnen wird. Alles lächelt. Der Schausteller in der Bude gibt der Frau trotzdem einen Teddybär. Auch die in den anderen Buden halten Preise hoch. Alle sind weiß, gutaussehend und haben ein paar Falten im Gesicht. Sie erinnert sich, daß einer schon Taxifahrer war.

Ruchama blickt die Sixth Avenue entlang und verliert sich in der Betrachtung des entgegenkommenden Verkehrs. Es ist das bevorstehende *Pessach*, und sie hat das lange Haar ihrer Kindheit. Alle stehen auf der kleinen Veranda vor der *Schul*, reden und machen Pläne für den Lunch. Nava trägt ein protziges Kleid und die erste ihrer neuen Perücken. Ein aufgemotztes Auto, wie es Gangster fahren, wird vorbeirasen, und ein gutaussehender junger Mann auf dem Beifahrersitz, dessen starker Arm aus dem Fenster hängt, wird einen frechen Pfiff ausstoßen. Ruchama wird verblüfft erröten und sich umdrehen, wobei ihr Haar sich entfaltet, wie der Fächer eines Pfaus.

»Ich verkaufe Büsche und Bäume. Ich verkaufe Torf und angereicherte Erde. Für hundert Dollar können Sie ein Dutzend Calatheen haben. Bei den Orchideen mach ich Ihnen einen Sonderpreis.«

»Sie haben Ihre Ohrringe und Ihre Tätowierungen«, sagt Ruchama zu dem Pflanzenmann. »Sie haben ein nettes Gesicht und sind groß und schlank. Sie haben genug, damit man hinguckt. Sie brauchen das Haar nicht.«

»Ich hab's immer gehabt«, erwidert er. »Es gehört zu mir.«

»Natürlich. Meinen Sie, ich mach so was jeden Tag? Ich krieg mein Haar aus Osteuropa, aus Polen. Nie von der Straße. Wenn nicht hundert Dollar, wieviel ist unverkäufliches Haar dann wert?«

»Wissen Sie was? Ich glaub, Sie sind übergeschnappt.«

»Ja«, sagt Ruchama, »wir sind beide verrückt, bloß auf verschiedene Art. Also los: zweihundert Dollar, fünfhundert?«

»Tausend, zweitausend, ganz egal. Ich verkauf's nicht.«

»Ich hab hier viertausend Dollar«, sagt sie. »In bar. Sie können alles haben.«

Und dann, während Louise vor ihrem inneren Auge steht, zieht sie voller Eleganz den Umschlag aus der Handtasche und steckt ihn in seine Hand. »Ich hab meine eigene Schere mitgebracht, Sie brauchen sich bloß hinzusetzen.«

»Verdammt«, sagt er beim Zählen, »warum behalt ich's nicht einfach? Warum tu ich nicht so, als hätt ich Sie nie gesehen, und behalte das Geld und mein Haar?«

»Weil wir hier in Amerika sind«, sagt Ruchama. »Sie werden mir Ihr Haar verkaufen und den Baum liefern, und wenn Sie das Geld behalten, werde ich die Polizei rufen, und Sie werden's zurückgeben. Das ist das Wunder dieses Landes. Juden haben Rechte, Frauen haben Rechte. Vielleicht werden Sie das Geld trotzdem behalten, als Herausforderung. Und wenn die Polizei kommt, werd ich vielleicht sagen, Sie hätten fünftausend genommen, nicht viertausend. Und sie werden mir glauben, weil ich kein Loch in der Lippe habe und weil fünf eine naheliegendere Zahl ist.«

Ruchama zieht die Schere wie eine Drohung hervor. Er schaut sie an und steckt den Umschlag ein. Ruchama sucht im Dschungel nach einem Stuhl.

Als der Baum kommt, schließt Ruchama die Tür zur Werkstatt ab und läßt Zippy allein im vorderen Raum. Sie hat Zippy von dem Baum erzählt, einem extravaganten und spontanen Kauf. Sie hat sie wegen des Gelds angelogen und weiß nicht, wie sie es ersetzen soll.

Zippy hämmert an die Tür.

»Er will wissen, wo er ihn hinstellen soll.«

»Er weiß es, und du weißt es«, schreit Ruchama zurück. »Zwischen die beiden Sessel.« Ruchama ist schwindlig. Sie hat Zippy erzählt, sie würde die Tür wegen der vielen Überfälle abschließen, bei denen Ausfahrer die Geschäfte, die sie beliefern, auskundschaften und alles Erreichbare stehlen. Sie erzählt Zippy, sie habe bei ihrem Lieferanten eine Fotografin getroffen, deren ganzes Studio von dem Fahrradboten ausgeräumt worden sei, der den Film abholte. Sie hatte ihn herumtrödeln und Wasser aus dem Automaten trinken lassen.

»Er will zweihundert Dollar extra, Ruchama.« Zippy klopft wieder. »Er sagt, du hättest ihm zweihundert Dollar extra für die Lieferung versprochen.«

»Ich habe ihm nichts versprochen.«

»Ruchama, mach die Tür auf.«

»Gib ihm hundert und sag, er soll verschwinden.«

»Mach die Tür auf.«

»Gib ihm die hundert, dann wird er gehen.«

Wie sie jetzt die Abende liebt. Sobald die Kinder schlafen, geht sie in den Keller. Die Nächte waren so lang, nun erkennt sie, daß sie ebenso kurz sind wie die Tage.

Ohne Zippy und ihren Klatsch kommt sie richtig zum Arbeiten. Sie nimmt den Sortiertisch in Besitz und breitet das Haar Locke für Locke aus. Sie knotet wie der Teufel. Es ist eine Ewigkeit her, seit Ruchama sich selbst eine Perücke gemacht hat. In letzter Zeit hat sie die unregelmäßigen Stücke mit kahlen Stellen und verpfuschten Stirnlocken getragen, fehlerhafte Modelle, die sie nicht verkaufen können.

Das Jahr ist mit Feiertagen vollgestopft. *Pessach* wirft schon seine Schatten voraus. Das hindert sie daran, mal ein Nikkerchen zu machen und Zeit mit Schlaf zu vergeuden. Als sie ihm das Haar abschnitt, hat sie jede Locke zusammengebunden und einzeln numeriert, wie die Ziegel eines Tempels, der ins Museum kommt. Auf diese Weise kann sie die Locken rekonstruieren. Nur wenn das Haar richtig um den Kopf herum sitzt, kann die Perücke perfekt werden.

Sie haben Nava nichts vorzuführen. Sie sind mit der Arbeit nicht nachgekommen. Ruchama ist halb beschämt und halb glücklich. Sie würde gern noch weiter mit der Arbeit in Rückstand geraten und Nava ohne Perücke lassen, so daß sie gezwungen wäre, an den Feiertagen mit einer Badekappe auf dem Kopf zur *Schul* zu kommen.

Ruchama geht in den Vorderraum. Zippy folgt mit einem Tablett Keksen und Tee. Nava spielt an den Blättern des Orangenbaums, wobei sie auf ihre Nägel achtet. Sie reißt ein Blatt ab.

»Es wirkt Wunder«, sagt sie. »Ich hab's euch nie gesagt, aber dieser Raum war immer so bedrückend. Trotzdem, wenn's ein Orangenbaum ist, wo sind die Orangen?«

»Kommen erst im Sommer«, sagt Ruchama. »Ist drinnen ein bißchen schwierig.«

»Sollten da nicht kleine grüne Kugeln oder so was sein? Bei einem Orangenbaum erwartet man fast –«

»Ja«, sagt Ruchama. »Wo wir von Erwartung reden, ich muß mich bei dir entschuldigen. Wir sind noch nicht so weit mit der Perücke. Es gibt noch nichts zu zeigen.«

»Ruchie, es sind jetzt schon Wochen vergangen.« Nava biegt das Blatt zusammen und bricht es entlang einer Ader in der Mitte durch.

»Wir waren verrückt«, sagt Ruchama. »Wir sind mit Aufträgen überschwemmt.« Zippy tunkt einen Keks in den Tee.

»Ich hätte wirklich alles Recht, mich zu ärgern«, sagt Nava, streckt den Arm aus und legt eine Hand auf Ruchamas Hüfte. »Aber – und du weißt, daß ich nur Komplimente für dich habe, nur Komplimente – man sieht's dir am Gesicht an, Ruchie. Du siehst furchtbar aus. Du machst dich kaputt, und ich will nicht dran schuld sein. Es ist noch nicht zu spät, meine Bestellung woanders zu machen, wenn dir das lieber wäre. Kendo Keller hat jemanden an der Hand.«

Ruchama wäre es lieber. »Vielleicht ist es besser«, sagt sie.

»Ruchama!« Zippy stößt nur ihren Namen aus. Ruchama versteht sie. Der gute Ruf. Das Geld. Aber sie sieht jetzt nur die Zeit, die sie für sich gewinnen könnte.

»Vielleicht ist es besser«, sagt Ruchama. »Du bist immer so verständnisvoll.«

Zippy hat angefangen, sie aus der Distanz zu beobachten. Sie steht nicht mehr mit ihrem Tee an Ruchamas Schreibpult, schaut ihr nicht mehr am Arbeitstisch über die Schulter. Sie hält den Becher jetzt mit zwei Händen, während sie daran nippt und beobachtet. Sie wirft verstohlene Blicke hinüber, wendet dann die Augen ab. Sie korrigiert Ruchama nicht, wenn sie Fehler macht, bügelt diese auch nicht aus, sondern läßt die Sachen an Orten liegen, wo Ruchama sie bestimmt findet. Es ärgert Ruchama, das Haar, das sie für die Berger-Perücke benutzen sollte, sauber auf dem Regal aufgeschichtet zu finden und die falsch gemessenen Hauben in dem Bastkorb unter ihrem Schreibpult.

Zippy hat sogar angefangen, Dinge hinzulegen, die sie weiterreichen will. Sie legt das Nadelkissen neben Ruchamas Handgelenk, statt es ihr in die Hand zu drücken. Das Telefon klingelt für Ruchama, und Zippy verfährt genauso. Sie trägt das schnurlose Telefon herüber und stellt es vor Ruchama hin.

»Warum machst du das?« fragt Ruchama. Sie hält die Hand aufs Mundstück und will wissen, wer dran ist.

»Der Bote.«

Ruchama starrt auf das Telefon und schaltet es aus. »Ich hab dir gesagt, ich will diesen Mann nicht sprechen.« Es klingelt erneut.

»Geh ran«, sagt Zippy. »Zehnmal am Tag ruft er an. Geh du ran und sprich mit ihm und dann mit mir. Ich will wissen, warum der Bote sich solche Sorgen um einen Orangenbaum ohne Orangen macht.«

Ruchama nimmt den Hörer ab.

»Hallo«, sagt sie. »Nein.« Sie geht in die hintere Ecke des Arbeitsraums, in die unbenutzte Ecke, wo die alte Kammer ist, in der sie die Perücke versteckt hat. »Lassen Sie mich in Frieden«, sagt sie, »keinen Cent mehr.« Sie schaltet ab und hebt dann die Stimme. »Nicht einen Cent mehr für diesen verdammten Baum.«

Es ist wie damals mit ihrer Mutter, als sie Ruchamas Lippenstift entdeckte, wie damals, als sie mit ihren Eltern im Wohnzimmer saß, nachdem sie bei der von Zippy arrangierten Verabredung ertappt worden war – von ihrem eigenen Vater, der sah, wie sie die King Street entlangging und mit einem Jungen redete. Ruchama hat das Gefühl, ruiniert zu sein und alles beichten zu müssen.

Zippy hat sie in den Vorderraum gezerrt und in einen Sessel gesetzt. Sie sitzt in dem anderen und redet mit Ruchama um den schmalen Baumstamm herum.

»Ich hab niemandem was erzählt, keiner Seele.« Ruchama hat den Eindruck, daß Zippy diese Szene genießt. Sie hat es Ruchama immer verübelt, für sie arbeiten zu müssen, und hier ist ihre Chance, ans Ruder zu kommen. »Du döst am hellichten Tag. Du bist vergeßlich. Alles, was du anfaßt, muß nochmal gemacht werden. Du hast unsere beste Kundin und alte Freundin verscheucht. Du hast eine Frau mit Geld wie Heu und einem großen Mundwerk verscheucht. Du hast die Rechnungen nicht bezahlt – glaub nicht, ich hätt's nicht gemerkt. Erzähl mir alles, Ruchama, bevor du das Geschäft ruinierst, an dem unsere beiden Familien hängen. Mach reinen Tisch, bevor du eine dreißigjährige Freundschaft zerstörst.«

Ruchama kann ihr nicht ins Gesicht sehen; sie wendet sich zum Standspiegel, dann zur Wand mit den Fotos.

»Wenn ich muß«, sagt Ruchama, und dann schaut sie einen Moment in die Zukunft und ist auf der Landwirtschaftsschau beim Äpfelschnappen. Und sie wird die Überraschung nicht verderben, sie kann es nicht. »Ich hab den Mann mit den Bäumen geküßt«, sagt sie. Das klingt so unglaublich, daß es schon wieder glaubhaft ist. Und es spricht Zippys rebellische Seite an. »Er hat mich geküßt, und ich hab ihn gelassen. Nicht einmal, sondern zweimal. Als ich in der Stadt Zubehör gekauft habe.«

»Nein«, schreit Zippy und preßt die Hand vor den Mund. Sie schlägt die Beine unter den Körper und hängt sich über die Armlehne. »Unmöglich.«

»Ich wollte nicht, aber ich hab's getan.«

»Schlomi!« sagt Zippy. »Ein Christ, Ruchama, und halb so alt wie du. Unmöglich. Deine Kinder. Der Mann hat einen Ring in der Lippe.«

»Eiskalt«, sagt Ruchama. »Eiskalt und glühend heiß.«

»Es muß aufhören, Ruchama.«

»Das sage ich ihm immer wieder.«

»Aber er will nicht darauf hören«, sagt Zippy. »Seine Leidenschaft ist zu groß. Er weiß, es kann nicht sein, aber er will nicht hören. Er will, daß ihr euch noch einmal trefft. Daß du ihm sagst, es kann nicht sein, während du ihm tief in die Augen schaust.«

Die Beichte hat alles geändert. Zippy arbeitet doppelt so hart wie je zuvor. Ruchama muß während des Tages nur wachsam genug bleiben, die Lüge wieder und wieder zu erzählen. Sie erfindet winzige Details hinzu. Zippys Hände rasen, während sie mit weit aufgerissenen Augen lauscht und nur einhält, um nach Luft zu schnappen. Sie gibt Ruchama wieder und wieder den Rat, es nicht zu tun, malt sich dann aber ihre Zukunft aus, falls die beiden durchbrennen. »Meinst du, er würde konvertieren? Würde er mit einem Bart gut aussehen?« Zippy reicht Ruchama die Sachen jetzt ohne Hast und berührt ihre Hand, um ihr Wärme und Unterstützung zu geben. Sie gibt alles weiter, nur nicht die Telefonanrufe. Sie legt immer wieder auf, wenn der Bote anruft. Manchmal flüstert sie einen Ratschlag, bevor sie die Verbindung unterbricht. »Verzichten Sie. Ich weiß, es tut weh, aber es kann nicht sein«, sagt sie zu ihm.

Ruchama hat weniger Schuldgefühle, als sie vorher befürchtet hatte. Wenn Zippy solchen Unsinn glaubt, ist sie selber schuld. Und es hat ja einen guten Grund. Noch ein paar Wochen. Die Perücke ist fast fertig.

Vormittags um halb neun vollendet Ruchama die Perücke. *Pessach* ist in zehn Tagen. Die Perücke ist schwerer als jede andere, die sie je angefertigt hat, sie ist auffallend und üppig.

Ruchama rasiert sich normalerweise nicht den Kopf, aber Eitelkeit fordert nun mal ihren Preis. Ruchama stöpselt die Haarschneidemaschine ein und schneidet sich beim ersten Schnitt.

Sie steckt die Hände in die Haube und stülpt sie über ihre Kopfhaut. Die Haube sitzt fest. Sie läßt den Kopf zwischen die Knie sinken, hält die Perücke mit den Fingerspitzen fest, wirft den Kopf zurück und spürt, wie das ganze Gewicht des Haars herüberschwingt und Locke für Locke gegen ihren Rücken schlägt.

Sie vergibt jedem Makel im Spiegel. Ihre Augen sind blutunterlaufen und geschwollen, aber das sieht sie nicht. Sie ist verblüfft, wie atemberaubend, wie durch und durch wundervoll diese Mähne aus vollkommenem Haar ist. Allein das Gewicht, dieses beruhigende Gewicht, die Sicherheit der Locken, die ihr Gesicht einrahmen. Es ist majestätisch. Sie kann es nicht erwarten, sich in die Reihe vor Nava zu setzen, das Haar so auszuschütteln, daß es sich über die Rückenlehne in Navas Schoß ergießen wird. Der Aufruhr. Ruchama wird Nava flüstern hören. Die Männer werden zischen, damit Ruhe eintritt, und niemand wird je wieder sagen, sie habe sich gehenlassen. Nava wird Ruchamas Gesicht wie das eines jungen Mädchens eingerahmt sehen. Sie wird sich erinnern, wer die Schönste ist.

Zehn Tage sind eine lange Zeit. Ein Mensch kann von einem Augenblick auf den anderen sterben. Ein Feuer kann ein Haus und einen Keller und eine Kammer mit einer versteckten Perücke verzehren. Vielleicht wird Ruchama sie am *Schabbes* tragen. Sie nimmt einen Handspiegel, dreht sich langsam auf dem Stuhl und lehnt sich bewundernd zurück. Sie wird jetzt gleich in die Stadt fahren, die Perücke auszuprobieren.

Der Zug ist voller spätmorgendlicher Pendler. Ruchama spürt, wie sie über den Rand ihrer Zeitungen spähen, wie die Männer sie anstarren, während sie auf ihren Kaffee pusten und ihre Aktentaschen zwischen den Beinen festhalten.

Ruchama hat Jamals Zwanzig-Dollar-Schein zusammengeknüllt in der Handfläche. Sie versucht nonchalant zu bleiben und nicht vor Aufregung rot zu werden.

Bevor er etwas sagen kann, schiebt Ruchama ihm das Geld hin, schnappt die Magazine und dreht ihm den Rücken zu.

»Mannomann«, sagt Jamal. »Sieht gut aus.«

»Wie bitte?« fragt Ruchama und streckt die Nase hoch. Ihr erster Flirt seit Jahren. Sie eilt an die Seite des Kiosks und kann das Erröten nicht verhindern.

»So was Schönes«, sagt er. »Kommen Sie zurück, daß ich mal richtig gucken kann.«

Schlomi sollte so was sagen. Alle sollen sie zurückrufen, damit sie sehen, was sie verpaßt haben. Sie öffnet ein Magazin. Sie sucht die neue Shampooreklame und erwartet irgendwie, sich selbst auf der Seite zu finden. Die Frau ist auf dem Spielplatz im Central Park und hängt kopfüber am Klettergerüst. An diesem Tag sind viele Väter im Park. Ruchama zwinkert der Frau auf dem Foto zu, als wären sie Verbündete. Sie und Ruchama, beide mit wundervollem Haar verflucht und mit der ständigen Aufmerksamkeit, die es provoziert.

Ruchama steht beim Lesen mit dem Gesicht zur Sixth Avenue, eine, dann noch eine Locke werden vom Wind zurückgeblasen.

Und dann ist sie weg und geht im Geist die King Street entlang. Alle Augen sind bewundernd auf sie gerichtet. Eine junge Frau haut ihrem Mann eine runter, weil er sich umgedreht hat. Der Bäcker kommt aus dem Laden und reicht ihr eine Schichttorte mit einer Schokoladenmuschel. Der Verkehr auf der King Street staut sich. Und dann bemerkt sie es in der Ferne, nicht auf der King Street, sondern auf der Sixth Avenue: Der Verkehr staut sich *wirklich*. Ein Dickicht aus jungen Büschen ist plötzlich in der Mitte der Straße emporgeschossen. Autos hupen, ein Bus weicht aus. Die Büsche stehen auf einer Sackkarre. Verlassen. Sie schaut genauer hin. An der Ecke 24. Straße, vor Billy's Topless Bar, ragt sein großer, kahler Kopf wie eine Glühbirne auf, eine Denkblase über der Menge.

Mit einem tiefen Atemzug beruhigt sie sich. Er will nur gucken, ganz aus der Nähe, sagt sie sich. Er kommt herüber, um ihr Können zu bewundern, das ist alles. Zippy hat recht, sie fragen sich immer, was aus ihrem Haar geworden ist. Sie verkaufen es, um ihre Kinder zu ernähren, um Spielschulden zu begleichen. Weil sie den Blumenladen satt und Geld in der Hand haben. Jamal wird sie beschützen. Er ruft ihr gerade wieder ein Kompliment zu.

Der Bote kommt näher und verschränkt die Arme in der Luft. »Geld«, ruft er, ohne schneller zu werden. Er ist einen halben Häuserblock entfernt, und sein stetiger Schritt macht ihr Angst, eine viel entschiedenere Bewegung als Rennen. »Ich brauch mehr Geld«, brüllt er, Ruchama hat es tausendmal geprobt und sich diese Ecke genau deshalb ausgesucht. Weit genug weg. Wenn sie ein bekanntes Gesicht sieht.

Sie wirft die Magazine in einen Papierkorb, schaut zur Ampel und bewegt sich bereits mit dem Strom der Passanten. Leute drehen sich um und treten zur Seite, um sie überholen zu lassen.

Als sie auf der anderen Straßenseite ist, beschleunigt Ruchama den Schritt. Sie riskiert einen kurzen Blick zurück. Er hat sie fast eingeholt.

»Sie haben mein Haar geklaut«, schreit er. »Sie hat mein Haar geklaut.«

Ruchama faßt sich mit einer Hand an den Kopf und zieht die Perücke herunter. Sie stopft sie in ihre Tasche und preßt die Tasche an die Brust. Ein Lockengewimmel hängt wie Schlangen über den Rand. Ruchama merkt, wie die Leute gucken, wie die ganze Stadt zusieht.

Jeden Cent und jede Erniedrigung wert, denkt sie, als sie eine langsame Drehung macht, das Haar auf dem Kopf und den Spiegel in der Hand, und sich dann zurücklehnt, so schön.

MICHA BRUMLIK

Eine Demonstration

Die Frankfurter Jüdische Gruppe, die sich mal in den Räumen des Verlags Neue Kritik, mal in der Katholischen Studentengemeinde traf, war schon frühzeitig von der sich erneut zuspitzenden Lage in Israel/Palästina in Nervosität versetzt worden. Spätestens seit März 1982 zeichnete sich eine größere Krise ab, es war die Unbeweglichkeit der Regierung Begin, verbunden mit ihrem hartnäckigen Willen, entweder selbst neue Siedlungen zu errichten oder wilde Siedlungen zu dulden, die Mitte April zu einem ersten massiven Aufbegehren der in der Westbank unter israelischer Besatzung stehenden Palästinenser führte. Diese Ereignisse provozierten auch die in der Bundesrepublik Deutschland lebenden Palästinenser und ihre Organisationen zu Solidaritätsaktionen. Als am 18. April 1982 mehr als 4000 Palästinenser in Bonn gegen die israelische Politik demonstrierten, solidarisierte sich die Frankfurter Jüdische Gruppe und einige andere, ihr lose verbundene jüdische Intellektuelle mit dieser letztlich von der PLO getragenen Demonstration, der es insbesondere um die Wiedereröffnung der gerade wieder einmal geschlossenen West-Bank-Universitäten sowie um ein »Ende des Landraubs« in Palästina ging. Am 19. April veröffentlichte die *Frankfurter Rundschau* unseren Aufruf, unterzeichnet von sechzehn Personen, die heute – vierzehn Jahre später – allesamt als Hochschullehrer, Psychoanalytiker und Psychoanalytikerinnen, als Sozialarbeiterinnen und Publizisten, als Computerfachleute, Museumspädagoginnen und Wirtschaftsberater ihren reputierlichen Ort nicht nur in der Gesellschaft im allgemeinen, sondern durchaus auch in der jüdischen Welt gefunden haben.

»In den letzten Wochen haben sich«, so begann unsere Erklärung, »die andauernden Unterdrückungsmaßnahmen der israelischen Behörden gegen das palästinensische Volk weiter verschärft.
Unmittelbarer Grund hierfür ist der Versuch, die gewählten kom-
munalen Vertreter der Palästinenser auf der West Bank und im
Gaza-Streifen durch dem Besatzungsregime botmäßige Quislinge
zu ersetzen. Dies wird mit einer sogenannten ›Zivilverwaltung‹ be-
mäntelt, deren Aufgabe nur noch die Beschleunigung der ohnehin
durch die Siedlungspolitik schleichenden Annexion bedeutet. Eine
Politik, die weiterhin die Diskriminierung, Enteignung, Verdrängung und letzthin Vertreibung der Palästinenser zur Folge hat.
Als Juden empfinden wir eine besondere Verpflichtung, gegen
diese Politik des israelischen Staates unsere Stimme zu erheben:
Wir solidarisieren uns mit dem palästinensischen Volk in seinem
Kampf gegen die israelische Unterdrückungs- und Verdrängungs-
politik für die Wiederherstellung seiner Rechte.
Wir glauben, daß ohne Anerkennung der kollektiven Rechte des
arabisch-palästinensischen und jüdisch-israelischen Volkes – einschließlich der Selbstbestimmung – weder Friede in diese Region
einkehren noch das Überleben der dort lebenden Menschen –
gleich welcher Herkunft – gewahrt und garantiert werden kann.«

Diese Solidaritätsadresse entfachte, wie nicht anders zu erwarten, in Kreisen der Jüdischen Gemeinde in Frankfurt einen
Sturm der Empörung. Ein Ausriß der Zeitung wurde in der
Westendsynagoge in einen Schaukasten gehängt, womit unsere Selbststigmatisierung in eine Fremdstigmatisierung um-
gewandelt und wir nur zu folgerichtig an den Pranger gestellt
wurden – was wir recht besehen hätten wissen können. Denn
daß die meisten Mitglieder der Jüdischen Gemeinde mehr
oder minder die Auffassung Menachem Begins und der ihn
tragenden Parteien teilten, daß die PLO genaugenommen nur
jene Mordtaten vollenden wollte, die die Nationalsozialisten
abbrechen mußten, war uns bekannt. Die Kritik und wütenden Proteste aus Kreisen der Gemeinde enthielten schon früh
alle Einwände gegen das Engagement universalistisch geson-
nener jüdischer Intellektueller zugunsten der Palästinenser –

zumal in Deutschland. Unerhört schien schon die Benennung kollaborationswilliger Palästinenser mit dem Begriff »Quislinge«. Wurde auf diese Weise nicht stillschweigend die israelische Besatzungsmacht mit den Nationalsozialisten gleichgesetzt? Als inakzeptabel und anmaßend erschien es in der fernen Diaspora, ohne die Risiken jeder anderen Politik mittragen zu müssen, israelischen Regierungen wohlfeile Ratschläge zu geben. Unbelehrbar wirkte darüber hinaus der Appell an eine »höhere jüdische Moral«. Hatten nicht die Zeitläufte, zumal die industrielle Massenvernichtung der europäischen Juden gezeigt, daß derlei ein Luxus ist, den sich nun gerade die Juden nicht mehr leisten durften? Schließlich und vor allem: War nicht davon auszugehen, daß derartige Erklärungen in Deutschland zu nichts anderem führen würden, als zu einer Belebung des ohnehin vorhandenen mehr oder minder latenten Antisemitismus, der sich doch ohnehin als Antizionismus zu tarnen verstand?

Tatsächlich haben sich wohl die meisten der Unterzeichner und Unterzeichnerinnen früher oder später diese gegen sie gerichteten Einwände ihrerseits zu eigen gemacht, spätestens als sie sich nach dem Libanonkrieg mit der deutschen Linken auseinandersetzten. Inwieweit diese Übernahme wirklicher Einsicht, einem Nachgeben vor dem Druck der jüdischen Bezugsgruppe oder dem eigenen schlechten Gewissen folgte, wird nur im Einzelfall erklärbar sein. Daß jüdischer Antizionismus im nachnationalsozialistischen Deutschland über längere Zeit hinweg nicht durchzuhalten war, hätte jedoch von Anfang an auf der Hand liegen müssen. Das immer stärker werdende Gefühl, mit Antisemiten in einem Boot zu sitzen bzw. zum Verräter zu werden, kurz: ausgerechnet in Deutschland in die Endmoräne nationalsozialistischen Vernichtungswillens zu geraten, war nicht zu beschwichtigen. Um so erstaunlicher denn doch die Hartnäckigkeit, mit der wir unser Engagement trotz alledem noch etwa vier Jahre weitertrieben.

Als Anfang Juni des Jahres 1982 die israelische Armee in den Libanon einmarschierte, ging ein Aufschrei der Empörung nicht nur durch die Reihen der wenigen jüdischen Linken in der Bundesrepublik, sondern ebenso durch die Reihen israelisch-jüdischer Oppositioneller sowie nicht zuletzt angelsächsischer jüdischer Akademiker, der sich in einer Fülle von Resolutionen und Adressen in Tages- und Wochenzeitungen niederschlug.

Das weltweit in der Luft liegende Gerücht über einen israelischen Völkermord an den im Libanon weilenden Palästinensern bestimmte auch die Auseinandersetzungen über eine zentrale Protestdemonstration in Frankfurt, an der die Jüdische Gruppe federführend teilnahm und zugleich ihre erste Lektion bezüglich der Wirklichkeit eines antisemitischen Antizionismus machen mußte. Zuvor aber führten wir auf Initiative von Dan Diner – für die Archive – unsere eigene, politisch korrekte Anti-Libanon-Demonstration durch: So fuhren wir an einem Sonntagvormittag im April mit wenigen Autos nach Bonn, wo wir vor der Israelischen Botschaft einige selbstgepinselte, hebräische Transparente zeigen wollten. Dort angekommen, erwarteten uns zwei freundliche Polizisten und erklärten, daß aus Sicherheitsgründen eine Aktion vor der Botschaft nicht zulässig sei, wir aber gern an einem anderen, für uns vorgesehenen Ort demonstrieren könnten. Von einem Streifenwagen geführt, fuhr unsere Autokolonne durch die ansehnlichen und friedlichen Bonner Villenviertel, um in irgendeiner Straße zu halten. Wir stiegen aus, Dan Diner hielt eine kurze Ansprache, von den beiden Streifenpolizisten wohlgefällig beobachtet, dann hielten wir die Transparente hoch, ein, zwei Leute knipsten die Szene mit ihren Kleinbildkameras und wir stiegen wieder in unsere Autos, um nach Frankfurt zurückzufahren. Nachdem wir so unsere innerjüdische Kür vollbracht hatten, ging es in den folgenden Tagen um die ungleich schwerere internationalistische Pflicht.

Dazu gehörte für mich ein längeres Referat auf einem Teach-in in der Frankfurter Universität, bei dem ich die Meinung vertrat, daß Ziel und Zweck des Libanonfeldzugs so gut wie nichts mit legitimen israelischen Sicherheitsinteressen zu tun hatten, sondern daß er vor allem dem Zweck diente, die PLO als einzige legitime Vertretung der Palästinenser zu zerstören. Ich ließ keinen Zweifel daran, daß der bewaffnete Kampf der PLO nie und nimmer zu einem erfolgreichen Guerillakampf im Sinne Ho Tschi Minhs und der Vietminh führen könnte, es Israel deshalb auch gar nicht ernsthaft um das Ausschalten einer feindlichen Armee ging, sondern nur darum, den Palästinensern einzubläuen, daß ihr Traum von einer nationalen Selbstbestimmung endgültig ausgeträumt, ihr Kampf vergeblich und ihre Hoffnungen umsonst gewesen seien. Der Duktus dieser holzschnittartigen Rede schreckte vor pauschalisierenden Bezeichnungen, die ich später verurteilen sollte – etwa »die Zionisten« –, nicht zurück, gleichwohl prognostizierte ich abschließend in forderndem Ton, daß sich die PLO ein neues Programm geben werde, das nicht nur einen säkularen Staat dreier Religionen, sondern einen binationalen Staat zweier Völker erstreben werde. Die damals oft gehörte Forderung, daß die PLO den Staat Israel anerkennen solle, wies ich ausdrücklich als unmoralisch zurück – warum sollten die, denen Unrecht geschehen war, als erste klein beigeben? Der damals noch offiziell linksradikale Joschka Fischer schrieb hämisch in einem Leserbrief an die Frankfurter Szene-Zeitschrift *Pflasterstrand*, wie unpolitisch sich doch »ein gewisser Micha Brumlik« mit seiner moralisierenden Meinung gegeben habe, der PLO die Anerkennung Israels zu ersparen.[...]

Endlich war noch eine gemeinsame Demonstration in Frankfurt zu planen, die einerseits von einer Gruppe antizionistischer Juden, internationalistischer arabischer Studenten sowie undogmatischer Frankfurter Linker, andererseits von einer Reihe antiimperialistischer Palästinakomitees vorbereitet wurde, zweier Gruppierungen, die sich auch nach neun Stunden Diskussion nicht auf einen gemeinsamen Aufruf einigen konnten. Strittig zwischen uns und den zum Teil der terroristischen RAF und der leninistischen KPD/ML nahestehenden Komitees war erstens die Frage, ob das israelische Vorgehen im

Libanon auch vor dem Hintergrund der deutschen Geschichte zu Recht als »Völkermord« bezeichnet werden könne – was wir strikt ablehnten –, und zweitens, ob die israelische Opposition wider den Libanonfeldzug erwähnt werden sollte, was wiederum die Komitees strikt ablehnten. »Wir lassen uns nicht wegen einigen sogenannten progressiven Juden«, so äußerte sich etwa ein Vertreter der Hamburger Gruppe »Große Freiheit«, »aus dem weltweiten Kampf gegen Imperialismus und Rassismus herauskatapultieren.« Überhaupt wurden bei dieser Versammlung immer wieder Klagen über die schulmeisterliche Besserwisserei jener, »die sich hier als Juden ausgeben«, laut, immer wieder wurde kritisiert, daß jüdische Teilnehmer privilegiert würden, vor allem stieß der wiederkehrende Hinweis, daß auch das israelisch-jüdische Volk gewisse legitime Interessen habe, auf wütenden Widerstand. Des öfteren war auch die Rede von der »Endlösung der Palästinenser-Frage« und eine »Trotzkistische Liga Deutschlands« behauptete: »Bevor gefangene PLO-Kämpfer in Konzentrationslager in Israel abgeführt werden, markiert man ihren Rücken mit weißen Kreuzen – in Auschwitz und Treblinka war es der Davidstern.«

Am Ende standen dann zwei Aufrufe, deren Unterschiede ähnlich subtil waren, wie das berühmte Jota in den Glaubensbekenntnissen der Alten Kirche. Wo die Komitees ihren Aufruf mit dem Satz »Stoppt den mörderischen Vernichtungskrieg gegen das libanesische und palästinensische Volk« beginnen ließen, hieß es in dem von jüdischen Linken und internationalistischen Arabern miterstellten Text: »Schluß mit dem Vernichtungskrieg gegen Palästinenser und Libanesen. Für eine gemeinsame Perspektive von Juden und Arabern.« Ansonsten teilten wir – es waren zu einem großen Teil die gleichen Unterzeichner wie bei der Solidaritätsadresse im April – Positionen, bei deren Lektüre man heute mehrmals schlucken würde. Schon der Begriff »Vernichtungskrieg« weist sich als Kompromißbildung zwischen »Völkermord« und »Angriffskrieg« aus, die Annahme, daß damals 40 000 palästinensische und libanesische Zivilisten getötet wurden, entbehrte jeder Grundlage, und eine der abschließenden Forderungen, nicht nur nach dem Selbstbestimmungsrecht des palästinensischen Volkes, sondern zudem noch nach seinem Recht auf Rückkehr – was nichts anderes bedeuten konnte als die Rückkehr in die Gebiete des Staates Israel –, lief auf nichts anderes als auf die entschlossene, von Gerechtigkeitsprinzipien internationalistischer Art getragene Bereitschaft zum Verzicht auf einen jüdischen Staat hinaus.

Es war ein sonniger Aprilmorgen, als sich der Demonstrationszug vom Frankfurter Günthersburgpark ausgehend über die Rohrbachstraße in Richtung Innenstadt in Bewegung setzte. Nach Wochen hektischer Aktivitäten war jetzt der Tag der Besiegelung unserer Überzeugung gekommen.

Wir gingen – gemeinsam mit palästinensischen Studenten unter einer PLO-Fahne – an der Spitze des Zuges. Demonstrationen ähneln nicht nur äußerlich religiösen Prozessionen, sie sind letzten Endes religiöse Veranstaltungen, in denen oft genug unter Mobilisierung starker gemeinschaftlicher Gefühle Weltbilder beglaubigt, Solidaritäten bekräftigt und Identitäten geformt werden. Im Strom der Masse, dem Gellen und Hallen der skandierten Parolen, dem Trommelfeuer von Eindrücken, Formen und Farben entsteht eine Erhebung, eine Erbauung, die den Teilnehmer dem Alltag entrückt. An diesem Tag, unsicheren Ganges, mit einem Kloß im Hals an der Spitze eines Zuges unter einer palästinensischen Fahne, widerfuhr mir plötzlich eine eigentümliche, bildhafte Assoziation: Schwach in den Knien, war mir plötzlich so, als bestünde die solide geteerte und gepflasterte Rohrbachstraße aus nichts weiter als aus dünnem, zerbrechlichem Glas, das jeden Augenblick splittern konnte. Ein ähnliches, keineswegs identisches Gefühl sollte mich in politischer Hinsicht erst wieder Jahre später, unter spiegelverkehrten Vorzeichen, anläßlich des zweiten Golfkriegs anwandeln.

Eine Demonstration unter palästinensischer Flagge war freilich noch nicht das Äußerste, das ich aus Gründen der

Moral und einer vielleicht problematischen Selbstliebe für die Idee eines wahren Judeseins zu tun bereit war. Um anderes als Moral kann es sich kaum gehandelt haben – tatsächlich kannte ich persönlich nur sehr wenige Palästinenser, war weder mit auch nur einigen bekannt, geschweige denn befreundet, weder in Deutschland noch während der Zeit meines israelischen Aufenthalts. Tatsächlich ging es mir wohl darum, einer deutschen Öffentlichkeit zu zeigen, wie man sich konsequent und eben nicht nationalistisch borniert verhält.

MELVIN JULES BUKIET

Ein bescheidener Vorschlag

Es ist unbestreitbar eine gute Sache, daß die deutsche Nation offiziell den Holocaust anerkennt und neben dem Brandenburger Tor in Berlin eine modifizierte Version von Peter Eisenmans ursprünglichem Entwurf für ein Denkmal errichtet. Leider ist Eisenmans Vision unzulänglich. Sie ist mit ihren über tausend Stelen und einer Wand mit einer Million Bücher vielleicht extravagant, aber unzulänglich. Gleichgültig, wie gut es gemeint ist – ein Objekt, das von Touristen angeglotzt, und ein Archiv, das von Gelehrten genutzt werden soll, können dem größten Unrecht des zwanzigsten Jahrhunderts nicht gerecht werden.

Das Problem liegt darin, daß jeder Steinhaufen etwas Passives an sich hat, oder etwas Totes, während der Holocaust für viele immer noch sehr lebendig ist. Es ist sogar so, daß ich mich bemüht habe – ob mit Erfolg, weiß ich nicht –, ihn für meine Kinder lebendig zu halten. Als sie drei waren, habe ich ihnen *Maus* von Art Spiegelman vorgelesen; mit vier Elie Wiesels *Die Nacht*. Mit fünf wußten sie, daß das beste Holzspielzeug und die besten Weingummis häufig aus Deutschland kamen und deshalb bei uns zu Hause verboten waren. Mit sechs wären sie lieber zu Fuß gegangen als in einem Mercedes zu fahren. Die Schoa war in meiner Familie etwas so Unumstößliches wie die Tatsache, daß die Sonne im Osten aufgeht.

Eisenmans Entwurf soll etwas über diese Gefühle aussagen, und der Entwurf hat sein Ziel durch die Intensität der Debatte erreicht, die er ausgelöst hat. Doch jetzt wird ironischerweise gerade die Realisierung von Eisenmans ideologischem Traum die Debatte beenden, und ich fürchte, daß dieses Denkmal die

Wunde schließen wird, die ich lieber offen haben möchte. Zu diesem Zweck schlage ich eine symbolische Wiederholung der Schoa vor, vielleicht etwas in der Art der Passionsspiele in Oberammergau, meinetwegen kann man es auch als Performance bezeichnen. Jedes Jahr sollte ein Jude auf dem Altar von Eisenmans eleganter Plaza geopfert werden.

Bevor Sie diese Idee als morbide und grotesk verwerfen, bedenken Sie doch einmal, daß es der erklärte Sinn solcher Denkmäler und Museen ist, die »Erinnerung« wachzuhalten. Das Berliner Projekt schließt ja auch ein »Haus des Erinnerns« ein. Erinnern ist das Mantra aller solcher Einrichtungen. Aber Erinnerung ist lediglich die Folge der Erfahrung, und das bedeutet, daß nur diejenigen, die wirklich *dabei* waren, in den Lagern, auf beiden Seiten des Stacheldrahts, sich wirklich, im wörtlichen Sinn, erinnern können. Für uns andere ist die »Erinnerung« an den Holocaust ja eigentlich ein Akt der Phantasie. Durch die rituelle Tötung eines Juden könnten wir die Erfahrung nachvollziehen.

Ein solches Opfer erscheint vielleicht entsetzlich, aber die Vorteile überwiegen eindeutig moralische Erwägungen. Die Anwesenheit bei einem solchen Ereignis, die aktive Zeugenschaft, produziert authentische Erfahrung, die dann von einer Generation wirklicher Zeugen zur nächsten weitergegeben wird. Mein Vater wird nie mehr beklagen müssen, daß die Leute nicht verstehen. Von jetzt an wird jeder verstehen und sich – ja – erinnern. Auf lange Sicht werden sich vielleicht die Stahlwände des Berliner Denkmals als genauso vergänglich erweisen wie die Holzbaracken in Auschwitz, aber das sehr viel größere Gut der Erinnerung wird intakt bleiben.

Der Aufwand ist nicht sehr groß; wir brauchen keine sechs Millionen; wir brauchen nur einen einzigen Juden, der oder die lediglich der Definition des Jüdischen in den Nürnberger Gesetzen entsprechen muß. Die jüdische Gemeinde in Deutschland wird für diesen Zweck sicher gern jedes Jahr eines ihrer weniger geschätzten Mitglieder zur Verfügung stellen, aber ich bin ohne weiteres für Argumente offen, die auch die Tötung der wohlhabenderen und leistungsfähigeren Mitglieder stützen.

Natürlich ergeben sich daraus einige Fragen, und ich habe versucht, sie schon im vorhinein zu beantworten, obwohl die endgültigen Entscheidungen von einem zu diesem Zweck gebildeten Gremium getroffen werden müssen. Zum Beispiel: wie soll die rituelle Schlachtung durchgeführt werden? Erschießungskommandos sind zu militärisch, und bei Enthauptungen spritzt es zu sehr, außerdem sind sie zu französisch. Steinigungen gäben der Sache einen hübschen biblischen Anstrich; andererseits ist der Holocaust eine ausgesprochen moderne Katastrophe, und die meisten werden spontan für eine kleine Gaskammer plädieren. Diese Idee hat zugegebenermaßen eine gewisse Logik für sich, aber sie ist immer noch zu eindeutig und zu drollig. Und es ist ja ohnehin der Tod an sich, um den es uns geht, nicht die Tötungsart. Schließlich sind in den vierziger Jahren eine ganze Reihe von Tötungsarten angewandt worden, und sie haben alle gut funktioniert. Ich persönlich würde die einfache Injektion von Luft direkt ins Herz empfehlen. Das geht schnell; das ist sauber; und wir wollen ja nicht, daß jemand unnötig leidet. Aber es kommt nicht auf die spezielle Tötungsart an, solange die Zeremonie geschmackvoll vonstatten geht.

Wenn so ein Brauch Anklang findet, dann könnten wir das Programm erweitern und amerikanische und israelische Juden zur Teilnahme einladen, die sich so gern mit ihren Religionsgenossen aus der Vergangenheit identifizieren wollen. Wir könnten für die Bewerber einen jährlichen Aufsatz-Wettbewerb abhalten. Wir könnten um Kandidatenvorschläge mit Empfehlungsschreiben von Rabbis und Priestern bitten. Alle diese Ideen haben etwas für sich, aber mir erscheint eine Zufallsziehung aus einer Liste von Reisepässen als die effizienteste und effektvollste Methode.

Dann könnte auf eine ähnliche Art ein Deutscher ermittelt werden, der die Injektion verabreicht. Vielleicht könnte man diesem Deutschen dann den Prozeß machen und ihn hinrichten. Man könnte das weiter entwickeln und immer weiter. Man könnte diese Frage noch einmal ein Jahrzehnt lang diskutieren. Es gibt unendlich viele Möglichkeiten. Und genau darauf kommt es an. Die Möglichkeiten der Menschen sind unendlich.

BARBARA HONIGMANN

Doppeltes Grab

Wir standen mit Gerschom Scholem am Grab seiner Eltern und seiner Brüder auf dem Jüdischen Friedhof in Berlin-Weißensee. Es war kalt, es war Dezember. Gerschom Scholem und Fania, seine Frau, hatten leichte Mäntel an, sie waren gerade aus Jerusalem gekommen. Scholem hätte eigentlich wissen müssen, wie kalt es im Dezember in Berlin ist, er hat ja lange genug hier gelebt, war hier geboren und aufgewachsen. Aber wahrscheinlich war das schon zu lange her. Es war 1923, als er wegging, weil er glaubte, daß er nichts mehr verloren habe in Deutschland.

Wir räumten das Grab frei von altem Laub und den Zweigen, Ästen und halben Bäumen und von dem maßlosen Efeu, das über alle Gräber klettert, von einem zum anderen, von Grab zu Baum und von Baum wieder zu Grab, und sich alles nimmt und alles verschlingt, bis die ganze steinerne Ordnung wieder zu einem Wald verwächst und nicht nur der Körper der Toten, sondern auch dieses ganze Werk der Erinnerung an ihn wieder zu Erde wird. »Da braucht man eine Axt, wenn man das Grab eines Vorfahren besuchen will, um sich einen Weg durch die angewachsene Zeit zu schlagen«, sagte Scholem.

Auf dem Grabstein stand:

ARTHUR SCHOLEM
geb. 1863 in Berlin   gest. 1925 in Berlin
BETTY SCHOLEM, geb. Hirsch
geb. 1866 in Berlin   gest. 1946 in Sydney
WERNER SCHOLEM
geb. 1895 in Berlin
erschossen 1942 in Buchenwald

Scholem erzählte von seinem Vater, von seiner Mutter, von seinen beiden Brüdern, dem, der Kommunist geworden und in Buchenwald umgebracht worden war, und Erich, der nach Australien ausgewandert war. Er stellte sie uns alle vor, einen nach dem anderen. Und dann blieben wir eine kleine Weile stumm, für die Zeit vielleicht, in der man hätte »Guten Tag« sagen und sich die Hand geben können. Scholem sprach ein kurzes Gebet. Er sprach es ganz leise, er flüsterte bloß.

Nahe dem Eingang, auf dem Wege zu dem Grab, gab es eine Baustelle, man konnte zwar nicht erkennen, was gebaut wurde, und alles sah aus wie immer, trotzdem war ein großes Stück des Weges abgesperrt mit einem Seil, daran ein Fähnchen, darauf die Aufschrift: »Achtung Baustelle«. Fania Scholem nahm das Seil samt Fähnchen ab, ganz einfach, nur so, wie man die Klinke der Tür drückt, durch die man geht, und lief quer über die markierte Baustelle, und Gerschom Scholem rief ihr nach: »Siehst du nicht, daß der Weg gesperrt ist?« Aber Fania antwortete: »Ich lasse mich doch nicht von einem Strick abhalten, meinen Weg zu gehen! Siehst du nicht, daß da gar nichts zu sehen ist?« Scholem schüttelte den Kopf, aber folgte ihr doch auf dem verbotenen Weg über die unsichtbare Baustelle, nicht ohne am Ende das Seil hinter sich wieder einzuhängen.

Vor dem Tor des Friedhofs wartete ein schwarzer Mercedes mit Chauffeur auf Gerschom Scholem und Fania, der war ihnen nämlich von der Ständigen Vertretung der Bundesrepublik Deutschland in der DDR, die Scholem eingeladen hatte, also von Bölling, oder vielleicht war es auch noch Gaus, für diesen Tag zur Verfügung gestellt worden.

Wir fuhren zur Schönhauser Allee. Scholem wollte sich eine schweinslederne Aktentasche kaufen, so eine, wie er sie früher in Berlin immer gehabt hatte. In Jerusalem gibt es so etwas nicht, und er hatte diese Aktentasche damals so geliebt und sich später immer wieder eine gewünscht, aber nie mehr bekommen. Deshalb wollte er sich jetzt in Berlin eine kaufen.

Scholem und Fania, seine Frau, betraten den Laden schon durch die falsche Tür und wurden wieder zurückgeschickt, um noch einmal durch die richtige Tür, auf der »Eingang« geschrieben steht, hereinzukommen. Dann versäumten sie in dem Selbstbedienungsladen an der bestimmten Stelle einen Einkaufskorb zu nehmen, und wurden wieder gerügt. Sie bemerkten es aber gar nicht, weil sie sich laut unterhielten, und darüber ärgerten sich die Verkäuferinnen wohl auch und zeigten nur widerwillig einige Taschen vor. Fania wurde wütend über die Unfreundlichkeit und ständige Zurechtweisung, aber Scholem bat sie, sich zurückzuhalten. Zum guten Schluß kauften sie eine Aktentasche und waren sehr froh, weil es ein so alter Wunsch gewesen war und jetzt, nach so langer Zeit, endlich erfüllt.

Fania Scholem sprach deutsch. Aber woher konnte sie es? Ihre Muttersprache ist Hebräisch, später sprach sie polnisch, jiddisch, russisch, und dann als Fremdsprachen Englisch und Französisch, aber kein Deutsch. Also woher konnte sie es jetzt? »Sie hat es im Zusammenleben mit mir irgendwie eingeatmet«, sagte Scholem.

Dann saß Scholem bei uns zu Hause im Schaukelstuhl. Er hatte bei der Tante Eva in Jerusalem schon alle unsere Briefe gelesen, und er sagte, ich solle nicht in die Küche gehen und keinen Kaffee kochen, weil man dann nur kostbare Zeit des Gespräches verlieren würde. Er fragte und erzählte, und wir fragten und erzählten.

Was hat er nicht alles erzählt, tausend Begebenheiten aus deutscher und jüdischer und deutschjüdischer, alter, neuer und altneuer Geschichte. Von den Frankisten, der jüdisch-messianischen Sekte in Polen, deren Anhänger später alle zum Katholizismus übergetreten sind; über die hatte er gerade gearbeitet. Und von Walter Benjamins Freund Noeggerath aus Berlin, über den er jetzt hier noch etwas herauszufinden hoffte. Dann schimpfte er auf den Lubawitscher Rebben, dem habe er die Fälschung eines angeblich historischen Briefes nachgewiesen, und so etwas rege ihn als Historiker maßlos auf. Und vom Gesamtarchiv der Juden erzählte er noch, das sich heute im Staatsarchiv der DDR in Merseburg befindet, und wie er zum erstenmal dort war und es mit eigenen Augen gesehen hat, und von der Bibliothek der Jüdischen Gemeinde in Berlin, der ehemals riesigen Bibliothek in der Oranienburger Straße 68. Und wir sagten, da ist sie heute wieder, nur ist sie nicht mehr riesig, sondern winzig klein, aber in derselben Straße, in demselben Haus. Dort habe er die ersten Bücher jüdischen Wissens ausgeliehen, sagte Scholem, und wir sagten: wir auch. Und damit habe eigentlich alles angefangen, und wir sagten: bei uns auch.

Und dann erzählte uns Scholem vom Schicksal dieser Bibliothek. Nach dem Krieg nämlich war er im Auftrag des israelischen Staates nach Berlin gekommen, um dieser Bibliothek nachzuforschen und sie, wenn möglich, herüberzubringen. Jüdische Bücher sind von den Nazis nicht vernichtet worden, im Gegenteil, sie wurden gesammelt und katalogisiert von zehn eigens dafür angestellten jüdischen Gelehrten (von ihnen haben nur die beiden, die mit deutschen Frauen verheiratet waren, überlebt). Später wurde die ganze Sammlung nach Prag ausgelagert, weil die Nazis davon ausgingen, daß diese Stadt nicht bombardiert werden würde, und nach dem Krieg, also nach dem Sieg, sollten die zusammengetragenen Bücher wohl den Triumph über die Juden demonstrieren, so wie einst die Tempelschätze des zerstörten Jerusalem in Rom. Die Regierung der Tschechoslowakei, die nach dem Krieg die Sammlung in Prag vorfand, hat sie als ihr Eigentum betrachtet und in aller Welt zum Verkauf angeboten. So sind die Bücher überallhin verstreut worden, kein Mensch weiß wohin, hier und da kann man eines oder ein anderes in einer Bibliothek oder einem Antiquariat in irgendeiner Stadt der Welt wiederfinden. Ein paar von ihnen hat Scholem auf seinen Reisen in allen möglichen Städten und Ländern wiedergefunden und wiedergekauft, die stehen jetzt bei ihm zu Hause. Es sollen auch 500 sehr wertvolle hebräische Handschriften darunter gewesen sein, von denen Scholem zwei in Warschau wieder-entdeckt hat. »Es ist den Büchern nicht besser ergangen als den Menschen«, sagte Scholem. Über seine Nachforschungen hat er einen Bericht verfaßt, den er aber nie veröffentlicht hat.

Später saßen wir im Hotel »Berolina«, dort wollten wir Scholem und Fania, seine Frau, zum Essen einladen, und nach-dem er noch erzählt hatte, wie die Frankisten nach ihrem Übertritt zum Katholizismus in den polnischen Adel einge-heiratet und den also vollkommen »verjudet« haben, und darüber gelacht hatte, sagte Scholem zu mir und Peter, mei-nem Mann: »Es heißt: Wandere aus in ein Land der Thora-kenntnis (... und sprich nicht, daß sie zu dir komme, denn nur, wenn du Gefährten hast, wird sie sich dir erhalten. Sprüche der Väter 4, 18). Jerusalem wäre gut, New York wäre gut, London wäre gut, sonstwo wäre gut, aber Deutschland ist nicht mehr gut für Juden. Hier kann man nichts mehr lernen, also hat es keinen Sinn zu bleiben, es ist viel zu schwer. Wie das gehen soll, daß ihr dahinkommt, weiß ich nicht, aber ich werde es mir überlegen.«

Sie lehnten es beide ab, Fleisch zu essen, sie lebten zwar nicht strikt koscher zu Hause, sagten sie, aber hier in Berlin wollten sie doch lieber kein Fleisch nehmen. Fisch gab es aber nicht in dem Interhotel, und da konnten wir sie nur zu einem Eiersalat einladen, der auch schon halb vertrocknet war. Scho-lem und Fania redeten laut und lachten laut, und ich spürte die mißbilligenden Blicke von allen Seiten auf dieses unge-nierte alte Paar.

Vor dem Hotel wartete der Chauffeur von der Ständigen Vertretung, und da stiegen sie dann schließlich ein, und wir standen noch eine kleine Weile vor den offenen Wagentüren und sagten, was es für ein schöner Tag gewesen sei, und Scholem zeigte nochmal auf die schweinslederne Aktentasche und sagte, das sei ein großer Erfolg für ihn gewesen, und dann: »Auf Wiedersehen. Na, ob wir uns wiedersehen ...«

Am nächsten Tag rannten wir in die Bibliothek in der Oranienburger Straße und holten uns alle Bücher von Scholem nach Hause. Sie standen auch dort tatsächlich, worüber er sich schon vorher bei uns beschwert hatte, neben denen vom »deutschnationalen« Schoeps, dem er sich doch so fern fühlte.

Bald bekamen wir auch Post von Scholem, er schickte uns sein Buch über die Frankisten, das nun gerade erschienen war, und bat uns, es der Bibliothek der Jüdischen Gemeinde in seinem Namen zu schenken, wenn wir es gelesen hätten, und das haben wir auch getan.

Wenige Wochen später rief mich meine Freundin an und sagte, sie habe »was Blödes« im Radio gehört. Ich verstand nicht, was sie mir mitteilen wollte, aber da sagte sie schon, daß Gerschom Scholem heute in Jerusalem gestorben sei und morgen sei das Begräbnis. Das war am 21. Februar 1982.

Er war 84 Jahre alt, als er starb. Aber für mich war er gerade auf die Welt gekommen. Jahre und Jahre war Gerschom Scholem nur Schrift gewesen. Schrift seines Namens auf Titeln von Büchern und über Zeitschriftenartikeln, Schrift in der Folge eines kleinen Sternchens im Text, beim Nachschlagen hinten im Buch, einer Anmerkung. Oder manchmal, wenn er von dem oder jenem erwähnt wurde, der Klang seines Namens, dieses seltsamen Namens.

Dieser Name war nun als Mensch erschienen, als wahre Wirklichkeit, laut redend, berlinernd, ein langer Lulatsch mit abstehenden Ohren, die ganze Mystik in unserem Schaukelstuhl. Er hatte die Reise seines Lebens noch einmal zurückgelegt, noch einmal Berlin – Jerusalem retour, und er hatte einen zu leichten Mantel angehabt.

Es ist kalt, es ist Dezember, drei Jahre später. Ich sitze im »Petit Café« auf der Avenue du Général de Gaulle. Es ist also nicht New York und nicht London, aber Frankreich, da sitze ich und denke an Scholem in Berlin. Das Café ist leer, nur am Nebentisch sitzen die drei Araber, die immer da sitzen und die ich schon ganz gut kenne, weil wir uns ein paarmal unterhalten haben, und die sehr freundlich sind, obwohl ich ihnen gleich erklärt habe, daß ich »israélite« bin. Sie haben nur nicht verstanden, warum ich dann kein Hebräisch spreche (es ist doch auch dem Arabischen so ähnlich), so habe ich noch erklären müssen, daß meine Muttersprache Deutsch ist und daß ich aus Deutschland komme und nun hier lebe, weil es in Deutschland so gut wie keine »israélites« mehr gibt, und da fragten sie: Warum denn nicht?

Nach Scholems Tod, bald danach, bin ich noch einmal auf den Friedhof nach Weißensee gegangen, an das Grab seiner Eltern und seiner Brüder. Ich wollte irgendeine Handlung der Erinnerung vollziehen, und ich nahm denselben Weg, den wir gegangen waren, hängte das Seil mit dem »Achtung Baustelle«-Fähnchen ab und lief quer über den abgesperrten Weg, so wie wir es damals getan hatten. Dann stand ich wieder vor dem Grab, und da sah ich, unter all den Namen seiner Familie steht nun auch der seine. Da steht:

GERHARD G. SCHOLEM
geb. 1897 in Berlin   gest. 1982 in Jerusalem

Die meisten Menschen haben nur ein Grab. Gerschom Scholem hat zwei. Eines in Jerusalem und eines in Berlin. Er hatte wohl auch zeit seines Lebens in beiden Städten gelebt. Deshalb hat er ein doppeltes Grab. So ein Leben war das eben.

Vorstellung der Person

> »Schriebe ich meine Autobiographie, würde ich sie
> ›Geschichte eines Adjektivs‹ nennen.«
>
> ISAAK BABEL

Gewöhnlich ist der Schauplatz der Erniedrigung der Schulhof einer Volksschule oder eines Gymnasiums. Im Hintergrund hört man das hartnäckige und verschwommene Geschrei von Kindern, die johlen, rennen, schubsen, um in den paar Minuten Pause all die Energien abzuführen, die sich in den viel zu langen Unterrichtsstunden angesammelt haben. Einige warten, verlassen oder verschlafen, schweigend auf die Rückkehr in die Klasse. Andere führen lebhafte Gespräche. Eine Gruppe findiger Jungen hat sich aus Stoffresten einen Ball zusammengeknotet. Wie gewöhnlich werden die Tore auf der einen Seite durch zwei Schulhofbäume und auf der anderen Seite durch zwei Haufen zusammengestellter Schultaschen markiert. Fünf gegen fünf mit fliegendem Torwart. Das Spiel beginnt unter den Augen einiger weniger, aber begeisterter Fans. Wegen des Stundenplans muß die Partie häppchenweise ausgetragen werden. In der nächsten Pause wird sie wiederaufgenommen und nach dem Vormittagsunterricht beendet werden. Die verbissenen Jungen schenken sich nichts. Es wird – wie es im Fernsehen heißen würde – mit totalem Körpereinsatz gespielt. Und da es keinen Schiedsrichter gibt, kommt es über jedem Streitpunkt zu endlosen Auseinandersetzungen zwischen den beiden Mannschaften. Dauernd wird das Spiel unterbrochen, bis zu jenem unvermeidlichen Augenblick, da die Diskussion in Konfrontation übergeht. Zwei zornige Spieler bedrohen und beleidigen sich. Als dem einen sein Vorrat an Schimpfwörtern ausgegangen ist, schreit er schließlich: »Verreck doch, du dreckiger Jude!«

Wie betäubt blickt der andere hilfesuchend um sich. Instinktiv rechnet er mit einem allgemeinen Protest. Aber niemand scheint auf die Bemerkung zu reagieren. Als handle es sich um eine Beleidigung wie jede andere – ein Schimpfwort zwar, aber kein schlimmeres als das »Blödmann« und »Arschloch«, mit denen sich die beiden Kontrahenten schon seit einiger Zeit bedenken. Die Augen voller Tränen, nähert sich der »dreckige Jude« seinem Kameraden, den er trotz seines Zorns noch nicht hassen gelernt hat, und traktiert ihn mit kraftlosen, fast pflichtschuldigen Faustschlägen. Rasch sind die beiden von einer Traube anderer Kinder umgeben, die die beiden Raufenden rhythmisch anfeuern: »Hautse! Hautse! Immer in die Schnauze!« Doch der Kampf dauert nicht lange. Der Beleidiger möchte weiterspielen, weil es gleich klingelt, und der Beleidigte hat so viel Mühe, seine Bestürzung in Rachedurst zu verwandeln, daß er den Kampf aufgibt und das Spielfeld verläßt – in der schwachen Hoffnung, die anderen würden ihn zurückrufen. Doch seine Geste verpufft wirkungslos. Sein Ausscheiden wird mit Gleichgültigkeit aufgenommen, wie eine Laune, ein Schmollen. Das Spiel geht weiter.

Allein in seiner Ecke, leckt der fassungslose Junge seine Wunden. Er ist kein Gleicher unter Gleichen. Mitten ins Gesicht hat ihn der Schlag getroffen: Er ist Angehöriger eines verachteten Stammes, er ist *ein Jude!* Den Rest seines Lebens wird er damit zu tun haben, den Schock dieser Offenbarung zu verdauen.

Natürlich hat er das Wort schon gehört. Letztes Jahr ist er auf einer Bar-Mizwa gewesen, wo er sich übrigens zu Tode gelangweilt hat, und seine Eltern haben ihm schon von Verfolgungen und Antisemitismus erzählt. Vor dem Zwischenfall war ihm das Wort »Jude« vage vertraut. Es bedeutete ihm weniger, weit weniger als die Gewißheit einer Identität, nur das rein negative Empfinden, weder katholisch noch evangelisch zu sein. Im Grunde nichts, was ihn auf das Schlimmste, das heißt auf den *Ausschluß* vorbereitet hätte. Heute aber hat man diesem Jungen, der wie alle anderen ist, im Rahmen einer trivialen Auseinandersetzung zu verstehen gegeben, daß er nicht wie die anderen ist. Zum erstenmal empfindet er die wütende Ohnmacht der Parias. Zum erstenmal wird er aus dem Kreis der anderen davongejagt, weil er ein Jude ist, wird er verachtet von seinen Altersgenossen, wird ihm ein ekliger und absonderlicher Charakter nachgesagt, wird er isoliert und abgesondert, ohne daß er an seinem Körper oder in seiner Seele den Grund der Verbannung erkennen könnte. Die Beleidigung ist ein Taufakt. Die vage Zugehörigkeit wird zu seiner Wahrheit und seinem Namen. Bisher war er nichts als seine Stimmungen im Wechsel der Tage oder vielleicht auch sein Rang im Leistungsbild der Klasse – fortan und für immer ist er nun versehen mit einer Wesensart, die zu verändern oder abzulehnen nicht mehr in seiner Macht steht.

Das Spiel ist wieder aufgenommen worden, der Kreis hat sich ohne ihn geschlossen. Eine Ungerechtigkeit, gegen die er nichts vermag, hat ihn aus der Welt verbannt. Natürlich wird die Ächtung nicht von Dauer sein. Nachdem er einige Tage in Einsamkeit verbracht hat, um das Gesicht zu wahren, kehrt er in den Kreis der Kameraden zurück. Sie nehmen ihn auf, als wäre nichts gewesen. Abermals genießt er den Ruhm der großen Dribbelkünstler und – sofern seine Mannschaft siegt – die süßen Freuden der Gemeinsamkeit. Doch der Schaden, den seine Unbefangenheit genommen hat, ist nicht zu reparieren. Ein solches Erlebnis läßt sich nicht vergessen. Noch im Herzen der schönen Idylle und der großen Verbrüderungen wird ihn die verstohlene Angst vor erneuter Ausstoßung nicht loslassen. *Ich bin Jude.* Dieses Bewußtsein von einer Einzigartigkeit, die sich jedem Zugriff entzieht, von einer unsichtbaren und unauslöschlichen Andersartigkeit, wird jede seiner Bewegungen begleiten. Vielleicht wird er sich später für das Inkognito entscheiden und all seine Geschicklichkeit aufbieten, um dem Unbehagen an seiner semitischen Zugehörigkeit durch krude Verheimlichung seiner Identität zu entfliehen. Vielleicht macht er dieses verletzende Wort – Jude – zu einer kompromißlosen, entschlossenen, eigensinnigen Bezeichnung, die Selbstbehauptung und Herausforderung ist. Vielleicht wird er im Schatz der jüdischen Weisheit nach einem Mittel suchen, dieses Schandmal, das ihm eines Tages in der Pause aufgebrannt wurde, in einen positiven Wert zu verwandeln. Doch wie seine künftigen Entscheidungen auch immer ausfallen mögen, sie werden ihn nicht von seinem Trauma heilen können …

Man kennt diese Anekdote. In zahllosen Abwandlungen ist sie von einer Vielzahl von Schriftstellern erzählt worden. Es ist die pathetische und erbauliche Geschichte eines Kindes, das aus seiner Unschuld gerissen und unter den Vorzeichen der Beleidigung – oder des Fluchs – dem Judentum überantwortet wird. Ich dagegen will hier berichten und nachdenken über die umgekehrte Erfahrung: die eines Kindes, eines Jugendlichen, der nicht nur stolz, sondern auch glücklich war, ein Jude zu sein, und der sich allmählich zu fragen begann, ob es nicht verlogen war, daß er seine Besonderheit und seine Verbannung voller Freude genoß. Auch bei mir handelte es sich um einen Bewußtseinsprozeß, aber um einen langsamen, unmerklichen und ganz und gar nicht theatralischen. Das Abenteuer, von dem ich rede, läßt sich nicht in der Erzählform erfassen. Es war ein Drama ohne schicksalhaftes Ereignis, ohne lokalisierbaren Bruch zwischen einem Vorher und einem Nachher. Es war ein sehr langes Erwachen, das niemals die spektakuläre Form des Falls oder der Transmutation annahm. In keinen mythischen Augenblick läßt sich das wachsende Unbehagen zusammenfassen, das es mir schließlich abgewöhnt hat, mich in der jüdischen Situation bequem einzurichten.

Nicht daß ich auf wunderbare Weise vor dem Antisemitismus verschont geblieben wäre. Auch ich habe meine Sammlung an Kränkungen, die ich heute noch bei feierlichen Anlässen zur Besichtigung freigebe. Es gibt in einem gegen jedes Vergessen gefeiten Winkel meines Bewußtseins die vielfältigen Beleidigungen, die einem Juden zuteil werden können – angefangen mit dem etwas zu süßlichen Eifer des Katechismusschülers, der mich in den Schoß der Kirche ziehen wollte, um mich auf den rechten Weg zu führen und, wer weiß, die Glückwünsche des Schulpriesters entgegenzunehmen, bis hin zu jenem Ferienfreund, der nett, cool und sonstwas war und bei einer Wendung des Gesprächs auf einmal in vollem Ernst und aller Ruhe erklärte, die sechs Millionen Juden, die im Krieg umgebracht worden waren, seien noch zu wenig. Ich habe wie jedes andere jüdische Kind den unumwundenen Rassismus der Ferienlager und Schulhöfe kennengelernt, »Itzig« ist ein Wort, das ich nicht aus Büchern habe. Und doch könnte ich meine Geschichte nur mit einer gehörigen Portion Selbstgefälligkeit oder Blindheit mit dieser Tragödie beginnen lassen – mit der Tragödie des Schülers, der sich in der Gewißheit wiegt, den anderen zu gleichen, und der plötzlich entdeckt, daß er ganz anders ist. Es war genau umgekehrt: Überzeugt, daß mich das Schicksal zu einem ganz besonderen Einzelfall gemacht hat, wurde mir allmählich klar, daß ich mich von den anderen fast gar nicht unterschied und daß ich die geschichtliche Originalität *nicht verdiente*, die der rauschhafte Wahn meiner Jugend war. Das Paradies, aus dem ich vertrieben wurde, war nicht das der Eintracht, der Harmonie, der Homogenität, sondern ein für gewöhnliche Sterbliche unzugänglicher Bereich, ein aristokratischer Garten Eden, wo die Dissidenz den Platz der Distinktion innehatte und wo nur die Geächteten und Rebellen Zutritt fanden.

Man muß sich das vorstellen: Mit dem Judentum war mir das schönste Geschenk zuteil geworden, daß sich ein dem Völkermord nachgeborenes Kind erträumen konnte. Ich erbte ein Leid, das ich nicht erfuhr. Vom Verfolgten übernahm ich die Rolle, ohne seine Unterdrückung zu erleiden. In aller Ruhe konnte ich ein außergewöhnliches Schicksal genießen. Ohne mich einer realen Gefahr auszusetzen, hatte ich das

Format eines Helden. Ich brauchte nur Jude zu sein, um der Anonymität eines austauschbaren Daseins und der Plattheit eines ereignislosen Lebens zu entgehen. Natürlich war ich nicht gegen Niedergeschlagenheit gefeit, aber ich genoß gegenüber den anderen Kindern meiner Generation einen beträchtlichen Vorteil: die Möglichkeit, meine Biographie zu dramatisieren. Nur scheinbar waren wir in dieselbe verschwommene und eintönige Zeitlichkeit getaucht. Zwischen ihrer Mittelmäßigkeit und meiner erhob sich ein unüberwindliches Hindernis. Während sie die Reglosigkeit der totalen Flaute erlebten, wurde die Ruhe, in der ich lebte, stets durch die Unsicherheit meiner Situation widerlegt. Das Judentum war für mich die Erlösung vom Alltag. Mein Leben bedeutungslos? Die Banalität meiner Handlungen täuschte. Nach außen hin ein häuslicher und fügsamer Schüler, war ich innerlich ein Nomade, ein ruheloser Jude. Obwohl ein ängstlicher Kleinbürger, träumte ich davon, die Wut der Pogrome mit Gewalt zu beantworten. Bei aller Seßhaftigkeit war es mir gegeben, die tiefere Wirklichkeit des Exils wie aus einem doppelbelichteten Bild herauszulesen. Hinter der Normalität der angenehmen Zeitläufte vernahm ich ständig das Grollen der Apokalypse. Kurzum, ich war gewiß ein friedlicher Zeitgenosse, aber ich besaß ein Mittel gegen die Angst, die aus einem Übermaß an Sicherheit kommt: Ich war Jude. Der zurückliegende Leidensweg meines Volkes verlieh meinem Leben eine Geltung und eine Schönheit, die ich auf diesem Leidensweg selbst wohl kaum gefunden hätte. Ich suchte in meiner Herkunft nach den Momenten von Größe und Ruhm, die der reibungslose Verlauf meiner braven und strebsamen Existenz mir verweigerte.

Wie jeder andere hatte ich die metaphysischen Anfechtungen der Frage »Wer bin ich?« zu ertragen. Ein verschwommenes psychologisches Profil, das Fehlen sichtbarer, deutlicher, verläßlicher Besonderheiten, eine ausgesprochene Neigung zur Mimikry, vielfältige und widersprüchliche Modelle, von denen keines genügend Autorität besaß, um sich auf Dauer durchsetzen zu können, die ständige Sorge, nichts zu sein – mir waren die komfortablen Leiden einer behüteten Existenz nicht unbekannt. Aber auf dem Höhepunkt der Krisen, wenn mein Identitätsbewußtsein ins Wanken geriet, rief ich die magische Gewißheit auf den Plan: Ich bin Jude, das heißt interessant, geheimnisvoll, etwas Besonderes. Ich habe eine Geschichte und ein Gesicht, das zwanzig Leidensjahrhunderte geprägt haben. Mag ich auch in einem Anfall von Niedergeschlagenheit meinen Mangel an Persönlichkeit, meine Unbeständigkeit und meine Unentschlossenheit beklagen, in mir wohnt eine Wahrheit, die wahrer als die des Charakters ist: Jude – in den schlimmsten Augenblicken des Zweifels ersparte mir dieses einfache Wort das Ertrinken. Ich trug ein Erkennungszeichen, war individualisiert. Ich entkam dem schwindelerregenden Gefühl der eigenen Auflösung.

Auf der einen Seite ich, auf der anderen die anderen. Nach dieser Dramaturgie habe ich den größten Teil meines Lebens verbracht. Durch einen unantastbaren Urteilsspruch aus der Menge und dem gewöhnlichen Schicksal herausgehoben, von meinen Zeitgenossen getrennt, ohne daß diese es überhaupt bemerkten, war ich der Andersartige, der Leidende, der Gerettete – und bekam nicht genug von dieser Rolle.

Die vom Glück weniger begünstigten Angehörigen der großen Mehrheit, die armen normalen Menschen mußten die Revolte erlernen. Ich dagegen war *ungehorsam geboren*, wie es von einem jungen Mann aus guter Familie heißt, er sei *wohlgeboren*. Mein Blut war rot, nicht blau, ich inszenierte die dynastische Revolte. Ohne Anstrengung blieb ich dem Zugriff des Vorurteils entzogen, bildete einen extremen Skandal für die Gesellschaft. Ich war, sozusagen von der Dummheit befreit, durch ein Privileg namens Judentum vom Herdendasein befreit. Nachdem ein für allemal klargestellt war, daß die Geschichte die Einteilung der Welt in Folterknechte und Opfer ist, gehörte ich zum Lager der Unterdrückten. Ich brauchte keine Bewußtwerdung und keine Begegnung mit der Wirklichkeit. Von Spartakus bis Black Power verband mich eine instinktive und bedingungslose Solidarität mit allen Verdammten dieser Erde. War ich nicht selbst der lebendige Vorwurf, den die leidende Menschheit an ihre Henker richtete?

Mein Judentum lieferte mir weder eine Religion noch eine Lebensregel, sondern die Gewißheit, sensibler als die anderen zu sein.

Wie liebte ich damals Sartre, mit welch genüßlicher Freude bemächtigte ich mich des Vokabulars, mit dem er meine Erfahrung versorgte! Mit schöner Selbstverständlichkeit machte ich mir den genialen Philosophen dienstbar und zu meinem Schneider. Er maß mir einen prächtigen Anzug an, ein wahres Matadorengewand. Seine Sprache überzeugte mich um so leichter, als sie das Wohlbehagen, in dem ich mich aalte, in Kühnheit und Tapferkeit verwandelte. Klipp und klar sagte er mir, daß ich ein *authentischer Jude* sei, da ich meine Situation *annahm*, und daß es mutig, wenn nicht gar heroisch sei, sich so deutlich und nachdrücklich zu einem geschmähten Volk zu bekennen. Die von Sartre gewählten Begriffe versetzten mich buchstäblich in einen Rausch. Dort fand ich mein Leben in einem erhabenen Stil beschrieben, und jeder meiner Treueschwüre erschien mir als Heldentat. Wer hätte einer Schmeichelei von so subtiler Überredungskraft widerstehen können? Zwischen dem, was ich zu sein meinte, und dem Dasein, das ich tatsächlich führte, tat sich ein Graben auf, den der Zauber Sartrescher Prosa zuschüttete. Ich war ein junger Jude in geordneten Verhältnissen, der es sich in einer gefahrlosen Revolte und einem abstrakten Nomadentum bequem machte, fühlte mich aber darum keinesfalls unbehaglich. Sartre verschaffte mir die Möglichkeit, mich verdienstvoll zu fühlen, er sagte mir vor, was ich zum eigenen Lob und Preis vorzubringen hatte. Ohne mein Zutun kam ich so in den Besitz einer außerordentlichen Geschichte, und obendrein hatte ich noch das Recht, mir diesen Umstand als große Tat anzurechnen! Ich war diesem Selbstbild verfallen, ich vergrub mich in einen Traum, dem Sartres *Réflexions sur la question juive* die herben und virilen Züge der Wirklichkeit verliehen. Der Denker der Authentizität lieferte mir die Bürgschaft für meine Wichtigtuerei, der Mann, der wie kein anderer die Schliche der Unaufrichtigkeit zu demaskieren verstand, mußte lange zur Rechtfertigung meiner selbstgefälligsten und komödiantischsten Haltungen herhalten.* Der Sachverständige hatte sein Gutachten abgeliefert – mein Größenwahn stellte sich als legitim heraus, denn meine großen Gebärden waren Taten und mein Theater war Engagement.

Freilich war es mir, soweit ich mich erinnere, nie peinlich oder lästig gewesen, Jude zu sein. Ich habe meine Herkunft nie mit gedämpfter Stimme, eingeschüchtert oder schamhaft bekannt. Wo andere ihre Abstammung nur hinter vorgehaltener Hand eingestanden (als handelte es sich um einen obskuren Makel, ein biologisches Schandmal oder ein soziales Handikap), machte ich die meine öffentlich bekannt, spielte den Marktschreier. Der eine oder der andere in meiner Umgebung staunte ob solcher Kühnheit. Statt zu kuschen – was sie für die althergebrachte rabbinische Reaktion hielten – provozierte ich den Feind, bot ihm die Stirn. Was für eine Großtat! Phantastisch! Hat man je einen Edelmann über sein Wappen erröten sehen? Warum sollte mir also mein Judentum, diese in meinen Augen tausendmal ehrenvollere Auszeichnung als jeder Adelstitel, peinlich sein? Ich war viel zu stolz auf meine Genealogie, als daß mir auch nur einen Augenblick der Gedanke gekommen wäre, sie zu verstecken. Doch was da als Tapferkeit galt, war alles in allem nur Ausfluß meiner Unbescheidenheit.

Von meinen Eltern und zwei oder drei Tanten und Onkeln abgesehen, habe ich keine Familie. Und selbst diese wenigen

---

* Daß man mich richtig verstehe: Ich wende mich hier nicht gegen das Buch, in dem Sartre sich mit dem jüdischen Problem beschäftigt. Dieses schmale Bändchen ist nach wie vor ein faszinierender, fundamentaler und heilsamer Text. Ich beschreibe lediglich, wie verstiegen und projektiv ich ihn gelesen habe – ich, ein Jude, der vier Jahre nach dem Krieg geboren wurde. Wenn hier Kritik laut wird, so gilt sie natürlich nicht Sartre.

Verwandten haben nur wie durch ein Wunder das allgemeine Massaker an den polnischen Juden überlebt. Ich lebte (und lebe noch) umgeben von Abwesenden, deren Verschwinden mich aufwertete, ohne daß es mir Leiden verursacht hätte. Die unendliche Liste all der Toten, die ich nicht gekannt habe, diente mir als Adelsbrief. Freilich war ich mehr als betroffen, wenn meine Eltern mir von dem Alptraum erzählten, den sie während der fünf Kriegsjahre durchlebt hatten, wenn sie berichteten, was aus der Umgebung geworden war. Ich habe Tränen der Verzweiflung und der Wut vergossen. Aber sie hinterließen keine bleibende Wirkung. Der Kummer, den die Erzählungen meiner Eltern hervorriefen, verflüchtigte sich, sobald sie geendigt hatten, wie man eine Geschichte vergißt, sobald man das Buch zuklappt. Der Schrecken hinterließ keine Spuren. Er überdauerte die Vorstellung nicht, die man in mir hervorrief. Er versank nach kurzer Zeit in dem Nichts, das ihm vorangegangen war. Kurz, trotz aller meiner Anstrengungen trug ich nicht eigentlich Trauer um meine vernichtete Familie, sondern schmückte mich mit ihr. Ich berichtete meinerseits von den Schnittpunkten unserer Familiengeschichte mit der »Endlösung«, damit meine Gesprächspartner in einer Mischung aus Staunen, Scham und Hochachtung mehr in mir sahen als nur mich – nämlich das Antlitz der Hingemordeten. Andere hatten gelitten, und ich schlug moralisches Kapital daraus, weil ich ihr Nachkomme war. Die Aufteilung ergab sich ganz von allein: Für die einen die absolute Verlassenheit und der anonyme Tod, für mich als ihren Sprecher das Mitleid und die Ehrerbietung. Da man die Darsteller ausgelöscht hatte, eignete sich der Erzähler, ihr Erbe und Nachkomme, die Reaktionen seiner Zuhörerschaft an. Nach dem Stück erschien er allein vor dem Vorhang, um sich unter Beifall zu verbeugen. Freilich, diese Wirkung war nicht beabsichtigt. Nicht aus Berechnung machte ich die Katastrophe den niedrigen Zwecken meiner persönlichen Aufwertung dienstbar, nicht als zynischer und gemeiner Schwindler machte ich mich an die

Verführung des Gefühls. Aber nicht die Absicht ist entscheidend. Ich mochte noch so bescheiden, noch so bemüht sein, hinter meiner Erzählung zurückzutreten, in Wahrheit brüstete ich mich, versetzte das Auditorium in Staunen, erzwang seine Bewunderung. Ein Teil von mir war in Auschwitz, in einem polnischen Wald oder im Ghetto von Lemberg zugrunde gegangen. Meinen Blutsbanden verdankte ich das faszinierende Vermögen, eins zu werden mit den Märtyrern. Durch meine Abstammung gelangte ich in den Besitz der Rechte am Völkermord, wurde zu seinem Zeugen, ja fast zu seinem Blutzeugen. Vor dem Bericht über meine Herkunft war ich ein ganz normales Geschöpf. Hinterher hatten meine Gesprächspartner ein ganz außergewöhnliches Wesen vor Augen, halb wie durch ein Wunder gerettet, halb wie von den Toten auferstanden. Mit einer solchen Investitur verglichen, erschien jeder andere Titel elend oder lächerlich. Daher meine bemerkenswerte Freiheit von Komplexen. Die meisten Kinder – so heißt es – finden Gefallen daran, sich eine illustre Herkunft auszudenken. Sie erträumen sich ganz andere Erzeuger, als sie haben, stellen sich abenteuerliche oder blaublütige Eltern vor. Wozu brauchte ich solche Mythologien? Welche vornehme Welt, welche Künstlerbohème konnte es mit meiner Herkunft aufnehmen? Es gab überhaupt keine größere Welt als die, in die ich hineingeboren war. Mein Narzißmus fand an Ort und Stelle alle Nahrung, die er sich nur wünschen konnte, und alle meine romantischen Herkunftsphantasien haben die Grenzen der eigenen Familie nie überschritten.

Daher war überhaupt nichts Verdienstvolles an meinem demonstrativen Bekenntnis. Aus der Tragödie, die mein Volk erlitten hatte, machte ich ein tragisches Schaustück, in dem ich mir selbst die Heldenrolle reservierte. Ich spielte den Verfolgten, aber nur auf einer pantomimischen Bühne, mit Gesten, die mich selbst niemals wirklich kompromittierten. Ich war ein Maulheld der Konzentrationslager – aber warum soll ich mich selber anklagen? Mein Geburtsdatum bietet eine hinreichende Erklärung für diesen Hang zur Emphase. Ich bin in zu großer zeitlicher Nähe zum Genozid geboren, um den Blick davon abwenden zu können, und zugleich schützte mich die ganze Entsetzlichkeit dieses Ereignisses vor einem Wiederaufleben des Antisemitismus, zumindest in seiner organisiert-gewalttätigen Form. Ich war sozusagen im Übermaß *privilegiert:* Die zeitliche Nähe des Krieges gab mir zugleich Größe und Sicherheit, sie lud mich zur Identifikation mit den Opfern ein und gab mir dabei fast die Gewißheit, daß ich niemals zu ihnen gehören würde. Es war ein risikoloses Spiel: Im Bewußtsein meiner Unantastbarkeit konnte ich gefahrlos den Aufstand gegen Rassismus und Folter proben. Die Geschichte hatte mich – aus Ironie oder Großzügigkeit – zum nutzlosen Rebellen einer Friedensepoche gemacht. Als Luxus-Apatride und Deportierter »zum Spaß« lebte ich in der Sicherheit des Anachronismus.

Vim und Vitalität

In meiner Familie benutzen wir wie Millionen anderer Haushalte im Lande das Scheuermittel Vim. Das war nicht Resultat einer politisch oder sozial bedeutsamen Konsumstrategie unsererseits, wir haben einfach die Marke Vim benutzt. Wenn wir eine andere Familie besuchten und ich dort ein anderes Scheuermittel entdeckte, drehte sich mir der Magen um.

»Mami!« zischte ich, »die nehmen hier *Ajax!*«

Soweit ich wußte, war immer das richtig, was wir zu Hause benutzten; Abweichungen waren minderwertig und ein kleines bißchen peinlich; ich ließ keinen Ersatz gelten: Wenn man woanders Omo statt Persil benutzte, Quaker-Haferflocken anstelle von Scott's aß oder sich mit Colgate und nicht Gibbs die Zähne putzte, so war man dort schlichtweg unten durch und Mitleid die einzige Regung, die ich aufbrachte.

Das gleiche galt für die Politik. Jahrelang habe ich mir vorzustellen versucht, wie jemand sich so erniedrigen könnte, wirklich und wahrhaftig Labour zu wählen, ohne rot zu werden. Das war fast so entsetzlich, wie wenn man Zewa statt Hakle kaufte.

In jenem Jahr, das mich vom ekelhaften Zwölfjährigen zum widerlichen Dreizehner heranwachsen sah, wurde mal wieder das Parlament gewählt. Das erregte in North Norfolk großes Aufsehen, wie Sie sich werden denken können. Wenn unser Daheim auch nicht wirklich mit den großen politischen Salons der Vergangenheit Schritt halten konnte, so gab es zu Hause doch allerlei Kommen und Gehen in jener schwindelerregenden und bewegten Zeit, durchaus vergleichbar mit Cliveden in seiner Blütezeit. Wirklich, jeden Dienstag sah man den konservativen Wahlkampfleiter von North Norfolk mit dem Stadtkämmerer von Aylsham (nach der Eingemeindung von Cawston und Yaxham) ins Gespräch vertieft und Angelegenheiten diskutieren, die die Höchsten im Staate betrafen. Manchmal war sogar der Abgeordnete höchstpersönlich da. Bei solchen Anlässen, das kann ich Ihnen versichern, floß das Vim wirklich in Strömen. So manches Mal mußte ich Nachschub aus dem Keller holen. Ich trat ins Speisezimmer, strich mir die Spinnweben aus dem Haar, stemmte den Kanister auf den Tisch und lauschte, glubschäugig vor Ehrfurcht, wie in jenem Zimmer Staatsangelegenheiten geklärt wurden. Auf wie vielen Telegraphenstangen an der Straße nach Cromer man blaue Wahlplakate anbringen würde, ob das Lautsprechersystem auf dem Wahlkampfbully laut genug war, um die Einwohner von North Walsham aus dem Schlaf zu rütteln, und wer im Wahlkreis Booton die Senioren in die Wahlkabinen schippern würde.

Historisch ist nicht daran zu rütteln, daß die Angelegenheiten, die an jener Tafel von den Männern und Frauen der North Norfolk Conservative Association entschieden wurden, schwindlig vom guten Vim, wie sie es gewesen sein mögen, geröteten Kopfes von Scott's Haferflocken und fuchsig von Hakle, wie sie es unzweifelhaft waren, das Schicksal der Nation verändert haben. Das Ergebnis unserer Anstrengungen war, daß Edward Heath in den Buckingham Palace zitiert wurde und wir ihm treu ergebene East Anglianer bis in die stillen Stunden der Nacht hinein mit feinstem Gibbs SR auf sein Wohl anstießen.

Dann kam ein Referendum zu Europa, was wir heute bestimmt ein Euroferendum nennen würden. Ungefähr zu jener Zeit entschied ich mich aus Gründen, die ich immer noch nicht ganz verstehe, zum offenen Aufstand. Obwohl der Parteilinie noch treu, kam ich zu dem Schluß, ein fanatischer Europagegner zu sein.

Es war zweifellos die Pose eines närrischen Teenagers; ein Versuch, Unabhängigkeit zu zeigen, oder um, wie man heute

sagen würde, bei Handlungsbedarf eigenverantwortlich vor-
zugehen.

Meine Helden wurden Barbara Castle und natürlich Enoch
Powell, dem ich vergab, daß er mir wie jedem Schüler mit
seiner Ausgabe des Thukydides das Leben schwergemacht hatte: Ich ging sogar so weit, ihm zusammenhanglose Fanpost zu
schicken, in der ich ihn meiner Unterstützung versicherte.

Zwanzig Jahre danach ist es mir egal geworden, welches
Toilettenpapier ich benutze oder welche Zahnpasta ich futtere,
und politisch neige ich inzwischen zur Labour Party, aber bei
der Europafrage wechsle ich immer noch täglich meine Meinung, werde wie eine Hoteldusche abwechselnd heiß und kalt.
Manchmal sorge ich mich wegen gesichtsloser Eurokraten,
dann wieder denke ich, wenn ich's mir richtig überlege, zeigen unsere Herren in Whitehall ja auch nicht viel Profil.
Regierung per Dekret kann vermutlich genausogut von West-
minster ausgehen wie von Brüssel. Auch auf europäischer
Ebene gibt es schließlich Wahlen. Und wenn die gegenwärtige
Rezession zu einem weltweiten Abschwung gehört, wie soll
da das Konzept ökonomischer Souveränität noch eine Bedeutung haben? Dann aber fällt mir wieder ein, daß Brüssel,
worauf Martyn Harris neulich erst im ›Telegraph‹ hingewie-
sen hat, Kindern verbieten will, Zeitungen auszutragen, und
ich kriege sofort eine Gänsehaut.

Letztlich ist die Vetternwirtschaft, die damit anfängt, Leute
nach Scheuermitteln zu beurteilen, und mit der Bombardie-
rung von Dubrovnik endet, keine Kraft, mit der man sich
glücklich verbünden könnte. Auch die Häuser anderer Leute
haben ihr Gutes.

ROMAN GREN

Der Stift

Der grünlichblaue Füllfederhalter meines Vaters erfüllte
mich immer mit einem andächtigen Respekt. In ihm nämlich
sah ich lange Zeit den Urheber der Kunst, Buchstaben zu
Papier zu bringen, die Rolle des Menschen erschien mir
zweitrangig. Zuweilen leistete ich Hilfe, wenn der Füller in
einer komplizierten Operation mit Tinte gefüllt wurde, ein
Vorgang, den mein Vater mit großem Ernst zelebrierte. Zuerst legte er ein Löschblatt unter das Tintenfaß, für dessen
Form ich nie einen rechten Namen finden konnte, dann
schraubte er den Füllfederhalter auseinander, drückte mit
Daumen und Zeigefinger den Sauger zusammen, tauchte die
goldene Feder in die blaue Tinte, reduzierte den Druck langsam, nahm die Feder aus dem Tintenfaß, wischte ihn mit
einem Stück Zellstoff ab und schraubte ihn schließlich wieder
zusammen. Bei dieser Gelegenheit fielen immer dunkelblaue
Tropfen auf das Löschblatt und zerliefen dann in sternför-
migen Ausäderungen, die an Kornblumen erinnerten. Der
hölzerne Halter mit Stahlfeder, den ich dann benutzen mußte, als ich in der ersten Klasse Schreiben lernte, war lediglich
ein ganz entfernter und armer Verwandter des Parkerfüllers.
Es verlangte ein hohes Maß an Konzentration und Anstrengung von mir, mein Schreibgerät über das Papier zu führen,
und das hatte nichts mit der Leichtigkeit zu tun, mit der der
Füllfederhalter in der Hand meines Vaters tänzelte. Mein
Tintenfaß paßte zu dem Federhalter: Es war von ganz alltäg-
licher, runder Gestalt und aus unebenem Glas, und es barg
eine schmutzigblaue Flüssigkeit, die von der Spitze der Stahlfeder zu einem Klecks zerrann, den man schnell mit der Ecke
des Löschblatts aufsaugen und dessen Spuren man dann mit

einer Rasierklinge abtragen und mit dem Fingernagel glätten mußte.

Die ruhigen und gefahrlosen Bleistifte waren mir lieber, besonders die tschechischen aus Metall, bei denen sich die Bleimine aus der raffinierten Öffnung schob. Sie standen allerdings den Buntstiften nahe, und diese wiederum waren der Inbegriff der Welt des Kindergartens und der Bilderschrift, die eines Schülers unwürdig ist, der sich gerade das Einmaleins aneignet. Buntstift, Bleistift, Federhalter mit Stahlfeder, Füllfederhalter – das war die Ordnung der Dinge bis zu dem Tag, an dem ich eines Morgens auf dem Stuhl, der die Funktion eines Nachttischs erfüllte, einen Gegenstand fand, der die herrschende Ordnung ins Wanken bringen sollte.

Dieses silberne Röhrchen, dessen krönende Zierde ein Kettchen mit Metallring war, hatte nichts mit den mir bekannten und vertrauten Spielsachen gemein. Die Zierlinien, die sich über die Oberfläche des Gegenstands zogen, fügten sich zu einer Reliefzeichnung von Wehrmauern, hinter denen Kirchturmspitzen und zinnengekrönte Türme aufragten. Über das ganze zog sich wie ein Band eine unverständliche Aufschrift.

Das Röhrchen entpuppte sich als eine aufschraubbare Hülle, die in ihrem Innern eine verblüffende Art Bleistift verbarg, der ebenfalls silbern war. Seine Spitze erinnerte an die angespitzte Bleimine, aber als ich mir damit über den Finger fuhr, hinterließ sie eine rasch trocknende Spur, die in der Farbe an Tinte erinnerte. Mir fiel ein, daß ich auf dem Hof von einem Kugelschreiber hatte erzählen hören, den jemand aus dem Ausland mitgebracht hatte, und in mir reifte die Gewißheit, daß ich Besitzer eines solchen einmaligen Gegenstands war. Sein Wert wurde noch dadurch gesteigert, daß man das Ganze nach dem Zusammenschrauben der Hülle mit dem Metallring an der Gürtelschlaufe der Hose befestigte, die von diesem Moment an keine gewöhnliche Popelinehose mehr war. Ich dachte über die Herkunft des Kugelschreibers nicht lange nach: Es mußte ein Geschenk der Unbekannten aus Ägypten sein, die uns seit einiger Zeit Pakete mit Apfelsinen und Kleidung schickten.

Die geheimnisvolle Aufschrift, die sich über der Stadt erhob, zeichnete ich sorgfältig ab, begeistert von der raffinierten Form der Buchstaben, dann lief ich in die Küche und bat meine Mutter darum, mir das Wort in der geschwungenen Schrift vorzulesen.

Mama schob die Schüssel beiseite, in der sie Eischnee schlug, wischte sich die Hände an der Schürze ab und hielt die Hülle dicht vor ihre Augen.

»Jerusalem«, las sie langsam. »Wo hast du das her?«

»Das lag neben dem Bett«, sagte ich. »Papa hat es bestimmt da liegen lassen. Das ist von den Leuten in Ägypten.«

Mama betrachtete mich mit einem merkwürdigen Blick:

»Von den Leuten in Ägypten?«

Ich hatte Hunger, und außerdem hatte ich es eilig: Ich wollte so schnell wie möglich vor meinen Kameraden angeben.

»Machst du mir ein Brot?« bat ich und nahm ihr den Kugelschreiber aus der Hand.

»Spiel nicht damit«, sagte Mama. »Das ist nicht gut.«

»In Ordnung«, dachte ich und schaute Mama zu, wie sie Wurstscheiben auf dem Brot verteilte. Das war doch kein Messer. Und auch keine Rasierklinge.

Das Geschenk aus Ägypten machte auf dem ganzen Hof die Runde und weckte allenthalben Bewunderung und Neid. Um es länger in der Hand halten zu dürfen als die anderen, gab mir Janusz die Hülse von einem KBKS-Sportgewehr, und die Hausmeisterstochter Ewka versprach, daß sie sich mit mir hinter der Gardine verstecken würde. Alle äußerten Bewunderung für das Relief und große Verwunderung über die Aufschrift. »Jerusalem«, unterrichtete ich sie, »das ist ein ägyptischer Fluch. Wenn man ihn dreimal ausspricht – Jerusalem, Jerusalem, Jerusalem –, öffnet sich die Pyramide. Wir fahren bestimmt zu unseren Bekannten dorthin, und dann kann ich in die Schatzkammer hinein.«

Bevor ich mich am Abend ins Bett legte, ging ich, schon im

Schlafanzug, in das Arbeitszimmer meines Vaters. Mein Vater saß an seinem Tisch und schrieb. Ich zog mir einen Stuhl heran, legte das mitgebrachte Heft aufgeschlagen hin, schraubte die Hülle auf, nahm den Kugelschreiber heraus und legte sie dann zwischen meinen Vater und mich unter die grüne Lampe mit dem orangefarbenen Schirm. Die Stadt erstrahlte und erglänzte wie ein Stern. Einer der Strahlen schien genau in das Auge meines Vaters, der lächelte und, ohne seinen Blick von seinen Papieren zu heben, die silberne Röhre mit einem Finger der linken Hand auf sich zu bewegte.

Ich zeichnete das Spruchband und setzte den ersten Buchstaben hinein – ich brauchte schon nicht mehr auf die Aufschrift zu schauen. Die Walze rollte über den Schreibtisch, die Türme, Kirchenspitzen, Schießscharten ratterten wie die Räder einer Eisenbahn. Ich schrieb die nächsten vier Buchstaben und begann, ein schmuckvolles A zu zeichnen, als mich eine plötzliche Stille erstarren ließ.

Mein Vater hatte den Füllfederhalter beiseite gelegt, er saß erstarrt da, den Kopf hielt er wie ein Vogel zur Seite geneigt. Ein Hauch von Rot mischte sich in das orangefarbene Licht. Ich fügte hastig die letzten Buchstaben hinzu und schloß das Spruchband. Mit zwei Fingern nahm mein Vater die Hülle und hob sie dicht an seine Augen. Der Schatten seiner Hand glitt über die Wand.

»Was ist das?« fragte er mit heiserer Stimme. »Woher kommt das?«

Ich rutschte von dem Stuhl, preßte mein Heft und den Kugelschreiber an meine Brust und streckte die Hand nach dem Anhänger aus.

»Gib mir das«, sagte ich. »Das ist meins. Das ist ein Geschenk aus Ägypten.«

»Aus Ägypten«, wiederholte mein Vater. Sein Gesicht war völlig weiß, und zwei schwarze Löcher waren an die Stelle seiner Augen getreten.

Ich bewegte mich langsam rückwärts zur Tür. Das Zimmer wurde dunkler.

»Mach die Tür hinter dir zu.«

Das milchige Licht des Kronleuchters erfüllte das Eßzimmer, in der Ecke murmelte das Radio und blinzelte freundschaftlich mit seinem smaragdgrünen Auge, der Drache auf der chinesischen Vase fletschte die Zähne, und nur der Zimmerfarn ließ ratlos seine Arme hängen. Draußen fiel Schnee: Vor dem Fenster stand eine weiße Stille.

Ein klagend-kreischender Laut drang durch die Tür des Arbeitszimmers. Ich legte mein Auge an das Schlüsselloch: Eine mit einer Feile bewaffnete Hand bewegte sich unter der orangegrünen Lampe hin und her.

Als ich gerade im Begriff war einzuschlafen, ließen sich Schritte vernehmen. Mein Vater stand auf der Schwelle, schwarz im blassen Widerschein der Winternacht. Er wiegte sich hin und her und streckte und reckte dabei seine verschränkten Finger, dann ging er zum Bett und strich mir über die Wange. Etwas schlug gegen den Stuhl: Das war der Stift.

Als ich wieder alleine war, nahm ich ihn in die Hand. Ich mußte das Licht gar nicht anmachen – ich mußte nur einmal mit dem Daumen über die verstümmelte Oberfläche fahren und wußte Bescheid: Über den Ruinen der Stadt erhob sich ein zerrissenes Spruchband, aus dem die zerschlagenen Buchstaben herausgefallen waren.

Kaddisch

I. Zunächst war da das Theater mit den Jarmulkes

Der Rabbiner möchte, daß mein Vater, mein Bruder und mein Onkel Alex Jarmulkes tragen, obwohl wir in einem nicht-konfessionellen Bestattungsinstitut sind, von Synagoge also keine Spur. Das Bestattungsinstitut ist ein richtiges Haus. Ein weißes Gebäude im Kolonialstil, mit dem Halbrund einer Auffahrt und Ahornbäumen davor. Ein Haus, das in wohlklingenden Tönen von Wohlstand und Understatement spricht. Es ist das einzige Bestattungsinstitut in der Stadt, das weder zur episkopalischen noch zur presbyterianischen Kirche gehört.

Mein Vater ist zu benommen, um irgend etwas zu tun. Man kann über sie als Eltern sagen, was man will, aber meine Mutter und mein Vater haben einander geliebt, und der Tod meiner Mutter, der schnell und aus heiterem Himmel in Gestalt eines Aneurysmas im Gehirn kam, hat meinen Vater am Boden zerstört. Er nimmt das Satinkäppchen wie etwas Zerbrechliches, eine Blüte oder ein Vogelküken, und hält es mit seinen Händen umschlossen, als dürfe man es nicht zerdrücken. Ren, mein Bruder, schiebt seine Jarmulke in die Sakkotasche. Ren ist Buddhist. Buddhisten tragen keine Jarmulkes, und mein Onkel Alex, der praktisch verrückt ist, ein notorischer Querulant, sagt: »Nein, die bringt mir mein Haar durcheinander.« Sein Haar ist eine Matte. Ein Toupet, wenn auch eines der teureren, das man nicht schon aus meilenweiter Entfernung als solches erkennt.

Der Rabbiner weiß offensichtlich nicht, was er tun soll, und aus Angst, er könnte weinen, nehme ich meinem Vater die Jarmulke aus den Händen und setze sie ihm auf den Kopf. Sie sitzt nicht ganz in der Mitte, aber sie ist da. Dann wende ich mich zu meinem Bruder und meinem Onkel und sage: »Setzt die verdammten Hüte auf!«

Von uns hat ganz sicher niemand diesen Rabbiner gebeten, die Trauerzeremonie für meine Mutter abzuhalten. »Kein Rabbiner«, hatte meine Mutter gesagt. Wann immer sie von einer jüdischen Beerdigung nach Hause kam, sagte sie: »Versprecht es mir. Wenn ich sterbe, kein Rabbi.« Als Grund, warum sie keinen Rabbiner wollte, sagte sie: Wer will schon, daß ein Mensch, der einen nie von Angesicht zu Angesicht gesehen hat, in diesem endlosen Singsang erzählt, was für eine hingebungsvolle Mutter man war? »Und immer vereinnahmen sie die Dahingeschiedenen als engagierte Mitglieder der Hadassah, und erzählen, wie federleicht ihre *Matzekneidel* doch waren, schweben taten sie. Puh«, meine Mutter schnitt eine Grimasse. »*Matzekneidel*. Kein Rabbiner.« Das war der Grund, den sie nannte.

Der wahre Grund, warum meine Mutter keinen Rabbiner bei ihrer Beerdigung wollte, war, daß sie eine Grabrede in diesem Singsang fürchtete. Meiner Mutter war der Gedanke unerträglich, daß ihre Freunde und Nachbarn einem Akzent ausgesetzt wären, der unmißverständlich jiddisch war. Meine Mutter war fest überzeugt, alle europäischen Juden wären Bauern, und zwar besonders ignorante Bauern. Aus diesem Grund konnte meine Mutter auch mit der Familie meines Vaters nichts anfangen. Die Familie meiner Mutter war zur Zeit des amerikanischen Bürgerkriegs nach New York eingewandert. »Wir sind echte Yankees«, warf meine Mutter stolz in jedes Gespräch ein.

Von dem Augenblick an, da ich alt genug war, zuzuhören, sagte mir meine Mutter immer wieder und mit großem Nachdruck: »Die Schwestern deines Vaters sind so was von dumm.« Meine Mutter kam von einem Telefonat mit der einen oder der anderen zurück, schüttelte den Kopf und sagte: »So dumm.« Da wir meine Tanten selten sahen, hatte ich keinen Grund, anders über sie zu denken, bis ich vor ein paar Jahren bei einer Ausstellungseröffnung in Chelsea ausgerechnet wem? – der ältesten Schwester meines Vaters, Tessie, in die Arme lief. Die Tochter einer ihrer Freundinnen gehörte zu den ausstellenden Künstlern, und zusammen betrachteten Tessie und ich die Gemälde. Ehrlich gesagt, wäre ich allein gewesen, hätte das so ausgesehen: einmal-durch-den-Raum-und-raus. Die Bilder interessierten mich nicht sonderlich, aber Tessie interessierte mich enorm; die Art, wie sie vor jeder Leinwand innehielt, den Kopf erst nach links, dann nach rechts neigte. Wie sie Farbe, Stimmung und Struktur kommentierte, wie sie darüber nachdachte, was die Bilder bedeuteten, was die Künstler ohne Worte zu sagen versuchten.

Kaum war ich zu Hause – ich nahm mir noch nicht mal die Zeit, den Mantel auszuziehen –, rief ich meine Mutter an und sagte: »Du ahnst nicht, wen ich auf einer Vernissage getroffen habe. Tessie«, worauf meine Mutter, wie üblich, erwiderte: »Diese dumme Frau.«

»Aber das stimmt nicht«, sagte ich. »Sie ist überhaupt nicht dumm. Sie ist klug und intelligent und neugierig. Warum behauptest du, sie wäre dumm?«

Meine Mutter seufzte laut, mußte sie doch das Offensichtliche erklären. »Ich bitte dich«, sagte meine Mutter, »sie trinkt ihren Tee aus einem Glas.«

Durch diskrete Recherchen habe ich erfahren, daß der Rabbiner bei der Bestattungszeremonie inbegriffen ist, Teil des Gesamtarrangements, wie der Sarg, die Klappstuhlreihe, und obwohl ich der Meinung bin, daß wir grundsätzlich die Wünsche der Verstorbenen respektieren sollten, denke ich, er kann ruhig weitermachen, denn wenn er überhaupt einen Akzent hat, dann einen aus Neuengland. Er stellt uns Fragen über unsere Mutter, um sich ein Bild zu machen. »Sie hat Englisch an der High School unterrichtet«, sage ich.

»Sie liebte Tiere. Besonders Maine-Coon-Katzen«, sagt Ren, und Alex erklärt dem Rabbiner: »Meine Schwester hat immer Größe 34 getragen. Ihr ganzes Leben. Eine perfekte 34«, und dann fragt uns der Rabbiner: »Wie war ihr hebräischer Name?«

Mein Vater fängt an zu weinen. »Ich weiß es nicht. Ich weiß es nicht«, als würde ihm in diesem Moment abermals bewußt, daß das Verlorene unwiederbringlich dahin ist. Mein Bruder zuckt die Achseln, und ich frage mich, ein hebräischer Name, habe ich einen hebräischen Namen? Nicht, daß ich wüßte, aber könnte ich einen haben? Und könnte ich ihn mir selbst auswählen, so wie katholische Kinder bei der Firmung?

Darauf war ich schrecklich neidisch, sich selbst einen Namen aus der Liste der Heiligennamen aussuchen zu dürfen, und nicht genug damit. Ich war verrückt nach diesem Medaillon, dieser kleinen Silbermedaille mit der auf madonnenmantelblaues Email geprägten Jungfrau Maria darauf, die alle katholischen Mädchen um den Hals trugen. Am meisten aber gierte ich danach, mir Asche auf die Stirn zu schmieren, als Accessoire sozusagen – *in Sack und Asche* zu gehen. Ach, eine Märtyrerin sein; am Aschermittwoch war ich voller Sehnsucht. Juden haben, soweit ich wußte, keine Märtyrer, es sei denn, man nimmt das ganze Volk.

Ritual und Ornament reizten mich, aber in meiner Familie – also, bei uns gab es nichts davon. Meine Eltern sagten, wir seien Juden, aber wir lebten wie Unitarier und feierten das säkulare Drum und Dran mit Weihnachtsbaum, gefüllten Socken, Santa Claus, Wichteln und massenweise Geschenken. Ostern reduzierten wir auf den Osterhasen samt Eiern und Osternest. Wir feierten keine jüdischen Festtage, denn soviel uns bekannt war, machten die keinen Spaß.

Ich weiß nicht ganz genau, wie weit das Vermeiden der jüdischen Traditionen in der Familie meiner Mutter zurückreicht, jedenfalls war ihr Vater Künstler, der seine Familie ernährte, indem er Porträts in Öl anfertigte. Er malte diese Bilder unter einem angenommenen Namen, James Sander, weil die reichen New Yorker nicht die Signatur von Joseph Saperstein auf ihren Porträts wollten. Sie wollten kein Saperstein-Original.

Doch all das wappnete mich nicht für die Geschichte, mit

der mein Onkel Alex die Frage des Rabbiners nach dem hebräischen Namen meiner Mutter beantwortet.

Zunächst ein Wort über Alex: Bis zu seiner Pensionierung vor vier Jahren hat Alex Kostüme für die Metropolitan Opera entworfen. Eine maßgeschneiderte Karriere. Alex besitzt Ausstrahlung, er hat ein Auge für Farben, ein Gespür für Stoffe, und einen sechsten Sinn für Übertreibung. Alex hat etwas von einer Diva, der Mann liebt die Tragödie. Je mehr Tote, um so besser, aber um sich zu qualifizieren, müssen sie gut angezogen sein, diese Toten.

Es war diese Begeisterung für Stil und Tragödien, die Alex auf sein Steckenpferd brachte, aus dem dann Leidenschaft und schließlich eine Obsession wurde. Alex sammelt Gegenstände: Souvenirs, Aschenbecher, Speisekarten, Postkarten, Briefwechsel, Bestecke, Teller, Handtücher – jede Art von Inventar, alles Denkbare, was von gesunkenen Ozeandampfern stammt. Sein Apartment am Gramercy Park ist ein Schrein der *Lusitania*, der *Mauretania* und jener größten Tragödin der Tiefe, der *Titanic*.

In Alex' Augen ist das Flugzeug schuld an allem, was auf der Welt falsch läuft. Mit falsch meint Alex, daß sich niemand mehr angemessen für die Oper kleidet, daß Frauen zum Lunch keine auffallenden Hüte mehr tragen, daß B. Altman sein Geschäft aufgegeben hat, daß es so etwas wie Fast Food gibt und daß an die Stelle der Eleganz Freizeitkleidung getreten ist. Die turnschuhtragenden Horden nennt er nur »steerage« – das Pack vom Unterdeck.

Wie ich bereits sagte, er kann gerade noch für sich sorgen, mein Onkel Alex, ist aber ansonsten völlig durchgeknallt, und falls meine Mutter einen hebräischen Namen hatte, dann ist Alex der einzige, der ihn kennt. Alex jedoch erzählt die Geschichte seines eigenen Namens, wie er zu dem Namen Alexander Sebastian kam, der nicht auf seiner Geburtsurkunde steht. Was mir natürlich nicht neu ist. Vor langer Zeit war mir aufgefallen, daß Alex seinen Namen geändert haben mußte, daß meine Mutter eine Saperstein war, er aber nicht.

Er hieß Alexander Saperstein bis zu seinem achtzehnten Geburtstag, an dem er sich einen neuen Namen zulegen wollte. Welchen, das wußte er noch nicht. Er spielte mit einer Reihe von Möglichkeiten, testete ihren Klang – Hallo, ich bin Ander Stone –, und er probierte auch die Unterschriften aus, Algernon Sage und Albert Sapier, den man so auszusprechen hätte, als wäre er Franzose, Albär Sapiee. Er hatte allerdings beschlossen, seine Initialen beizubehalten, wegen der Monogramme auf seinen Hemden und Kissenbezügen.

Folgender Teil der Geschichte ist mir neu: August 1946, zwei Wochen vor seinem achtzehnten Geburtstag, ging Alex, wie fast täglich, ins Kino. »Das war, als Hollywood noch Hollywood war«, erzählt er dem Rabbiner. »Und die Stars waren noch wirkliche Stars, Bette Davis, Joan Crawford, Greta Garbo, Ingrid Bergman.«

Es war Ingrid Bergman, die zusammen mit Cary Grant und Claude Rains in dem Film spielte, den Alex sich an diesem Tag ansah. »*Notorious* – fabelhafter Film. Grandios. Haben Sie ihn gesehen? Internationale Verschwörung. Es war kurz nach dem Krieg. Claude Rains spielte die Hauptrolle, war nie besser, finde ich übrigens.« Hier unterbricht sich Alex, um Claude Rains' berüchtigten Ausspruch – Ich habe eine amerikanische Spionin geheiratet – zu zitieren, dann fährt er fort: »Claude Rains spielte keinen anderen als Alexander Sebastian. Es war perfekt. Ich konnte nicht nur meine Initialen, sondern auch meinen Vornamen behalten. Alexander. Alexander Sebastian. Klingt kultiviert und einprägsam, finden Sie nicht?«

In dem Film *Notorious* spielte Claude Rains allerdings einen Nazi. Alexander Sebastian war ein Nazi. Mein Onkel nahm den Namen eines Nazis als seinen eigenen an – eines fiktiven, aber dennoch eines Nazi.

Der Rabbiner ist sprachlos, erstarrt, als sei ihm etwas widerfahren wie der Frau des Stammvaters Lot.

II. Eine richtige Enthüllung ist es ohnehin nicht

Es war der Wunsch meines Vaters, die Enthüllung des Grabsteins, anders als es üblich ist, auf den Geburtstag meiner Mutter zu legen. Wir sprechen von Enthüllung, obwohl es nicht wirklich eine ist. Zunächst mal ist da keine Verhüllung, aus der man eine Enthüllung machen könnte, und es gibt weder einen Rabbiner, der die Zeremonie abhält, noch Freunde oder Nachbarn, die anwesend wären. Nur wir. Mein Vater, Ren, Alex und ich. Und Alex weigert sich, aus dem Auto zu steigen, denn er trägt Wildlederschuhe, ein Leder wie Butter, und frühmorgens hat es geregnet.

»Ich kann es von hier aus gut sehen.« Alex sitzt auf dem Rücksitz im BMW meines Vaters und hält die Autotür auf, um sein Blickfeld noch etwas zu vergrößern.

Wir, die übrigen drei, gehen vom Auto zum Grab. Für meinen Vater sind diese paar Schritte eine Wanderung. Mein Vater geht nie. Als Bewohner eines Villenvororts nimmt er das Auto sogar, um die Straße zu überqueren. Meine Mutter war genauso. Die beiden waren allerdings in der Stadt geboren und aufgewachsen, ein weiteres Faktum, das jetzt ausgelöscht oder jedenfalls verblaßt ist, an das man sich erinnert, als wäre es der Überrest eines Traums oder ein Déjà-vu aus einem anderen Leben.

Nicht lange bevor sie starb, äußerte meine Mutter den Wunsch, das Tenement Museum in der Orchard Street zu besuchen. »Aus nostalgischen Gründen«, sagte sie, und ich lachte und fragte: »Wessen Nostalgie? Du hast am Riverside Drive gewohnt.«

Als ich in die Stadt zog, in ein kleines Mietshaus nicht weit von dort entfernt, woher mein Vater kam, betrachteten meine Eltern das als Abstieg und einen weiteren Hinweis darauf, daß mein Leben nicht gerade ein Erfolg war. »Hast du dort heißes Wasser?« fragte meine Mutter.

»Ist die Toilette im Treppenhaus?« fragte mein Vater.

Von Zeit zu Zeit kamen meine Eltern mich besuchen, nicht

oft allerdings, denn in der Stadt muß man schließlich zu Fuß gehen. Und als wüßten sie es nicht besser, benahmen sie sich wie die Provinzler, wenn sie in der Stadt waren. Meine Mutter lief mit weit offenstehender Handtasche herum, und mein Vater parkte das Auto auf der Straße und vergaß abzuschließen, als wäre die Eighth Avenue dasselbe wie die Sycamore Lane. Aber meine Eltern waren ohnehin nicht scharf darauf, mich zu besuchen, weil sie Hoffnungen in mich setzten, die nicht im entferntesten erfüllt wurden. Mich im Kiez zu besuchen, hieß die Enttäuschung ganz direkt zu erleben. Sie wollten, daß ich ihr Leben lebte, sogar noch mehr als sie. Sie hatten gehofft, ich hätte einen Mann, der größer wäre als mein Vater, ein Haus, ein bißchen geräumiger als ihr eigenes, und Kinder mit hellen Augen.

»Bist du nie auf die Idee gekommen«, fragte mich meine Mutter einmal, »daß ich vielleicht gerne Großmutter wäre?«

»Nein«, erwiderte ich. »Ich kann nicht behaupten, daß ich darüber jemals nachgedacht hätte, und ich kann mir keinen schlechteren Grund vorstellen, um ein Kind zu bekommen. Warum behelligst du nicht Ren damit?«

Wenn *ich* schon eine Enttäuschung für meine Eltern war, dann schoß Ren den Vogel ab. Nicht so sehr, weil er Buddhist wurde, sondern weil er ein fanatischer Buddhist ist und obendrein Anstreicher. Er ließ die Cooper-Union-Kunstakademie sausen und tauschte die Ölfarben auf der Leinwand gegen Latex auf Hauswänden. Er sagt, er streicht gern Häuser. Reine weiße Wände. Das ist seine Spezialität. Trotz gegenteiliger Erklärungen beharren meine Eltern darauf, daß Ren der Mun-Sekte verfallen ist. Ein Fanatiker, und was um alles in der Welt reitet ihn, seine Ferien in einem Zen-Kloster zu verbringen, im stillen Rückzug von der Welt? »Auf die Weise wird er nie jemanden kennenlernen«, sagte mein Vater. »Selbst wenn er dort ein hübsches Mädchen sieht, kann er sie nicht ansprechen.«

Auch wenn ich, in dieser Hinsicht, immer auf Rens Seite

war – soll er glauben, was er will –: die Wahrheit ist, daß Rens Buddhismus mir auf die Nerven geht. Ehrlich, ich halte es für Schrott, für Schwindel, die Art, wie er mit diesen albernen Koans herummacht, als läge für ihn tatsächlich eine Bedeutung in einem Rätsel ohne Antwort.

In seinem Schlafzimmer hat Ren einen Altar, auf dem Jasmin-Räucherstäbchen stehen, eine Kerze, eine Muschel, und jeden Tag stellt er eine frische Blume hin. Auch jetzt hat Ren Blumen dabei, um sie auf Mutters Grab zu legen, was völlig daneben ist. Juden legen keine Blumen aufs Grab. Wir tun so etwas nicht, aber Ren hat Blumen mitgebracht, Wiesenblumen, als hätte er von nichts eine Ahnung.

Woher sollte er auch Ahnung haben? Ren hatte nicht mal eine Bar Mizwa – das zentrale Ereignis im Leben eines jüdischen Jungen –, weil meine Eltern dabei nicht an das Erwachsenwerden eines Knaben dachten (das nannten sie Pubertät), sondern an eine bombastische Feier, wo das Roastbeef unausweichlich zäh und die mit Mandelblättchen garnierten grünen Bohnen unweigerlich kalt sind.

Es ist allerdings wahr, meine Mutter hätte sich über die Blumen gefreut. Sie hätte wenig Gefallen gefunden an den kleinen Steinen, Felsbröckchen, Kieseln, die wir vom Boden aufsammeln und oben auf den Grabstein legen sollen. Ren legt also seine Blumen auf das Grab unserer Mutter, und mein Vater wischt sich die Tränen aus den Augen, und das ist das Ende der *Enthüllung*, die am Ende der Trauerzeit steht, eine Zeit, die für mich jedoch erst noch beginnen muß.

III. Kaddisch sagt man am Grab

Heute weckte mich Peter unmenschlich früh und fragte: »Wo möchtest du hinfahren?« Er hatte eine Landkarte von Süddeutschland und einen Reiseführer aufgeschlagen.

»Nirgends.« Ich zog mir die Decke über den Kopf. Ich bin nicht als Touristin hier. Ich bin hier wegen Sex; und obwohl der Weg über den Atlantik für so was vielleicht etwas weit ist, glauben Sie mir eins: es lohnt sich.

»Wie wär's mit Schwaben?« sagte Peter. »Du warst noch nie in Schwaben.«

Peter ist der Typus, den Heinrich Himmler bei seinem Zuchtprogramm im Kopf hatte. Der perfekte Arier, und er – Peter, nicht Himmler – gehört zu den Männern, die mit zunehmendem Alter noch gewinnen.

Dazu kommt, daß Peter mich, aus einer ganzen Reihe von Gründen, für eine Art Himmelswesen hält, eine Göttin, und meinen Körper für einen Altar, dem er Gaben und Sühne-opfer darbringt. Das ist alles ganz wunderbar für mich, und er weidet sich an dem, was er sein großes Glück nennt: ich bin zwanzig Jahre jünger als er, eine Intellektuelle (das deutsche Äquivalent für einen Filmstar), aus New York, und – höchst bedeutsam – ich bin Jüdin, wenngleich nur am Rande.

Nur allzu oft schlägt Peter Exkursionen zu den Exponaten jüdischer Künstler vor, zu Holocaust-Gedenkstätten und Or-ten, wo früher Synagogen standen und wo jetzt Parkplätze sind mit Gedenktafeln an Betonsäulen. Er brennt darauf, ein Konzentrationslager mit mir zu besichtigen, aber ich weigere mich definitiv, ihm zu folgen, genausowenig gehe ich zum Wandern in die Alpen oder fahre mit dem Kajak die Isar hinunter. Danke und nochmals danke. Wir schließen einen Kompromiß und besichtigen Schlösser, Klöster, Kathedralen und Häuser, in denen dieser lebte oder jener starb und der-und-der sein Schnitzel aß.

Also Schwaben, die Landschaft westlich von Bayern, soll es jetzt sein. Wir sehen nicht ganz Schwaben. Das scheint nur so. Peter ist extrem energiegeladen und robust, was gut im Bett ist, mir außerhalb des Bettes aber gelegentlich auf den Wecker fällt.

Nichtsdestotrotz, das einzige, was ich daran bedaure, einen deutschen Geliebten zu haben, ist, daß ich nicht früher darauf gekommen bin.

Dieser Tag ist völlig ungeeignet für eine Sightseeing-Tour. Immer wieder regnet es, schneidende Kälte liegt in der Luft. Wirklich miserables Wetter, und ich spüre genau, daß ich irgend etwas ausbrüte. Mein Hals schmerzt und alles tut mir weh. Ich möchte so gern zurück nach München, meine Kleider ausziehen, die klamm und kalt sind. Ich möchte gemütlich unter dem Plumeau in Peters Bett liegen. »Können wir jetzt bitte gehen?« flehe ich ihn an, und endlich kehren wir um und gehen den Weg, den wir kamen, zurück, durch die engen kopfsteingepflasterten Straßen von Schwäbisch Hall. Ein wirklich hübscher Ort – mit Häusern, die vom Alter krumm und schief sind wie sehr alte Menschen, manche sogar auch noch vornübergeneigt. Mir hat auch das Museum gefallen, wo sie, um das Leben im Mittelalter zu veranschaulichen, so weit gingen, ausgestopfte Ratten neben die Schlafstatt aus Jute und Stroh zu plazieren. Das machte das Ganze doch sehr lebendig.

Peters Auto ist außerhalb der mittelalterlichen Stadtmauern geparkt, und als wir dort ankommen, zittere ich wirklich. Peter dreht die Heizung auf, und während er fährt, starre ich aus dem Fenster. Es ist dämmrig, das Licht rot verschleiert, was die Luft noch kälter aussehen läßt als sie ist.

Wir sind diese Straße, die uns schließlich auf die Autobahn führen wird, noch keine zwei Kilometer entlanggefahren, als wir an einem Friedhof vorbeikommen, und ich spreche, bevor ich denke, »Schau mal«, sage ich, »ein Davidstern auf dem Grabstein da.« In Anbetracht von Peters Neigungen kann es nicht überraschen, daß er auf die Bremse steigt und dann zurücksetzt, wo ich das doch gar nicht wollte, daß er den Wagen anhält, um einen Davidstern auf einem Grabstein anzuglotzen. Aber es ist ihm nicht auszureden. Er parkt den Wagen vor einem Eisenzaun parallel zu einer Reihe von Grabsteinen. Es gibt etwa ein Dutzend davon in der ersten Reihe, alle mit einem Davidstern oder hebräischen Buchstaben darauf. Ich sehe, daß es hebräische Buchstaben sind, aber ich kann sie nicht lesen.

Wir gehen, auf unserer Seite des Zauns, diese Reihe entlang, halten an, um die Geburts- und Todesdaten zu lesen. Der Tod kam 1917, 1918, 1921, aber Peter gibt sich damit nicht zufrieden. Er besteht darauf, daß wir den Friedhof betreten, daß wir uns alles genau ansehen, und so machen wir uns auf den Weg in Kälte und Regen, einen Hügel hinauf, um den Eingang zu finden. Ich beklage mich über das Wetter und daß meine Füße naß werden, und Peter kämpft mit dem Riegel des Tors, das nicht abgesperrt ist, aber klemmt. Als er das Tor offen hat, tritt er zur Seite, damit ich zuerst hineingehen kann.

Die Grabsteine am oberen Ende des Friedhofs spiegeln die Reihe unten. Diese Juden allerdings – Isidor Rothstein und seine Frau Ruth, Emanuel Apfelbaum und Leah Oppenheimer, die sechs Monate nach dem Tod ihrer Tochter Charlotte starb, verließen diese Welt in den späten zwanziger Jahren und Mitte der dreißiger Jahre. Von Charlotte und Leah Oppenheimer abgesehen, waren sie eine gesunde Schar und hatten ein langes Leben gehabt.

Zwischen diesen beiden Grabsteinreihen liegt so gut wie niemand. Ein weites Stück Land, hier zwei Bäume, da ein halbes Dutzend Grabsteine, willkürlich verstreut, wie es scheint. Natürlich will Peter sie genauer in Augenschein nehmen. Die Böschung ist klitschnaß, und es ist schwierig, Tritt zu finden, obwohl es für mich leichter ist als für Peter, weil ich hohe Absätze trage. Hohe Absätze graben sich in die Erde wie die Stollen an Golfschuhen. Dennoch sage ich: »Seltsam, daß es hier keine Stufen gibt«, und Peter sagt: »Dort sind welche, schau.« Er deutet nach links, gleich neben uns, und tatsächlich, ich erkenne die schwachen Konturen von Stufen, die unter Moos verborgen sind.

Wir bleiben stehen, um im schwindenden Licht zu lesen, daß Leo Moser 1937 starb, wie auch Albert Levy zu seiner Linken und Miriam Meyer. Miriams Mann Otto starb 1938, ebenso Samuel Friedlander hinter ihm. Auf halbem Weg den Hügel hinunter liegt Anna Koppelmanns Grab, allein. Sie wurde 1878 geboren und starb 1939, und damit ist es zu Ende. Dann, 1939, hörten die Juden auf.

Natürlich hatten sie das nicht vorgehabt, aufzuhören. Dieser eher leere Friedhof beweist, daß sie vorgehabt hatten, geboren zu werden, zu lieben, zu heiraten, Kinder zu gebären, und sie hatten auch für die Kinder ihrer Kinder geplant. Sie hatten vor, zu leben und alt zu werden und hier begraben zu werden, denn es gab jede Menge Grabplätze für folgende Generationen. Es gab nur keine folgenden Generationen. Anna Koppelmann war die letzte Jüdin. Als ob, 1939, die Juden von Schwäbisch Hall den Weg der Shaker gegangen wären oder der Flugsaurier. Was, wie wir wissen, der Fall war. Wusch. Fort für immer und ewig.

Aber ich bin hier, und die Nacht ist jetzt hereingebrochen, und es regnet etwas stärker. Jemand sollte Kaddisch für sie sagen, für diese ausgelöschten, ausgestorbenen Juden. Ich möchte Kaddisch sagen für sie, und auch für meine Mutter. Niemand hat Kaddisch für meine Mutter gesagt. Ich möchte, aber ich kann es nicht. Hier stehe ich, in Schwaben, vor dem Grab dieser letzten Jüdin, und ich trauere, weil ich nicht weiß, wie man das jüdische Totengebet sagt.

ARNON GRÜNBERG

Geldhai

Ich bin der Geldhai, Makler für Bruchbuden.

Im Winter 1995 kam mir zum ersten Mal der Gedanke, Geldhai zu werden. Vorher hatte ich mir auch schon mal vorgenommen, Latin Lover zu werden oder Tangotänzer. Zwei Monate lang habe ich sogar noch einen Tangokurs besucht. Bis sie mir anboten, mir meine Kursgebühr zurückzugeben, wenn ich nur versprechen wollte, nie mehr wiederzukommen. Auf das Angebot bin ich eingegangen.

Eine Karriere als Büroangestellter hatte ich mir auch schon vorgenommen, oder als Filmstar oder Verleger, als Weinhändler, der seinen eigenen Wein austrinkt, als Börsenhändler, als Hure, als Komiker, als Filmregisseur und Mann einer zwanzig Jahre jüngeren Schauspielerin, als Hochstapler, als Schriftsteller, als Don Juan, als Selbstmordkandidat, als Brillenschlange, als Liebhaber von Frederika Steinman, als Weltmeister im Tischfußball, als Freund von Broccoli, als Schriftführer des Vereins der Genialen, als geheimer Mitarbeiter der Operation Brando, als Liebhaber von Elvira Lopez, als Frühlingsbrise von Elvira Lopez, als wandelnde, sprechende und singende Kreditkarte von Elvira Lopez, als ihr Masseur mit zwei linken Händen, als Vater ihrer Kinder – und dann, im Winter 1995, zum ersten Mal als Geldhai. Alles mögliche hatte ich mir schon vorgenommen, echt die verrücktesten Sachen. Am Ende des Lebens will man wahrscheinlich nur noch wandelnde Leiche werden, doch so weit bin ich noch nicht. Obwohl ich vermute, daß es kein angenehmer Anblick sein wird.

Jemand rief mich mal an und sagte: »Du bist ein richtiger Geldhai.« Es war ein Filmproduzent. Ich dachte: Ja, das ist es, ich bin ein Geldhai. »Sie haben recht«, sagte ich, »Sie haben vollkommen recht.« Später schrieb ich ihm noch: »Nichts inspiriert mich so sehr wie Geld. Mein Thema ist die Nummer meines Bankkontos, mein Lied ist das Hohelied auf das Geld, und wenn ich mich in den Schlaf singen lasse, höre ich mir die Wechselkurse im Radio an. Wenn Ihr an mich denkt, denkt dann auch immer ein wenig an Geld, denn wenn ich an Euch denke, tue ich das gleiche.« Als ich mit dem Brief fertig war, öffnete ich das Fenster und schrie über die Straße: »Ich bin der Geldhai, der Geldhai *is back in town!*« Nicht daß mich jemand gehört hätte, denn von sechs Uhr morgens bis acht Uhr abends donnern ununterbrochen Lastwagen durch meine Straße, und die übertönen jedes Geräusch. Selbst wenn man sich mit dem Megaphon aus dem Fenster hängen würde, käme man nicht dagegen an.

Von den Lastwagen habe ich überall in der Wohnung einen schwarzen Belag, auch wenn ich die Fenster fest geschlossen halte. Eine Weile habe ich noch versucht, den Belag mit einem Schwamm von den Wänden zu kriegen, doch irgendwann habe ich das aufgegeben. Ab und zu rede ich noch mit dem Mann vom Kakerlakendienst darüber; jeden Mittwochmorgen um elf steht er vor meiner Tür. Er ist immer sehr pünktlich. Ein netter Mann. Wir plaudern jedesmal ein wenig zusammen. Er sagt: »Du bist der einzige Normale im ganzen Haus.« Er muß es wissen, er kommt in alle Wohnungen. Im Mietvertrag steht: »Sie sind gesetzlich verpflichtet, den Beamten des Kakerlakendienstes in Ihre Wohnung zu lassen.«

Auf Anraten eines Freundes bin ich in eine Gruppentherapie gegangen, obwohl ich mich überhaupt nicht krank fühlte. Im Gegenteil. Doch mein Freund sagte:»In Amerika ist das ganz normal, so was ist echt nicht nur für Kranke. Alle machen das, Manager, Professoren, Künstler, die erfolgreichsten Leute, man braucht sich wirklich nicht dafür zu schämen.«

»Außerdem«, fuhr er fort, »halten die Leute dich sonst noch für verrückt, wenn du weiter behauptest, du seist der Geldhai und die Nummer deines Bankkontos sei dein großes

Thema. So was mögen sie nicht. Damit endest du in der Gosse oder im Irrenhaus. Da kannst du stundenlang aus dem Fenster schreien, daß du der Geldhai bist, und die amerikanischen Irrenhäuser sind echt brutal, das kannst du mir glauben.«

»Das ist ein überzeugendes Argument«, sagte ich. Natürlich überzeugte es mich nicht wirklich. Schließlich war ich die ersten fünfundzwanzig Jahre meines Lebens auch nicht im Irrenhaus gelandet. Es müßte schon sehr irre kommen, wenn ich in den nächsten fünfundzwanzig Jahren dort landen sollte.

Vier Mittwochnachmittage habe ich an der Gruppentherapie teilgenommen: in einem wunderschönen alten Gebäude in einer Straße, durch die nicht vierzehn Stunden am Tag Lastwagen hindurchdonnern. Dort lernte ich das kollektive Unterbewußte kennen – in der Gruppentherapie, meine ich. Die Frau, die die Gruppe leitete, erklärte, daß wir uns das kollektive Unterbewußte wie einen riesigen Apfelkuchen vorstellen müßten und daß jeder Mensch im Kopf ein kleines Stück von diesem Apfelkuchen mit sich herumtrage.

In der Woche darauf mußten wir einen Traum schildern. Ich erzählte – obwohl ich das überhaupt nicht geträumt hatte, ich kann mich nicht daran erinnern, überhaupt je geträumt zu haben –, ich sei im Traum General einer Armee gewesen. Einer Armee, die ich selbst gegründet hatte. Die Armee der Lächerlichen Menschen. Jeden Werktag von sechs bis acht paradierten sie mit mir vorneweg über die Fifth Avenue. Ich schrie durch ein Megaphon: »Dies ist die Armee der Lächerlichen Menschen. Wir rufen alle lächerlichen Menschen dazu auf, sich uns anzuschließen. Mann oder Frau, jung oder alt, schön oder häßlich, welcher Glaubensrichtung auch immer Sie angehören, jeder kann sich der Armee der Lächerlichen Menschen anschließen. Jeden Werktag von sechs bis acht paradieren wir über die Fifth Avenue und winken mit unseren Regenschirmen den anderen lächerlichen Menschen zu. Das ist alles, was wir wollen: mit unseren Regenschirmen den anderen lächerlichen Menschen zuwinken. Jeden Werktag von sechs bis acht auf der Fifth Avenue.«

Eine geschlagene Stunde lang hat die Gruppe meinen Traum analysiert. Wie ein Rudel ausgehungerter Hunde, das sich auf einen Knochen stürzt. Das kollektive Unterbewußte in Form eines Apfelkuchens kam natürlich auch wieder zur Sprache, und ich mußte an Broccoli denken. Wenn es jemanden gab, der kurzen Prozeß mit dem kollektiven Unterbewußten gemacht hätte, dann war er das. Trotzdem ist es seltsam, daß ich plötzlich an ihn denken mußte. An alles mögliche hatte ich nämlich denken wollen, nur nicht an ihn und Elvira.

Elvira hat jetzt bestimmt einen Mann mit Motorrad. Sie wollte immer einen Motorradfahrer, bei dem sie hintendrauf sitzen konnte. Sie war total verrückt auf Motorräder, vor allem auf solche mit Seitenwagen. Sie sagte: »Es ist natürlich keine Bedingung, aber es würde alles viel einfacher machen.«

»Was?« fragte ich.

»Na«, sagte sie, »wenn mein Mann ein Motorrad mit Seitenwagen hätte.«

Geldhai kann man bis zum Ende seines Lebens bleiben – ich meine, als Liebhaber von Elvira Lopez, Weltmeister im Tischfußball oder Sexfanatiker geht das nicht, das versteht jeder.

Drei Tage, nachdem der Filmproduzent mich einen Geldhai genannt hatte, ließ ich mir Visitenkarten mit folgendem Text drucken: »Ich bin der Geldhai. Innen vollkommen leer.« Die verteilte ich, vor allem in Bars. Das hatte ich von Broccoli gelernt. Und wenn Leute mich fragten: »Was meinst du damit?«, dann antwortete ich: »Weißt du, was ein Sparschwein ist? Genau das bin ich: das leere Sparschwein.« Und dann begann ich zu grunzen. Das sind so meine kleinen Späße. In letzter Zeit grunze ich kaum noch. Damals mit Broccoli und Elvira grunzte ich ständig – wir alle drei übrigens. Wir lachten uns darüber kaputt.

Vor einer Weile habe ich mit einer Sache gut vierhundert Mille verdient. Runden wir's ruhig auf eine halbe Million. Die Leute dachten, ich hätte einen reichen Vater oder sei

Drogenhändler oder ein kleines Computergenie. Von der halben Million ist nichts mehr übrig. Obwohl ich nichts Besonderes damit gemacht habe. Ich meine, weder Häuser gekauft noch Jachten, nicht mal eine Stereoanlage. Ich habe oft in Restaurants gegessen und in Hotels geschlafen, immer in der Hochzeitssuite, selbst wenn ich allein war, ich habe mir ein paar seidene Unterhosen gekauft und Leute zu Flaschen Wein, Tiramisu, flambierten Pfannkuchen und solchen Sachen eingeladen. Auch habe ich eine Zeitlang viel Champagner getrunken, vor allem in Hotelbars, da kommt ordentlich was zusammen. Wenn ich heute einen Sohn hätte, würde ich ihm sagen: »Nimm den Champagner und trink ihn im Park oder von mir aus in der U-Bahn, aber laß dich ja nicht mit Champagner in einer Hotelbar erwischen.«

In der Gruppentherapie mußte ich erzählen, warum ich manchmal das Fenster aufriß und nach draußen schrie: »Ich bin der Geldhai, der Geldhai *is back in town*«, obwohl ich wußte, daß niemand mich hören konnte.

»Manchmal halte ich es nicht mehr aus«, flüsterte ich.

»Was denn?« fragte die Therapeutin.

Mir fiel nichts ein.

»Hast du das Gefühl, daß du geizig bist?« fragte ein Junge aus der Schweiz. Er war immer sehr nett zu mir. Er wollte mich ständig kraulen. »Ich bin doch kein Hund«, zischte ich dann. Aber es nutzte nichts. »Ganz ruhig«, sagte der Junge dann immer und kraulte mich einfach weiter.

»Nein«, sagte ich, »ich habe nicht das Gefühl, daß ich geizig bin, ich denke nur, daß Geld das Wichtigste in meinem Leben ist. Alles, was ich zu sagen habe, kann man in Geld ausdrücken, mein ganzes Leben: die neun Stellen meines Bankkontos fassen alles zusammen, was ich je getan und gedacht habe, alles, wofür ich gebetet und wonach ich mich gesehnt, worüber ich mich gesorgt und worüber ich geschrieben habe. Mallarmé hat geglaubt, daß sich zuletzt alles in ein Buch verwandeln würde; früher glaubte ich das auch. Jetzt glaube ich, daß alles sich schließlich in eine Kontonummer verwandelt. Und wer ein bißchen Verstand hat, sieht zu, daß es eine geheime Kontonummer ist.«

Der junge Schweizer begann mich wieder zu kraulen.

»Günther«, sagte ich, »jetzt hör aber auf.«

»Ich versteh dich«, flüsterte er, »ich versteh dein Volk ja so gut.«

In der folgenden Woche mußte ich alle Dinge auf einen Zettel schreiben, die ich nicht mehr aushielt. Wenn es gerade mal nicht um das kollektive Unterbewußte in Form eines Apfelkuchens ging, mußten wir Sachen auf einen Zettel schreiben. Ich weiß noch, was auf meinem stand: Lastwagen. Leute, die Fragen stellen, auf die es keine vernünftige Antwort gibt, zum Beispiel, ob man Liebe kaufen kann, solche Fragen. Leute, die mich kraulen wie einen Hund oder eine Katze. Die Musik meines Nachbarn. Die Stiefel meines Nachbarn. Die machen immer so: tok, tok, tok – den ganzen Tag. Mein Nachbar übt jeden Tag den Holzschuhtanz: tok, tok, tok, bis er ins Bett geht. So jemanden sollte man in Sicherheitsverwahrung nehmen. Der Mann vom Kakerlakendienst findet das auch. (»Sehr gut«, flüsterte die Therapeutin, »laß deine Aggressionen fließen.«) Männer, die Frauen auf Küchentischen nehmen wollen. Was laufen davon aber auch viele herum auf der Welt. Millionen, aus allen Schichten der Bevölkerung.

Die Therapeutin reagierte auf meinen Zettel, indem sie wieder das kollektive Unterbewußte zur Sprache brachte. Vielleicht gibt es so was wie das kollektive Unterbewußte ja wirklich, nur hat es mich offensichtlich vergessen. Das hat Broccoli auch mal gesagt: »Das kollektive Unterbewußte hat mich vergessen.« Und dann schüttelte er drohend die Faust gegen Passanten. Elvira lachte dazu und sagte: »Ich versteh die Männer nicht, und die verheirateten schon gar nicht.« Um dann hinzuzufügen: »Frauen verstehe ich auch nicht.«

THOMAS GUNZIG

Gut organisiert

1.

Die Information, die ich nicht preisgeben darf, ist das Wort Äquinoktium. Ich werde es niemandem verraten, nicht meinen Zellengenossen und auch nicht den Gestapoleuten oder ihren Schergen, ich werde es nicht einmal vor mich hinmurmeln, denn ich weiß, daß dort, wo ich mich befinde, an den Türen gelauscht wird.

Dabei wäre es mir weiß Gott bereits fast entschlüpft. Am Anfang, als die Kerle von der Miliz kamen, um mich zu verhaften, und der kleine Khakifarbene anfing, mir die Haare auszureißen. Dann später, als wir alle im Warteraum saßen und ich das Gesicht des Anführers zum ersten Mal sah, auch da hätte ich es beinahe verraten.

Aber ich habe geschwiegen. Ich habe nichts von mir gegeben, nur »Au« und »Ah« natürlich, und jetzt hoffe ich, bis zum Ende durchzuhalten.

Natürlich bin ich nicht der einzige in der Gruppe, der einiges verträgt. Die alte Madame Yamamoto hat alle in Erstaunen versetzt. Hart wie Eisen. Und dann sind da noch die Javeaus. Sehr robust. Der Vater, die Mutter und die Tochter. Wie in Marmor gemeißelt. Sie schreien viel und laut bei den Verhören, aber auch sie verraten nichts und scheinen vom Vater motiviert, der Warmherzigkeit und Strenge in seinen Ratschlägen vereint. Gelegentlich höre ich ihnen zu, um wieder Mut zu schöpfen.

Soviel zu den ganz Harten. Den Javeaus, Yamamoto und mir. Daneben gibt es noch den kleinen Levi. Nach allem, was ich bei

der Einschreibung verstanden habe, ist er wegen seines Großvaters hier, der in Warschau ein wahrer Märtyrer gewesen sein
soll und dem er es schuldig ist, bis zum Ende durchzuhalten.

Es sind auch noch zwei junge, athletische Kerle dabei, die
so aussehen, als würden sie einiges einstecken können. Der
Größere von beiden hat mir erzählt, daß sie wochenlang
trainiert hätten und daß ihm das Ganze keine allzu große
Angst machte.

Schließlich gibt es noch einen seltsamen hageren und
schweigsamen Kerl, der aussieht wie ein alter Klepper und der
aus anderen Gründen hier zu sein scheint als wir.

Im Augenblick sind noch viele übrig, aber viele waren es auch,
die gleich in den ersten Tagen auspackten und die ich deshalb
in die Kategorie der Arschkriecher, der Verräter, der Rang-
und Wertlosen, der Hinterhältigen einordne. Sie machen gut
fünfzig Prozent unserer Gruppe aus. Diejenigen, die bei der
geringsten Drohung, bei der geringsten Ohrfeige ihre Losung
preisgeben, hier Lunapark, dort Barometer, so daß, sollte der
Krieg von neuem ausbrechen, man davon ausgehen könnte,
daß der Feind bei uns ein Menschenmaterial, das sich ohne
weiteres weichkochen läßt, vorfinden und uns zu Recht mit
dummem Federvieh oder verkommenen Kötern vergleichen
würde.

Wenn du schließlich deine Losung preisgibst, hören der Ge-
stapomann und seine Schergen mit den Ohrfeigen, den Zan-
gen, den Handschellen und der ganzen Trickkiste auf, sie
lachen sich einen ab und schicken dich zum Erschießungs-
kommando.

Du wirst mit dem Rücken an die Wand gestellt, bekommst
die Augen verbunden und wirst erschossen. Anschließend
wirst du höflichst ins Sekretariat gebeten, wo dir deine Sachen
ausgehändigt werden. Du darfst dich wieder anziehen und
gehen. Ohne Pauken und Trompeten, ohne Diplom und ohne
das große Finale.

Das Ganze ist gut organisiert. Die Anzeige hatte nicht gelogen. Wir befinden uns in den Händen echter Profis, die für eine karitative Vereinigung arbeiten und unsere Anmeldegebühren an verschiedene humanitäre Aktionen weiterleiten, beispielsweise um die Benachteiligten zu ernähren und zu impfen, damit auch sie etwas vom Leben haben.

Die Anzeige hatte ein Happening von historischer Dimension versprochen, das der neuen Generation gestattet, sich die Erinnerungen der alten einzuverleiben, eine Form von Widerstand gegen das Wiederaufleben der Barbarei und eine Art Kampf gegen das daraus entstehende Unheil.

Die Veranstalter haben perfekte Fachkräfte ausgesucht, mit in der Praxis erworbenem Wissen über körperliche Gewalt, und sie garantieren die Realitätsnähe sämtlicher Verhöre, denen wir unterzogen werden, desgleichen die historische Exaktheit der Ereignisse.

Am Ende des Trainings erhalten die Teilnehmer ein Diplom, das ihre Glaubwürdigkeit bescheinigt und hervorhebt, wie wichtig ihr Zeugnis menschlichen Leidens und wie groß ihr moralisches Verdienst ist.

Wir waren an einem Montag verhaftet worden. Wir mußten uns im Hof eines Gebäudes in der Stadt einfinden. Die Teilnehmer hatten sich in dem Nieselregen versammelt, der an diesem Morgen niederging und der die Stärksten aussehen ließ, als würden sie schwitzen, und die Schwächsten, als hätten sie geweint. Dann traten mehrere bewaffnete Männer aus der Eingangstür, gefolgt von einem schwarzgekleideten jungen Kerl, der wie ein Verrückter aussah und schöne Lederstiefel trug.

Ohne viel Umstände wurden wir ins Innere des Gebäudes geschoben.

Wir wurden sehr gründlich durchsucht. Die Befehle ergingen laut und unverständlich in Originalsprache. Wir mußten uns in einem langen Flur aufstellen und wurden angewiesen, uns auszuziehen. Ein Typ, der protestierte, bekam von dem khaki-farbenen Widerling eine geknallt, im Fallen faßte er sich an die Nase und hielt seine Hose fest, dann rief er »Ich werde reden, ich werde reden«, und man schickte ihn ins Büro des Anführers, wo er seine Losung preisgeben konnte.

Er war der erste, der aufgab.

In dem langen Flur wurde es still. Wir waren nackt, wir froren und hielten den Blick nach unten gerichtet, aus Angst, etwas abzukriegen.

Unter den Frauen fiel mir eine auf, von der ich später erfuhr, daß sie die Tochter der Javeaus war. Sie hatte hübsche blaue Augen, groß und rund, die an Seifenblasen in einem warmen Schaumbad erinnerten, und eine hübsche Nase und einen hübschen Mund und hübsche blonde Haare, die ich einen Augenblick lang für Zeichnungen im Sand, von oben betrachtet, hielt.

Ihr Gesicht war also sehr poetisch, fast schon an der Grenze zum Kitsch. Und als sie sich ihrer Kleider entledigt hatte, fand ich sie nackt mindestens so schön wie Ferien am Meer.

Um ehrlich zu sein, verliebte ich mich sogleich. Und schlotternd, wie sie da stand in dem langen eiskalten Flur, weckte sie in mir äußerst deplazierte und dennoch äußerst tröstliche Gefühle.

Nun begannen die Verhöre und die Stunden des Wartens.

Weitere Personen gaben auf. Ich selbst fühlte, wie ich schwächer wurde. Es war so kalt, daß mir der Hals weh tat und der Nacken steif wurde. Ich spürte meine Füße nicht länger, meine Schenkel waren so hart wie die Sprossen eines Stuhls.

Eine Frau bat darum, zur Toilette gehen zu dürfen, die Aufseher zeigten ihr lachend einen Eimer. Die Frau errötete und blieb in der Schlange. Ein paar der Gefangenen, darunter ich, urinierten schließlich in den Eimer, in der Annahme, daß in der Folge weitaus härtere Proben auf uns zukämen.

Wir befanden uns anscheinend in einem leerstehenden Schulgebäude. Die Fliesen waren verblichen und ausgetreten, an der Wand hingen lädierte Kleiderhaken, deren bizarrer Anblick mich an Dutzende kleiner obszöner Finger denken ließ, die zum Himmel zeigten. Die Klassenräume dienten den Schergen des Gestapo-Anführers als Unterkunft. Am Ende des Flurs befand sich eine letzte Tür, die zu dem Zimmer führte, in dem die Verhöre stattfanden.

Wir waren jetzt schon einen ganzen Tag hier. Durch die Scheiben war die gräuliche Dämmerung zu erkennen, die sich über die Bäume und den Hof legte.

Ich betrachtete die Leute, die darauf warteten, verprügelt zu werden, sie waren verängstigt und erschöpft, standen seit Stunden in der Warteschlange, aufgespießten Hühnern gleich: die gleiche Blässe, die gleiche Beschaffenheit, sogar die gleiche strenge Anordnung und die gleiche Stille erkalteten Fleischs. Aus dem Fenster betrachtete ich die Bäume, die ihr träges Leben fortführten. Mit einem Anflug von Neid, das gebe ich zu, über ihr augenscheinliches Glück und ihre feste Hülle.

Dann war ich an der Reihe.

Einer der Angestellten führte mich ins Zimmer.

Darin befand sich der khakifarbene Widerling, und am Schreibtisch saß der Kerl mit den schönen Lederstiefeln und dem Gesichtsausdruck eines Irren.

Als der Angestellte das Zimmer verließ und mich allein bei ihnen zurückließ, hatte ich das Gefühl, mit dem Badewasser durch den Abfluß gespült zu werden, direkt zu den Ungeheuern der Kloake.

Natürlich haben sie mich in die Mangel genommen.

»Die Losung!« forderte der Irre.

Mein Körper, der an einem Paar Handschellen baumelte, war ganz holländischer Käse, Leberpastete und Preußischblau. Ich hatte Schmerzen.

Aber ich habe nichts verraten. Und mein Schweigen trug

mir Fußtritte ein, Faustschläge und einen Gruß von allem, was sticht, und von allem, was kratzt und was die Wände des Zimmers schmückte wie ein dorniger Rebstock.

Dann, unendlich viel später, banden sie mich los und ließen mich gehen. Die Nacht war hereingebrochen. Von dem Hof und den Bäumen war nichts mehr zu sehen, die Dunkelheit hatte sie verschluckt.

Der Flur hingegen war von Neonröhren grell erleuchtet. Unter der Aufsicht eines Aufsehers waren die Gefangenen stehen geblieben, fingen aber allmählich an einzunicken, und ich fragte mich, wie sie es schafften, nicht zusammenzubrechen.

Auch die Tochter der Javeaus schlief, aber ihr Schlaf war graziös, ihr Schlaf hüllte sie ein wie Silberpapier, das um Zukkerwerk gewickelt war, er schützte ihr sanftes Wesen und hinderte sie daran, sich zu beschmutzen.

Trotz meiner Wunden näherte ich mich ihr. Neben ihr war es genauso warm wie in einem Bett.

Nach dem Aufwachen erzählte sie mir, daß sie mit ihrem Vater gekommen sei (dem Mann direkt hinter ihr) und mit ihrer Mutter (der Frau, die sich an den Mann klammerte). Sie heiße Minitrip, und ihrem Vater sei es sehr wichtig, daß sie bis zum Ende durchhielt, aus ethischen Gründen und als Sühne für die Märtyrer.

Es war noch zu früh, um mit Sicherheit sagen zu können, ob ich ihr gefiel, aber ich war guter Dinge. Eine ganze Reihe optimistischer Knospen öffnete sich an diesem Morgen in meinem Kopf.

Ausgeruhte Aufseher lösten die anderen ab. Sie gaben uns etwas Brot, kaum genug, um als Hostie dienen zu können, was unseren Hunger nur noch verschlimmerte.

Ich untersuchte meinen Gesamtzustand, befühlte mich hier und da, um zu überprüfen, ob auch keins meiner malträtierten Glieder gebrochen war. Die blauen Flecke und die Hautabschürfungen vom gestrigen Verhör waren während der Nacht gereift, mein Körper war überall geschwollen und mit grüngelben Blutergüssen übersät, die mich wie eine indische Tagesdecke aussehen ließen. Aber im großen und ganzen stellte ich keine ernsthafte Verletzung fest.

Dann kam der Kerl, der aussah wie ein Irrer, in Begleitung des kleinen Khakifarbenen. Die Verhöre würden weitergehen. Ich war eher ruhig. Ich war am Vortag an der Reihe gewesen. Folglich hatte ich, als der kleine Khakifarbene aus dem Büro kam, um den nächsten aufzurufen, keine Angst.

Er ging die Liste durch und rief: »Javeau, Minitrip.«

Ein eisiger Hauch ließ alle Blüten in meinem Kopf gefrieren.

Monsieur Javeau trat auf mich zu und faßte mich am Arm.

»Ich habe gesehen, wie Sie sich mit meiner Tochter unterhalten haben«, sagte er.

Er war klein, eher kräftig, aber ich erkannte unter seinen angegrauten Brauen die blauen Augen seiner Tochter.

Während er mit mir sprach, behielt er die Tür im Auge, hinter der Minitrip verhört wurde.

»Sie wird durchhalten. Sie ist sehr stark, wissen Sie.« Er sagte es mit dem Stolz eines Vaters.

»Sie ist ein nettes Mädchen«, sagte ich.

»Sie hat Mut.«

Woraufhin er die gegenseitige Bekanntmachung wohl für abgeschlossen befand, grüßte und zu seiner Frau zurückkehrte.

Madame Javeau schien sich in ihrer Haut weit weniger wohl zu fühlen als ihr Mann. Und die Angst der alten Frau nahm ihr schließlich jegliche Ähnlichkeit mit ihrer Tochter. So sehr jene mich verzaubern konnte, so sehr ließ mich ihre Mutter, die zu alt, zu dick, vom gestrigen Tag und dem anbrechenden zu sehr mitgenommen war, an eine Kartoffel denken, die vor allzulanger Zeit ausgegraben und völlig runzlig geworden war und ihre gesunde Farbe eingebüßt hatte.

Schließlich öffnete sich die Tür zum Vernehmungszimmer. Der schreckliche Kerl in Grau kam heraus und rief Hubert Javeau auf.

Der alte Mann zuckte zusammen und eilte zur Tür wie ein herbeigepfiffener Hund. Er begegnete seiner Tochter auf der Türschwelle, gleich darauf war er verschwunden.

Minitrip hielt sich ein wenig schief, als würde sie von einem starken Hüftschmerz dazu gezwungen, ihre Augen waren gerötet, aber ich konnte nicht den geringsten Schimmer von Feuchtigkeit darin erkennen. Der Mut, den ihr Vater mir gegenüber soeben gerühmt hatte, hatte sie trockene Tränen weinen lassen. Das zerzauste Haar umgab ihren Kopf wie der blonde Schopf eine Löwenzahnblüte.

Soviel Verwüstung ließ mich einen Moment lang in Minitrip eine Ernte sehen, die von Gewitterstürmen vernichtet worden war, und in den beiden üblen Gestalten das verheerende Unwetter.

Ihre Mutter streichelte sie traurig.

»Ich habe durchgehalten, ich habe nichts verraten«, sagte Minitrip.

»Gut so, mein Schatz, gut so.«

»Nachdem ich jetzt gezeigt habe, daß ich standhalten kann, würde ich gerne gehen.«

Ihre Mutter hielt sofort mit dem Streicheln inne.

»Aber warum denn, du hast dich doch tapfer geschlagen ...«

»Ich will nicht noch einmal verhört werden, ich habe einmal widerstanden, aber jetzt will ich nicht mehr.«

»Aber dein Vater hat uns alle eingeschrieben, er wird ganz enttäuscht sein ...«

»Ich weiß, daß es für ihn wichtig ist, aber ich habe die Hauptsache geschafft.«

»Warum?« fragte ihre Mutter, deren ganzer Körper angefangen hatte zu zittern.

»Sie machen so komische Sachen ... Der Kerl, der aussieht wie ein Verrückter, und der Khakifarbene.«

»Was für Sachen?«

»Dreckige Sachen. Ich wollte es nicht, aber ich habe trotzdem widerstanden. Ich will nicht, daß das noch mal von vorne anfängt, wenn sie mich das nächste Mal aufrufen, werde ich meine Losung verraten. Basta.«

Ihre Mutter wollte gerade antworten, hielt sich aber zurück. Sie begnügte sich damit, den Kopf zu schütteln, als hätte sie soeben einen Braten auf den Teppich fallen lassen, dann wandte sie sich der Tür zu, durch die ihr Mann verschwunden war.

Von dort, wo wir standen, konnten wir Monsieur Javeau schreien hören.

»Das ist seine Technik«, erzählte mir Minitrip. »Er meint, man fühlt den Schmerz um so weniger, je lauter man schreit.«

Ein großer athletischer Kerl mit blutunterlaufenen Augen und einem Schienbein in bemitleidenswertem Zustand gesellte sich zu uns.

»Trotzdem hat das keinen Stil, so zu brüllen. Ein richtiger Schreihals. Ich und mein Kumpel, wir haben trainiert, wir halten quasi alles aus, ohne alle Welt zusammenzuschreien.«

Er zeigte auf einen kleinen Typ mit braunen Haaren.

»Und der hier, wette ich, wird ebenfalls bis zum Ende durchhalten. Sein Großvater hat dran glauben müssen, ist in Warschau gestorben. Er ist hier, um sein Andenken hochzuhalten. Ich wette mit Ihnen, daß er es schweigend durchsteht, es gibt keinen, der so motiviert ist wie er.«

»Das können Sie nicht wissen«, sagte ich.

»Das stimmt. Sie habe ich gestern auch beobachtet. Sie haben sich gut gehalten.«

Ich antwortete nicht, ich fand ihn arrogant und unsympathisch, und außerdem gefiel es mir nicht, wie er Minitrip ansah.

Als er weg war, sagte ich zu Minitrip, sie habe recht, wenn sie aufhören wollte. Wenn man sie so behandelte, wie sie sagte, träfe sie damit die beste Entscheidung. Sie lächelte mich an, aber nicht so aufrichtig, wie ich es mir gewünscht hätte.

Eine Nacht verstrich, die aus mir unbekannten Gründen noch kälter und dunkler war als die vorhergehende. Ich schlief natürlich nicht mit Minitrip, aber dicht genug neben ihr, um mir vorstellen zu können, daß sie in meinem Bett läge, unter der gleichen Decke eingerollt, und die gleiche Matratze eindrückte.

Ein Stück weiter hörte ich ihren Vater stöhnen, der mit ein paar gebrochenen Rippen und tiefen Brandwunden an den Händen aus dem Vernehmungssaal gekommen war.

Minitrip hatte ihm nichts erzählt von ihrer Absicht aufzugeben. Sie hielt den Augenblick anscheinend für ungeeignet und zog es vor, den Morgen abzuwarten.

Die Disziplin in den Reihen der Teilnehmer ließ nach. Tatsächlich war unsere Zahl beachtlich geschrumpft, und die Aufseher hatten uns besser im Blick. Sie ließen uns im Flur auf und ab gehen, solange es unauffällig geschah, und wir konnten uns miteinander unterhalten, ohne Sanktionen fürchten zu müssen.

Es waren seit unserer Ankunft jetzt schon fünf Tage vergangen, vielleicht sechs.

Wir waren alle einmal verhört worden. Einige weniger Glückliche zweimal. Und selbstverständlich hatte keiner von den Verbliebenen seine Losung verraten. Wir waren hart im Nehmen, und wir mußten jetzt versuchen, es zu bleiben.

Ich bin ein zweites Mal verhört worden, und ein zweites Mal habe ich standgehalten, obschon die beiden Bestien, wie von mir befürchtet, ihre Brutalität verdoppelt hatten. Als ich den Raum verließ, hatte ich das Gefühl, Mehl an Stelle von Knochen zu haben, meine Zähne waren nicht mehr vollständig, und das Ding zwischen meinen Beinen hatte so sehr gelitten, daß es sich verkrochen hatte wie ein richtiger Feigling.

Am gleichen Tag kam der khakifarbene Widerling durch die Tür und rief Minitrip auf.

Ich machte ihr Mut.

»Geh schon. Sobald sie anfangen, sagst du ihnen deine Losung, und sie werden mit allem aufhören.«

Als sie sich an dem Widerling vorbeidrückte, lächelte dieser, er hatte ganz offensichtlich angenehme Erinnerungen.

Ich rechnete damit, sie nach kurzer Zeit wieder herauskommen zu sehen, um sich erschießen zu lassen und schließlich nach Hause zurückzukehren.

Aber die Zeit verging. Fünf Minuten, zehn Minuten, eine halbe Stunde, ohne daß sie herauskam. Hatte sie ihre Meinung geändert? Ich konnte es mir kaum vorstellen. Die Angst ließ mir das Blut in den Adern gefrieren.

Schließlich kam sie heraus.

Der Irre und der khakifarbene Widerling hatten nach Herzenslust zugelangt. Ihre Brust hob und senkte sich unter Schmerzen. Ich erblickte rote Striemen an ihren Handgelenken und Knöcheln und blaue Stellen an ihrem Hals. Ihre Augen waren ganz tief in die Augenhöhlen zurückgetreten, um die herum lilafarbene Kreise von ihrer Furcht und ihrem Schmerz kündeten.

Sie kam langsam zu uns herüber und ließ sich an der Wand herabgleiten, den Kopf zwischen den Knien. Ihre Eltern gingen auf sie zu, aber sie stieß sie zurück. Die Mutter sah den Vater fragend an, und der Vater sagte, sie würde sich gewiß beruhigen, sie sei wohl ein wenig angeschlagen.

Dann näherte ich mich.

»Was ist passiert?«

»Wenn ihr wüßtet, was sie mir angetan haben ...«

»Was haben sie dir angetan?« fragte ich und spürte, wie mein Herz von einem Güterzug erfaßt wurde.

»Abwechselnd, erst der eine, dann der andere, dann wieder der eine. Ich war gefesselt. Der Kerl, der wie ein Verrückter aussieht, hätte mich beinahe erwürgt ...«

Sie fing an zu weinen.

»Aber warum hast du ihnen nicht deine Losung genannt?«

»Ich habe sie vergessen!« schrie sie. »Als ich sie ihnen sagen wollte, habe ich gemerkt, daß ich sie vergessen hatte, sie fiel mir einfach nicht mehr ein.«

»Aber es muß doch eine Lösung geben.«

»Nein, keine Chance, ich habe versucht, ihnen zu erklären, daß ich meine Losung vergessen hätte, aber daß ich trotzdem aufhören wollte, sie haben nur angefangen zu lachen. Der Verrückte sagte, wenn ich vorhätte, mich auf diese Weise aus der Affäre zu ziehen, freizukommen, ohne gestanden zu haben, wäre es ein bißchen zu einfach. Sie haben geglaubt, ich wollte sie an der Nase herumführen. Daraufhin haben sie mich gefesselt, und dann erst der eine und dann der andere . . .«

Ich konnte es nicht fassen. Sie hatte ihre Losung vergessen.

»Vielleicht erinnerst du dich jetzt.«

Sie weinte noch immer. Heftige Schluchzer purzelten wie Geldmünzen.

»Ich weiß es nicht. Wohnwagen oder Wärmflasche, Harke oder Monokel . . . ich weiß es wirklich nicht mehr.«

Ihr Vater legte mir eine Hand auf die Schulter.

»Das genügt. Sie braucht jetzt Ruhe.«

Ich stand auf und ging zum Fenster. Mein Verstand stieß gegen die Scheibe und konnte nicht zu einem Spaziergang nach draußen. Er wird seine Notdurft in meinem Kopf verrichten, ein weiterer Tag, an dem meine Gedanken nach Scheiße riechen werden.

Einer der beiden blonden Athleten packte aus.

Seine Losung lautete Ragtime, ich mußte darüber lachen, denn ich fand, daß mein eigenes Wort mehr Klasse hatte. Sein Kumpel blieb also allein zurück. Mehr oder weniger von der restlichen Gruppe gemieden, weil seine Arroganz allen auf die Nerven ging.

Abgesehen von ihm und mir gab es noch den großen Hageren, Madame Yamamoto, die Eltern Javeau, den kleinen Kerl aus Warschau und Minitrip, die noch immer an Gedächtnisschwund litt.

2.

»Lichtschalter, Seitpferd, Abort, Rechnung, Konfitüre, Bürgschaft, Nasenloch, Blutwurst, Gebirge ...«

Minitrip stand am Fenster, sah hinaus und murmelte leise vor sich hin.

Es war jetzt fast drei Tage her, daß wir nicht mehr miteinander geredet hatten. Sie zerbröselte allmählich ihr ganzes Vokabular und versuchte in einem verzweifelten Manöver, auf das richtige Wort zu stoßen.

Der Anführer, der aussah wie ein Irrer, kam aus seinem Büro. Unsere kleine Gruppe hielt den Atem an, jeder fürchtete, wieder an der Reihe zu sein. Allein in den Augen des großen Ausgezehrten sah ich einen traurigen Hoffnungsschimmer.

Der Anführer erteilte einen Befehl, und zwei Soldaten mit großen Segeltuchtaschen tauchten auf.

Sie verteilten Kleider an uns, so etwas wie Pyjamas aus gestreifter Baumwolle, die ziemlich zerknittert aussahen und nach alter Wäsche rochen. Bald waren wir soweit. Und ich muß zugeben, daß es nach so vielen Tagen ohne etwas auf der Haut ein tröstliches Gefühl, ja fast ein Gefühl von Luxus war, wieder angezogen zu sein. Das einzig Bedauerliche: Minitrip, jetzt ebenfalls im Pyjama, hatte einen Vorhang fallen lassen vor das, was stets ein Schauspiel für mich gewesen war.

Man führte uns unter strenger Aufsicht nach draußen, was mir überflüssig schien, angesichts unseres geschwächten Zustands, und man befahl uns, auf einen Planwagen zu steigen. Die Kälte fraß sich durch den Stoff, und der Morgentau hatte auf den Streifen unserer Pyjamas große feuchte Flecken hinterlassen.

Mit dem Geheul eines wilden Tieres setzte sich der Lastwagen in Bewegung.

Wie einem bisweilen die Stimme oder der Geruch eines verstorbenen Verwandten in Erinnerung kommen, drangen der Lärm und der Geruch der Freiheit durch die Plane des Lastwagens zu uns vor. Gefangene, die wir bereits seit mehreren Wochen waren, hatten wir allmählich vergessen, daß wir vor unserem Gefangenendasein ein anderes Leben geführt hatten.

Wir waren mehrere Stunden unterwegs gewesen. Bestimmt drei Viertel des Tages. Die Temperatur im Lastwagen war gefallen. Bei jedem Atemstoß bildeten sich vor uns die bläulichen Wolken unseres Atems. Diejenigen, die Angst hatten, bildeten viele, ganz kleine Wolken. Ich zum Beispiel oder die Mutter von Minitrip, wir hatten Angst. Andere dösten, vielleicht aus Müdigkeit, wahrscheinlich aber eher wegen der schneidenden Kälte, die in der letzten halben Stunde eingesetzt hatte.

Schließlich wurde der Lastwagen langsamer und ächzte, bevor er mit einem großen Seufzer anhielt.

Diejenigen, die geschlafen hatten, schlugen die Augen auf, diejenigen, die Angst hatten, hielten ihren stoßweise gehenden Atem an.

Hinter dem Lastwagen tauchten die Gesichter mehrerer Aufseher auf, umgeben von dem feuchten Licht des späten Nachmittags.

Wir mußten einzeln herunterklettern und uns vor dem Lastwagen aufstellen. Vor uns erstreckte sich über rund hundert Meter ein Stacheldrahtzaun, der ein Gebiet umgab, auf dem ein paar Holz- und Betonbauten standen.

Ansonsten war es ländlich und Anfang Winter. Wilde Gräser, hart wie Stroh, gefrorener Schlamm in harten Klumpen, über die wir stolperten, und eine graue Landschaft aus Nebel und krummen Bäumen.

Inmitten des Ganzen ähnelten die Gefangenen in ihren gestreiften Pyjamas einem Beet voller Unkraut, und die grauen Soldaten drumherum sahen aus wie Pilze. Ein ganzes Fleckchen Erde für uns allein.

Die Soldaten führten uns zur Krankenstation, wo wir gezwungen wurden, uns mit dem Rücken zu einem Kerl in weißem Kittel zu setzen, der uns wegen der Läuse, die in den Matratzen der Baracken lauerten, die Haare abrasierte.

Zusammen mit der Kälte und den Tränen, die sich auf ihren Wangen sammelten, verlieh Minitrips kahler Schädel ihr den Anschein eines bedauernswerten Geschöpfs, das nicht mehr lange zu leben hat.

Ich hob eine Locke ihrer blonden Haare auf und steckte sie als Erinnerung in meine Tasche. Ein paar tote Haare, die mich an diejenige erinnern sollten, die ich liebte.

Der Kerl, der wie ein Irrer aussah, war uns in einem schönen Auto gefolgt, das auf dem holprigen Feldweg hin und her geschüttelt worden war. Wir erwarteten ihn in einer Reihe in dem dämmerigen Kühlhaus und beteten zum Gott der Glückspilze, daß es nicht gleich wieder regnen möge.

Er war aus seinem Auto gestiegen, in einen schönen Mantel aus Otterfell gehüllt, und hatte den Soldaten befohlen, uns zu den dunklen Holzbauten zu bringen.

Der Kommandant hatte, auf welchem Weg auch immer, herausgefunden, daß der Untergrund in dieser Gegend aus wunderschönem Granit bestand, und er hatte beschlossen, den ganzen Hof sowie einen kleinen Feldweg damit zu pflastern.

Unter den eisigen Flocken, mit denen uns der bleigraue Winterhimmel bepuderte, kratzten wir den Boden auf, um die Steine freizulegen. Und wir bemühten uns, mehr schlecht als recht, daraus die bestmöglichen Pflastersteine zu machen, mit der Hacke zunächst, dann mit dem Hammer und zuletzt mit der Feile.

Minitrips Mutter hatte mittlerweile aufgegeben. Zum großen Ärger des Vaters, der nichts daran ändern konnte. Ihr war zu kalt, sie fühlte sich zu schwach, und dann hatte ihr der kleine Pole, der sie gebeten hatte, einen Stein zu halten, an der rechten Hand zwei Finger abgehackt.

Die alte Javeau hatte zwei Tage später den Kommandanten aufgesucht. Ihr großer bleicher Kopf ähnelte einer neuen Kartoffel, und ihre Hand mit den drei Fingern, die sie in einen Schal gehüllt hatte, war ein Vorwurf für alle, die ihr begegneten. Sie hatte ihm ihre Losung verraten und war dann zurückgekehrt, um sich von ihrer Tochter zu verabschieden.

Von da an waren wir nur noch sechs. Minitrip, die dem Schnee, der uns umgab, jeden Tag mehr und mehr ähnelte, ebenso bleich, ebenso leicht, zähle ich nicht mit.

Unsere Arbeit ging nur langsam voran. Wir waren allesamt entkräftet, wegen der unzureichenden Nahrung und der Temperaturen, die wir immer schlechter vertrugen.

Einige von uns fingen sich üble Krankheiten ein. Der große Blonde sah nur mehr aus wie ein sterbendes Tier, das taumelt und bald umfällt.

Minitrips Vater drückte sich vor der Arbeit, indem er vorgab, stundenlang den gleichen Pflasterstein zu bearbeiten. Auch Madame Yamamoto ließ die Flügel hängen. Sogar der kleine Pole, der doch einer der Jüngsten war, schien hundert Jahre alt zu sein.

Minitrip hörte nicht auf mit ihrer Rezitation: »Garmode, Dritogral, Montorelik, Basater ...«

Außer dem großen Hageren und mir schien keiner mehr in der Lage, die Arbeit voranzutreiben. Und zusammen vermochten unsere Kräfte die Straße um kaum mehr als einen Meter pro Woche wachsen zu lassen. Außerdem unterhöhlte die Arbeit neben diesem Menschen, den ich haßte, allmählich meine Stimmung.

Heute im Morgengrauen hatten wir bemerkt, daß Minitrips Vater verschwunden war.

Natürlich hatten wir unter seinem Bett nachgeschaut, für den Fall, daß er herausgefallen und daruntergerollt wäre. Aber unter dem Bett war nichts. Nichts als Staub und ein Luftzug.

Wir hatten uns gegenseitig angeschaut, voller Unbehagen und mit der Gewißheit, daß die Scherereien jederzeit über uns hereinbrechen könnten.

Wir hatten uns nicht geirrt.

Der Aufseher kam herein, um uns zum Arbeiten zu holen. Wir standen in einer Reihe, das Bett gemacht, den Schädel rasiert und im gestreiften Pyjama. Er sah sofort, daß etwas nicht stimmte. Er betrachtete uns mit dem Blick eines Menschen, der dir in Null Komma nichts eine reinhauen würde, und er fragte uns, wo dieses verfluchte alte Arschloch abgeblieben sei.

Da wir es nicht wußten, antworteten wir nicht. Daraufhin geriet er in Wut. Wenn wir ihm nicht antworteten, sagte er, würde er den Kommandanten holen, dem es sicher gar nicht gefallen würde, um diese Uhrzeit geweckt zu werden, und diejenigen, die ihn noch nicht kannten, würden ihn sicher kennenlernen.

Daraufhin fing der Pole an, mit leiser, heiserer Stimme zu reden. Er sagte, daß wir sein Bett beim Aufwachen so vorgefunden hätten, ganz leer und völlig zerwühlt.

Der Aufseher antwortete, ihn würden die dummen Ausreden eines verlogenen und schwulen Polacken nicht interessieren; würden wir ihm den Alten nicht beibringen, hätten wir alle nichts zu lachen. Und dann hat er sich vor uns aufgebaut und hat seine Augen in unsere gebohrt.

Daraufhin hat der große Blonde mehr oder weniger wiederholt, was der Pole schon gesagt hatte, jedoch in sehr sanftem und freundlichem Ton, als würde er zu seiner kleinen Schwester sprechen.

Dem Aufseher hat es nicht gefallen, daß man ihn wie eine kleine Schwester behandelte.

Kurz darauf kam der Kommandant, stattlich und elegant in seinem Pelzmantel.

Er fragte uns, wo der Alte sei. Aufgrund der Reaktion des Aufsehers von vorhin wagte natürlich niemand, etwas zu sagen. Wir schwiegen und betrachteten dabei unsere Fußspitzen, die sich durch den Staub fraßen.

Der Gestapochef erteilte dem Aufseher einen Befehl und machte kehrt. Der Aufseher sagte, er habe uns gewarnt, und wir würden schon sehen, was uns blüht.

Er schickte uns alle sieben nach draußen in den Schnee und in die eiskalte Dunkelheit des Morgens. Die Kälte war schrecklich. Sogar der Aufseher, obschon warm gekleidet, zog die Schultern ein und fröstelte, während er auf den Winter schimpfte.

Wir mit unseren Pyjamas und unseren kahlrasierten Schädeln wußten, daß wir keine Viertelstunde durchhalten würden, allerhöchstens eine halbe.

Einige lange Minuten standen wir schon draußen. Ich spürte, wie der Tod gleich einem Luftzug allmählich in mich drang.

Der Kommandant lächelte.

Daraufhin ging der große Blonde in die Knie.

»Mir reicht's. Meine Losung ist Philharmonie.«

Der Kommandant sah zu dem Aufseher hinüber, der ein Büchlein hervorholte und nachschaute.

»Stimmt. Philharmonie«, sagte der Aufseher.

Der Kommandant erteilte einen Befehl, und zwei andere Aufseher packten den Blonden an den Schultern und führten ihn zum Haus des Kommandanten.

»In einer Minute wird er in einem warmen Bett liegen und einen Kaffee serviert bekommen. In einer Stunde ist er zu Hause. Ihr weigert euch – Pech für euch.«

Er wandte sich einem kleinen Gebäude zu.

Während er es anschaute, redete der Kommandant weiter: »Pech für euch. Ich werde euch nicht den Erfrierungstod sterben lassen. Die Geschichte hat für Leute wie euch eine andere Behandlung vorgesehen. Es gibt noch eine andere Methode, weniger nett, wie ihr wißt. Die wahre Hölle mit ihrer Finsternis und ihren Flammen.«

Während er sprach, bemerkte ich oberhalb des Gebäudes einen kleinen Schornstein, aus dem gräulicher Rauch aufstieg. Ich war voller Bewunderung für das Bestreben, die Realitätsnähe bis zum Ende zu treiben, und überlegte, daß derjenige, der das Diplom erhielt, es sehr wohl verdiente.

Madame Yamamoto sagte ihr Wort, der Masochist und der Pole folgten.

Schoner, Artischocke, Schraubenzieher. Ihre Worte waren genauso gut wie meins. Ich hatte plötzlich große Lust auf einen heißen Kaffee und daß man sich um mich kümmerte.

Also schloß ich mich an:

»Äquinoktium. Meins ist Äquinoktium.«

Und die beiden Aufseher brachten mich zu dem Häuschen des Kommandanten.

Im Weggehen sah ich Minitrips Silhouette, allein im Schnee. Und ich hörte sie Worte wiederholen, die mich nicht länger verwunderten: »Triparage, Japomel, Maboscher ...« Der Aufseher neben ihr schüttelte den Kopf.

Ich hatte einen Moment lang die Hoffnung, daß ihr die Losung wieder einfallen würde, aber kurze Zeit später wußte ich nicht mehr genau, wie es um meine Gefühle stand, ein Stück Winter hatte sich in mein Herz geschoben, und eine winzige Schicht Schnee bedeckte seine unebene Oberfläche.

Wir wurden alle sechs in einen Bus verfrachtet, der uns nach Hause bringen sollte. Man hatte uns unsere Kleider ausgehändigt, die uns beim Berühren daran erinnerten, wie gut die Freiheit schmeckte.

Die Landschaft entfernte sich, in meinem Kopf geschah nicht viel. Eine vage Erleichterung, gepaart mit dem Bedauern, nicht bis zum Ende durchgehalten zu haben. In meiner Tasche spielte ich mit ein paar blonden Haaren, die mich an meine Liebste denken ließen und an das lodernde Schicksal, das ihr vorbehalten war.

Vor dem weißen Hintergrund des Winters hob sich das Lager wie eine Kohlezeichnung ab. Als Zeichen des Abschieds hing ein paar Sekunden lang dichter schwarzer Rauch über dem Schornstein des kleinen Ofens.

Dann verlor er sich in der eisigen Luft. Als Antwort darauf zog sich mein Herz zusammen, und ich wußte, daß es empfindsam geblieben war.

Böse Zungen

Meine Freundin Jelena muss telepathische Kräfte besitzen, denn sie ruft immer an, wenn ich gerade schreibe, ein Nikkerchen mache oder wenn ich auf dem Klo bin. Diese Dinge überschneiden sich bei mir häufig, aber im vorliegenden Fall kann ich sagen, daß ich tatsächlich gearbeitet habe, als das Telefon klingelte.

»Interessant, was du so machst!« sagte sie.

»Ich verstehe nicht ganz«, sagte ich. Ich befand mich immer noch in dem Zustand, wo die Figuren in meinem Roman mir wichtiger waren als meine Freunde. Erst als sie den einflußreichen Agenten erwähnte, mit dem ich neulich zu Abend gespeist hatte, wurde ich hellwach.

Wir Autoren leben in einem strengen Kastensystem, und wenn man keinen Agenten hat, gehört man zu den Unberührbaren. Das heißt, man darf nur mit solchen Autoren verkehren, die auch keinen haben. Das war auch der Grund, weshalb ich niemandem von dem Dinner erzählt hatte: Meine agentlosen Mitautoren sollten sich nicht grämen. Außerdem wollte ich nicht, daß jemand von der Sache erfuhr, falls er mich nicht nahm. Denn seine Begeisterung für meinen Roman erschien mir eher gemäßigt. De facto benutzte er sogar selbst das Wort »lauwarm«. Mit einem guten Toupet, sagte er, und dem richtigen Fotografen würde ich auf dem Schutzumschlag vielleicht gar nicht so übel aussehen. Jetzt weiß ich, wie ein Gaul sich fühlt, wenn man ihm ins Maul schaut.

»Bei dem mußt du dich vorsehen«, sagte Jelena. »Er faahscht Leute!« Sie kommt aus Rußland, und wenn sie »verarscht« sagt, klingt es ein bißchen merkwürdig. Je nachdem wie viel sie getrunken hat, behauptet sie, entweder eine ehemalige Ballettänzerin, eine ehemalige Stripperin oder eine ehemalige Gemmologin zu sein. Da fast alles, was sie sagt, mit sehr viel Vorsicht zu genießen ist, nennen manche sie auch »die unzuverlässige Erzählerin«. (Gemmologin ist sie allerdings wirklich. Ich habe ihr Diplom gesehen, und ich will ja nicht angeben, aber ich kann kyrillische Buchstaben lesen.)

Obwohl sie gern übertreibt, ihre Warnungen sollte man ernst nehmen. Sie ist ungeheuer loyal, und deshalb mag ich sie. Sie ist dermaßen loyal, daß ich mich gar nicht traue, etwas Negatives über irgend jemand zu sagen, aus Angst, daß sie sich nachts ins Schlafzimmer des Betreffenden schleicht und ihm mit einem kleinen, krummen Messer die Kehle durchschneidet. Ich fragte also ganz vorsichtig: »Woher weißt du denn, daß er die Leute verarscht?«

Sie erinnerte mich daran, daß der Agent auch ihren Verlobten Quincy vertritt. (Jelena steht außerhalb des Kastensystems, denn Ausländerin zu sein übertrifft Agentenlosigkeit noch bei weitem.) »Quincys Manuskript liegt nun schon wer weiß wie lange auf seinem Schreibtisch. Ich meine, er hat es keinem einzigen Verlag angeboten.«

»Ah«, sagte ich. Der Agent »verarschte« Quincy durchaus nicht. Denn obwohl das Manuskript ein ungeheures Talent zeigt, ist es nahezu unlesbar. Punkt und Komma sind für Quincy bestenfalls optional, und seine Substantive und Verben stehen in einem Spannungsverhältnis, das den palästinensisch-israelischen Konflikt geradezu harmlos aussehen läßt. Quincy verwaltet sein Talent ziemlich schlecht. Er hängt in seinem Apartment herum, raucht dicke Joints und läßt dazu exklusiven Jazz auf seiner erstklassigen Stereoanlage laufen. Mit einem Wort, er genießt genau jene Atmosphäre von *luxe, calme et volupté,* nach der ich mich so sehne. Mein Neid wird allerdings dadurch in Grenzen gehalten, daß er nie etwas schafft.

Ich habe das immer für mich behalten, man will ja nicht unfreundlich sein. Außerdem wollte ich vermeiden, daß Jelena irgendwann mit einem kleinen, krummen Messer in *mei-*

nem Schlafzimmer auftauchte. Trotzdem ärgerte es mich, daß Quincy jetzt offensichtlich über meine Angelegenheiten Bescheid wußte. Wissen ist Macht, und jetzt, wo er von meinem Essen mit dem Agenten wußte, und ich von seinem Manuskript, das nicht rausgeschickt worden war, konnte man von einem Gleichgewicht der Kräfte ausgehen. Es gab zwar keinen direkten Machtkampf zwischen Quincy und mir, aber wenn man den größten Teil des Tages damit verbringt, ohne Bezahlung irgendwelche Dinge zu schreiben, dann holt man sich seine Überlegenheitsgefühle, wo man sie findet.

Ich sagte Jelena, daß ich es ziemlich indiskret fände, daß der Agent ihrem Verlobten von unserem Essen erzählt hatte. Es klang, das muß ich zugeben, ein bißchen beleidigt.

»Nein, nein«, sagte Jelena. »Beth hat es Quincy erzählt.«

Beth hat rabenschwarzes Haar und blaue Augen, »diese umwerfende Kombination«, wie Evelyn Waugh sagt. Außerdem hat sie, was Bellow *le monde au balcon* nennen würde, was in grober Übersetzung bedeutet, daß ihr Busen eine absolut freischwebende Konstruktion ist. Bei dem einzigen Rendezvous, das ich mit ihr hatte, konnte ich meine Augen keinen Augenblick von diesen herrlichen Brüsten abwenden, die aus ihrem Top herausquollen wie Früchte aus einem Füllhorn (Sie können auch gern einen besseren Vergleich suchen). Wirklich anziehend fand ich sie allerdings nicht. Es war ästhetisch angenehm, sie zu betrachten, erregte mich sexuell aber nicht. Dafür gab es womöglich eine intellektuelle Begründung – für eine gebildete Frau redete sie ein bißchen zu viel über Astrologie. Zu Hause in Kalifornien haben ihre Eltern ein New-Age-Wellness-Center, wo sich gestresste Manager versammeln, um »ihre spirituellen Batterien wieder aufzuladen«, wie sie sagt, mit Hilfe von Rolfing und Akupunktur.

Das soll natürlich nicht heißen, daß Beth irgend etwas anderes als eine intelligente, bezaubernde und warmherzige Frau ist. Irgendeinen Mann wird sie bestimmt einmal sehr glücklich machen, jedenfalls solange er ein Erdzeichen ist. Aber was gehen sie meine beruflichen Angelegenheiten an?

»Und wer hat Beth von der Sache erzählt?« fragte ich Jelena.

»Woher soll ich das wissen? Bin ich ein Lexikon? Wie bist du denn überhaupt an das Abendessen gekommen?«

Ach, natürlich! Robert, mein Lehrer früher am College. Robert ist ein gutaussehender, verheirateter Frauenheld, der Romane über gutaussehende, verheiratete Frauenhelden schreibt, und Beth ist seine »Forschungsassistentin«. Gehen wir also mal davon aus, daß Robert ihr gegenüber erwähnt hat, er habe mir einen Gefallen getan. (Vielleicht im Büro, aber vielleicht auch woanders. Ich will da gar nichts unterstellen.) »Er ist so ermüdend, aber manchmal schreibt er ganz gut«, sagt Robert, während sie eine Zigarette zusammen rauchen. »Außerdem braucht er ein bißchen Aufmunterung. Aber sag's niemandem weiter.« Beth genießt es, daß ihr dieser hervorragende Autor, Lehrer und Frauenheld solche vertraulichen Mitteilungen macht, und ihre Erregung wird noch dadurch gesteigert, daß sie mal kurz mit mir zusammen war. Sobald sie sich von Robert losreißen kann, erzählt sie es Quincy. Der es dann Jelena erzählt. Und damit hat der Kreis sich geschlossen.

Ich beendete das Gespräch mit dem Hinweis, ich müsse jetzt wieder arbeiten. »Tschüs, ich küsse dich«, sagte Jelena. Aber statt an meinen Schreibtisch zurückzukehren, griff ich nach meiner Bibel (das ist mal ein Satz, den man nicht oft von Schriftstellern hört). In Leviticus 19, 16 heißt es: »Du sollst kein Verleumder sein unter deinem Volk.« Man hat das so interpretiert, daß man über niemanden etwas sagen darf, nichts Gutes, nichts Schlechtes, nichts Wahres, nichts Falsches. Das jüdische Gesetz unterscheidet drei Formen von Nachrede. Wenn ich sage, daß Jelena gelegentlich in einer russischen Buchhandlung arbeitet, dann ist das *rechilut* oder harmloser Klatsch. Was bedeutet, daß man die unwichtigen Details im Leben eines anderen erörtert. Das wird nicht ermutigt, denn es führt oft zu Klatsch, dessen Inhalt negativ, aber wahr ist. Das wird *laschon ha-ra* genannt, »böse Zunge«. Wenn ich Ihnen also erzählen würde, daß Jelena gelegentlich aus der Registrierkasse klaut oder Quincy nicht nur mit Jelena, sondern auch mit Beth schläft, wovon Jelena aber nichts weiß, dann ist das *laschon ha-ra*. Die schlimmste Form von übler Nachrede ist *motzi schem ra*, das heißt »die Verbreitung bösartiger Lügen«. Das wäre zum Beispiel, wenn Robert, Jelena, Beth oder Quincy behaupten würden, ich hätte sieben Whiskys getrunken, als ich mit dem Agenten gegessen habe, und ihn gebeten, mir Geld zu leihen, damit ich meine Zähne richten lassen kann. Das ist natürlich nicht geschehen, und jeder, der so etwas behaupten würde, hätte sich einer schweren Sünde schuldig gemacht, jedenfalls vom jüdischen Standpunkt.

Also, ich bin nicht religiös. Ich fahre auch nicht mit einem alten Campingbus in der Stadt herum und versuche Juden zum Beten und Apfelsafttrinken zu bringen wie die Chassidim. Aber die moralischen Grundbegriffe der Religion, die man in der Jugend gelernt hat, vergißt man so leicht nicht. Und ich finde die Ermahnungen gegen die Klatschsucht auch äußerst logisch. Ich habe mich bemüht, sie gänzlich zu unterdrücken und überhaupt nicht mehr über andere zu reden, und ich habe gehofft, daß meine Bekannten sich diesem Beispiel anschließen, aber inzwischen bezweifle ich, daß es irgend jemand auch nur bemerkt.

Noa und Noah

Noas Entscheidung, kein koscheres Fleisch mehr zu kaufen, ohne ihrem Mann Noah etwas davon zu sagen, war auf den ersten Blick spontan gekommen. Eines Nachmittags kam sie auf dem Heimweg aus dem Park beim Metzger in der Nähe ihres Hauses vorbei, wie fast jeden Tag. Sie hatte schon an den mühseligen Weg zu ihrem nervtötend gesprächigen, neugierigen und unverschämten koscheren Metzger gedacht, daran, wie lange es dauern und welchen Leuten sie wieder »zufällig« begegnen würde, während sie ihre üblichen Stücke Lamm, Huhn und Truthahn »auswählte« (Rindfleisch war von der Speisekarte gestrichen). Ihr wurde schon schlecht, wenn sie bloß daran dachte. Und hier hatte sie nun einen glattrasierten, rotwangigen JOE McELLIGOTT vor sich (wie die roten und weißen Buchstaben über der Ladenmarkise fröhlich verkündeten), der so stolz und genüßlich diverse rosa Teile von toten Schweinen im Schaufenster darbot, daß Noa geradezu das Wasser im Mund zusammenlief. Und wenn ich jetzt, dachte sie, einfach reingehe und so tue, als wäre ich eine von *ihnen*, wenn ich einfach ein paar Hühnchen und etwas Truthahnhack verlange – sieht doch genauso aus, Noah merkt den Unterschied nie. Und wenn er es nicht weiß, begeht er auch keine Sünde. Ich schon, aber scheiß drauf.

Nicht nur, daß Noah den Unterschied nicht bemerkte, dieses Freitagabendessen machte ihm sogar große Freude. Von dem Hühnchen war er schier begeistert und fragte Noa, ob sie endlich das Rezept seiner Mutter benutzt habe. Das war das höchste Lob aus seinem Munde, denn er betrachtete Noas israelische Küche als zu primitiv. Früher hatte es sie immer aufgeregt, wenn er ihre Kochkünste niedermachte, als wäre sie eine Küchenhilfe, die sich für die Stelle als Ehefrau bewerben wollte. Aber inzwischen dachte sie, was kannst du von einem Schuldeneintreiber anderes erwarten.

Als sie sich vor fast sechs Jahren in Israel kennengelernt hatten, brachte Noah Noa zum Lachen, indem er ständig über die Ähnlichkeit ihrer Namen redete. Es half nichts, daß Noa ihn auf die unterschiedliche hebräische Schreibweise hinwies und darauf, daß ihre Namen auf hebräisch auch deutlich anders ausgesprochen wurden. Seiner endete mit dem harten, gutturalen »ch«, das er einfach fallenließ; in dem Nordlondoner Englisch seiner Herkunft klang »Noah« mit einem hübschen, weichen Vokal aus, genau wie »Noa«, und deshalb, so seine Argumentation, waren sie füreinander bestimmt. Das war so lange ein lustiger Scherz geblieben, bis er, der rothaarige britische Cousin der Stiefschwester ihrer besten Freundin, sie eines Abends in eine dekadente Disco in Tel Aviv geschleppt, beschwipst mit ihr getanzt und danach darauf bestanden hatte, in dem leeren Sommer-Penthouse seiner Eltern mit ihr zu schlafen.

Noa hatte sich eingeschüchtert gefühlt, alles war Chrom und Glas. In der Wohnung ihrer Eltern in Ramat Gan standen vor allem altersschwache dunkle Holzmöbel, bezogen mit muffig riechendem Polyester, auf denen staubige Spitzendeckchen lagen. Noah wirkte auf Noa elegant und rätselhaft. Im Bett redete er ständig, was sie beeindruckte; ihre israelischen Freunde hatten kaum je etwas von sich gegeben, außer ab und zu mal »*ze tov?*«. Die Hälfte dessen, was er sagte, verstand sie nicht, aber alles klang zärtlich, sexy und irgendwie geheimnisvoll.

Wenige Monate später war sie der Star ihres eigenen Hochzeitsvideos, auch wenn sie sich nicht genau daran erinnern konnte, den Vertrag unterschrieben zu haben. Seine Eltern kümmerten sich um alles, ein Hauch von London durchwehte das Ganze, und ihre armen, alten polnischen Eltern verschwanden beinahe unter dem Gewicht von so viel Chrom und Glas und Gold und Diamanten. Finchley-Gothic versus

Post-Holocaust-Moderne, Modell Ramat Gan. Massenweise teigige, blasse, ädrige Beine auf Stilettoabsätzen versus sonnengegerbte, pergamentene Füße in Sandalen. Ihre Freundinnen begriffen nicht ganz, was sie vorhatte, und Noa genausowenig – aber es fühlte sich gut an. Also gab sie ihr früheres, vertrautes Leben auf, heiratete einen kippatragenden Buchhalter und zog nach London. Na und. Sie war zwanzig, und er gab ihr das Gefühl, richtig erwachsen zu sein. Und im Bett trug er seine Kippa ja nicht.

Die ersten beiden Jahre waren beinahe ein Erfolg. Noa konnte so wenig Englisch, daß sie sich weiterhin von ihrem Bild von Noah als jungem, glamourösem Businessman blenden ließ. Ihr Heim in East Finchley war im Besitz der Familie und kam Noa wie ein Palast vor – obwohl sie sich in der Inneneinrichtung, einer fast identischen Nachbildung vom Tel Aviver Penthouse, unwohl fühlte. Zu Noahs Verwunderung verbrachte seine nagelneue Ehefrau mehr Zeit im Bad als irgendwo sonst im Haus; dort konnte sie nämlich ihre Augen in dem blaugrünen Badewasser schließen und sich vorstellen, sie sei am Strand von Tel Aviv. Sie fühlte sich wie eine eingefangene Meerjungfrau, die in ihren natürlichen Lebensraum zurückflüchtete.

Dann fiel ihr eines Tages auf, daß sich ihr Englisch so bedeutend verbessert hatte, daß sie neuerdings mit Noahs Mutter Gerda streiten konnte, und obwohl sie dabei nicht unbedingt siegte, verlor sie auch nicht. Noch besser, Noas Ohren schnappten ab und zu kleine Ausrutscher im Akzent der Schwiegermutter auf; wie sehr sich Gerda auch anstrengte, ihre East-End-Vokale schauten immer wieder unter ihrer unnatürlich zurechtgestutzten Redeweise hervor, wie die dunklen Wurzeln ihres gebleichten Haares. Noa, die sich aus vollem Herzen ihrer neuen Familie nahe fühlen wollte, war von so viel unnötiger Kunstfertigkeit überrascht, und jetzt erschien ihr das eigene Elternhaus als erfrischend warm und unprätentiös.

Als Noa endlich begriff, daß Noah als Junior-Schuldeneintreiber in der Firma seines Vaters arbeitete und sein Lebensziel darin bestand, eines Tages das kleine Büro in Finchley zu leiten und zum *Senior*-Schuldeneintreiber zu werden, erwartete sie schon ein Kind von ihm. Inzwischen hatte sie auch das sexy Gemurmel ihres Mannes entziffert und entzaubert, das sie im Bett unweigerlich begleitete: die Worte Arsenal und Tottenham kamen häufig vor, dazu äußerst unerotische Adjektive, die diverse Spieler beschrieben und ihre Technik beklagten. Als Noa diese unglaubliche Tatsache klar wurde, fragte sie Noah ganz einfach, warum er beim Sex unbedingt an Fußball denken und darüber reden mußte. Ohne im geringsten peinlich berührt zu sein, antwortete er, daß er immer an Fußball denke, und wenn er seine Gedanken beim Sex laut ausspreche, falle es ihm leichter, das Tempo zu verlangsamen. Noa war so verblüfft, daß sie vergaß, danach zu fragen, für welche Mannschaft er eigentlich sei – obwohl sie stark auf Tottenham tippte.

Und woran dachte Noa im Bett? Zunächst an fast gar nichts. Sie versuchte Noah langsam besser kennenzulernen, dessen Lebensweise sie so blindlings übernommen hatte, ohne einen Gedanken daran zu verschwenden, daß er ihr völlig fremd war. Also tat sie, was sie von Anfang an getan hatte: sie beobachtete ihn, bis zur kleinsten Bewegung, bis zum letzten Wort. Solange Noah ihr ein Rätsel blieb, war er jede langweilige Minute ihres langweiligen Lebens mit ihm wert und befand sich außer Gefahr. In dem Augenblick, als sie seinen Geheimcode knackte, war er erledigt, ohne es zu wissen.

»Noah«, sagte sie eines Abends, nachdem sie ihren Sohn zu Bett gebracht hatte. Sie lümmelten vor dem Fernseher herum, sahen aber gar nicht richtig hin. »Was macht eigentlich ein Schuldeneintreiber?«

Der Mann, mit dem sie seit fünf Jahren verheiratet war, schaute von der Sport-Seite der Abendzeitung auf und starrte Noa an. Sie wiederholte die Frage. »Wir ... wir bringen die Leute dazu, ihre Schulden zu bezahlen«, sagte er langsam und warf ihr einen scharfen Blick zu, den sie gut kannte. Er besagte: Halt den Mund und laß mich in Ruhe. Aber nicht diesmal; Noa war gerade gut in Fahrt: »Wie denn? Seid ihr so was wie eine Polizei oder so?«

Noah seufzte. »Natürlich nicht. Wir schreiben nur Briefe und teilen den Leuten mit, was passiert, wenn sie nicht bezahlen.« Er wollte wahnsinnig gerne wieder zu seiner Zeitung zurückkehren. Noas inquisitorische Laune fing an, ihm auf die Nerven zu gehen. Außerdem verriet sie ihre Ignoranz in Dingen, die jeder wußte und keiner in Frage stellte. Gott sei Dank kriegten seine Eltern das nicht zu hören.

»Was seid ihr denn dann?« Noas nächste Frage verblüffte ihn. »Eine Art Mafia?«

Noah kniff seine Augen ein wenig zusammen, bevor er lauter als gewöhnlich sagte: »Nein. Natürlich sind wir das nicht. Allerdings sind wir ermächtigt, jemandem den Gerichtsvollzieher ins Haus zu schicken und gerichtliche Schritte zu erwirken, falls der Kunde sich nicht kooperativ zeigt.«

Noah wußte sich gut zu beherrschen, sehr gut sogar, selbst wenn er stark unter Streß stand. Er wußte, wie man bedrohlich und zugleich distanziert klingen konnte. Vielleicht brachte sein seltsamer Beruf das mit sich. Noa jedoch roch Niederlage in der Luft, und zwar nicht ihre. »Aber Noah«, beharrte sie und betonte den »ch«-Laut, den er so haßte, was sie wohl wußte, »ich sehe es immer noch nicht vor mir. Wie bringt ihr die Leute dazu, ihre Schulden zu bezahlen? Und warum tut ihr das überhaupt? Seid ihr böse oder was? Ich glaube, das seid ihr. Du und dein Vater. Aber du bist schlimmer.«

Noah suchte in den Zügen seiner Frau nach der Spur eines Lächelns. Irgend etwas, das anzeigte, daß sie einen Scherz machen wollte. Immer wenn Noa etwas Seltsames sagte, und das passierte ziemlich häufig, entschuldigte er sie mit ihrem unterentwickelten israelischen Sinn für Humor. Wie beim Kochen lag sie mit ihrem Gespür für das, was annehmbar war, regelmäßig daneben. Noah war müde. Er haßte seinen Beruf. Er haßte das Leben, zu dem er sich gezwungen hatte. Und allmählich haßte er auch seine traumhafte, unbeholfene, verrückte Frau.

»Falls du dich für besonders witzig hältst, vergiß es. Wie üblich hast du nichts Interessantes zu sagen. Und du kannst mich nicht treffen. Ich gehe jetzt schlafen.«

Noa konnte gut zielen. In der Armee war sie eine erstklassige Schützin gewesen. Die Fernbedienung traf Noah zwischen den Schulterblättern. Er fuhr herum, fuchsteufelswild. Der armenische Kerzenleuchter traf ihn in die Eier. Er krümmte sich zusammen, schnappte nach Luft und fluchte. »Du Ziege. Du dämliche Ziege. Du kannst mich mal.«

Noa glitt von der Couch und packte Noah vorsichtig bei seinem roten Schopf. Er versuchte, sie in den Arm zu beißen, doch sie gab ihm statt dessen ihren Mund. Zum allerersten Mal vergaß Noah sogar sein Fußballmantra.

Später, als er schon schlief, ging Noa ins Badezimmer und weinte. Ernst gemeint hab ich es aber doch, dachte sie. Jedes Wort, und ich wollte ihn verletzen. Ich will, daß er wieder der Fremde wird, mit dem ich's getrieben habe. Nur daß diesmal ich sage, wo's langgeht. Du bist mir was schuldig, mein kleiner Schuldeneintreiber, flüsterte sie fast zärtlich und kletterte wieder ins Bett. Der Zahltag naht.

Nach dieser Nacht kehrte ihr Alltag zu seiner Normalität zurück, scheinbar unverändert. Noahs Leben drehte sich weiterhin um das Büro seines Vaters, Fußball und pflichtschuldige Unternehmungen mit seinen Eltern an Wochenenden und in den Ferien. Manchmal war er wild auf Noas Körper, doch ihre Gedanken ließen ihn kalt. Noa war das egal. Sie hatte etwas vor. Daß sie ihren Sohn meistens in rot und weiß kleidete (die Farben von Arsenal), war nur ein kleiner Teil davon.

Es begann mit jenem Besuch in Joe McElligotts Metzgerei und ihrem ersten Kauf von *trejfem* Huhn. Ursprünglich hatte sie möglichst schnell in den Laden und wieder hinaus gehen wollen, damit sie auch ja kein Freund oder Bekannter von Noahs Familie sah. Zwei Dinge jedoch fielen ihr ins Auge und hielten sie auf, fast gleichzeitig: Joe McElligotts reizvoll gerundeter Bizeps unter seinem weißen, leicht blutbefleckten T-Shirt und das Schild an der Kasse, auf dem stand *Wir liefern frei Haus.* Er lächelte sie an und sagte etwas Schmeichelhaftes über ihren hübschen französischen Akzent. Sie lächelte zurück, korrigierte ihn nicht und merkte sich die Preisliste an der Wand. Wenn sie bei *trejfem* Fleisch bliebe, würde sie eine Menge Geld sparen. »Ja, Ma'am, ich liefere selbst. Ohne Aufschlag. Sie können jederzeit anrufen.« Seine plumpen Bäckchen erinnerten sie an den weichen, runden *tusik* ihres Sohnes ... Sie nahm die Visitenkarte, die er ihr hinhielt, und nickte. Joe McSowieso, dachte sie, als sie den Kinderwagen nach draußen schob, weißt du was. Diese französische Kundin will dein Fleisch.

Das Telefon klingelte, kaum daß sie die Tür aufgeschlossen hatte. »Noale«, sagte ihre Mutter leise, als wäre sie im selben Raum. »Ich weiß nicht, was ich tun soll. Dein Vater ...« »Was??! Was ist ihm passiert?« schrie Noa. Funktionierte das Bestrafungssystem so schnell? Sie hatte doch noch gar nichts getan, außer daran zu denken! »Nichts, ihm ist gar nichts passiert. Was mir passiert ist, darum geht es. Er hat nämlich eine andere Frau.« Noa war wie betäubt. Das ergab keinen Sinn. Ihre Eltern waren Ende Sechzig, und alles an ihnen war so vorhersehbar wie das Netzmuster ihrer Gardinen. Sie waren beide Überlebende, aus derselben polnischen Kleinstadt. Sie kannten sich fast seit ihrer Kinderzeit. Jetzt waren sie alt und runzlig und gesundheitlich angeschlagen. Sie hatten ein unsagbar hartes Leben hinter sich, und das war auch ihren ausgezehrten Körpern anzusehen. Sie konnten doch unmöglich andere Menschen und deren Körper begehren!

»Ich weiß nicht, was ich tun soll, Noale. Du kennst doch den Strand, wo wir jeden Tag hinfahren?« Noas Eltern gehörten zu den Kohorten entschlossener alter Männer und Frauen, die jeden Morgen in der Frühe am Strand von Tel Aviv Gymnastik machten. Manchmal hatte sie sie beobachtet. Ihre ledrige Haut erzitterte in winzigen Wellen, während sie in die kalten Fluten hinein und wieder hinaus marschierten und altmodische Freiübungen im Sand vollführten. »Diese Russin, mit der wir uns angefreundet hatten? Die solche blauen Flekken von ihrem Mann hatte. Diese Schickse! Ich habe sie zu mir nach Hause eingeladen und ihr meine alten Teller und einen Küchentisch geschenkt! Meine eigenen Teller! Ruf mich zurück, das wird zu teuer für uns.« Noa rief sie zurück und hörte zu, wie ihre Mutter weinte, fernmündlich. Zuerst leise, wie ein kleines Mädchen, das ein liebgewonnenes Spielzeug verloren hat, dann lauter und lauter, bis ihr Jaulen wie eine ohrenbetäubende Sirene klang, oder wie eine Mutter, die den Tod ihres Kindes beklagt. »Brauchst du mich dort? Willst du herkommen?« fragte Noa behutsam. »Weiß ich noch nicht. Ich muß nachdenken. Gib dem Kleinen einen Kuß von mir. Ruf mich nächste Woche an.« Sie geht nicht aus den Fugen, dachte Noa erstaunt. Sie will ihn wiederhaben!

Aus irgendeinem Grund beschloß sie, Noah nichts davon zu sagen. Sie konnte seine schlappen Witzchen über ihren Vater, den geriatrischen Lustmolch, schon hören. Als sie das blasse, feuchte Hühnchen auspackte und seine saftigen Schenkel spreizte, schoß ihr ein gräßliches Bild durch den Sinn – ihr Vater, der eine fleischige, haarige russische Dame bestieg. Sie konnte sich seinen Penis nur wie eine Art Besamungsspritze vorstellen, nicht wie ein Instrument der Lust. Nein, eigentlich konnte sie ihn sich gar nicht vorstellen, je länger sie darüber nachdachte. Sie rieb eine dicke Schicht Gewürze und Soßen in die Haut des kalten Hühnchens, um seine wahre Identität zu verhüllen, und schob es in den Ofen. Laß mich nicht hängen, sagte sie zu dem toten Vogel. Benimm dich koscher.

Noahs Eltern schauten am nächsten Tag vorbei, auf dem Nachhauseweg von der Synagoge. Gerda war verblüfft, wie sehr ihr Sohn Noas Hühnchen lobte, und wollte unbedingt von den Resten probieren. Noa war etwas besorgt, widersetzte sich aber nicht. Gerda kostete, schluckte, billigte. Mit einem Hauch Neid erkundigte sie sich bei ihrer ungeschickten Schwiegertochter nach dem Rezept. Geh zu Joe McElligott in der High Street, hätte Noa am liebsten gesagt. Der wird dich schon inspirieren.

Danach war alles ein Kinderspiel. Sie rief Joe an und bestellte, und er lieferte frei Haus. Zunächst nur einmal in der Woche. »Vielen Dank.« »Gern geschehen, Ma'am. Das ist aber ein süßes Baby.« Er kochte selber gern, und sie fingen an, Rezepte auszutauschen. Sie entdeckte, daß Noah alles, was sie nach Joes Anregungen zubereitete, besonders gern mochte. Es gab einen Anschein von Frieden in ihrem Heim. Sie waren eine glückliche, funktionsgestörte Familie. Genau wie alle anderen, die sie kannten.

Joes Bizeps machte sie weiterhin neugierig. Manchmal beobachtete sie Joe unbemerkt durch das Schaufenster, wie er Unmengen blutiger Tierleichen zerhackte und zerteilte, und sein muskulöser Arm war eine energische Verlängerung seines kräftigen Körpers. Wenn sie zu Hause ihre Hände in das rohe Fleisch versenkte, das sie bei ihm gekauft hatte, überrollte sie eine Woge der Lust auf ihren neuen Metzger. Einmal blieb sie etwas länger als sonst am Schaufenster stehen, bis er hochsah und sie erblickte. Ihre Augen trafen sich, ohne ein Lächeln. Zwei Stunden später brachte er ihre Lieferung, vier Tage zu früh. Sie ließ das Fleisch auf den Küchenboden fallen und bugsierte ihn direkt ins Schlafzimmer. Nachher versuchte Joe, sich in rudimentärem Französisch bei ihr zu bedanken. Noa kicherte und sagte ihm die Wahrheit.

Joe setzte sich in ihrem Ehebett auf, das um ein paar Größen geschrumpft zu sein schien. »Aha. Deshalb kaufst du nie Schweinefleisch bei mir. Ich hab mich schon gewundert.« Er gab Noa ein erstklassiges Rezept für Truthahnbraten und versprach, eine Arsenal-Mütze für Noas kleinen Jungen mitzubringen. Nächstes Mal.

Noah war von dem Truthahn begeistert, der Geruch eines anderen Mannes in seinem Bett entging ihm. Allerdings beschwerte er sich über die Mütze, als sie auf dem Kopf seines Sohnes auftauchte. »Noa, Noa. Weißt du nicht, daß wir für die Tottenham Spurs sind? Weg mit diesem Ding.« Doch der Kleine kreischte, als Noah versuchte, ihm die Mütze wegzunehmen, und so blieb sie da, gefolgt von einem kleinen Arsenal-T-Shirt und einer Jacke. Joe war ein Fan.

Noa fand das, was beinahe jedesmal geschah, wenn Joe zu ihr kam, einfach wunderbar. Lange dauerte es nie – das war unmöglich –, aber es war perfekt. Sie belogen die Welt, aber nicht einander. Das diametrale Gegenteil des Lebens, das sie mit Noah führte. Sie liebte sogar Joes Arbeit; sie nannte ihn ihren himmlischen Metzger.

Daß ihre Mutter anrief, hatte sie erwartet, aber nicht das: Sie wollte nach London fliegen und bei Noa bleiben, bis ihr Mann wieder zur Vernunft käme. Wie lang? Eine Woche, einen Monat, ein Jahr – solange es halt dauerte. »Ich werd's ihm zeigen, Noale. Er kann sie haben, aber ohne mich. Ich will auch leben. Wie du. Gib dem Kleinen einen Kuß von mir. Bis Freitag. Kann's kaum erwarten.«

Gerdas Anruf wenige Minuten später ließ sie gefrieren. »Noa, hast du den Metzger gewechselt? Mr. Meyerson hat nach dir gefragt. Er sagt, er hat dich schon seit Ewigkeiten nicht mehr gesehen! Wo kaufst du bloß dein Fleisch ein? Doch hoffentlich nicht bei Schmulik? Der ist ein richtiger *ganef*. Hättest du mich besser vorher gefragt!«

Noa log äußerst geschickt. Nein, Gerda. Nicht bei Schmulik. Dann wechselte sie nicht minder geschickt das Thema und kam auf den Besuch ihrer Mutter. »Nächsten Freitag. Na ja ... wegen meinem Vater. Er betrügt sie. Kannst du dir das vorstellen?«

Gerda konnte kaum die Erregung in ihrer Stimme überspielen. Das war aber pikant. Hätte sie dem alten Weinstock gar nicht zugetraut. Sie bot eifrig ihren Rat an und sagte, sie würde vorbeikommen und auf das Baby aufpassen, wenn Noa nach Heathrow fuhr, um ihre Mutter abzuholen. Noa bedankte sich und nahm an.

Und so kam es, daß Joe an Noas Tür klopfte, seine übliche Fleischlieferung in Händen (diesmal mit ein paar zusätzlichen Schweinskoteletts, um seiner Lieblingskundin eine neue Delikatesse vorzustellen), und sich Auge in Auge mit Gerda wiederfand. Diese musterte ihn streng und fragte, wer er sei. »McElligott, der Metzger, Ma'am«, sagte Joe, etwas erstaunt, aber immer noch lächelnd – warum auch nicht? Soweit er wußte, war ihre Affäre ihr süßes Geheimnis, und Noa hatte ihm nichts von ihren subversiven antikoscheren Aktivitäten erzählt. Er ließ das Päckchen bei Gerda und ging, etwas überrascht wegen Noas Abwesenheit, aber nicht allzu besorgt.

Gerda trug das Fleisch in die Küche, in Zeitlupe wie ein verwirrtes Tier. Hatte sie recht gehört? McSowieso? Ein *goyischer* Metzger? Das konnte nicht sein. Sie öffnete das Päckchen und stieß einen Urschrei aus. Das mußte ein Irrtum sein. Aber Noas Name und Adresse standen auf der Rechnung, die sie drinnen entdeckte. Diese israelische Parvenüschlampe ernährte ihren Sohn mit *trejf!!* Sie hatte ja immer gewußt, daß mit der irgend etwas nicht stimmte. Und ihr Vater! Und das arme Kind! Plötzlich fiel Gerda der köstliche Geschmack von Noas Hühnchen wieder ein. Sie erschauerte. Sie wollte von neuem schreien und Noah anrufen, doch statt dessen weinte und weinte sie, bis sie erschöpft auf der Wohnzimmercouch einschlief.

Auf dem Heimweg vom Flughafen hörte sich Noa die Geschichten ihrer Mutter über »diesen Mann« und »diese Frau« an. Aber er ist doch immer noch mein Vater, dachte sie, wie soll ich ihr das denn sagen? Und wie es scheint, habe ich mehr mit ihm gemeinsam, als mir je bewußt war. Plötzlich sah sie das freundliche Gesicht ihres Vaters vor sich, erinnerte sich an sein scheues Lächeln und seine lieben Augen, seine langsamen, unbeholfenen Bewegungen, wenn er sie in den Arm nahm. Und wenn sein Körper, der sich kaum noch aufrecht halten konnte, noch ein Eigenleben hatte – na und? Alles war so verdammt kompliziert ... »Ach, ich liebe diesen englischen Regen, Noale. Ich werde eine Zeitlang bleiben. Sollen die doch in der Hitze braten.«

Als sie zu Hause eintrafen, war Noah bereits da, von seiner Mutter herbeizitiert. Gerda ignorierte die Anwesenheit von Noas Mutter und zerrte ihre Schwiegertochter am Ärmel in die Küche. »Das da!!« fauchte sie und zeigte mit einer Mischung aus moralischer Entrüstung und körperlichem Ekel auf das Fleisch, »das da hast du uns vorgesetzt? Wer bist du, der Teufel?«

Noa hatte erwartet, daß es eines Tages knallen würde, aber noch nicht so bald. Nicht heute und nicht so. Gerda durfte nicht die Oberhand behalten. Noa schaute sich im Wohnzimmer um. Noah war bleich, noch bleicher als sonst, und sprachlos. Noas Mutter war unsicher. Sie begriff nicht, was los war, aber sie bemerkte Gerdas Grobheit und kaum gezügelte Wut. Und den herausfordernden Blick auf dem Gesicht ihrer Tochter.

Während sie die Szene betrachtete, die jeden Augenblick in ein Gemetzel ausarten konnte, kehrte Noas Mut genauso schnell zurück, wie er sie verlassen hatte. Gestärkt von den Monaten des fröhlichen Ehebruchs mit Joe, spürte sie, daß sie dem Feind lieber gegenübertreten als in verborgenem Schmerz waten wollte. Sie würde das Eintreiben der Schulden diesen jämmerlichen Gestalten mit ihren häßlichen Penthousewohnungen und ihrer gespreizten Aussprache überlassen, beschloß sie.

»Ich wollte es dir schon lange sagen«, verkündete sie ohne eine Spur von Hysterie und schaute Noah in die Augen, »ich werde nicht bei dir bleiben. Nicht um so zu leben. Wie deine Eltern. Du bist ein *efes* ... Und ... deine Fußballmannschaft ist scheiße.«

Gerda sprang auf und bot sich an, das Fleisch wegzuwerfen, aber ihr Sohn hielt sie zurück und schickte beide Mütter auf einen Spaziergang. Als sie allein waren, ließ sich Noah auf das Sofa fallen und brach in Gelächter aus:

»Noa. Komm her. Du Dummes. Wenn ich außer Haus esse, dann nie koscher. Es ist mir scheißegal. Ich tue nur *ihnen* einen Gefallen damit, aber mir ist es scheißegal. Wußtest du das nicht? Wirklich und ehrlich. Von mir aus kannst du jedes Fleisch kaufen, das du willst. Was gibt's zum Abendessen?« Er streckte die Arme nach ihr aus, doch da klopfte es an der Tür. Joe war zurückgekehrt, in der Hoffnung, Noa diesmal anzutreffen. Und nun saß sie mit ihrem bläßlichen, nach Luft schnappenden Ehemann da. Noa machte einen Schritt auf Joe zu, aber ihr Sohn kam ihr zuvor. Er rannte auf ihn zu, ruderte mit den kleinen Armen und schrie »Ah-senal! Ah-senal!«

Manche Schulden sind es nicht wert, daß man sie eintreibt, dachte Noah, als er den schmachtenden Blick auffing, den Joe seiner Frau zuwarf. »Warten Sie!« sagte er ruhig, als Joe sich zum Gehen wandte. Er verschwand in der Küche und kehrte umgehend mit dem Fleischpäckchen zurück. »Bitte nehmen Sie das wieder mit. Meine Frau und ich werden Vegetarier. Ab heute.«

»Und ich koche«, sagte er, als sie wieder allein waren. »Hast du Lust auf Pasta?«

Noa nickte. Sie war sich nicht sicher, wer diese Runde gewonnen hatte, und es war ihr auch gleich. Es war vorbei, und das fühlte sich gut an. Sie beschloß, dem kleinen Gili eine Tottenham-Mütze zu kaufen.

nihtfordemkind

Der Friedhof, das viele Grün, Dunkelgrün, Tiefgrün, Todesgrün!

Ich war noch ein kleines Kind, als sie mich zum erstenmal mitnahmen, nicht zu einem toten Verwandten, sondern zur Märtyrermauer, MÄRTYRERMAUER – oder wie soll man das schreiben! –, wir wollten uns die erst kürzlich errichtete Märtyrermauer (MÄRTYRERMAUER) angucken, das heißt, mein Vater wollte es, um genau zu sein. Bedrückt machten wir uns am Sonntag morgen fertig, ich wurde mehrmals gebürstet, bevor wir losgingen, die Haare, die Kleider ... Mein Großvater zog Gamaschen an, meine Mutter prüfte meine Zähne mit einem kleinen Handspiegel, ihre dann auch, meinem Vater machte sie nur Zeichen. Ich mußte in einen kleinen Puderdosenspiegel hineingrinsen, sie grinste auch hinein, dann ging es ins Badezimmer.

Wir waren gesund, das war die Hauptsache, aber schon in der Straßenbahn haben wir uns angebrüllt, mein Vater versohlte mich sogar, sein Bariton dröhnte über die Plattform, daß sein Kopf feuerrot anlief, vergeblich versuchte Großvater ihn zu beschwichtigen, er legte erst richtig los: »Ich will aussteigen, meine Familie haßt mich, Leid ist mein Los!« japste er, schwitzend unter seinem Hut – bis wir endlich in der Vorstadt ausstiegen.

Da sah ich, wie weit draußen der Friedhof der Juden errichtet worden war.

Im Jahr '55 – oder '57? – hat mein Vater ein paar Tage nach Einweihung der Märtyrermauer die Familie aus Neugier auf den jüdischen Friedhof mitgenommen.

Wo ich noch nie gewesen war.

Oder wer weiß. Man weiß ja nie. Kozma-Straße sechs.

Sie hatten vorher gar nicht gewußt, wie sie es mir sagen sollten, das habe ich gleich gemerkt. Wir gehen auf den Friedhof, hieß es, aber keine Angst, es wird schön. Sie taten mir leid, sie meinten wohl, ich wüßte nicht, was der Tod ist, taktvoll bemühte ich mich, keine Fragen zu stellen. Ich hüpfte herum, wobei ich es vermied, sie anzusehen.

Sie sagten auch, Vater sagte es, glaube ich, wir besuchen die Großmutter, oder vielmehr, du besuchst jetzt deine beiden Großmütter, und in Gedanken fügte ich hinzu, »die in der Erde sind«, wobei ich mir aber nicht konkret vorstellen konnte, was das sein sollte. »So wie die Toten.« Oder so was. Wie gesagt, ich war noch nie dort gewesen. Das Ganze interessierte mich auch gar nicht besonders. Zwar hatten sie an den Tagen davor ziemlich viel über die Märtyrermauer getuschelt, beim Abendessen, wie immer **nihtfordemkind,** aber aus irgendeinem Grund glaubte ich, es handelte sich um eine Art Skulptur oder so was, nur eben keine Skulptur, sondern eine Mauer, weil die Obrigkeit einer alten und berechtigten Forderung der arbeitenden Massen endlich stattgegeben hat, also ein Erwachsenenquatsch, nicht besonders interessant.

Damals wußte ich nicht so recht, wer die Juden sind, ich weiß es auch heute nicht, obwohl ich über diese Frage nachgedacht habe, mehr, als man glaubt oder je geglaubt hätte! Meine armen Eltern. Denn damals war Albert Russels Buch THE SCOURGE OF THE SWASTIKA erschienen, mit zahlreichen, man könnte sagen interessanten Fotos über die Jahre der Judenvernichtung – ein modisches Wort im damaligen Europa –, und in dieses Werk hat sich dann mein Großvater monatelang vertieft, wobei er allerdings dauernd aufs Klo mußte und das Buch bedauerlicherweise immer wieder auf dem Kanapee liegenließ ... So daß ich in jener Zeit zum erstenmal Leichenberge, Todesmärsche, sterilisierte Zwillinge, verkohlte Gerippe gesehen habe.

Oder wer weiß.

Ich war auf Fotos, überhaupt auf Bilder ganz versessen, und ich betrachtete sie zitternd, denn es war, als hätte ich das alles schon mal gesehen und als würde ich es mir jetzt nur noch einmal ansehen wollen, obwohl mir ausdrücklich verboten worden war, zum Beispiel in dieses Buch hineinzuschauen. Na ja. Natürlich wurde mir schwindlig vor Aufregung, ich ahnte gleich, daß ich das nie hätte sehen dürfen und daß es von meinen Eltern wirklich anständig war, mir so etwas klipp und klar zu verbieten, weil es tatsächlich nichts für meine unschuldige Seele war, ich könnte am Ende noch darüber erschrecken, daß eventuell womöglich auch ich Jude bin.

Das war ich nämlich nicht, nur meine Eltern. Wie der kleine Moritz im Witz.

Ich bin nicht beschnitten, haha, und man hat mich nie vor den Rabbi gebracht, ich habe keinen jüdischen Namen bekommen und wurde auch nicht ins Buch der Gemeinde eingetragen, ich bin also konfessionslos, sagten meine Eltern, und das haben sie mir später, in der Zeit um '56, unzählige Male eingeschärft, du gehörst keiner Religion an, falls jemand fragen sollte ...

Das ist aber nur eine Skizze zu diesem nebensächlichen Friedhofsdingsbums ... wo war ich stehengeblieben ... als ich ihnen dann beim Tor die Hände geben mußte, wurde ich aufgeregt und ein bißchen beklommen, weil ich gleich am Zaun die vielen Mausoleen mit den schwarz gewordenen Wänden sah, irrsinnig große Totenhäuser – Familiengräber von Baronen und Bankiers, wie ich später erfuhr. Bitte schnell weg von hier, quengelte ich, bitte schnell zu den Großmüttern.

Wo gehen wir denn hin? Warum denn hier lang?

Wir gingen nämlich am Rand, immer nur am Rand entlang, als wollten sie gar nicht erst zu den Gräbern hinein. Doch das Erschreckende war, daß meine Familie mir auch auf diese Frage keine Antwort gab. Sie hatten sich vollkommen verändert. Ihre Gesichtshaut war zum Zerreißen gespannt, sie waren älter geworden, ihre Rücken krümmten sich so seltsam, mein Vater hatte sich bei seinem Vater eingehängt, obwohl er normalerweise nicht einmal mit ihm sprach! Ich wandte mich an meine Mutter, doch auch sie hörte mich nicht oder wollte mich nicht hören, ihr schöner Mund war unsympathisch schmal geworden, als hätte sie ihn ein für allemal geschlossen.

Sie zog mich am Handgelenk weiter; es war warm.

Ein warmer Herbsttag, nicht zu warm, aber doch warm, ein mißgelaunter, dunstiger Tag, abgefallenes Laub, schwül. Und niemand hörte, daß ich schrie! Sie schleiften mich über den Boden, schimpften nicht, schlugen mich nicht, sie starrten geradeaus in die leere Luft, auch sie waren irgendwie schwarz geworden ... Ich hätte jetzt gern gefragt, was ich bis dahin ganz vergessen hatte, was ich denn tun soll – ich meine, so wie man auf dem Spielplatz schaukeln muß, im Kindergarten gehorchen, im Bus schön stillsitzen und rausgucken, wie müssen sich denn Kinder bei solchen Gelegenheiten verhalten? Aber vor Aufregung – die nichts als Angst war – bekam ich keine Luft, und das Bild zerfiel in seine Einzelteile, wie immer bei meinen Panikanfällen, die Luft wurde bröselig und braun, vielleicht brüllte ich auch, ich erinnere mich nicht mehr, oder doch, als würde sich in diesem Moment mein Vater zu mir umdrehen, das sehe ich jetzt wieder, seine Lippen sind blaß, er stampft mit dem Fuß auf, es ist ihm anzusehen, daß er sich geschworen hat, hier drinnen nicht auf meinen Zirkus zu reagieren, trotzdem ist es einfach unerträglich, wie ich mich aufführe, das Maß ist gleich voll, wenn ich nicht zur Besinnung komme. Während ich sehe, daß er es ist, der nicht bei Sinnen ist! sein Blick flackert, als hätte er Schmerzen, in seinen Augen zucken blaue Flammen! er zittert wie Espenlaub, weint fast ...

Und plötzlich stehen wir auf einem Platz. Ungeheure Leere, als wäre er bombardiert und hinterher sorgfältig gerecht worden. **Von irgendwem. Von den Pfeilkreuzlern. Von einem schuldbewußten Hauswart.**

»Die Todesmauer«, höre ich.

Da horche ich dann doch unwillig auf. Rechts tatsächlich Steinmauern, von gigantischen Ausmaßen, wie mir scheint. Todesmauern.

Darunter gebeugte Ehepaare. Sonntagsleute. Kaum Kinder, dafür krummbeinige Greisinnen, mit Blumen im Einmachglas, und Leute mit Hut wie Vater, die sich aber ganz komisch bewegen, erst schleichen sie alle zur Mauer, als wollten sie daran schnüffeln, dann machen sie sich rasch davon, als hätten sie gar nicht genauer hinsehen, sondern sich nur vergewissern wollen, daß – daß was?

Die Hände hinter dem Rücken, den Hals gereckt, schwachbrüstiges Vogelvolk, jüdische Kraniche, blinzeln sie mal zur Mauer, mal schräg zu uns herüber, was sagen wir wohl dazu? **Auch Juden, die Herrschaften, nicht wahr? Macht nichts, das Kind wirds bestimmt auswachsen. Was wollen Sie, Sie haben Glück gehabt, Sie sind ja soweit fast vollzählig, unberufen, aber bitte schauen wir einander nicht an, das fällt auf!** Dieser oder jener kniet vor der Mauer nieder, murmelt ... Ich habe Brechreiz.

»Die Todesmauer«, wiederholt Großvater fachmännisch.

Vater und Mutter schlucken leer, sie sind blaß. Nehmen die geduckte Vogelhaltung an, gehen auf die Mauer zu, treten ganz nah heran ... Irgendwie habe ich das Gefühl, es wäre das Beste, wenn ich etwas weiter weg herumtobe, ein wohlbekanntes, beruhigendes Spiel, alles in Ordnung. Ich entziehe mich diesem Schlamassel. Das ist eben auch so ein Ausflug, bei dem die Erwachsenen ihren steifen Erwachsenenblödsinn veranstalten, da braucht man nicht mitzumachen, »Todesmauer«, so kann man es auch sagen, sollen sie's nur anschauen, gräßlich, sie werden schon damit aufhören, dann gehen wir die Großmütter in der Erde besuchen.

Aber ich halte es doch nicht aus: gehe zu ihnen.

Warum?

Weil ich wahrscheinlich schon am Eingang deshalb geheult habe; weil das, was ich nicht wissen wollte, wie ein Blitz in mich eingeschlagen hatte, daß **ich, obwohl es verboten ist,** weiß, ja, wir sind im Krieg ausgerottet worden, na schön, *ich weiß es nicht*, ich tue so, als wüßte ich es nicht, dabei bin ich schon weit genug, frühreif, und als sie es das erste Mal gesagt haben, wußte ich schon, daß diese Juden vom Lager in die Mauer hineingeknetet sind, da in die Ziegel sind sie hineingeknetet worden, die Ärmsten, die sadistischen Faschisten haben sie sorgfältig da hineingeknetet und sie hinterher auch noch gebrannt, aber das tut ihnen nicht mehr weh, weil, wer gestorben ist, dem tut nichts mehr weh, auch wenn das den Faschisten gepaßt hätte, nur herausholen kann man sie nicht mehr, die Juden sind Asche, dennoch hat man sie allesamt von Auschwitz nach Hause geschleppt, aber wozu? na eben, damit die am Leben Gebliebenen wenigstens die Mauer sehen können, sie berühren können, man hat ihre Verwandten als Promenadenmauer aufgestellt, entsetzlich, sie kommen hierher, trauen sich aber nicht in die Nähe, sie haben insgeheim Angst vor ihr, womöglich beißt sie beißender Zorn, der Zorn der Unschuldigen in der Mauer, na klar, wenn ich danach fragte, würden sie es glattweg leugnen, wenn ich groß bin, werde ich es vor meinen Kindern genauso leugnen, garantiert, soll doch der Tote in der Erde darüber nachdenken, warum er gestorben ist, warum, ich habe doch noch kaum gelebt! wir sind unglückliche Juden, nur der Proletarierstaat hat uns erlaubt, arbeitende Menschen zu sein, und wenn wir nicht das Maul aufreißen, dürfen wir leben, wir dürfen sogar draußen, am Arsch der Welt einen Friedhof haben, Hauptsache, man streicht es nicht groß heraus, gibt nicht vor Krethi und Plethi damit an, meine arme Mama, wo ist ihr früherer Mann geblieben? und Vaters beleibte Schwester, oh, wir armen Unappetitlichen, ich verstehe nur nicht, was es an dieser Mauer zu sehen gibt! was soll denn das, sie bringen sie hierher, betrachten sie wie ein Schaufenster, pfui, mit den Augen eines Fremden betrachten sie ihren eigenen Tod ... Ich bin also, gewissermaßen auf Zehenspitzen, näher herangegangen, und da – jetzt kommt das Interessante: diese Todesmauer ist mit Namen vollgeschrieben, hunderttausend Namen, **Namen und**

Namen und Namen, in dichten Kolonnen wie die Ameisen, neben- und untereinander, **die Namen aller gebrannten Juden**, stelle ich bestürzt fest, **man hat ihnen obendrein ihre Namen in die Mauer eingemeißelt**, nicht genug der Qual, **daß sie tot sind, man schreibt ihnen auch noch auf den Leib, verlangt das ihre Religion? ist das so eine bescheuerte jüdische Angelegenheit?** grüble ich, doch wie ich mich so auf einem Bein hüpfend nähere, um die sonntäglichen Überlebenden gründlicher in Augenschein zu nehmen, weil ich wissen möchte, was der jüdische Brauch vor so einem Märtyrerdings vorschreibt, denn dank großVaters Marotten weiß ich, daß die Israeliten, **wer ist das?**, so ganz komische Pflichten haben, **oder hatten,** ein Glück, daß das abgeschafft und verboten wurde, sonst hätte die Familie den ganzen Tag alle Hände voll zu tun, wie der großVater heimlich in der Garderobe –

also sehe ich die Armen immer gemütlicher an der Mauer herumstehen, sie schielen auch gar nicht mehr herum, die meisten sind auch gar nicht mit den Namen der Toten beschäftigt, das tun nur die neu Hinzugekommenen, die sie leicht errötend, mit mäßigem Interesse buchstabieren, nicht daß Unbefugte noch auf die Idee kommen, daß auch sie Juden seien, **ach woher, sie schauen sich bloß dieses Ding an, als Kuriosität, denn schau, die sind tatsächlich da hingeschrieben, die von der Hitlerei in den Ofen, nicht wahr, die alle ...?** aber die Meinen beispielsweise, Taschentuch auf dem Kopf, murmeln etwas, großVater hat seinen Mantel vor sich auf den Boden geworfen, kniet ganz nah an der Mauer und redet fuchtelnd –

redet?!

ja, sich wiegend murmelt er

gestikuliert dazu

und mein Vater auch!

Und ich höre auch schon das Summen. Wie ein kreisendes Insektenheer, lauter und lauter, daß ich Gänsehaut kriege, ja, das geht von der Mauer aus, und wer herkommt, der kommt insgeheim deswegen.

Sie alle sprechen mit der Mauer.

Hauptsächlich die Alten rufen sachlich und ungeduldig. WAS IST MIT LICI, LASS VON LICI HÖREN, VERHEIRATET MIT ÁRMIN RÓNA; GEBORENE LICI MINK, HÖR ZU, DER ÁRPÁD IST DURCHGEDREHT, IST OHNE EINEN FILLÉR NACH AUSTRALIEN, HAT SEINE EXISTENZ HIER AUF-GEGEBEN, IST AUS DER PARTEI AUSGETRETEN, WAS SOLL ICH DEINER TOCHTER SAGEN, FRIEDMANN, WIE BIST DU GESTORBEN, HILF MIR, MEIN FREUND, DAS KIND IST EIN REINES NERVENBÜNDEL, SEIT DICH DAS LEBEN NICHT MEHR AUF DEM TABLETT PRÄSENTIERT, WEGEN FRÜHERER GESCHICHTEN WILL MAN SIE AN DER UNI-VERSITÄT NICHT ZULASSEN, UND DIE MANCI BÍRÓ TREIBT NUR MIESMACHEREI, ICH WERDE NOCH WAHN-SINNIG, DIE HAUSVERWALTUNG HAT DEN GANZEN BE-STAND BESCHLAGNAHMT, VERSTEHST DU, UNSER GAN-ZES EIGENTUM! NIEMAND WIRD VERSCHONT, DEIN STROHMANN HINGEGEN, DER IST SAUBER, SOWEIT WIE MÖGLICH HAT ER ALLES ZURÜCKGEGEBEN, HÖR MAL, DU ERNÄHRST DICH ORDENTLICH, ODER? ICH SUCHE SAMUEL HAJÓS, RECHTSANWALT UND NOTAR, WOHN-HAFT BERKOCSI-STRASSE 17/B, 3. STOCK, WOHNUNG NR. 3, BLAUE AUGEN, BRAUNES HAAR, VOLLER ERNST UND GÜTE und dergleichen

doch das Gezwitscher aus der Mauer, die fiebrigen Ant-worten kann ich nicht deutlich hören, teils weil das aufgereg-te, gedämpfte Geschnatter der Lebenden die hunderttausend Millionen toter Stimmen durcheinanderbringt, teils weil man sie eben auch dann nicht verstehen würde, wenn an der Mauer Totenstille wäre, dafür reden zu viele gleichzeitig, **in der Mauer drin zappeln und toben sie ineinander gebrannt, ein jeder hofft wahrscheinlich, daß man zu ihm käme, er sagt Namen und Adressen auf, fleht um verlorene Verwandte vielleicht aber nie oh nein das ist ausgeschlossen in diesem Stimmengewirr suchen die Angehörigen immer gerade je-mand anderen und auch die Toten suchen immer jemand** anderen, so viele sind sie, daß sie aus voller Kehle aneinander vorbeischreien, bis sie heiser sind, und auch dann noch brüllen die Juden durcheinander, **ah jetzt verstehe ich,** aber ich verstehe natürlich nicht, verstohlen, schaudernd betrachte ich meinen Großvater Miksa, auf den Knien, die Hände gegen die Mauer gestützt, gesenkten Kopfes schreit er wie ein Wahnsinniger, **doch zu wem? sind aus unserer Familie vielleicht noch andere im Krieg gestorben? alle? nicht nur Magduska und Onkel Poldi? nur haben sie es mir bisher nicht zu sagen gewagt, armer großPapa, vielleicht hätte er mich jetzt gern der Verwandtschaft vorgestellt, doch hier unter Millionen brüllt er vergebens, auch wenn er es nicht wahrhaben will,** auf seinem kahlen Schädel bebt hilflos sein an den Zipfeln geknotetes Taschentuch, ich möchte zu ihm laufen, es ist nicht weit, doch mein Vater vertritt mir den Weg, hebt mich hoch, küßt mich fieberhaft, auch er hat den Mantel ausgezogen, läßt mich auf seinem Arm sitzen, bedeckt meine Augen mit vor Rührung nassen Küssen, »stör ihn jetzt nicht, er hat das so sehr gewollt, soll er sich nur ausbellen, na, wie findest du's, gefällt's dir?«, quengelig winde ich mich in seinen Armen, »nein, überhaupt nicht, wie lange dauert es noch, wo ist Mami«, ich schäme mich entsetzlich, klammere mich an seinen Hals, »laß mich runter«, er gehorcht, o Wunder, er läßt mich runter, läuft sogar auf die andere Seite der Mauer, der Bauch unter seinem Hemd bewegt sich so komisch, vielleicht hat er etwas gehört, bestimmt seinen Namen, **ja, jetzt hat man nach ihm gerufen, aber wer?,** ich schleiche ihm nach, doch an der Ecke der Mauer stoße ich mit meiner kühl blickenden Mutter zusammen, bereits schlechtgelaunt kramt sie nach einer Zigarette in ihrer Handtasche, »laß jetzt deinen Vater, lauf noch ein bißchen herum, brauchst dich um das alles nicht zu kümmern«, sie geht auf dem symmetrisch gerechten Schotter auf und ab, leicht vorgebeugt, der aufkommende Wind zerrt an ihrem leichten Mantel, ich wundere mich, **sie schaut mich nicht einmal an,** und **ihr Mund ist vom Lippenstift lila wie ein Braten,** und mir fällt ein, **ihr früherer**

Mann ist auch hier, den sie mehr geliebt hat, ich vergesse, meinem Vater nachzugehen, starre auf die entsetzliche Mauer zurück, sie ist irgendwie so schamlos
das darf man bestimmt wieder niemandem sagen.

– Und vergeblich brüllte ich auch auf dem Rückweg: Gehen wir zu den Großmüttern in die Erde! –

… Mein Vater fand es wichtiger, mich zu dem verglasten Eisenkäfig am Ein- und Ausgang zu führen, er steht noch heute dort, einen Katzensprung von der öffentlichen Aufbahrungshalle, und in dem Stimmengewirr und der Wolke aus Nervosität, die um das Öllicht waren, habe ich es leider so verstanden, daß die rote Flamme, von der mein Vater sagte, sie würde nie erlöschen, daß dieses in dem graudämmrigen Eisenkäfig brennende Flämmchen tatsächlich **ewig** sei, **Ewiglicht.** Ich glaubte also, daß es nie angezündet worden war und nie erlöschen würde und daß es für uns brennt. Mehr noch, daß vielleicht wir dort brannten, wir Juden, auf unserem eigenen Friedhof: als Warnung. Das heißt als Warnung für die anderen: **nie wieder, Europa, sieh dich vor,** und so weiter. Weil damals so geredet wurde.

Ja, das sind wir – dachte ich verwirrt und nicht gerade glücklich –, ein winziges Feuer, aber ewig. Jüdische Flamme.

DORON RABINOVICI

Esperanza

Er wußte nicht, wo er sie bereits gesehen hatte. Noch wann. Doch irgendwo war sie ihm aufgefallen. Vor einiger Zeit, erinnerte er sich, hatte er diese Frau in einer Menge aus den Augen verloren; eben so, wie er sie nun entschwinden sah. Die Silhouette von hinten, das dichte Haar hochgebunden, der feste Schritt, zügig, nicht hastig, dabei ein leises Wiegen. Er versuchte ihr zu folgen, wollte an den Tanzenden vorbei, doch wurde er von einem Paar mitgerissen. Als er dem Wogen der Masse endlich entkommen war und alleine am Rande der Wiese stand, fand er sie nicht mehr.

Auf der Bühne hob ein Kubaner seine Gitarre zum Kinn, wetzte die Saiten, während die Klänge der übrigen Instrumente erloschen. Alleine schürte und fachte er die Musik wieder an, bis das Motiv auf die Bässe, die Bongos und die Maracas übersprang, und jenes Lied aus Havanna, das im vergangenen Sommer die Nächte Wiens südlicher gestimmt hatte, kochte noch einmal auf. Die Männer sangen vom Feuer irgendeiner Liebe. David spürte die Rhythmen in seinen Füßen. Neben ihm umfaßte ein Mann mit Lederjacke seine Freundin, und gemeinsam warfen sie sich in Pose. Jede Bewegung war eingeübt. David mußte schmunzeln, wenn er Einheimische sich derart redlich bemühen sah. Trotz oder vielmehr wegen aller Anstrengung kamen sie nicht zusammen, sondern führten bloß einen Tanz auf. Es schaute aus, als zählten sie ängstlich mit. Die Latinos hingegen, die an diesem Herbstabend auf den Heldenplatz geströmt waren, schienen nachlässiger, sorgloser, zugleich inniger. Ihre Körper sprachen zueinander, und Beine, Hüften oder Schultern beherrschten denselben Dialekt.

Er verachtete, wie die einen tanzten, während er andere bewunderte, selbst wenn sie sich zuweilen kaum regten und ihre Schritte bloß erahnen ließen. Das ganze Fest lag im Zwielicht der Dünkel, gegen die es ankämpfte, indem es von ihnen lebte. Auf jeder Bühne tummelten sich andere Trachten, und während an einer Stelle, vor dem Heldentor, ein Salsa ertönte, sang in einer anderen Ecke des riesigen Platzes eine Sängerin aus Südafrika.

Er konnte die Frau nirgendwo ausmachen, und so wandte er sich enttäuscht ab, flanierte an Verkaufsständen vorbei, und mit einem Mal sah er sie wieder, ganz nah vor sich. Er wollte sie einholen. »David!« Bonzo und Ina nickten ihm zu. Er kannte beide vom Studium her. Sie half nun bei Videoausstellungen mit. Bonzo, der eigentlich Bernd Sagmeister hieß, schrieb Filmkritiken. Ina sprach gleich von den Wahlen, von den signalgelben Plakaten gegen die Fremden, den rassistischen Kampagnen, aber er blickte bloß seiner Unbekannten nach. Ja, diese Parolen wären gewiß inakzeptabel; nein, er mache sich deshalb keine Sorgen, sie solle nicht die ganze Welt schwarzweiß sehen. Letztlich würde alles beim alten bleiben, denn zur bisherigen Koalition gäbe es keine Alternative, und hierin läge das eigentliche Übel. Bonzo lächelte leise, aber Ina schüttelte den Kopf, meinte, er schiene ihr wie aus einem anderen Film. »Merkst du nicht, was hier abgeht?« Zu allem Überfluß erkundigte sich Bonzo nach seiner Mutter. David wollte nicht antworten; meinten die beiden etwa, sein Familienschicksal wäre bereits ein Argument? Er murmelte, es gehe ihr gut, dann: »Bis zum nächsten Mal! Ich brauch jetzt Käsekrainer und Bier. Bis dann.«

Er ging zu einem Stand, an dem Chilenen Tortillas und Empanadas anpriesen, und kaufte sich eines dieser Teigtäschchen, da sah er die Fremde wieder; von hinten. Er bemerkte ihr Armband aus schwarzem und braunem Leder und wußte, daß ihm dieses Schmuckstück erst vor wenigen Tagen aufgefallen war, doch wo?

Er sprach sie auf spanisch an. Wenn die Frau ihn nicht verstünde, würde sie einfach weitergehen. In Deutsch hätte er nicht gewagt, sie anzureden, doch in der Sprache seiner frühesten Kindheit gab er sich freier, weil er nur über die Wörter verfügte, die er als Bub bereits erobert und mehr als drei Jahrzehnte später noch nicht aufgegeben hatte. Das Idiom seines südamerikanischen Geburtslandes eröffnete ihm eine Intimität, die ihm sonst verwehrt blieb.

Das schmecke ja wie bei Mutter, meinte er. Sie lächelte ihn an. Er streckte ihr den Pappteller entgegen, und mit bloßen Fingern riß sie ein Stück herunter, verdrehte die Augen und summte auf. Nein, sie glaube nicht, ihn bereits zu kennen, aber in der Tat, ja doch, sie stamme ebenfalls aus Kolumbien. Esperanza, so hieß sie, und David, der sonst im Ruf stand, schüchtern zu sein, vergaß alle Scheu, als er sie fragte, ob sie tanzen wolle.

Erst dann fiel ihm ein, daß er gewiß eine erbärmliche Figur machen würde. Aber sie drängte bereits zur Musik, und so folgte er ihr nach. Sie umarmte ihn, schmiegte sich an ihn. Er wagte kaum, sich zu rühren, aber da sie ihre Beine ebenfalls bloß langsam und leise bewegte, überließ er sich ihrem Rhythmus, und so wirkte er nicht gehemmt, sondern auf sie abgestimmt.

Danach wollte sie Rotwein trinken. In der Menge ging Esperanza voraus, David wurde abgedrängt, kam ihr nicht nach, verlor sie wieder. Bei den Chilenen fand er sie nicht. Er suchte sie zwischen den anderen Verkaufsständen. Aus der Ferne erklang arabischer Gesang. Vielleicht war sie mit Absicht entschwunden. Es war wohl Zeit, nach Hause zu gehen. Er mußte nach der Mutter sehen. Enttäuscht wandte er sich ab, da stand sie vor ihm, lachte, packte ihn an der Hand und zog ihn mit sich.

Sie streiften durch die Innenstadt, vorbei an jenen Wahlplakaten, auf denen gegen Überfremdung geschrieben wurde, und David ging mit Esperanza in sein italienisches Stammlokal, zu Luigi. Sie sprach zumeist das leichte, langsame Spanisch aus Bogotá, verfiel zuweilen ins Deutsche. Sie hatte in Bogotá Germanistik studiert.

Sie fragte ihn aus. Glaubte er, ein Österreicher zu sein? Stammte er aus Kolumbien? War er Filmemacher? Seit Jahren arbeitete David Steiner an einer großen Dokumentation über die Flucht der Juden aus dem nationalsozialistischen Wien. Er hatte einzelne Sequenzen anderen Künstlern, Wissenschaftlern und Kritikern vorgeführt, war allseits auf Anerkennung gestoßen, aber noch war kein Ende abzusehen. David verdiente dabei keinen Groschen. Niemand hatte ihn mit diesem Projekt beauftragt, und nirgends war er angestellt. Keiner seiner Freunde wäre jedoch auf die Idee gekommen, ihm Untätigkeit vorzuwerfen. Voller Eifer gab er sich der Forschung hin; er lebte nicht davon, lebte jedoch darin auf. In Wahrheit war er aber nichts als der Nachlaßverwalter seiner einst großen Familie. Er kümmerte sich um das Erbe der Steiner, legte das Geld in Aktien an, kaufte Devisen und sorgte sich um drei Häuser, die sein verstorbener Vater vor Jahren erworben hatte. Von Kolumbien aus hatte Walter Steiner gar einen Prozeß angestrengt, um wiederzuerlangen, was seinen ermordeten Verwandten geraubt worden war, doch alle Versuche hatten bloß Unsummen verschlungen und waren dennoch vergeblich gewesen.

David gelang es, das Vermögen zu mehren, obwohl oder eben weil er nicht allzu viel dafür tat. Andere seiner Altersgenossen strebten nach schnellerem Gewinn und wagten zuweilen mehr, als zu gewinnen war. Nicht so David. Seine Mutter, Lotte Steiner, und er gaben ohnehin nur einen Teil dessen aus, was er an Zinsen einnahm. Er bildete sich nicht ein, Geschäftsmann zu sein. Die meiste Zeit widmete er seinem Film über die Vertreibung der Juden. Er lief in Archive, durchstöberte Akten, verbrachte Abende in Bibliotheken, ließ sich dort alte Bücher und Zeitungen ausheben oder vertiefte sich in einschlägige Fachliteratur. Immer suchte er nach alten Bildern und Filmen, auf denen festgehalten war, wie die Opfer, wie auch seine eigenen Angehörigen verfolgt, verjagt oder ermordet worden waren. An den Samstagen durchstreifte er den Flohmarkt, kaufte dort vergilbte Photos und Nitrostreifen auf. Manchmal sind sie zu sehen. In Schwarzweiß. Menschen stellen sich vor Konsulaten an, verbringen Stunden auf einem Amt. Um sie knistert das Licht. Dunkle Härchen und helle Blasen tanzen über alte Zelluloidrollen. Bereits in der Nacht fanden sich Greise und Kranke ein. Da sie nicht lange in der Schlange stehen konnten, wollten sie unter den ersten sein. Manche brachten gar Klappsessel mit. Am Morgen warten schon Hunderte hinter ihnen. Dann kommen die Uniformierten. Sie knüppeln auf die Wehrlosen ein. Sie jagen die Juden um den Häuserblock, hetzen sie durch die Gassen. Die Schwachen und Gebrechlichen werden von den Kräftigeren und Jüngeren eingeholt. Die Reihen kommen durcheinander. Danach sehen sich die Alten an den Schluß abgedrängt. Zu Mittag werden alle, die nicht weit genug vorgerückt sind, wieder fortgeschickt.

Ob sie einen Gespritzten wolle, fragte er, und woher ihr Armband stamme. Sie zog den Chianti vor, und bat, er möge weitererzählen. Sie konnte nicht verstehen, weshalb er kein Geld für seine Doku aufgetrieben hatte, da sie doch von Wiener Geschichte handle. Er lächelte bloß, bestellte bei Luigi einen Wein und ein Tiramisu; bat um zwei Gabeln.

David Steiner hatte nie um öffentliche Unterstützung angesucht. Seine Studie war ihm ein allzu persönliches Anliegen. Irgendwie wollte er die Hilfe dieses Staates nicht, zudem fürchtete er eine offizielle Abfuhr. Letztlich war er nichts als ein familiärer Nachlaßverwalter. Ja, erklärte er, kurz nach dem Novemberpogrom seien seine Mutter und sein Vater nach Bogotá geflüchtet. Die Großeltern hatten keine Visa mehr ergattert. Sie waren dem Massenmord nicht entkommen, berichtete er, da kam Luigi mit dem Dessert.

Danach kehrten sie wieder zum Fest auf dem Heldenplatz zurück, drängten an den Tanzenden vorbei, und er ging an einen Stand, um noch Rotwein zu holen, doch als er sich damit umwandte, sah er sie nicht mehr. Er trank beide Plastikbecher leer und ging heim.

Erst nach Mitternacht sperrte er die Wohnungstür auf. Im Zimmer seiner Mutter war noch Licht. Er klopfte leise an, und Lotte Steiner bat ihn herein. In letzter Zeit mühte sie sich kaum noch aus dem Bett, mißachtete Davids Bitten, täglich einige Schritte zu machen, lag zumeist unter ihrer Decke und schaute fern. Nun sah sie die Spätnachrichten. Neben ihr war ein Photoalbum aufgeschlagen. Sie hatte ein Bild ihres verstorbenen Mannes in der Hand. David griff danach. Vater stand vor einer hellblauen karibischen Bucht. Walter Steiner war größer, dicker und jünger, als David ihn je gekannt hatte. Er lachte in die Kamera. Die Aufnahme stammte aus den frühen fünfziger Jahren.

An der Wand über Mutters Kopf hing eine indianische Opferfigur, rechts davon ein alter Stich der Karlskirche. Beides war aus Bogotá mitgebracht worden. Dort hatte sich die Mutter nach Wien gesehnt; hier verzehrte sie sich nach Kolumbien. Seit einigen Monaten hatte sich diese unbestimmte Mischung aus Fernsucht und Heimweh zu einem unmittelbaren Wunsch verfestigt. David schien es, als wäre die Mutter abgetaucht in die Vergangenheit. Die Erinnerung überflutete die Alte. »Hast du gehört«, fragte sie, wenn sie im Radio wieder Ungeheuerliches vernommen hatte. »Ich will hier nicht mehr leben, will nicht hier sterben. Nicht hier«, erklärte sie, während sie auf den Bildschirm starrte. »Schau dir das an.«

»Das hat doch nichts zu bedeuten, du siehst bloß schwarz, Mama. Du übertreibst.« – »Nicht hier,« sagte sie: »Nicht, wenn die. Ich will einfach nicht mehr.« – »Wo soll man denn hin, Mama?« – »Nach Bogotá. Wir fahren nach Bogotá. – Was ist mit dir, David? Du schaust so traurig.«

Er ließ sie reden, mußte an Esperanza denken, fragte, ob sie ihre Medizin genommen hatte. Waren es die Tabletten, die sie so verändert hatten?

Bis um vier Uhr früh saß er dann in seinem Arbeitszimmer, dem Studio mit dem alten Schneidetisch und neuesten Geräten, mit Rechnern und Bildschirmen, konnte sich nicht losreißen von den historischen Filmsequenzen, suchte nach geschichtlichem Material, sah sich hernach nochmals ein Interview an, das er vor Jahren mit einer Überlebenden gedreht hatte. Fritzi Herz war vor mehreren Monaten gestorben, doch auf seinem Bildschirm lächelte sie ihm zu, redete eindringlich auf ihn ein, und David hatte das Gefühl, die Tote grüße ihn und spräche ihm Mut zu. Sie hatte für die Fürsorge des jüdischen Ältestenrates gearbeitet. Sie war in der Früh zu Bäckern geschlichen, um dort Essen für die Untergetauchten abzuholen. Fritzi Herz hatte Papiere gefälscht und so jüdische Waisenkinder gerettet.

Sie sitzt ihm gegenüber und bietet ihm Butterbrote an. Die groben Scheiben sind dick bestrichen. Sie besteht darauf, daß er zulange. Er will nichts essen. Was sie ihm auftischt, glänzt fett, ist viel zu üppig. Er will aufschreien, ihr sagen, daß er nicht mehr könne, kein weiteres Stück hinunterbrächte und ihre Liebenswürdigkeiten bis obenhin satt habe, doch seine Stimme versagt, er krächzt bloß, ringt nach Luft, und David Steiner erwachte. Die Rolle war abgespult. Er schaltete die Geräte ab und legte sich schlafen.

Am nächsten Morgen bereitete er der Mutter das Frühstück und brachte es in ihr Zimmer. Mißmutig dachte er an Esperanza. David glaubte nicht, sie je wiederzusehen. Er setzte sich an den Schreibtisch. Zu Mittag läutete das Telephon. Sie fragte auf deutsch nach ihm. Er schrie auf vor Freude, erschrak aber gleichzeitig darüber, verstummte. In ihrem Akzent klangen selbst weiche Konsonanten spitz zugefeilt. Sie biß in die Worte, preßte sie zwischen Zungenspitze und Schneidezähnen hervor.

Er sei gestern mit einemmal verschwunden gewesen. David wußte nicht, was er sagen sollte. Hatte er nicht gemeint, sie hätte sich davongemacht, und nun wollte sie wissen, wo er geblieben war? War er nicht deshalb hinter ihr her, weil sie eine so flüchtige Bekanntschaft, eine so unaufhaltbare Erscheinung war?

Sie gehe heute zur Vernissage eines russischen Malers. Ob er mitkommen wolle? Sie verabredeten sich in einem Kaffeehaus unweit der Galerie. »Ich werde um sechs dort sein«, verabschiedete er sich. – »Gut zu wissen«, lachte sie und legte ohne Gruß auf.

Im Café erkundigte sich Esperanza nach seiner Arbeit, fragte nach, um mehr über Fritzi Herz zu erfahren, und er erzählte, wie die einstige Fürsorgerin jedes Interview in eine Notausspeisung verwandelt hatte. Er hatte am Vortag nie gegessen, weil sie jeden Gast bewirtete, als wäre der Krieg nie vergangen.

Die Ausstellung war klein, und es hielt sie nicht lange dort. David schlug vor, ein Kino aufzusuchen, das in diesen Tagen alle Filme von Bogdanovich zeigte. Sie sahen *Die letzte Vorstellung*, danach gleich *Texasville*. Im Dunkel schmiegte sie sich an ihn. Beim Ausgang umfaßte er sie, und ihre Hände griffen nach den seinen, aber als jemand »David« rief, wandte er sich um, und sie lösten sich voneinander. Ina und Bonzo standen vor ihnen, und David wollte ihnen eben Esperanza vorstellen, doch sie stieß einen kurzen Schrei aus, und lief von hinten auf einen Mann zu, umarmte ihn. Pablo Enrique war Anfang der siebziger Jahre nach Wien geflohen. In Santiago hatte er sich als junger Dozent der Politologie einen Namen gemacht, doch nachdem er gefoltert worden war, hatte er Chile verlassen. Nun war er zu einem Trinker geworden. Bonzo, Ina und David kannten ihn. Er roch nach Wein und Nikotin, seine Sakkos waren verschlissen und fleckig. Mit verlorenem Blick hielt er originelle Vorträge über südamerikanische Literatur. Trotz seiner Ausschweifungen und seiner Launen wurde er von Kollegen geschätzt. Zumeist schien er versunken in die Vergangenheit, aber in seinen Texten war die Prägnanz und das Genie früherer Zeiten noch spürbar.

Niemand fragte, woher sich Esperanza und Pablo kannten, doch David freute sich über die gemeinsame Bekanntschaft. Diese Frau, glaubte er zu fühlen, war Teil einer verzweigten

Wahlverwandtschaft, über verschiedene Kontinente hinweg. Er lächelte ihr zu, dann die Berührung, und ihre Finger umspielten einander. Pablo grüßte, fragte nach Davids Arbeit und verabschiedete sich.

Ina wollte essen. Sie suchten zu viert ein japanisches Lokal auf, bestellten Sushi. Wieder begann Ina von den Wahlplakaten zu reden. Bonzo meinte, ja doch, das wäre nicht in Ordnung, aber sie möge nicht so übertreiben, nicht alles schwarzweiß sehen. Die Leute hätten eben Ängste, und die müßten ernst genommen werden. In Österreich würde zumindest niemandem ein Haar gekrümmt, hier wären keine Ausländerheime angezündet worden. Ein Streit lag in der Luft. David lächelte Esperanza an, doch sie schaute stumpf an ihm vorbei, verfolgte die Debatte. Bonzo redete sich heiß, und alle erstarrten, als er sagte: »Das ist nicht rassistisch, das steht im Duden«, und dann: »Neger heißt einfach nur schwarz im Lateinischen. Weshalb soll ich Schwarze nicht Neger nennen«, worauf Esperanza ihm ins Wort sprang: »Dann hast du nichts dagegen, wenn ich dich Idiot nenne. Das heißt einfach nur Privatmann. Im Griechischen.« David rann ein wenig Misosuppe aus dem offenen Mund, doch Ina wiegte sich im Lachen, klatschte in die Hände. Bonzo nickte bloß, gab sich geschlagen, wollte danach wissen, woher sie so gut Deutsch könne, und Esperanza nannte ihr Studium, und als sie auf die Toilette verschwand, schwärmte Ina von Davids neuer Freundin, ja sie sagte: »deine neue Freundin«, die wäre urgeil und gescheit; zudem hübsch, und Bonzo pflichtete diesem letzten Lob bei. Ein wenig zu heftig, wie Ina seithin bemerkte.

Sie flanierten zu zweit durch die Nacht, ineinander verschränkt. Irgendwann fragte sie, wo er wohne, darauf er: »Um die Ecke, drei Häuser weiter.« Im Zimmer der Mutter brannte noch Licht. Sie stakste, er schlich daran vorbei, und David meinte, Lotte Steiner würde alles durchhören, Esperanzas spanischen Flüsterworten nachlauschen, und ganz kurz war ihm, als sehe er seine Mutter hinter der Wand die Stirn runzeln.

Am nächsten Tag wachte er vor Esperanza auf, und ohne sie zu wecken, löste er sich aus der Umarmung, streifte die Decke zurück. Er wollte in der Küche ein Frühstück bereiten. Um nicht zu lärmen, schloß er die Tür hinter sich, setzte den Kaffee auf, drückte die Orangen auf die Saftpresse, bis der Rotor aufbrummte. Als er wiederkam, war sie nicht mehr im Bett. War sie ihm wieder entschwunden? Ihr Armband lag noch am Boden, und er fragte sich erneut, wo er es bereits gesehen hatte? Auf dem Polster hatte sie einen Zettel zurückgelassen. Sie würde sich bei ihm melden.

Nachmittags fuhr er zu einem Techniker, um eine historische Filmrolle kopieren zu lassen. Eine Aufnahme aus dem Jahre achtunddreißig, darunter die Abfahrt jüdischer Flüchtlinge vom Wiener Nordbahnhof. Er kannte die Szene, besaß bereits einen Abzug davon, doch brauchte er ein Videoband, um besser weiterarbeiten zu können. Das Studio war in einem kleinen Privathaus am Döblinger Stadtrand untergebracht. Der Mann, behäbig, legte seinen Terrier an die Leine, öffnete das Gartentor. Das Tier bellte, trottete heran, bis das Halsband spannte, und David eilte vorbei in den Windfang. Das Vorzimmer war grün tapeziert; auf einem kleinen Tischchen mit Samtbezug lagen die Streifen. Es roch nach Hundepisse.

»Sie planen wohl einen Beitrag zur Versöhnung.«

»Eher nicht«, entgegnete David, während er die Scheine abzählte. »Weiß schon; war ein Schmäh.« Draußen kläffte der Terrier. »Was halten Sie von diesen Sammelklagen, Herr Steiner? Fürchten Sie nicht, daß dadurch Antisemitismus erzeugt wird?«

»Sie meinen, ein Jude sollte keine Entschädigung für Geraubtes erhalten, bloß weil er Jude ist? Damit sich die Antisemiten nicht unnötig aufregen?« Der andere atmete durch: »Wissen Sie, lieber Herr Steiner, mein Vater hatte ein Haus in Marburg. Das ist auch weg. Soll ich es zurückverlangen? Wissen Sie, was den Unterschied ausmacht? Wir haben halt den Krieg verloren, Herr Steiner.«

»Ja, zum Glück haben Sie den Krieg verloren.«

Der andere stutzte: »Zum Glück? – Ach so. Sie meinen, weil sonst.«

»Ja, ich meine. Weil sonst«, lächelte David, das Gebell im Nacken.

Abends rief sie ihn an. Ob sie ihr Armband vermisse? Ob er sie vermisse, fragte sie zurück. Sie verabredeten sich für den kommenden Tag, trafen einander bei Luigi, tranken Rotwein. Nachher gingen sie wieder zu ihm.

Am nächsten Morgen verließ sie ihn, ehe er erwacht war. Sie ließ ihm eine Nachricht zurück, wo sie ihn nächtens antreffen konnte. Als sie sich um drei Uhr früh wieder in sein Bett küßten, flüsterte er, sie möge ein wenig leiser sein, um seine Mutter nicht zu wecken.

Um halb acht schlich er in die Küche, wollte ein Frühstück machen, und fand sie danach nicht mehr in seinem Zimmer vor. Er stellte das Tablett ab. Dann hörte er ihre Stimme, und im Gegenzug den schrillen Ton der Alten. Er stürzte hinzu, um das Schlimmste zu verhüten, Esperanza vor Beleidigungen zu schützen, die voraussichtliche Aufregung der Mutter zu mäßigen, aber da sah er die beiden Frauen sitzen; in ihrem Gelächter und inmitten ihrer Anekdoten. Esperanza hatte Lotte Steiner aus dem Bad ein Glas Wasser gebracht. Hier hockten sie beisammen, tratschten über Bogotá, über die deutsche Schule dort. Als David das Frühstück für zwei hereinbalancierte, jubelten sie. Esperanza rief Bravo und Lotte applaudierte.

Daß sie sich so gut verstanden, beruhigte ihn nicht. Im Gegenteil; ihn ärgerten die gemeinsamen Reminiszenzen an Kolumbien, die Schwärmereien über Gabriel García Márquez, den sie familiär Gabo nannten. Er zog sich mit der Begründung zurück, er habe keine Zeit, müsse arbeiten, wäre an seinem Schreibtisch zu finden. »Oh, welch vielbeschäftigter Mann«, trällerte Lotte Steiner.

»Deine Mutter ist phantastisch«, sagte Esperanza eine Stunde später, faßte ihn von hinten. Er drehte sich nicht um, behielt den Bildschirm im Auge und meinte, gewiß und leider werde sie zusehends phantastischer, versinke in die Vergangenheit, glaube zuweilen, die alten Zeiten wieder hereinbrechen zu sehen, und träume von der Rückkehr nach Südamerika. Sie fragte, ob er seine Mutter nicht begreifen wolle.

»Und du? Hast sie wohl in fünf Minuten besser verstanden als ich«, versetzte er, tippte dabei weiter. Sie lächelte, strich über seinen Kopf, drückte ihm einen Kuß in den Nacken. Sie würde ihn wieder arbeiten lassen; bis dann; hasta luego, doch bevor sie den Raum verlassen hatte, wirbelte er hoch, setzte ihr nach und entschuldigte sich.

Am Nachmittag meldete sie sich nicht. Nun merkte er, daß er weder ihre Adresse noch ihre Nummer kannte. Er hatte ihre Fragen beantwortet und von seiner Arbeit, seiner Familie erzählt, doch er wußte allenfalls, aus welchem Stadtviertel Bogotás sie stammte, daß Esperanza Germanistik studiert und für kolumbianische Zeitungen gearbeitet hatte. Es war nur allzu reizend gewesen, in ihr vorerst nichts als eine Fremde, eine flüchtige Bekanntschaft zu sehen. Das nächste Mal würde er sich erkundigen, weshalb sie nach Wien gekommen war; wo sie wohnte.

Abends ging er in die Stadt, suchte Luigi auf, setzte sich an den Tisch, wo sie gemeinsam gegessen hatten. Er nahm sein Mobiltelephon mit, um erreichbar zu bleiben, doch läutete es nicht. Zweimal prüfte er nach, ob es eingeschaltet war; ob er sich in Peilweite des Funknetzes befand. Plötzlich fiel ihm ein, daß sie ihn am Vortag angerufen hatte; die Kennung ihres Anrufs mußte abgespeichert worden sein. Sogleich tippte er sie an, doch sie meldete sich nicht.

Freitags erreichte er Pablo Enrique. Nein, er wisse nicht, wo Esperanza Lloreda zu finden wäre, David möge sie von ihm grüßen. An diesem Herbstabend wurde die Stadt von einer winterlichen Kältefront heimgesucht. David kehrte wieder bei Luigi ein, trank Rotwein; trank reichlich davon.

Nach Mitternacht torkelte er in seine Wohnung. Im Zimmer seiner Mutter brannte Licht. Er wollte an der Tür vorbeischleichen, doch Lotte rief ihn herein. Sie lag im Bett, sah die Spätnachrichten. Er stand im Halbdunkel, im grauen Mantel, ein Fischgrät, den Hut auf dem Kopf. »Was ist mit dir?«

»Was soll sein?« sagte er, hörte das Gejohle. Sie griff nach der Fernbedienung, schaltete ab. »Warum drehst du ab, Mama?«

»Wo ist Esperanza?«

»Wo soll sie sein?«

»Wurde sie abgeschoben? Aufgegriffen? Ist sie abgetaucht? Bub, ich red zu dir. Hörst du mich? – Du weißt von nichts. Nichts von ihrer Flucht. Hast keine Ahnung. Hast sie nie gefragt?«

Die Worte schlugen an ihm auf, machten ihn frösteln. Wußte sie, wovon sie sprach? Oder versank sie wieder in den alten Zeiten, in jene Alpträume von Vertreibung, Visaquoten und Affidavits? Hatte sie ihre Tabletten genommen?

Die Alte griff nach dem Kamm, fuhr sich durchs weiße Haar, seufzte: »Lebst du nur in deinen Filmrollen? Merkst du denn nicht, was um dich herum geschieht? Vergräbst dich in die Vergangenheit.« Sie stockte, schüttelte den Kopf, dann sank sie in das Polster, gähnte: »Schade. Esperanza war so –« Mitten im Satz war sie eingeschlafen.

David strich die Decke glatt. Dann tappte er ins Studio.

Es war finster hier, und bloß ein Monitor flackerte durch die Nacht; Lichtfischlein schwebten über den Bildschirm. Er stöberte im Schreibtisch eine Schnapsflasche auf, trank daraus, suchte jene Aufnahme hervor, die er vor einigen Tagen hatte kopieren lassen, legte das Video ein.

Oktober achtunddreißig. Schwarzweiß, das Licht flirrt. Nordbahnhof, Juden auf der Flucht, doch nichts ist zu hören, bloß das Surren des Geräts, der Schluckauf der Spulen. Eine Frau, im schwarzen Mantel, umarmt einen Jungen, streicht mit der Hand eine Träne aus dem Augenwinkel, lächelt das Kind an,

spricht tonlos auf ihn ein, drückt ihm einen Kuß auf, der Bub
drängt sich an sie, wischt sich den Schmatz von seiner Wange,
nickt, ein Mann dreht sich um, winkt zurück, hebt den Koffer
und die Päckchen, verschwindet in den Zug, ein Greis schaut
aus dem Wagenfenster, spricht einige stumme Worte, schüttelt den Kopf, dann sieht David sie, erkennt er sie wieder,
weiß, wo er sie bereits sah, da war sie ihm aufgefallen, hier
verlor er sie aus den Augen; ebenso, wie sie ihm nun ent-
schwindet, die Silhouette von hinten, das dichte Haar hochgebunden, der feste Schritt, zügig, nicht hastig, dabei ein leises
Wiegen, an der Hand jenes Armband aus Leder, das ihm aufgefallen war, denn sie hatten ihr den edleren Schmuck offenbar
geraubt oder sie war gezwungen gewesen, ihn billig zu verkaufen, sie eilt zum Zug, bahnt sich den Weg durchs Gedränge, und hinter ihr löst sich ein Herr aus der Masse, im grauen
Fischgrät, einen Hut auf dem Kopf, beugt er sich vor, schaut
er ihr nach, und die Kamera nähert sich ihm von hinten,
folgt der Frau, macht knapp vor dem Mann halt, während
die Fremde entflieht und David, im Mantel, zurückbleibt, im
Treiben der Reisenden steht, Schnaps trinkt, von einem Gedanken zum anderen schwankt, um ihn knistert das Licht, er
vernimmt ein Gewirr, ein Hallen dringt zu ihm durch, er
hört Stimmen, lauscht den Schritten nach, dem Schreien, aus
der Ferne erreichen ihn die Rufe der Anverwandten, das
Schluchzen eines Kindes, der Trost einer Mutter, »Esperanza
war so«, hört er die Alte sagen, aber was weiß sie. Erzählte
ihr Esperanza von sich? Ist sie Flüchtling; ohne Papiere? Der
Zug fährt ab, zwei Frauen winken, eine schwenkt ihr weißes
Taschentuch. Sucht sie um Asyl an? Er dämmert zwischen
den Fragen dahin, steht mit der Flasche da, nippt daran. Sie
kann in Schubhaft, kann bereits über die Grenze sein.

Er hatte gar nicht bemerkt, daß der Film längst vorbei war.
Wie lange mochte er so im Dunkeln gestanden sein, vor sich
hin stierend. Allmählich klarte er wieder auf. Ob Esperanza
etwas zugestoßen war? Sollte er ihr nachforschen, bei der

Polizei, bei südamerikanischen Freunden: in Kolumbien? Er überlegte, ihr hinterherzureisen, doch er wußte nicht, wohin. Gewiß fabulierte Lotte Steiner bloß, phantasierte seine Mutter nur. Wahrscheinlich hatte Esperanza eben genug von ihm; von seiner Dokumentation, von den alten Geschichten über die Vertreibung, die Nazis und die Juden. Doch selbst wenn sie ein Flüchtling sein mochte, so war sie keineswegs aus, sondern allenfalls nach Wien geflohen. Sie war keine Jüdin aus der Vergangenheit, und in Österreich herrschte Demokratie und Wohlstand. Niemand versuchte von hier nach Bogotá zu entkommen; im Gegenteil.

Womöglich war Esperanza aufs Land gefahren. Unter Umständen zu zweit; mit einem anderen. So mußte es sein. Nein, er konnte ihr nirgendwohin folgen, sondern würde hier bleiben und an seinem Film weiterarbeiten.

Das Morgenlicht erreichte sein Zimmer, und immer noch war alles um ihn fahl, schwarzweiß und stumm, und als sein müder Blick in den Spiegel fiel, sah er sich, blaß, im Fischgrät, den Herrenhut am Kopf, und David Steiner schien, sein Haar wäre über Nacht irgendwie etwas grauer geworden.

WILL SELF

Das Nordlondoner Totenbuch

Ich vermute, daß die Form, die meine Trauer nach dem Tod meiner Mutter annahm, eine ziemlich konventionelle war. Anfangs war ich schockiert. Ihre letale Krankheit verlief zwar gnädig schnell, dennoch quälend. Der Krebs raste durch ihren Körper, als wäre er zu spät dran für ein wichtiges Treffen mit einer Menge anderer erfolgreicher Krankheiten.

Ich hatte immer erwartet, daß meine Mutter mich überlebt. Ich sah mich schon als geschlechtslosen Junggesellen, der Strickjacken trug und mit vierzig immer noch zu Hause lebte, aber so sollte es nicht kommen. Mutters Tod war eine Art Erlösung, aber er war auch bizarr und halluzinatorisch. In der Woche, in der sie sterbend im Krankenhaus lag, plagten mich merkwürdige Empfindungen; Windstöße wirkten personalisiert, und wenn ich in meinem Auto fuhr, hatte ich das Gefühl, daß nicht ich mich vorwärtsbewegte, sondern daß die Straße unter den Rädern zurückgespult wurde, als wäre ich in eine gigantische Filmkulisse montiert.

In der Nacht, in der sie starb, waren mein Bruder und ich im Krankenhaus. Wir wechselten uns mit der Wache ab; während der eine bei ihr saß, schlief der andere in einem kleinen Kämmerchen am Ende der Station. Ihr Atem ging röchelnd. Ihre Haut wurde immer gelber. Ich war mir durchaus bewußt, daß sie nicht mehr bei sich war. Der Krebs – so hatte es mir der behandelnde Arzt erklärt – war durchs Rückenmark bis in ihr Hirn gewandert. Ich spürte den Krebs in ihrem Schädel wie eine Wolke tintigen Eiters. Ihr Selbstbewußtsein, ihr Empfindungsvermögen, ihre Identität, wie man es auch nennen mag, war von dieser Wolke umzingelt, zurückgedrängt worden in einen engen Winkel, wo es flakkerte und schließlich erlosch, so offensichtlich menschlich wie eine Digitaluhr.

In einem Augenblick war sie noch am Leben, im nächsten tot. Eine stämmige Krankenschwester kam zu meinem Bruder und mir gelaufen. Wir waren beide in dem Kämmerchen eingeschlafen, eingesperrt in seinen Plastikwänden. »Ich glaube, sie ist von uns gegangen«, sagte die Schwester. Und ich stellte mir vor, wie unsere Mutter über die Gower Street davonschritt, nackt und faltig.

Als wir das Zimmer erreichten, wurde sie bereits aufgebahrt. Ich hatte bis dahin nicht begriffen, was dieses Wort bedeutete; jetzt aber sah ich, daß der Körper, die Leiche, sich in Wahrheit selbst aufbahrte, sich darbot. Er war geglättet, als hätte ein starker Wind über das müde Fleisch gestrichen. Und diese Leiche, Mutter, wechselte vor meinen Augen die Farbe, aus altem Elfenbein wurde ein durchscheinendes Gelb. Die Schwester hatte Mutter aus irgendeinem Grund die Haare aus dem Gesicht gestrichen. Jetzt lag es wie ein Fächer um ihren Kopf auf dem Kissen, und zwei silbergraue Blitze schossen von den Schläfen nach oben. Die Schwestern hatten ihr schon vor längerer Zeit das Gebiß herausgenommen, und der ganze Anblick – Mutter mit eingefallenen Wangen und maskenhaft starrem Gesicht, wie sie in diesem kleinen Zimmer lag, mit all den Kabeln und Schläuchen lebenserhaltender Technologie um sie herum – erinnerte mich an die Königin eines fremden Planeten, prachtvoll auf einem High-Tech-Palankin, wie aus einem der Buck-Rogers-Filme aus den Dreißigern.

Ich meinte, etwas wie ein Rauschen im Zimmer zu hören. Das hielt auch an, als ein Arzt chinesischer Herkunft – lang, gelb und an der Wurzel gespalten – unter ihrem Baumwollnachthemd nach einem nicht mehr existenten Herzschlag tastete. Die schwarzen, dünnen Haare an seinem Kinn wackelten. Er erklärte sie für tot. Das Rauschen hörte auf. Ich spürte, wie ihre Seele hinausflog ins orange Licht der Londoner Innenstadt. Es war etwa drei Uhr morgens.

Als ich dann zu akzeptieren begann, daß Mutter wirklich tot war, versank ich in einer tiefen Depression. Ich hatte das Gefühl, einen Gegner verloren zu haben. Jemanden, an dem ich mich beweisen konnte. Meinen größten Fan und meinen schärfsten Kritiker und vor allem einen guten Gesprächspartner, den ich als Menschen eben erst kennenzulernen begonnen hatte – endlich ohne die emotionalen Vorurteile, die jede Beziehung zwischen Eltern und Kindern zu einer Zwangsjacke machen.

Als meine Depression sich lichtete, fingen die Träume an. Nacht für Nacht begegnete ich meiner Mutter in merkwürdigen Situationen. In meinen Träumen tauchte sie bei Dinnerpartys auf (uneingeladen), kauerte hinter einem Aktenschrank in dem Büro, in dem ich arbeitete, oder baumelte in einem öffentlichen Transportmittel traurig an einem Haltegurt. In diesen Träumen machte sie kein Hehl aus der Tatsache, daß sie tot war, sie versuchte erst gar nicht, als eine Lebende zu erscheinen, sondern akzeptierte die Wirkung, die der Tod auf ihre Persönlichkeit hatte, so wie sie all die Scheiße hingenommen hatte, mit der das Leben sie überschüttet hatte: zwei gescheiterte Ehen und ein paar Kinder, die im großen und ganzen ein bißchen enttäuschend waren.

Wenn ich versuchte, zu argumentieren und sie darauf hinzuweisen, daß sie nach ihren eigenen Überzeugungen (sie war glühende Atheistin und Materialistin) eigentlich irgendwo sanft vor sich hin faulen sollte, starrte sie mich nur ungehalten an und erwiderte auf ihre typisch lakonische Art: »Na, dann bin ich halt tot, aber ich leg' mich nicht flach. Was heißt denn das schon?«

Es hieß einiges. Solange ich zurückdenken konnte, hatte sie von ihrer Abneigung gegen das Konzept eines Lebens nach dem Tod schwadroniert. Das äußerte sich vorwiegend in ausgedehnten Tiraden gegen das ganze Drum und Dran des Todes, das die Gesellschaft entworfen hatte. Ihr Haß richtete sich insbesondere gegen das Bestattungsgewerbe. Für Mutter war es nichts anderes als eine Gelegenheit, Trauernden Geld zu entlocken, die sich diese Ausgaben kaum leisten konnten.

Ein oder zwei Jahre vor ihrem Tod hatte sie mir gesagt, ich solle, falls das möglich sei, eine Art Do-it-yourself-Begräbnis für sie veranstalten. Anscheinend bot der Co-op ein solches Arrangement an, das es einem gestattete, die Kosten für das Ganze auf ungefähr 250 Pfund zu reduzieren. Man mußte dabei allerdings den Sarg selber bauen, und ich war in praktischen Dingen noch nie gut gewesen. In der Schule brauchte ich zwei Jahre, um mir einen Kapodaster aus Acryl zu bauen. Und dann funktionierte er nicht einmal.

So entschieden wir uns für ein konventionelles, wenn auch spartanisches Arrangement. Ihre Leiche wurde im Golders-Green-Krematorium verbrannt. Mein Bruder und ich waren die einzigen Anwesenden, da wir wußten, daß Mutter etwas gegen eine große Trauergemeinde gehabt hätte. Wir saßen in der Kapelle und betrachteten den Sarg aus dem untersten Preissegment. Einer der Leichenbestatter kam den Mittelgang entlanggewatschelt, bedeutete uns aufzustehen und verschwand dann durch eine Seitentür, wobei er sich ausführlich den graubetuchten Hintern kratzte, entweder unbewußt oder weil er uns für so unbedeutend erachtete. Elektromotoren schnurrten, und Mutter zockelte auf das zu, was als ihre letzte Ruhestätte gedacht war.

Als ich etwa eine Woche später die Unterlagen meiner Mutter durchging, fand ich einen Zeitungsausschnitt über das Begräbnis zum Selbermachen. Mit einem schlechten Gewissen warf ich ihn weg. Außerdem fand ich ein Kontobuch, aus dem hervorging, daß Mutter 370 Pfund in eine sogenannte Ökologische Bausparkasse investiert hatte. Ich rief bei dieser Institution an und erfuhr von einem Mr. Hunt, daß das stimme. Mutter war Eignerin eines Siebtels einer original mongolischen Yurte gewesen, die aus irgendeinem Grund auf einer Wiese bei Wincanton stand. Ich sagte Mr. Hunt, er könne das Siebtel behalten; es schien mir eine angemessene Gedenkstätte zu sein.

Unterdessen dauerten die Träume an. Und Mutter schaffte es, in ihnen genauso peinlich zu sein, wie sie es im Leben gewesen war, nur aus anderen Gründen. Der Tod hatte ihr eine Aufrichtigkeit und eine soziale Schärfe verliehen, die ich sonst eher mir als ihr zuschrieb. Bei den geträumten Dinnerpartys nahm sie mich ständig beiseite und mokierte sich über die Aufgeblasenheit der Leute und ihren schlechten Stil, und das mit einer lauten und affektierten Stimme, die, selbstredend, für die Objekte ihres Spotts unhörbar war. Nach einer Weile versuchte ich gar nicht mehr, ihr mit der Logik ihrer eigenen Auslöschung den Wind aus den Segeln zu nehmen; es hatte keinen Sinn. Für Argumente der Vernunft war Mutter schon lange nicht mehr zugänglich. Es mußte etwas mit meinem Vater zu tun haben, einem Mann, der die Dialektik benutzt hatte wie die Japaner im Krieg Bambussplitter.

Etwa sechs Monate nach dem Tod meiner Mutter wurden die Träume seltener und verschwanden schließlich ganz. An ihre Stelle trat eine kurze, aber intensive Periode, in der ich immer wieder Leute auf der Straße sah, die ich für meine Mutter hielt. Ich ging im West End oder in der City spazieren, und plötzlich war da, für gewöhnlich auf der anderen Straßenseite, meine Mutter, die gemächlich dahinschlenderte und sich Schaufenster ansah. Daß es Mutter war, erkannte ich an der Kleidung. Mutter trug gerne Bundfaltenhosen, die aussahen wie von Flußpferden ausgeliehen, oder afrikanisch inspirierte Gewänder, in denen bequem ein Fähnlein Pfadfinder Platz fand. Außerdem baumelte an ihrem Arm immer eine bunte Mischung von Taschen aus Plastik und Leinen. Sie waren gesteckt voll mit moderner Literatur, Lebensmitteln und zerknüllten Papiertaschentüchern.

Doch wenn ich mich ihr näherte, verschwand die Ähnlichkeit regelmäßig wieder. Nicht nur war es gar nicht Mutter, sondern es schien mir auch absurd, daß ich diesem Irrtum unterliegen konnte. Diese Frau Mitte Fünfzig sah überhaupt nicht wie Mutter aus, sie war schlampig und konventionell. Nicht die Art Frau, die von verweichlichten jungen Männern sagt, sie »haben keine Eier«, und von affektierten jungen Frauen, sie »scheißen Schokoladeneis«. Und doch traf mich die Tatsache, daß meine Mutter tot war, jedesmal aufs neue, so als wäre es mir zuvor gar nicht bewußt gewesen, als hätte sie sich in den letzten sechs Monaten nur deshalb nicht bei mir gemeldet, weil sie so »höllisch beschäftigt« gewesen war.

Als ich dann aufhörte, falsche Mütter auf der Straße zu sehen, nahm ich an, daß ich ihren Tod nun endlich akzeptiert hatte. Hin und wieder dachte ich an sie, manchmal mit Trauer, manchmal mit Freude, aber ihre Abwesenheit nagte nicht mehr an mir wie eine Ratte an einer Telefonschnur. Ich war darüber hinweg. Allerdings spürte ich, wie Marcel nach Albertines Tod, von Zeit zu Zeit, daß ich Mutter vor allem deshalb nicht mehr mit solcher Schärfe vermißte, weil ich ein anderer Mensch geworden war. Ich war nun nicht mehr der Mensch, der eine Mutter wie meine Mutter hatte. Mutter gehörte jemand anderem. Wenn ich ihr im Wachzustand bei einer Dinnerparty begegnet wäre, hätte sie mich wahrscheinlich gar nicht erkannt. Meine Mutter war tot.

All dies machte die Ereignisse, die im Winter nach ihrem Tod passierten, um so schockierender. An einem verregneten, trüben Dienstagnachmittag ging ich den Crouch Hill in Richtung Crouch End hinunter. Es war gegen drei Uhr. Ich hatte mir den Nachmittag freigenommen und war unterwegs, um einen Freund zu besuchen. Und plötzlich sah ich Mutter auf der anderen Straßenseite entgegenkommen. Sie trug einen bläulichen, tweedartigen Blazer und eine schwarze Hose, und an ihrem Arm hingen neben einer Büchertüte von Barnes & Noble eine große Handtasche und eine Einkaufstüte von Waitrose. An ihrem Revers steckte ein Sticker der Anti-Kernwaffen-Bewegung, und sie betrachtete die Welt mit einem vertrauten »Vor dem Zubettgehen wird's Tränen geben«-Blick.

Mein erster Eindruck von ihr war so scharf und klar, ihre Anwesenheit so greifbar, daß ich keinen Augenblick an meinen Sinnen zweifelte. Ich sah Mutter an und spürte eine Dreieinigkeit von Empfindungen: Zuneigung und Verlegenheit vermischt mit einer Art akuter Verlegenheit. Dieser unverwechselbare, vertraute Gefühlsansturm muß wohl das Entsetzen und die Verwirrung weggespült haben, die man erwartungsgemäß empfinden würde, wenn man seine tote Mutter den Crouch Hill hinaufgehen sähe.

Ich überquerte die Straße und ging auf sie zu. Sie bemerkte mich, als ich noch etwa sechs Meter von ihr entfernt war. Kurz bevor ein Willkommensgrinsen ihre Züge erhellte, entdeckte ich eine kleine Grimasse mädchenhafter Belustigung – auch die war vertraut und bedeutete: »Reingefallen!« Wir küßten uns auf beide Wangen, und Mutter musterte mich von oben bis unten, um zu sehen, wie ich mich im Lebenskampf schlug. Dann deutete sie auf das Schaufenster, das sie sich eben angesehen hatte. »Unglaublich, was sie für diesen Scheiß verlangen, aber anscheinend kauft jemand das Zeug.« Ihr Akzent war derselbe wie früher, entschieden mittelatlantisch, und sie hatte dasselbe kunstvoll vergilbte und unregelmäßige Gebiß. Es war Mutter.

»Mutter«, sagte ich, »was tust du denn in Crouch End? Du kommst nie hierher, außer du bringst die Katze zum Tierarzt, du magst Crouch End doch überhaupt nicht.«

»Na, ich lebe jetzt hier.« Mutter war die Gelassenheit in Person. »Ist ganz in Ordnung, zwar ohne U-Bahn, was lästig ist, aber die Busse fahren einigermaßen regelmäßig. An der Promenade gibt's ein paar gute Läden, und vor kurzem hat jemand ein echtes Delikatessengeschäft aufgemacht. Willst du ein Stückchen Halva?« Mutter hielt mir die geöffnete Hand unter die Nase. Darauf lag ein klebriges, halb gegessenes, aber noch in Goldfolie eingewickeltes Stück Halva. Sie grinste noch einmal.

»Aber Mutter, was tust du in Crouch End? Du bist doch tot.«

Mutter wurde ungehalten. »Natürlich bin ich tot, du Dummer, was meinst du denn, was ich die letzten zehn Monate gemacht habe? Eine Kreuzfahrt durch die Karibik?«

»Woher soll ich denn das wissen? Ich dachte, wir hätten dich im Golders-Green-Krematorium zum letztenmal gesehen. Daß ich dich an einem Dienstagnachmittag in Crouch End wiedersehe, hätte ich nie erwartet.« Mutter brachte mich völlig aus der Fassung; sie schien aufrichtig erstaunt, weil ich ihre Wiederauferstehung einfach nicht begreifen konnte.

»Aber was viel wichtiger ist, was treibst du eigentlich in Crouch End? Warum bist du nicht in der Arbeit?«

»Ich habe mir den Nachmittag freigenommen. Im Büro ist nicht viel zu tun. Wenn ich geblieben wäre, hätte ich nur Papiere hin und her geschoben, um mich zu beschäftigen.«

»Was ist denn das für eine Haltung, junger Mann? Du hast da eine gute Stellung. Was ist bloß los mit dir? Du willst immer gleich ganz oben anfangen, dabei mußt du erst mal lernen, dich im Leben hochzuarbeiten.«

»Im Leben, Mutter? Ich glaube, ums ›Leben‹ geht's hier nicht! Erzähl mir lieber, wie es ist, tot zu sein. Warum hast du keinem von uns gesagt, daß du in Crouch End ein Leben nach dem Tod hast? Du hättest doch anrufen können ...«

Mutter ließ sich von mir nicht aus der Ruhe bringen, sie sah auf ihre Uhr, eine billige Timex, genau wie die, die ich das letzte Mal an ihr gesehen hatte. »Es ist schon spät, ich muß zu meinem Kurs. Wenn du was über das Leben nach dem Tod erfahren willst, besuch mich morgen. Ich wohne 24 Rosemount Avenue, in der Souterrainwohnung, komm zum Tee, und ich backe dir ein paar Plätzchen.« Damit gab sie mir einen flüchtigen Kuß auf die Wange, wie sie es immer getan hatte, wenn sie in Eile war, und marschierte den Crouch Hill hoch. Ich blieb verwirrt zurück.

Was mir zu schaffen machte, war weniger die Tatsache von Mutters Leben nach dem Tod als die Beiläufigkeit, mit der sie davon sprach. Das und daß sie in Crouch End wohnte. Mutter war immer ein entsetzlicher Snob gewesen, wenn es darum ging, wo man in London wohnte; gewisse Vorstädte – wie zum Beispiel Crouch End – waren für Mutters Stilempfinden einfach indiskutabel gewesen. Die Offenbarung, daß es ein Leben nach dem Tod gab, war für mich relativ unbedeutend im Vergleich zu Mutters überraschend neuen Einstellungen.

Vermutlich hätte ich mich aufmachen und jemandem von meiner Begegnung erzählen sollen. Aber wem? Ein Psychiater hätte mir wohl nichts anderes angeboten als eine Gummizelle und medikamentöse Ruhigstellung. Und je mehr ich darauf beharrte, wie real dieses Erlebnis gewesen sei, desto überzeugter wäre jeder Gesprächspartner, daß ich Opfer eines unglaublich komplexen Wahnzustands sei.

Da ich keine Lust hatte, psychiatrisches Kanonenfutter zu werden, ging ich zu meinem Freund und verbrachte einen befriedigenden Nachmittag mit Trivial-Pursuit-Spielen. Nur mal angenommen, die Geschichte war wirklich passiert? Ich mußte mehr über die Wiederauferstehung meiner Mutter herausfinden, schließlich war sie doch immer so unbeirrbar darin gewesen, was mit den Leuten nach ihrem Tod passiert: »Sie verfaulen, sonst nichts. Man legt sie in die Kiste, und sie verfaulen. Der ganze religiöse Quark, das ist doch nur ein Haufen Unsinn.« Vom Aspekt des Wunderbaren mal ganz abgesehen, wollte ich unbedingt erleben, wie meine Mutter bei diesem Thema zu Kreuze kroch, und deswegen tat ich die nächsten dreißig Stunden so, als wäre nichts geschehen. Es war eine Übung in magischem Denken. Ich dachte mir, wenn ich mich so verhielt, als wäre nichts passiert, würde Mutter auf mich warten, mit Plätzchen, in der Rosemount Avenue, aber wenn ich auch nur ein Wort zu irgend jemandem sagte, könnten die Götter beleidigt sein und sie wegzaubern.

Rosemount Avenue war eine dieser Hügelstraßen im vorstädtischen London, deren Kuppe so tückisch gekrümmt ist wie der Rücken eines geteerten Wals. Die Häuser sind spitzgieblige viktorianische Bauten aus roten Klinkern und mit Stuckverzierungen, die aussehen wie aus solidem Rotz geformt. Den Namen Avenue verdankte die Straße wahrscheinlich den ungefähr acht Platanen, die sie zu beiden Seiten säumten. Die Bäume waren so brutal gestutzt, daß sie aussahen wie umgedrehte, amputierte Beine. Mich überlief ein Schauer, als ich auf dieser Kuppe stand. Was brachte mich nur auf diese makabren Bilder? War es das bevorstehende zweite Treffen mit einer Toten? Verlor ich mein inneres Gleichgewicht? Nach eingehender innerer Prüfung konnte ich dies verneinen. Es ist einfach so, daß Vorstadtstraßen, wenn man sie nur lange genug anstarrt, immer Bilder der Sterblichkeit heraufbeschwören – des Schädels unter der Haut. Hinter dem Wartehäuschen lauert immer der Sensenmann. Man sieht sein Gewand bis zum Knie, der Rest ist hinter dem Fahrplan verborgen.

Das Souterrain von Nr. 24 wirkte von der Straße aus ziemlich schäbig; ohne die Treppe hinabzusteigen, konnte ich nicht durch die Fenster sehen. Doch bevor ich das tun konnte, erschien Mutter mit dem Teefilter in der Hand. »Willst du den ganzen Nachmittag da oben stehenbleiben? Der Kessel ist schon aufgesetzt.« Der Tod hatte Mutters Ungeduld in keinster Weise gelindert. Noch immer verströmte sie eine Aura kaum unterdrückter nervöser Energie; in einem aktiveren, körperbetonteren Zeitalter hätte Mutter wahrscheinlich Pferde zugeritten oder wäre mit Beduinen auf Beutezüge gegangen.

Als ich die Wohnung betrat, fiel mir auf, daß Mutters Name unter der Klingel stand. Aus irgendeinem Grund schockierte mich das. Ich fand, Mutter sollte inkognito sein. Es war schließlich ziemlich merkwürdig, daß sie nach dem Tod lebendig war. Was, wenn die Sonntagszeitungen davon Wind bekamen? Das könnte peinlich werden. Ich sagte: »Mutter, warum hast du deinen Namen behalten? Meinst du nicht, daß du ihn ändern solltest, wenn du weiter in London wohnen bleibst? Haben die für den Tod Verantwortlichen keine Angst vor Publicity?«

Mutter stöhnte genervt auf. »Hör mal, es gibt keine ›für den Tod Verantwortlichen‹. Wenn man stirbt, zieht man einfach in einen anderen Teil Londons, das ist alles. Punkt.«

»Aber Mutter, was war das dann in Golders Green? Warst du nicht in diesem Sarg?«

»Na gut, ich gebe zu, dieser Teil ist ein bißchen obskur. In einem Augenblick war ich noch im Krankenhaus – wo ich mich übrigens ziemlich beschissen fühlte –, und im nächsten war ich schon in Crouch End, und ein paar Immobilienmakler führten mich in dieser Wohnung herum.«

»Immobilienmakler! Tote Immobilienmakler?«

»Ja, die waren auch tot, die ganze Sache ist selbstverwaltet, ein bißchen wie eine Kommune.«

Mutters eschatologische Enthüllungen setzten mir ein wenig zu, und ich ließ mich aufs Sofa sinken. Diese neue Position brachte mich dazu, mir die Wohnung genauer anzuschauen. Schließlich hatte ich noch nie eine elysische Immobilie von innen gesehen. Was mir sofort auffiel, war, daß Mutters letzte Ruhestätte, falls sie das war, auf erstaunliche Weise der Wohnung ähnelte, in der sie die letzten zehn Jahre ihres Lebens verbracht hatte.

Da war ein identisches großes Zimmer mit darin verteilten Sofas und Sesseln. Auf der einen Seite befand sich eine Kochnische, und hohe Flügeltüren am Ende des Hauptraums führten ins Schlafzimmer. Durch eine weitere Tür auf der gegenüberliegenden Seite sah ich eine Terrassentür und dahinter einen kleinen, gepflegten Garten. Ausgestattet war die Wohnung etwas willkürlich mit diversen Postern und Gemälden und jeder Menge Büchern, einige in Regalen, andere auf Tischen gestapelt. Ein Stapel halb korrigierter Druckfahnen lag auf der Armlehne eines Sessels.

Der größte Unterschied bestand darin, daß früher Fotos von meinen Brüdern und mir, entweder gerahmt oder in Plastikwürfeln, auf jeder verfügbaren Oberfläche herumgestanden hatten, mir die Utensilien, die jetzt die Zuneigungen meiner Mutter verrieten, jedoch völlig unbekannt waren. Es gab Fotos von Menschen, die ich noch nie gesehen hatte. Junge Männer, die für meinen Geschmack etwas zu glatt aussahen. Und andere, ältere Leute. Ein fröhliches Paar, das aus einem besonders reich verzierten Silberrahmen grinste, sah aus, als kämen beide aus Zypern. Ich nahm eine Postkarte in die Hand, die irgend jemand meiner Mutter ausgerechnet aus Madeira geschickt hatte, und als ich sie umdrehte, erkannte ich weder die klare weibliche Handschrift noch den hingekritzelten männlichen Gruß und die Unterschriften wieder.

Mich schockierte das alles, aber ich sagte nichts. Wieder einmal war ich mir sicher, daß meine Mutter, wenn ich sie drängte, mir nichts Wesentliches über das Leben nach dem Tod erzählen würde.

Das Wasser kochte. Mutter goß die Kanne voll und stellte sie, zusammen mit Tassen, Zucker, Milch und einem Teller mit meinen Lieblingskeksen, denen mit Schokostückchen, auf ein Tablett. Sie trug es ins Zimmer und stellte es auf den niedrigen Tisch vor dem Sofa. Dann goß sie mir eine Tasse ein und bot mir einen Keks an. Das Gespräch versiegte für eine Weile. Ich kaute, und Mutter ging in die Küche und öffnete eine Dose Katzenfutter. Dann ließ sie zwei schwarze Kätzchen aus dem Garten herein.

»Wie ich sehe, hast du neue Katzen.«

»Mhm, das ist Tillie und das ist Margaret.« Die Katzen schlichen und strichen um die Möbel herum. Ich fragte mich, ob sie Hausgeister waren und ob meine Mutter nicht vielleicht doch immer eine Hexe gewesen war, wie mein Vater behauptet hatte.

Ich sah mir die Bücher an. Es waren nicht die aus ihrer sterblichen Sammlung – die waren in meinen Besitz übergegangen –, aber sie gingen in die gleiche Richtung: Virago Classics, viel Henry James und Proust in verschiedenen Ausgaben, Unmengen von Romanen, Garten- und Kochbücher. Inzwischen suchte ich ziemlich unverhüllt nach etwas, nach einem Hinweis. Ich konnte mir nicht eingestehen, daß Mutter es schaffte, mich als Tote ebenso zu ärgern, wie sie es als Lebende getan hatte.

Ich ging zum Telefontischchen. Dort lag aufgeschlagen ein Adreßbuch, in dem ich zu blättern begann. Wieder war es dieselbe Art von Namen, aber sie gehörten ganz anderen Menschen, vermutlich denen auf den Fotos, denen, die Karten schickten. Mutter hatte immer ziemlich leicht Bekanntschaften geschlossen. Weniger, weil sie besonders freundlich wäre, sondern weil sie eine gewisse bekömmliche Aura verströmte, die so fühlbar war, als hätte man an ihrer Stirn eine Backofentür geöffnet und der Duft frischen Brotes strömte heraus. Meiner Ansicht nach war diese bekömmliche Aura eine Täuschung der schlimmsten Art. Wenn es so etwas gäbe wie eine Prüfungskommission für Standards in der Persönlichkeitswerbung, wäre Mutter zum Gegenstand zahlreicher Beschwerden geworden.

Unter dem Tisch stapelten sich Telefonbücher – Telefonbücher und etwas anderes, das zwar aussah wie ein Telefonbuch, aber keins war. Ich bückte mich und zog es am Rücken heraus. Es war doch ein Telefonbuch. *Nordlondoner Totenbuch* lautete der Titel, und darunter stand: *A–Z*. Der Buchdeckel bestand aus dem gewohnten gelben, dünnen Pappkarton, und die gewohnte künstlerisch angehauchte Strichzeichnung war ebenfalls zu sehen – in diesem Fall zeigte es einen Friedhof, den Kensal Green Cemetery. Ich blätterte es durch.

»Also, du bist noch nicht mal fünf Minuten da und willst schon telefonieren«, sagte Mutter, die eben von der Kochnische zurückkam.

»Was ist denn das, Mutter?« Ich hielt das Telefonbuch in die Höhe.

»Ach das. Na, ich schätze, man könnte es eine Art religiösen Text nennen.« Sie kicherte nervenaufreibend.

»Mutter, meinst du nicht, daß es an der Zeit wäre, mir reinen Wein einzuschenken?«

Wir setzten uns an den Tisch (ähnliche Kunstharzbeschichtung, ähnliches blaues, blumengemustertes Tischtuch wie in ihrer alten Wohnung), das *Nordlondoner Totenbuch* zwischen uns.

»Nun, es ist so«, begann Mutter. »Wenn man stirbt, zieht man in einen anderen Teil Londons. Und damit hat sich's.«

»Was soll das heißen, damit hat sich's?« Schon jetzt sah ich alle möglichen Schwierigkeiten, die diese radikal neue Betrachtungsweise des Todes aufwarf, obwohl ich doch mitten in einem Beispiel dafür saß. »Was soll das heißen, damit hat sich's? Wer entscheidet, in welchen Teil Londons? Wie kommt es, daß noch kein Mensch je was davon gehört hat? Und warum bemerken die Leute all die Toten nicht, die die öffentlichen Transportmittel verstopfen? Was ist mit Rechnungen, müssen die bezahlt werden? Und was hat es mit diesem Telefonbuch auf sich? Du kannst mir nicht erzählen, daß es alle Leute auflistet, die je in London gestorben sind, dafür ist es nicht dick genug. Und was ist mit den toten Immobilienmaklern, für wen arbeiten die? Für einen Allerhöchsten Immobilienmakler? Und warum Crouch End? Du haßt doch Crouch End.«

»Es hätte schlimmer kommen können, einige Tote wohnen in Wanstead.«

»Und was ist mit den Leuten, die in Wanstead gewohnt haben, als sie noch am Leben waren?«

»Die leben jetzt woanders, in East Finchley oder Grays Thurrock oder sonstwo.«

»Mutter, hast du vor, meine Fragen zu beantworten, oder nicht?«

»Ich hol nur noch schnell frischen Tee, mein Lieber.«

Schließlich konnte ich es aus ihr herausquetschen. Es lief ungefähr auf folgendes hinaus: Wenn man stirbt, zieht man in einen anderen Teil Londons, wo man ziemlich genau die gleiche Art von Leben führt wie vor dem Tod. Es gibt viele tote Leute in London, und eine ganze Reihe toter Firmen und Geschäfte. Wenn man ein paar Jahre lang tot ist, wird man ermutigt, aufs Land zu ziehen.

Die Totengemeinden sind selbstverwaltet, und es gibt Tote in den meisten größeren Firmen, Organisationen und Behörden. Es gibt einige autonome Dienste für Tote, aber im großen und ganzen operieren die Totendienste Seite an Seite mit den »lebendigen«. Die meisten Toten haben Jobs, einige arbeiten sogar für lebendige Firmen. Mutter zum Beispiel arbeitete für einen lebendigen Verlag.

»Okay. Ich glaube, soweit habe ich das verstanden, aber du hast mir noch immer nicht erklärt, warum niemand das weiß. Jetzt, da ich es weiß, könnte ich es in alle Welt hinausposaunen. Ich könnte meine Geschichte an die Sensationsblätter verkaufen.« Ich war inzwischen ziemlich aufgeregt, vornübergebeugt saß ich da und spülte Schokoladenkekse mit großen Schlucken Tee hinunter. Ich bemerkte nicht einmal, daß die Kätzchen meine Schnürsenkel anknabberten. Mutter ließ sich nicht aus der Ruhe bringen.

»Das Komische ist, daß offensichtlich nur wenige Leute Tote treffen, die sie kennen. Da sieht man mal, wie groß und anonym die Stadt tatsächlich ist. Und auch wenn Leute tote Freunde und Bekannte treffen, scheinen sie nicht gerade erpicht darauf zu sein, das publik zu machen.«

»Aber Mutter, du warst doch schon immer sehr wißbegierig, und du hast immer geglaubt, daß man verfault, wenn man stirbt. Warum bist du dieser Sache nicht auf den Grund gegangen? Wer steckt dahinter? Ist es der Typ mit dem großen ›G‹?«

»Woher soll ich das wissen? Ich arbeite, ich gehe in meinen Kurs, ich füttere die Katzen, ich besuche ein paar Freunde, ich reise. Ich bin nicht so schlau wie du, und wenn ich über das alles nachdenke, scheint es mir völlig angemessen. Und wenn ich Tage damit zugebracht hätte, mir das Leben nach dem Tod vorzustellen, hätte ich mir wahrscheinlich nur eine ziemlich blasse Version des echten Crouch End zusammengestopselt, in dem ich jetzt lebe.«

»Was für ein Kurs ist das?«

Mutter deutete auf das Telefonbuch. »Die Leute, die das Telefonbuch zusammenstellen, veranstalten regelmäßig Kurse für die frisch Verstorbenen. Sie gehen die blauen Seiten am Anfang des Buches durch und erklären uns, wie man sich als Toter am besten und angemessensten verhält.«

»Ich kann mir vorstellen, daß es eine Menge frisch Verstorbener mit ziemlich schlimmen Traumatisierungen gibt.« Ich sagte das wahrscheinlich mit unangebrachtem Enthusiasmus.

Ich suchte noch immer nach den klaffenden Löchern in Mutters vorstädtischer Nekro-Utopie.

»O nein, überhaupt nicht. Ich will es mal so sagen: Die meisten Leute, die schmerzhafte Krankheiten hatten oder einsam waren, sind über die Maßen erleichtert, wenn sie erkennen, daß sie anstelle der Auslöschung Winchmore Hill oder Kenton bekommen. Die Kurse dienen nur dazu, das durch und durch Reale der Situation herauszustreichen. Es hat etwas unglaublich Beruhigendes, wenn man auf einem Plastikstuhl in einem unbeheizten Pfarrsaal sitzt, ein Telefonbuch liest und dabei einem pickeligen Jugendlichen zusieht, der mit einem quietschenden Magic Marker etwas auf eine Tafel zu zeichnen versucht.«

»Ich weiß, was du meinst. Aber Mutter, du warst immer so spritzig und lebhaft. Es paßt überhaupt nicht zu dir, daß du jetzt alles so locker nimmst. Bist du denn nicht neugierig auf die ganze Wahrheit? Was passiert in anderen Städten? Ist es dort genauso? Wenn die Toten nach einer Weile aufs Land ziehen, werden dann diese Gegenden nicht überfüllt und zombifiziert? Es gibt unzählige Fragen, auf die ich eine Antwort möchte. Du hast Gruppen immer gehaßt, und jetzt läßt du dich indoktrinieren von einer Sekte, die offensichtlich von toten Angestellten der British Telecom geführt wird. Warum? Um Himmels willen, warum?«

»Ja, ist schon irgendwie komisch, nicht? Ich glaube, der Tod hat mich sanfter gemacht.«

Wir quatschten noch eine Weile. Mutter fragte mich nach meinem Sexualleben und ob ich mein Konto überzogen hatte oder nicht. Sie fragte mich auch nach dem Rest der Familie und gab ihrer Meinung Ausdruck, daß meine beiden Brüder verrückt und einige unserer schwulen Freunde recht »nette Jungs« seien. Das alles war typisch für sie und beruhigend für mich. Sie gestattete mir einen ausführlichen Blick in das *Nordlondoner Totenbuch*. Es war völlig uninspirierend, da es nur Fakten enthielt und keine Prophezeiungen oder Gebote. Die Einführungsseiten bestanden vorwiegend aus so banalen

Aussagen wie: »Ihre (tote) Identität sollte den allermeisten offiziellen Anfragen standhalten. Da Tote in fast allen Abteilungen des öffentlichen Dienstes arbeiten, ist sichergestellt, daß die Daten der Toten immer auf dem neuesten Stand gehalten werden. Sollten Sie bei irgendeiner Gelegenheit einmal in Schwierigkeiten geraten, rufen Sie eine der in diesem Telefonbuch verzeichneten Beratungsstellen für tote Mitbürger an.« Und so weiter.

Irgendwie beruhigte mich die Lektüre dieses Buchs, und ich hörte auf, meine Mutter mit Fragen zu bestürmen. Nach ungefähr einer Stunde sagte sie, daß sie jetzt zu einer Party müsse, die eine Freundin von ihr veranstalte. Ob ich mitkommen wolle. Ich erwiderte: »Ich kann mir was Schöneres vorstellen, als mit Toten Partys zu feiern«, und bedauerte es sofort. »'tschuldigung, Mutter.«

»Macht doch nichts, mein Sohn«, entgegnete sie lächelnd. Das war völlig untypisch für sie, und ich war richtig verzweifelt, weil sie auf diese Unverschämtheit nicht mit einem heftigen Wutausbruch reagierte. Ich verließ ihre Wohnung, als eben ein kleiner, bleicher Mond über dem Alexander Palace aufging. Und als ich mich auf den Weg machte in Richtung Stroud Green Road, schwirrte mir der Kopf vor wirren Gedanken und Vorahnungen.

In dieser Nacht warf ich mich im Bett herum wie ein Tümmler. Schweiß durchtränkte mein Federbett. Ich kam mir vor wie umklammert von der feuchten Hand einer riesigen... Mutter! Ich wachte entsetzt auf, der Wecker blinkte rot 3:22. Ich setzte mich auf die Bettkante und stützte die tropfende Stirn in die Hände. Dann dämmerte mir, warum ich einen solchen Alptraum hatte. Ich wollte Mutter verraten. Nicht weil ich den Wunsch hatte, ein für allemal den metaphysischen Status quo zu ändern, oder weil ich den Leuten die Augen für die Realitäten ihres Lebens öffnen wollte, ja nicht einmal, weil es mich drängte, den Allerhöchsten auffliegen zu lassen. Es war etwas viel Egoistischeres – verletzter

Stolz. Mutter hätte sich wenigstens einmal melden können! Sie hatte mich all diese Trauer durchleiden lassen, während *sie* in den Geschäften von Crouch End herumstöberte. Sie hätte irgendwas mit einer Séance oder einem Medium auf die Beine stellen oder wenigstens einen Brief schreiben oder anrufen können. Ich hätte es verstanden. Nun, ich hatte nicht vor, sie noch von jenseits des Grabes die Knöpfe meines Lebens drücken zu lassen. Ich war fest entschlossen, den ganzen Hokuspokus auffliegen zu lassen.

Doch dann kam der nächste Tag, und als ich an einem U-Bahnsteig stand und den Rand eines zerdrückten Styroporbechers betrachtete, als enthielte er weitere Enthüllungen, schwand meine Entschlossenheit. Den ganzen Vormittag saß ich wie betäubt an meinem Schreibtisch, wobei das nichts zu sagen hat. Aber zur Mittagszeit ging ich in ein Café und saß auch dort wie betäubt.

Als ich nach dem Mittagessen an meinen Schreibtisch zurückkehrte, klingelte das Telefon. Es war Mutter.

»Wollte nur mal hören, wie's dir geht.«

»Gut, Mutter.«

»Ich habe schon mal angerufen, als du nicht da warst, und mit einem Mädchen gesprochen. Hat sie es dir ausgerichtet?«

»Nein, Mutter.«

»Ich habe ihr doch extra eingeschärft, daß sie es dir ausrichten, daß sie es sich aufschreiben soll. Was ist denn los mit den Leuten in deinem Büro?«

»Nichts, Mutter. Wahrscheinlich hat sie es einfach nur vergessen.«

Mutter seufzte. Für sie waren nicht weitergeleitete telefonische Nachrichten schon immer der Gipfel babylonischer Dekadenz gewesen. »Und was tust du gerade?«

»Arbeiten, Mutter.«

»Du klingst etwas niedergeschlagen heute. Was ist denn los, hast du schlecht geschlafen?«

»Ja. Was ich gestern erlebt habe, war mir alles ein bißchen zuviel.«

»Du gewöhnst dich schon daran, Junge. Komm heute abend vorbei, da kannst du Christos kennenlernen, das ist ein Freund von mir – ein griechischer Zypriot –, er hat einen Gemüsegroßhandel, aber in seiner Freizeit schreibt er. Du wirst ihn mögen.«

»Ja, ich glaube, ich habe sein Foto gestern in deiner Wohnung gesehen. Ist er tot, Mutter?«

»Natürlich ist er tot. Sei um acht hier. Ich koche was. Und bring ein paar Hemden mit, du kannst sie hier bei mir bügeln.« Und damit hängte sie auf.

Ray, der am Tisch mir gegenüber arbeitet, sah mich komisch an, als ich auflegte.

»Alles in Ordnung?« fragte er. »Das hat eben geklungen, als hättest du am Telefon ›Mutter‹ gesagt.«

Ich war verwirrt und wußte nicht so recht, was ich sagen sollte. Wie konnte man denn so etwas erklären? »Nein … nein, äh … ich habe nicht ›Mutter‹ gesagt, ›Mudder‹ war dran, ein Kerl namens ›Mudder‹, ein alter Freund von mir.«

Ray sah nicht sehr überzeugt aus. Wir arbeiteten schon eine ganze Weile miteinander, und er wußte fast alles über mich, aber was sollte ich ihm denn sagen? Ich konnte ihm nicht sagen, wer *wirklich* angerufen hatte. Die Schande, eine Mutter zu haben, die mich im Büro anrief, könnte ich nie ertragen.

RAFAEL SELIGMANN

Die Talkshow

Die Betriebsamkeit des Studios, das Geschminktwerden, die Vorbesprechungen mit Redakteuren, Assistenten, Kameraleuten und dem Moderator von *Kultur intellektuell,* das Anbringen der Mikrofone – alles heizte Moisches Euphorie an und nährte seinen aufblühenden Glauben an die eigene Bedeutsamkeit.

Der Studiogast fühlte sich beschwingt und angeregt. Doch der Aufzeichnungstermin verstrich ohne Fatima Örsel-Obermayr. Jens Schultzen, der Moderator, wurde zunehmend nervös. Er war ein Yuppie mit flinken Gesten, gewinnendem Lächeln und ausdruckslosen Augen. Schultzen funktionierte perfekt. Er konnte alles und wußte nichts.

Eine halbe Stunde später erschien die prominente Fernsehjournalistin. Sie hatte eine zierliche Figur und war wesentlich kleiner, als Moische sie sich vorgestellt hatte. Doch beim Blick in ihre grünen Ziegenaugen befiel den Neuling Angst. Örsel-Obermayr nahm sie mit feiner Witterung sofort wahr. »Sie wollen uns also weismachen, daß die Juden ein Monopol aufs Leiden besitzen, während wir Ausländer in Deutschland das Paradies auf Erden haben?« fuhr sie Moische mit einer klar artikulierenden Stimme an.

»Nein, aber . . .«

Örsel-Obermayr wandte sich zum Moderator um, ohne auf Moisches Worte zu achten.

»Wie lange habe ich Zeit, Jens?«

»Sechs Minuten, Frau Örsel.«

»Ich brauche mindestens doppelt so lange!«

»Wir haben fünf Beiträge, à sechs Minuten . . .«

»Dann werft einen raus.«

»Das geht nicht …«

»Es geht! Sonst gehe ich! Auf der Stelle.« Örsel-Obermayr erhob sich aus ihrem Ledersessel. Schultzen legte der berühmten Journalistin die Hand beschwichtigend auf den Arm.

»Laß das!« fuhr sie ihn an.

»Entschuldigen Sie, Frau Örsel. Ich will mein Möglichstes versuchen.«

Er telefonierte mit seinem Redaktionsleiter.

»Neun Minuten! Mehr können wir selbst Ihnen, Frau Örsel-Obermayr, beim besten Willen …«

Sie winkte ab. »In Ordnung! Aber schnell. Ich muß heute noch nach Berlin fliegen. Um zwanzig Uhr muß ich eine Podiumsdiskussion in der Deutschlandhalle leiten. Also los.«

Die Journalistin ließ sich wieder in den Sessel fallen und fixierte den Moderator. »Laß erst ihn reden.«

Örsel-Obermayr streifte Moische mit einem Blick, dessen aggressive Verachtung ihn verzagen ließ.

»Sogleich danach werde ich natürlich Ihnen das Wort erteilen, Frau Örsel-Obermayr«, versicherte Schultzen eifrig.

»Natürlich!« die Starjournalistin lächelte den Moderator mit gekräuselten Lippen an.

»Im Anschluß sollen Sie beide miteinander diskutieren …«, Schultzen entblößte sein Gebiß. »Ich werde mich mit eigenen Wertungen zurückhalten und nur eingreifen, wenn Ihr Gespräch ins Stocken geraten sollte …«

»Da mach dir mal keine Sorgen!«

»Nein …«

Während Schultzen sich vorbeugte, blickte Örsel-Obermayr ungeduldig auf die Studiouhr. »Genug mit dem ganzen Klimbim! Laß uns anfangen!«

»Selbstverständlich, Frau Örsel-Obermayr.«

Der Moderator gab dem Aufnahmeleiter ein Handzeichen. Der Countdown lief. Tontechniker, Kameraleute, Assistenten und andere Wichtigtuer huschten durchs Studio.

Zuletzt wurde das Make-up der drei Akteure kurz aufgefrischt. Moische fühlte einen drückenden Hustenreiz, seine Hände waren eiskalt, er mußte zur Toilette, beherrschte sich aber, weil er keine Angst zeigen wollte.

Endlich leuchtete das rote Licht der Hauptkamera auf. Jens Schultzen begrüßte die »verehrten Zuschauer recht herzlich«, stellte seine »lieben Gäste, die bekannte Fernsehjournalistin und unerschrockene Vorkämpferin für die Rechte unserer ausländischen Mitbürger, Frau Fatima Örsel-Obermayr sowie den kritischen Leitartikler, den jüdischen Publizisten Moische Israel Bernstein« vor und erläuterte mit der gebotenen Betroffenheit das Thema der Sendung. Darin wandte sich der Moderator an Moische: »Herr Israel Bernstein, vor wenigen Tagen warnten Sie in einem großen deutschen Nachrichtenmagazin eindringlich vor der Gefahr eines neuen Auschwitz. Droht uns wieder ein Holocaust?«

Moische war konsterniert. So hatte er es doch nicht ausgedrückt.

Heiner und die anderen Schmierer hatten seine Botschaft verfälscht. Doch das durfte er unmöglich in der Öffentlichkeit preisgeben. Wieviel Millionen sahen ihm jetzt zu? Auf jeden Fall Brigitte, seine Mamme und die ganzen Jidn in München. Eben noch hatten sie ihn als kleinen Jeansverkäufer verachtet und als Trunkenbold denunziert, und nun erwarteten sie von ihm – wie alle anderen – die erlösenden Worte der Wahrheit. Aber was war die Wahrheit? Moische spürte die Anspannung des Moderators und die verächtliche Herablassung der berühmten Journalistin. Was war die Wahrheit? Er sah ins Glasauge der Kamera. »Fest steht, daß es trotz der unvergleichlichen Verbrechen der Schoah in Deutschland nach wie vor einen massiven Antisemitismus gibt. Jüdische Friedhöfe werden geschändet . . .«

»Jüdische Friedhöfe!« unterbrach ihn Fatima Örsel-Obermayr. »Sie jammern darüber, daß Kinder oder Betrunkene Grabsteine umstoßen! Das ist unschön, gewiß. Aber geradezu unappetitlich ist, wie Sie und Ihre Glaubensgenossen seit über einem halben Jahrhundert nur im eigenen Leid schwelgen.

Auch ich lehne die Untaten der Nazis ab. Aber tun Sie doch bitte nicht so, als ob die Juden die einzigen Opfer von Gewalt und Rassismus in diesem Jahrhundert gewesen wären!«

Die Armenier. Die Armenier! Damit setze ich die Türkin matt, hoffte Moische. »Die Armenier ...«

»Unterbrechen Sie mich nicht!« herrschte ihn die Örsel-Obermayr an. Moische duckte sich unter ihrem intensiven Blick. »Und hören Sie auf mit Ihren ollen Kamellen! Zuerst lamentieren Sie über die mehr als ein halbes Jahrhundert alten Naziuntaten, dann wehklagen Sie über angebliche Vergehen gegen die Armenier ...«

Moische unterdrückte seine Angst und zwang seinen kurzen Atem in die Stimmbänder: »Nicht angeblich. Die Armenier waren wirklich ... Franz Werfel hat ...«

»Werfel war ein jüdischer Märchenerzähler wie Sie ...«

Jens Schultzen erwog einzugreifen. Sendeleitung und Chefredaktion reagierten empfindlich, wenn Juden angegriffen wurden. »Bitte, Frau Örsel-Obermayr ...«

Mit erhobenem Zeigefinger brachte die berühmte Journalistin den Moderator zum Schweigen und drehte sich sogleich wieder zur Flügelkamera, deren rotes Aufnahmelicht aufleuchtete. Ihre Stimme wurde eine Nuance weicher. Sie bemühte sich um Aufklärung. »Hier geht es aber nicht um Märchen, liebe Zuschauer, sondern um Tatsachen. Um geschichtliche Tatsachen. Herr Israel Bernstein ...«

Dem Moderator gelang es gerade noch, ein »Moische« einzuwerfen, als die Dampfwalze Fatima auch schon über ihn hinwegrollte.

»... kommt mit Armeniersagen daher, die zudem mehr als hundert Jahre zurückliegen ...«

»Achtzig ...«, ächzte Moische.

»Halten Sie den Mund, während ich rede!« donnerte die famose Journalistin und sah Moische vernichtend an.

»Als nächstes kommen Sie mit der Bibelgeschichte vom Auszug der Kinder Israels aus Ägypten vor viertausend Jahren daher.« Als das Licht der Frontkamera anging, wandte sich Örsel-Obermayr halb Moische zu, so daß ihr scharfes Profil ins rechte Bild kam.

»Herr Bernstein, versuchen Sie nicht, unsere Zuschauer für dumm zu verkaufen! Verbiegen Sie nicht die Tatsachen. Sie wissen genau, daß es gegenwärtig nur einen Völkermord gibt. Er ereignet sich seit einem halben Jahrhundert in Palästina. Seine Opfer sind unschuldige arabische Frauen, Kinder, Greise und Männer. Die Täter sind Juden. Juden wie Sie!«

Ihre Stimme zitterte vor Abscheu. »Sie sind Täter! Sie rotten das palästinensische Volk systematisch aus!« Örsel-Obermayr spürte an Moisches Gestik, daß er kapitulierte.

Er wollte Örsel-Obermayr widersprechen, doch ihre Ziegenaugen fixierten und lähmten ihn. Tränen rannen ihm über die Wangen. Die berühmte Journalistin registrierte es zufrieden. Sie hob die Stimme und den rechten Zeigefinger. »Sie persönlich haben in den zionistischen Streitkräften gedient, Israel Bernstein, und sich dort schwerster Verbrechen schuldig gemacht. Sie haben eine Hetzjagd auf palästinensische Kinder veranstaltet!« schrie es aus der Empörten.

Moische würgte seine Tränen hinunter, endlich fand er seine Sprache wieder: »Das stimmt nicht.« Er wischte sich die Tränen ab, sein Make-up verschmierte.

»Lüge! Hören Sie auf zu lügen!« schrie die Örsel-Obermayr.

»Nein. Ich möchte, ich werde ...«

»Sie werden gar nichts mehr, Israel Bernstein! Die neun Minuten sind um. Die Diskussion ist beendet! Kamera ab!« Ihre Stimme war dermaßen gebieterisch, daß die Kameraleute augenblicklich gehorchten.

Fatima Örsel-Obermayr erhob sich elastisch. Befriedigt sah sie, wie ihr Feind schluchzend in seinem Sessel versank, während der Moderator ungläubig den Kopf schüttelte. Die Journalistin konnte nicht begreifen, daß die Frauen vor solchen Kreaturen jahrtausendelang gezittert hatten. Sie hätte die Männer schon früher in die Schranken gewiesen.

Die Stimme seines Redaktionsleiters im Ohrhörer riß Jens

Schultzen aus seiner Lethargie. Er sprang auf, eilte zur berühmten Journalistin. »Frau Örsel-Obermayr. So können wir unsere Runde nicht beenden. Herr Bernstein sollte Gelegenheit erhalten, zu Ihren Vorwürfen Stellung zu nehmen . . .«

Sie schüttelte bestimmend den Kopf. Ihre Augen belächelten den jugendlichen Moderator. »Kommt nicht in Frage! Israel Bernstein hatte die gleiche Zeit zur Verfügung wie ich.«

»Aber unser Redaktionsleiter, Dr. Streithofer, meint, das können wir so nicht senden . . .«

»Was Hansi Streithofer meint, ist mir egal. Wir hatten neun Minuten vereinbart. Dabei bleibt es!«

Schultzen lauschte in seinen Ohrhörer, ehe er fortfuhr: »Dr. Streithofer besteht aber darauf, daß Herr Bernstein . . .«

Fatima Örsel-Obermayr wurde ungehalten: »Und ich bestehe darauf, daß unsere Abmachung eingehalten wird! Ich werde nicht zulassen, daß ihr dem Israel einen besonderen Judenbonus einräumt. Sonst werde ich unangenehm!« Sie fixierte Schultzen: »Habe ich mich deutlich ausgedrückt – oder willst du juristische Nachhilfe von meinem Anwalt?«

»Nein.« Jens Schultzen ängstigte sich wie jeder unbescholtene Deutsche vor Juristen wie Juden vor Nazis. Noch mehr allerdings fürchtete er eine Beeinträchtigung seiner TV-Karriere.

»Die Diskussion geht genau so über den Äther, wie sie gelaufen ist, verstanden?«

»Jawohl.«

Dabei blieb es. Doch der momentane absolute Sieg Fatima Örsel-Obermayrs geriet, ehe sie sich's versah, zu einem Debakel, von dem sie sich nie mehr erholen sollte. Durch die mitleidlose Behandlung ihres Diskussionspartners hatte sie ihre Glaubwürdigkeit als Streiterin der Unterdrückten eingebüßt. Moische Bernsteins bedingungslose Niederlage dagegen verwandelte sich in einen strahlenden Triumph. Denn die Deutschen lieben jüdische Opfer. Moische Israel Bernstein war ein jüdisches Opfer. Ein Opfer zudem, das nicht sie, sondern das eine überhebliche Ausländerin zu verantworten hatte.

Wann immer den Deutschen der Sinn danach stand, hatten sie die Hebräer verfolgt, beraubt, mißhandelt und erschlagen. Gefürchtet hatten sie die Juden nie. Die Ausländer hingegen, die sie sich nach dem Krieg als preiswerte Arbeitskräfte ins Land holten, hatten sich nie vollständig zu Sklaven ihrer Furcht vor den Deutschen machen lassen. Sie entzogen sich der vollständigen Kontrolle. Das machte den Deutschen angst.

Fatima Örsel-Obermayr hatte, ohne es zu ahnen, ein deutsches Tabu gebrochen. Sie hatte die Deutschen ihrer Lieblingsopfer beraubt. Was blieb den Deutschen, wenn man ihnen den wertvollsten Teil ihrer Seele nahm, das schlechte Gewissen gegenüber den Juden? Noch während der Sendung gingen Hunderte empörter Anrufe bei der Redaktion ein. Auch die Sonntagszeitungen wurden mit aufgebrachten Telefonaten bestürmt. Dies veranlaßte sie zu einem hektischen Wechsel des Frontpage-Themas. Statt sich mit dem neuen Liebhaber ihrer Tenniskönigin zu beschäftigen, widmeten die Redaktionen sich nun eingehend der infamen Antisemitin. Die größte Sonntagszeitung erschien mit einem ganzseitigen Foto des weinenden Moische und der Schlagzeile:

Nazimethoden im TV:
Schwindeljournalistin mißhandelt Juden

Im Innenteil nahm sich das Blatt die »Schwindeljournalistin« ausgiebig vor. Fatima Örsel heiße tatsächlich Frauke Obermayr. »Sie ist waschechte Holsteinerin. Ihr Vater war Feldwebel in Hitlers Wehrmacht. Den Namen Örsel hat sie sich erschlichen. Nur kurz war sie mit einem türkischen Mitbürger liiert. Mustafa Örsel, ein ehemaliger Ringkämpfer beim Bundesligaverein TSV Ratzeburg, leidet noch heute unter den Folgen seiner unglücklichen Verbindung mit der unlauteren Schreiberin. ›Sie war herrschsüchtig! Sie hat mich ausgequetscht wie eine Zitrone. Als sie mich nicht mehr brauchen konnte, ist sie mit einem deutschen Boxer durchgebrannt und hat mich mit unserer kleinen Tochter Suleika sitzengelassen. Das war vor neun Jahren. Seither hat sie sich nie um das Kind gekümmert, nicht einmal eine Postkarte geschrieben und keinen Pfennig für Suli gezahlt, obwohl sie gut verdient und ich lange ohne Stelle war‹, berichtet der Lagerarbeiter schluchzend. Auch er ein Opfer von Frauke Obermayr.«

Der Kommentator der *Gazette* ging mit der »empörenden Heuchelei der Schwindel-Journalistin Frauke Obermayr« noch härter ins Gericht: »Seit Jahr und Tag betrügt und demütigt sie den eigenen Mann, einen unbescholtenen ausländischen Mitbürger. Gleichzeitig spielt sie sich als Anwältin der Ausländer in Deutschland auf. Mit ihrem Schwindel schürt sie die Fremdenfeindlichkeit. Diese Infamie genügt ihr nicht! Nun mißhandelt sie auch noch unsere jüdischen Mitbürger in der Öffentlichkeit, wie einst die Nazis. Damit muß Schluß sein! Legt der Gaunerin endlich das Handwerk, ehe sie noch mehr Schaden anrichtet!«

Der Appell an den Volkszorn verhallte nicht ungehört. Frauke Obermayr, wie sie fortan allenthalben genannt wurde, erhielt mehrere Morddrohungen. In ihrem Haussender wurde sie kaltgestellt. Chefredaktion und Intendanz bemühten sich nach Kräften um Schadensbegrenzung. Nach einem geharnischten Protest des *Centralvereins der Juden* war die aggressive Journalistin aber nicht mehr zu halten. Der Chef der Personalabteilung handelte mit Frauke Obermayrs Anwälten eine großzügige Abfindung aus. Fortan war die Journalistin ohne Forum. Presse, Rundfunk und Fernsehen, einerlei, ob öffentlich-rechtlich oder privat, lobten die rasche Trennung des Senders von der Verfemten. Allein die *Deutsche Reichs-Zeitung* sah »die Vernichtung der unerschrockenen Journalistin« als »Beispiel für die unumschränkte Herrschaft des zionistischen Presse- und Medientrusts«, der nicht zulassen könne, »daß in Deutschland endlich einmal jemand die Wahrheit über seine Macht verkündet«.

Die Wahl

Es war einmal ein armes, junges Dienstmädchen, das fand Arbeit in einem vornehmen Haus in Johannesburg. Das Dienstmädchen hieß Martha, die Herrin hieß Juliette, und beide hielten sie es für ein großes Glück, daß sie einander gefunden hatten. Juliette, die für ihre Einladungen berühmte Gattin eines der führenden Finanzmenschen der Stadt, hatte lange nach einer gelehrigen, vorzeigbaren Dienerin Ausschau gehalten, die sie so heranbilden konnte, daß sie später die Position der Köchin und Haushälterin ihres Hauses in Lower Houghton bekleiden konnte. Und Martha hatte sich nach sicheren Verhältnissen gesehnt. Sie suchte eine Stellung mit Unterkunft und guten Aussichten, um regelmäßig Geld in die schwarze Township schicken zu können, in der ihre Kinder aufwuchsen. Denn obwohl sie so jung und unschuldig wirkte, hatte Martha schon zweimal Nachwuchs zur Welt gebracht – dank eines jungen Nichtsnutzes namens Jim, der sie ausdauernd umworben und geschwängert hatte. Aber damit, so beteuerte sie gegenüber Juliette, war sie jetzt fertig.

»Das ist vorbei, Madam«, versicherte sie. »Das sag ich Ihnen, Madam, ich hab genug von Männern.«

»Und wer kümmert sich um deine Kinder?« Juliette hatte schlechte Erfahrungen mit sorgepflichtigen Dienstmädchen gemacht. Die neigten dazu, einen zu versetzen.

»Meine Schwester«, sagte Martha. »Sie ist sehr verläßlich.«

»Naja«, sagte Juliette. Sie kannte sich aus mit Schwestern. Und sogenannten Cousinen und Tanten. Die entpuppten sich meistens als berufsmäßige Kinderhüterinnen, die nur selten auf Dauer dabeiblieben und über kurz oder lang die Kinder doch der leiblichen Mama aufhalsten. Oder noch Schlimmeres. Andererseits – man konnte nicht für alle Eventualitäten Vorsorge treffen, und Martha machte einen wachen, unverdorbenen und einigermaßen intelligenten Eindruck. Juliette beschloß, sie zu nehmen.

»Danke, Madam«, sagte Martha überschwenglich dankbar. »Sie werden es nie bereuen, Madam – bestimmt nicht.«

»Das hoffe ich«, antwortete Juliette in einem Ton, der zu einer liberal eingestellten Künstlerseele nicht so recht paßte. Deshalb schob sie noch ein paar schöne Sätze hinterher – wie zufrieden Martha hier sein werde und wie wunderbar das Personal untergebracht sei im Hause Keller und wie vorteilhaft die Arbeitsbeziehung für beide Seiten sein werde.

»Wenn du redlich zu mir bist, Martha, bin ich auch redlich zu dir. Und du hast hier ja ein hervorragendes Zeugnis von dieser Mrs. –«.

»Mrs. Swart, Madam. Da war ich drei Jahre, aber dann zog die Familie nach Krugersdorp, und das war schwierig für mich, wo die Kinder doch hier in Soweto . . .«

»Ah so, ja. Also, dann zeige ich dir jetzt das Haus und erkläre dir, was ich von dir erwarte. Wir haben hier im Haus, das siehst du ja, viele kostbare Dinge, und was ich gar nicht ausstehen kann, sind tolpatschige Mädchen . . .«

Am Montag darauf trat Martha die Stelle an. Am Tag zuvor war sie mit einem einzigen kleinen Koffer angekommen und hatte ihr Zimmer bezogen. Juliette hatte ihr die sanitären Einrichtungen gezeigt und dabei betont, daß alles vom Feinsten sei.

»Hier ist deine eigene Toilette, hier dein Waschbecken«, hatte sie erklärt. »Du bekommst auch bald ein eigenes Bad. Mr. Keller und ich sind von jeher der Ansicht, daß man Dienstboten anständig behandelt – nicht so wie gewisse andere Leute.«

»Ja, Madam. Das sieht man.« Es war tatsächlich nicht zu übersehen. Bei Swarts hatte Martha abends eimerweise Wasser von der Küche in ihr Kämmerchen schleppen müssen, ein eigenes Waschbecken war nicht in Aussicht gewesen – geschweige denn eine eigene Badewanne. Sie schien wirklich Glück gehabt zu haben mit ihrer neuen Stelle. Großes Glück.

»Ich laß dich jetzt allein, damit du dich einrichten kannst, Martha«, hatte Juliette dann gesagt. »Und um sechs Uhr kommst du bitte in die Küche und lernst Mr. Keller kennen – er müßte dann vom Golfplatz zurück sein. Unsere Tochter ist dann auch da, nehme ich an. Sie geht zur Universität, sie studiert Zahnmedizin – Gott weiß, warum ein Mädchen wie sie unbedingt so etwas machen will. Wir haben versucht, sie davon abzubringen, aber sie hat einen Dickkopf. Joanne hat sich noch nie Vorschriften machen lassen, von niemandem . . .«

Martha hatte ihre Habseligkeiten ausgepackt und dann die Dienstkleidung anprobiert. Sie wurde gestellt und war auch noch schmuck. Ein rosaroter Kittel, dazu eine weißgerüschte Haube und Schürze. Bei Mrs. Swart war an so etwas nicht mal zu denken gewesen. Und was Mr. Swart anging – der nahm zumeist keine Notiz davon, daß es Martha überhaupt gab, es sei denn, das Essen war mal zerkocht oder sein Hemd nicht ganz korrekt gebügelt gewesen. Mr. Keller dagegen war ein Herr, das fiel ihr sofort auf. Ein echter Gentleman.

»Einen guten Abend, Martha«, hatte er sie begrüßt. »Wir hoffen, daß es dir bei uns gefällt.«

»Ja, Master.«

Sie war vollkommen sicher, denn diese Stelle bot mehr, als eine junge Frau ernsthaft erwarten durfte.

Juliette ihrerseits war gleichermaßen sicher, daß sie mit ihrer neuen Hausangestellten auf lange Sicht zufrieden sein würde. »Ich glaube, wir haben das große Los gezogen, Stanley«, berichtete sie ihrem Mann nach Marthas erster Dienstwoche. »Ich habe das Gefühl, sie ist genau die Richtige für uns.«

Es war tatsächlich eine ideale Verbindung. Nach Juliettes Überzeugung – die aufzugeben sie auch nie Grund bekam –

hatte Martha der Himmel geschickt. Sie fand Gefallen an dem Gedanken, daß der liebe Gott einen Augenblick lang sein ewiges Schicksalspuzzle für Mann und Frau vergessen und das richtige Mädchen zur richtigen Madam geschickt hatte.

Mit den Jahren wurde Martha integraler Bestandteil des Hauses Keller und hochgelobt für ihre Treue, ihre Besonnenheit, ihr zölibatäres Dasein und – ganz besonders – ihre hervorragende Ente *à l'orange.* Unter Juliettes Anleitung gelangten Marthas Kochkünste zur Blüte, und bald war sie auch in der Lage, ohne zusätzliches Personal üppige Abendmenüs für bis zu zwanzig Gäste auszurichten. Sie war nie tolpatschig, stets gut aufgelegt, kurz: eine Kostbarkeit, die Juliette für noch wertvoller hielt als den dreikarätigen Diamanten an ihrem Verlobungsring. Sie achtete darauf, daß Marthas Lohn immer weit über dem Durchschnitt lag.

Und Martha, die das Glück dieser Stellung bei den Kellers zu schätzen wußte, revanchierte sich mit nie nachlassender Dankbarkeit und unerschütterlicher Treue gegenüber ihrer Herrin.

»Verlassen Sie sich ruhig auf mich, Madam«, beruhigte sie Juliette, wenn die sich Sorgen über eine anstehende Dinnerparty oder ein Haus voller Gäste machte und auch als Mr. Keller (der ausgesprochen hart arbeitete, um den Lebensstandard in Lower Houghton möglich zu machen) mit einem Herzinfarkt ins Krankenhaus eingeliefert wurde. Er genas zwar, aber Juliettes Zutrauen in seine Verläßlichkeit hatte seitdem einen Knacks. Der feste Halt in ihrem Leben war inzwischen Martha. Martha, die pünktlich jeden Tag in der Küche erschien, bei Regen und bei Sonnenschein.

Mittlerweile hatte Joanne auch ihre Approbation als Zahnärztin geschafft, Geoffrey geheiratet und ihren Eltern – auf die ihr eigene dickköpfige Art – verkündet, sie werde mit ihrem Mann nach England auswandern. Da seien die Aussichten für die Zukunft besser.

»Ich kann dir gar nicht sagen, wie mich das mitnimmt«, vertraute Juliette Martha an. Sie hatte mit den Jahren ihr

Dienstmädchen immer mehr zu ihrer Vertrauten gemacht. »Wir haben Joanne zwar in letzter Zeit sowieso kaum noch gesehen – mit etwas Glück einmal in der Woche. Aber England ist so weit weg. Und man macht sich doch immer Sorgen um die Kinder.«

»Das stimmt, Madam. Kinder können einem solche Sorgen machen.«

Marthas zwei Kinder wuchsen in der Obhut einer ganzen Reihe von Schwestern und Cousinen und Tanten heran. Die leibliche Mutter kam regelmäßig zu Besuch und war stolz darauf, sich dank der Kellers eine gute Schulbildung für sie leisten zu können. Jason, der Sohn, trieb sich in letzter Zeit allerdings mit so wilden Leuten herum, politisch engagierten Leuten, er würde sich bestimmt bald massiven Ärger mit der Polizei einhandeln. Und Angel, die Tochter, war vierzehn und schwanger.

»Kinder«, seufzte Martha. »Sie haben Glück, Madam, Sie haben nur eins.« Sie weihte Juliette nicht in ihre Ängste um Jason und Angel ein, das schickte sich nicht. Und Juliette, die auch wußte, was sich gehört, fragte nur selten nach.

Sie hielt statt dessen Martha über Joannes Vorbereitungen für das Leben im Ausland genau auf dem laufenden, und weinte sich, als der Tag, an dem ihre Tochter sie verlassen würde, schließlich da war, an Marthas Schulter aus.

»Nicht weinen, Madam«, tröstete Martha. »Ich bin ja hier. Und ich bleib auch hier.«

»Dem Himmel sei Dank dafür«, antwortete Juliette, und es kam aus tiefstem Herzen. Sie sagte es noch einmal – und sogar noch inbrünstiger, falls das möglich ist – an dem furchtbaren Tag, als Mr. Keller den zweiten Herzinfarkt bekam. An welchem er diesmal starb.

Also lebten Juliette und Martha fortan allein in dem vornehmen großen Haus in Lower Houghton. Juliette hatte das geräumige eheliche Schlafzimmer mit seinen Ankleidekammern »für sie« und »für ihn« und dem riesigen Badezimmer ganz für sich, während Martha weiter in der kleinen Kammer residierte, die sie vor sechzehn Jahren zugewiesen bekommen hatte. Ihr Bad, das tatsächlich installiert worden war, kurz nachdem sie den Dienst angetreten hatte, hatte inzwischen Risse und kaum noch Farbe.

Aber Martha klagte nicht. Sie war, im Gegenteil, auch weiter fest von ihrem Glück überzeugt und sorgte sich, gemeinsam mit ihrer Herrin, nur wegen der im Land ausbrechenden Gewalt und des Umstands, daß auch Lower Houghton kein Ort mehr war, an dem man sicher leben konnte. Viele Freunde von Juliette hatten Südafrika mittlerweile verlassen, und Juliette selbst hatte trotz allen Sicherheitsaufwands für das Haus nachts oft Angst, wie sie gestand.

»Sie sollen sich doch keine Sorgen machen, Madam«, sagte Martha, und es klang überzeugt wie immer. Was sie *nicht* sagte, war, daß sie Jason und seine Freunde drohen gehört hatte, sie würden die feinen Vororte plündern und die Weißen töten und endlich ihre Rechte einfordern. Das war unrecht. Sie hatte versucht, ihnen klarzumachen, daß so etwas unrecht war. Doch Martha und ihre Kinder schienen verschiedene Sprachen zu sprechen. Merkwürdig, aber Martha verstand die Angst ihrer Herrin besser als die Wut ihrer Kinder. Und sie wußte ihre Herrin auch besser zu trösten, als sie den bitteren jugendlichen Zorn zu mildern verstand.

Sie blieb immer öfter in Lower Houghton, sogar an ihrem allwöchentlichen freien Tag. Es gab jetzt einen Alarmknopf aus Juliettes Räumen direkt in die Dienstmädchenkammer, und die war – als Zeichen der Anerkennung für Marthas treue Hingabe – vergrößert worden und hatte ein schönes neues Bad mit separater Dusche. Martha war selig.

Ein paar Monate später bekam ihre Freude jedoch einen Dämpfer. Juliette teilte ihr mit, sie habe festgestellt, sie könne, allen Sicherheitsvorkehrungen und der Verläßlichkeit ihrer Dienerin zum Trotz, in Südafrika nicht mehr leben. Sie stehe am Rande des Nervenzusammenbruchs.

»Ich bin ein einsichtiger Mensch, Martha«, fing sie an. »Du weißt, daß ich viel einsehe. Ich bin durchaus nicht der Meinung, daß die Dinge nicht gerechter verteilt sein könnten – oder daß die Schwarzen keine Rechte haben sollten.«

»Natürlich, Madam«, sagte Martha, die sich schon lange nicht mehr als schwarz wahrnahm. Sie empfand sich selbst inzwischen ausschließlich als Juliettes Dienstmädchen. Und als sonst nichts.

»Es ist nur – was sich jetzt hier so abspielt«, fuhr Juliette fort, »all die Gewalt. Dieses Chaos. Und jetzt, wo Mandela aus dem Gefängnis entlassen ist – ich weiß gar nicht, wo das alles enden soll ...«

»Wer weiß das, Madam. Wer weiß ...«

Und dann war Juliette mit der Sprache rausgerückt. »Joanne und Geoffrey haben eine Wohnung für mich gefunden, in London«, erklärte sie. »Sehr komfortabel, glaube ich, und in einer schicken Londoner Gegend, St. John's Wood heißt sie.«

»Ach so«, sagte Martha.

»Und ich dachte, also, wenn du vielleicht mitkommen willst – Platz genug für dich ist auch da.«

»Für mich?«

»Na ja, wir sind ja nun schon so lange zusammen, du und ich, ich hatte gehofft –«.

»Ich in London, Madam?«

»Warum denn nicht, Martha? Ich würde für dich sorgen – das weißt du doch.«

»Das weiß ich, Madam. Nur –«

»Du hättest es auch besser bei mir in London als hier mit dem ganzen Schlamassel, der bald losgeht. Überleg doch mal. Ich würde dich natürlich nie zwingen, aber ich glaube, es wäre das Beste. Für uns beide.«

Martha überlegte. Tagelang grübelte sie hin und her. Sie war so in Gedanken, daß sie eine antike Vase zerbrach und die Fleischklößchen zu würzen vergaß und eines Morgens sogar eine halbe Stunde zu spät in der Küche erschien.

»Du wirst mir doch nicht nachlässig?« fragte Juliette. Sie hatte ihre Besorgnis darüber, daß Martha neuerdings mit den Gedanken woanders zu sein schien, schon an verschiedenen

Bridge-Tischen von Lower Houghton geäußert. »Das sieht dir gar nicht ähnlich, Martha. Ist irgend etwas?«

»Ja, das –«.

»Was denn? Sag's mir.«

»Die Sache mit London, Madam. Ich kann mich nicht entscheiden.«

»Nun ja, die Zeit wird knapp. Du hast es sehr lange aufgeschoben. Die Möbelpacker kommen in drei Wochen.«

»Ich weiß, Madam. Ich weiß.« Martha hielt inne, runzelte die Stirn und knitterte verlegen an ihrer Schürze herum. »Wenn Madam mir vielleicht übers Wochenende freigeben könnte, dann könnte ich rausfahren und mit den Kindern reden ...?«

Die Bitte kam nicht gerade gelegen, denn dafür mußte eine Dinnerparty verschoben werden. Aber die Dringlichkeit der Situation verlangte Kompromißbreitschaft, also war Juliette – die sich selbst grenzenlose Flexibilität attestierte – einverstanden.

Martha fuhr nach Soweto. Sie fühlte sich fremd und hatte sogar ein bißchen Angst in dem überfüllten Zug. Das Gedränge, die Gerüche, der Lärm – all das war sie nicht mehr gewohnt. Ihr Leben verlief schon so lange in so ruhigen, geordneten Bahnen, und gleichzeitig schienen ihre eigenen Leute außer Rand und Band geraten zu sein. Aus ihren Kindern waren verrückte, betrunkene Wesen geworden. Mit Wut und Wahnsinn in den Augen. »Alles wird anders«, grölten sie sie an. »Südafrika wird schwarz. Stell dir das vor – Südafrika für alle!«

Sie bemühte sich, mit ihnen zu reden, ihnen ihren Zwiespalt zu beschreiben – aber sie hörten ihr gar nicht zu, sie höhnten nur. »Madam«, stichelten sie und lachten hysterisch, »Madam. Wart's mal ab. Demnächst wird sie *dich* Madam nennen.«

»Schsch«, warnte Martha, aber sie spöttelten weiter. Und schließlich ging sie. Sie fuhr zurück nach Hause. Nach Hause zu ihrer Kammer und ihrer Badewanne. Sie ließ dampfend heißes Wasser ein und gab das nach Jasmin duftende Badesalz dazu, das Juliette ihr zu Weihnachten geschenkt hatte. »Ahh«, seufzte sie schwelgerisch und lehnte sich zurück, »das ist schon besser.«

Am nächsten Tag verkündete sie Juliette ihren Entschluß, mit ihr nach London zu ziehen.

»Gut«, sagte Juliette knapp, um nicht zu deutlich zu machen, wie erleichtert sie war. Martha sollte schließlich nicht auf die Idee kommen, sie sei unersetzlich. Personal vertrug so etwas nicht. »Dann können wir uns ja an die Arbeit machen. Ich fange morgen gleich an mit den Listen.«

Es wurde eine logistische Glanzleistung, Juliette dirigierte und Martha, die unermüdliche Martha, schuftete wie der Quartiermacher eines mittleren Regiments. In wenigen Wochen war der gesamte Hausrat sortiert, inventarisiert, in zwei große Container verpackt und versandfertig gemacht. Juliettes persönliche Dinge gingen in sieben Koffer, fünf davon wurden als Fracht vorab verschifft.

»Das war's«, sagte Juliette zufrieden, als auch das letzte Stück eingepackt war. Martha bekam frei, damit sie sich um ihre eigenen Habseligkeiten kümmern konnte, die glücklicherweise nicht so umfangreich waren. Das meiste paßte in einen Koffer, den der verstorbene Mr. Keller hinterlassen hatte, der Rest kam in einen großen Pappkarton.

Jetzt mußten Herrin und Dienerin nur noch zum Flughafen gefahren werden, mußte Juliette ihren Sitz in der ersten Klasse einer Maschine der *South African Airways* einnehmen und Martha sich hinten in die Holzklasse quetschen.

Das ist ja unglaublich, dachte Martha und hielt den Atem an, während die Stewardess ihr den Sitzgurt festschnallte. Erstaunlich. Sie konnte ihr Glück nicht fassen. Ein Mädchen aus Soweto – und macht so eine Reise, so was Feines? Wenn das ihre Freunde sehen könnten – ihre Tanten, ihre Schwestern, ihre Kinder.

Aber niemand sah sie. Niemand nahm groß Notiz von ihr. Doch das machte ihr nichts aus, sie staunte weiter, wie das Flugzeug stieg und schließlich seine Reisehöhe erreicht hatte, wie das Essen serviert – serviert! ihr! – und dann die Beleuchtung abgedunkelt wurde, und dann döste sie ein und wurde zum Frühstück wieder geweckt und – wieder! schon wieder bedient! Ach, wie klug von ihr, eine solche Stelle gefunden zu haben, sie behalten zu haben und jetzt, hier, hoch über den Wolken in eine neue Welt zu fliegen. Sie war schlau gewesen und hatte Glück.

Die neue Welt entpuppte sich allerdings als der alten sehr ähnlich. St. John's Wood mit seinen hohen Wohngebäuden sah fast aus wie Lower Houghton, fand Martha, und die Londoner Wohnung war fast ein Duplikat des Johannesburger Wohnsitzes. Viel kleiner natürlich – trotzdem schien Juliette begeistert zu sein.

»Die ist ja bildschön – findest du nicht, Martha?« tuschelte sie ihr über die Schulter zu, als Joanne und Geoffrey sie hineinführten.

»Ja, sehr hübsch, Madam«, keuchte Martha, die ihr mit den Koffern folgte.

»Madam?« wiederholte Joanne fassungslos. »Also bitte, Mutter! So kannst du dich hier aber nicht mehr anreden lassen.«

»Nein, nein. Natürlich nicht.« Juliette klopfte ihrer Tochter beschwichtigend auf die Schulter. Sie wußte nur zu gut, wie ätzend Joanne sein konnte, wenn sie etwas mißbilligte. »Ach, Martha, ich habe ganz vergessen, Ihnen das zu sagen – sagen Sie ab jetzt lieber Mrs. Keller zu mir. In England ist es nicht – äh, üblich, Madam zu sagen. Das ist hier anders.«

»Ja, Ma – Mrs. Keller.«

Es war gar nicht so anders, wie sich herausstellte. Im Grunde. Beinah augenblicklich schlüpfte Martha wieder in die vertrauten Abläufe. Montags Wäsche, dienstags Küche, mittwochs das Silber putzen und so weiter. Wirklich anders war eigentlich nur, daß Juliette jetzt nicht mehr »mein Dienstmädchen« sagte, sondern »die Haushälterin« – aber das galt auch nur in Gegenwart anderer Leute. Für sich allein behielten sie die vertrauten alten Anreden bei. »Sie sollen sich doch nicht solche Sorgen machen, Madam«, sagte Martha, wenn Juliette wieder einmal über Joannes verletzende Art weinen mußte. »Sie dürfen sich das nicht so zu Herzen nehmen. Kinder sind eben Kinder.«

Kinder. Auch Martha zog sich das Herz zusammen, wenn sie an ihre Kinder dachte. Sie gab sich alle Mühe, ihre Gedanken auf ihre Arbeit und ihre freundliche Madam und das Glück gerichtet zu halten, das sie hatte, und trotzdem fühlte sie sich manchmal einsam. Der Klang ihrer Sprache fehlte ihr, die Verbindung zu anderen Dienstboten, und das afrikanische Licht, die afrikanische Sonne. Andererseits – wer war sie, daß sie hätte klagen dürfen?

»Na – bist du nicht froh, daß du mit nach London gekommen bist?« fragte Juliette nach ein paar Monaten. Sie hatte neue Gardinen für Marthas Zimmer gekauft und ihr einen Schwarzweißfernseher hineingestellt, den Joanne und Geoffrey ausgemustert hatten. Martha hatte sich überschwenglich bedankt.

»Natürlich, Madam. Natürlich bin ich froh.«

»Weißt du – im Augenblick ist Südafrika sowieso ein Ort, wo man am besten *nicht* ist. Das sagen alle. Und mit der Wahl demnächst, wer weiß, was da noch alles kommt. Die Situation ist explosiv.«

Das hatte Juliette in der Zeitung gelesen. Sie selbst hielt sich für unpolitisch. Eher künstlerisch veranlagt, so hatte sie sich immer beschrieben. Aber jetzt hier in London fand offenbar jeder, sie müsse eine Meinung zu Südafrika haben. Sogar mehr als bloß eine Meinung – den leidenschaftlichen Wunsch nach Gleichheit, nach Gerechtigkeit, nach Frieden. Den sie natürlich auch hatte – theoretisch jedenfalls. Sie wünschte Südafrika unbedingt alles Gute. Alles andere wäre doch ungezogen, angesichts all der materiellen Vorteile, die das Land ihr so freigiebig gewährt hatte. Sie verspürte sogar manchmal, in seltsamen Momenten, obwohl sie wirklich gern in London lebte, einen Knoten der Sehnsucht, ein unbestimmbares Gefühl von Verlust.

»Die Situation ist explosiv?« fragte Martha erschrocken nach. »Madam glaubt wirklich, es wird schlimm da? Mandela war gestern abend im Fernsehen, und der sah ganz ruhig aus, Madam. Er hat über den Frieden gesprochen, über Vergebenkönnen. Vielleicht geht doch alles gut?«

»Ach, Mandela«, winkte Juliette ab und ging aus Marthas Zimmer. Sie wollte nicht mehr dauernd hören und reden müssen von diesem blöden, blutigen Südafrika, nicht dauernd daran denken müssen. Sie hatte es hinter sich gelassen. Sie lebte jetzt hier, in London. Und man hatte doch wohl das Recht auf ein neues Leben. Nelson Mandela, Nelson Mandela. Also wirklich – jetzt sang alle Welt Loblieder auf ihn. Aber was wußten die denn schon? Wie wollte denn jemand, der gar nicht dort gelebt hatte, auch nur ansatzweise begreifen, wie komplex das alles war? Jeden Tag war er in fast jeder Nachrichtensendung mit seinem Heiligengesicht. Und Juliette betrachtete ihn und spürte manchmal, gegen ihren eigenen Willen, eine Hoffnung, einen Wunsch, eine Sehnsucht, auch da unten zu sein, dabeizusein. Dann riß sie sich sofort wieder zusammen und dachte daran, welches Glück sie hatte, da weg zu sein.

Und jetzt erzählte ihr jedermann, sie solle wählen gehen.

»Du wählst doch auch, Juliette, nicht?« fragte alle Welt.

»Selbstverständlich«, antwortete sie immer. Insgeheim fand sie allerdings, das gehe niemanden etwas an.

»Das muß ein tolles Gefühl sein, wenn man an etwas Historischem teilhat.«

»O ja, und wie.«

»Und Ihre Haushälterin – wie hieß sie noch?«

»Martha.«

»Martha, genau. Die ist doch bestimmt ganz aufgeregt. Geht sie auch zur Wahl?«

»Ich weiß nicht genau. Wir haben das noch gar nicht besprochen.«

»Das sollten Sie aber.«

»Das stimmt«, sagte Juliette.

Und so kam es.

»Martha«, setzte Juliette an diesem Abend beim Tischabräumen an, »Martha, mir fällt da gerade ein – weißt du, die Wahl.«

»Madam?«

»Die Wahl in Südafrika nächste Woche. Für die neue Regierung. Offensichtlich darf man auch, wenn man im Ausland lebt, wählen. Also jemand wie ich …«, sie hielt einen Augenblick inne, »und du.«

Martha schien das kurze Zögern nicht bemerkt zu haben, sondern trug weiter Teller ab.

»Martha?«

»Madam?«

»Martha, gehst du auch zur Wahl? Möchtest du wählen?«

»Geht Madam denn zur Wahl?«

»Ja, natürlich«, sagte Juliette hastig. »Joanne und Geoffrey haben angeboten, mich hinzufahren. Da kannst du bestimmt mitfahren.«

Martha räumte weiter, schweigend und nachdenklich.

»Sonst –«, Juliette wollte plötzlich unbedingt eine klare Antwort hören von dieser Frau, die – verdammt noch mal, die besten Jahre ihres Lebens hatte sie doch sozusagen mit ihr geteilt. Sie begriff bestimmt mehr als irgend jemand anders diesen Konflikt, dieses Dazugehören und Nichtdazugehören. »– sonst, also wenn dir das lieber ist, könnten wir auch ein Taxi nehmen, ich und du. Wir beide könnten zusammen wählen gehen.«

Martha blieb stehen. Dann drehte sie sich zu Juliette um und sah ihr in die Augen. »Das machen wir, Madam. Wir gehen beide zusammen wählen.«

Im Taxi saßen sie nebeneinander. Die Fahrt zwischen St. John's Wood und dem Trafalgar Square war zwar nur ein paar Kilometer lang, aber irgendwie schien sie länger und noch bedeutungsvoller als der Flug von Johannesburg nach London. Schließlich hielten sie vor der südafrikanischen Botschaft. Sie stellten sich an die Schlange an. Lauter aufgekratzte, drängelnde Menschen.

»Alles in Ordnung, Madam?« fragte Martha, und zum ersten Mal fiel ihr auf, daß ihre Arbeitgeberin alt wurde. Sie hatte etwas Zerbrechliches, Unsicheres in dieser ungestümen Menschenmenge. Martha nahm ihren Arm. Juliette wehrte sich nicht.

»Mir geht's gut, Martha«, sagte sie, während sie schrittweise vorwärtsgingen, Seite an Seite. »Und du? Wie geht's dir?«

Lola

Von allen widerwärtigen Zeiten in Wien ist der Fasching die widerwärtigste, die Zeit, in der die Wiener ihre ohnehin häßlichen Gesichter mit noch häßlicheren Masken entstellen, das wußte ich schon und hätte daher meinen Besuch in Wien aufschieben sollen, aber ich hatte dort zu tun.

Fasching. Ich habe niemals verstanden, warum Lola sich in Wien niedergelassen hat. Warum nicht in Krakau? Dort hatte sie doch immerhin noch ihre Freunde (die paar, die es noch gab). Oder in der Nähe einer Schweizer Bank? Lola aber hatte sich für Wien entschieden, und schon zweimal an diesem Tag habe ich deshalb im Sirk die rothaarige Kellnerin gesucht, jedesmal vergeblich, bis eine Kollegin in braungestreifter Schürze mir sagte, daß sie die Abendschicht hat, so daß ich jetzt zum drittenmal an diesem Tag da bin.

Dieses Mal aber lege ich den Mantel nicht ab.

Heute abend ist Opernball, und die Wiener haben die Masken zu Hause gelassen; ihre Gesichter können sie hinter nichts mehr verbergen. Einige stehen noch an der Bar des Sirk und trinken aus hohen Gläsern Sekt. Andere überqueren im Frack und in langen, mit Sternen und Monden bestreuten Kleidern auf dem Weg zur Oper die Straße. In der geschlossenen Veranda zur Mahlerstraße liegen die aufeinandergestapelten Weihnachtsbäume dieses Winters, noch nadeln sie nicht. Irgend jemand sitzt an Lolas Tisch in der Ecke zur Mahlerstraße; ein fremdes Gesicht.

Als Lola starb, war ich untröstlich und wußte lange nicht, was ich tun sollte. In Paris klingelte das Telefon. Man rief mich aus Wien an und teilte mit, Lola sei in Kopenhagen an einem Herzschlag gestorben. Schon vor ihrer Reise hatte sie sich Sorgen gemacht, weil sie in Hamburg umsteigen mußte. Sie fürchtete den mehrstündigen Aufenthalt auf dem Bahnhof. Der Tod war augenblicklich eingetreten. Sie sei ohne Schmerzen gestorben, und alle diese Entfernungen, die sich jetzt am Telefon aufstauten, zwischen Kopenhagen und Wien und jetzt auch noch Paris, machten mich noch untröstlicher; im Telefon hoben die Namen dieser drei Städte sich auf und löschten einander aus, für Lola schien kein Ort mehr dazusein.

Ich legte auf und trat ans Fenster. Unten kehrte der portugiesische Hauswart in seiner grünen Schürze den Hof. Der Besen fegte über das Steinpflaster, hin und her, so wie gestern, morgen, übermorgen, an allen Tagen, die unerbittliche Bewegung des Perpendikels einer Uhr.

Lola war tot. An einem Montag im Jänner war sie auf einer Straße in Kopenhagen zusammengebrochen. Im kältesten Winter seit Menschengedenken war sie in Wien in den Zug gestiegen, um quer durch Europa zu ihrer Tochter zu fahren. Lola war in Kopenhagen an einem Herzschlag gestorben; mit einer Flasche Wein in einer Papiertüte in der Hand. Hätte sie zwei Flaschen kaufen sollen? Am Morgen hatte Lola sich mit Janka deswegen gestritten, und ich bin nach Wien gekommen in Lolas Stammcafé, um der rothaarigen Kellnerin zu sagen, daß nicht einmal dieser ganz normale Tod mir ein Trost sein konnte: nicht einmal, daß Lola die Welt auf andere Weise verlassen hatte, als ihr zugedacht war.

Lola war statt dieses Deutschen gestorben, den sie mich seit Jahren zu erschlagen bat. Gerade ich sollte es tun; mich hatte sie als Stellvertreter auserkoren. Auch wenn sie ihren Mordplan mit großem Ernst vortrug, wollte ich jedesmal mit einem nervösen Lachen darüber hinweggehen, mit einem unsicheren Lachen. Wollte sie mich auf die Probe stellen? Der Kontrast zwischen ihrer mörderischen Absicht und ihrer gebrechlichen, fast ängstlichen Gestalt wirkte so komisch, daß er ihrem Plan weitgehend die Bedrohlichkeit nahm. Bestehen blieb das Phantastische, das Beunruhigende. Lola lächelte selber ein wenig darüber, ich aber konnte nicht vergessen, daß sie ausgerechnet mich auserkoren hatte, diese Sache in Angriff zu nehmen. Ich sollte es für sie tun. Sie sagte das so, als wären wir auf dem Land und sie hätte mich in den Hof geschickt, um einem Huhn den Kopf abzuschlagen. Aber ich hatte nie den Wunsch verspürt, einen Deutschen zu erschlagen, und sah es allmählich als meine Aufgabe, diesen Mord zu verhindern.

»Das kann nicht dein Ernst sein«, sagte ich.

»Was?«

»Daß du einen Deutschen erschlagen willst.«

»Aber doch nur einen.«

Wie üblich saßen wir in einem Kaffeehaus in der Innenstadt; in ihrem Sirk, Landtmann, Tirolerhof oder in meinem Bräunerhof. Sie zog das Sirk vor, weil dort die Kellnerinnen sehr freundlich waren, vor allem die Rothaarige, bei der Lola sicher war, daß sie aus Polen kam, auch wenn es ihr nie gelang, ihr auch nur ein einziges polnisches Wort zu entlocken. Ich könnte Gift darauf nehmen, sagte Lola immer. Die Rote kommt aus Polen! Aus irgendeinem Grund bildete sie sich ein, im Bräunerhof rieche es nach Essen. Sie mied das Bräunerhof. Meist fand ich mich damit ab.

Weit entfernt war ihr Mord nie, und hartnäckig kam sie stets darauf zurück: Bevor sie selber sterbe, wolle sie einen Deutschen umbringen, egal, welchen Deutschen, und die scheinbare Zufälligkeit, mit der sie immer wieder auf dieses Thema zurückkam, machte mich erst verlegen, dann nervös. Und Lola bemerkte das und schwieg.

Jedesmal, wenn wir uns trafen, schien sie geschrumpft zu sein, als wolle sie langsam und friedlich aus dieser Welt scheiden, aus eigenem Willen. Eilig hatte es Lola nicht. Forschend betrachtete sie mich von unten her; nur die braunen Augen waren jedesmal größer geworden. Ihr Gesicht war zerknittert. Es erinnerte an eine Walnuß. Für mich war es nicht angenehm, einsehen zu müssen, daß ich natürlich die besseren Voraussetzungen mitbrachte, den Mord in die Tat umzusetzen, als Lola selber. Ein Mord! Ich schwieg in der Hoffnung, das Thema sei damit erschöpft, wenigstens für dieses Mal, und unser Gespräch würde nun endlich eine andere Richtung nehmen.

Wir teilten uns eine Portion Apfelstrudel, jeder trank ein Glas Weißwein. Dennoch konnte ich mir nicht verkneifen, sie zu fragen, wie das mit dem Mord zugehen sollte, mehr aus Höflichkeit als aus echtem Interesse.

Sie zuckte mit den Schultern.

Einfach so.

Das beruhigte mich. Es war nur allzu offensichtlich, daß Lola sich nicht wirklich mit der Sache beschäftigt hatte, nicht mit ihrer praktischen Seite, und daß sie deshalb auch keine Vorbereitungen getroffen haben konnte. Aber selbst wenn es mich beruhigte, daß sie in ihrer Handtasche kein Zyankali und keinen Hammer mit sich herumtrug, war es schlimm, daß ihr jeder beliebige Deutsche recht war. Wenn sie schon unbedingt einen Deutschen erschlagen mußte, hätte sie sich einen aussuchen können, der ihre Rache verdiente. Aber ein ganz beliebiger? Das war willkürlich und ungerecht. Warum wollte sie diesen Mord dem Zufall überlassen, wenn immer noch der eine oder andere Deutsche von damals unter uns war und frech, ohne Maske, sich traute, wie jeder andere von uns aufzutreten, obwohl er wirklich Lolas Hammer, das heißt meinen, verdient hätte. Einige waren noch am Leben. Nimm einen von denen, sagte ich. Keinen unschuldigen! Sonst hätte sie ja die Deutschen ebensogut ihrem Gott oder der deutschen Justiz überlassen können. Meine Argumente schienen Lola zu amüsieren, und irritiert fuhr ich fort: Wäre es nicht noch besser, allen zu verzeihen? Jedem einzelnen von ihnen? So könnte man die Sache ja auch angehen, sagte ich, und mich oder ein anderes Werkzeug aus dem Spiel lassen. Sicher wäre das der vernünftigere Weg zur Verbesserung der Welt, als wieder damit zu beginnen, Menschen totzuschlagen.

Lolas Interesse, die Welt zu verbessern, war nicht sonderlich groß. Sie blieb fest, eine kleine, starrköpfige Dame, die mich dazu benutzen wollte, einen Deutschen für sie totzuschlagen, und Lola sah sich um, wo wir gerade saßen, in ihrem Sirk, Landtmann, Tirolerhof oder meinem Bräunerhof, als hoffe sie, dort ihren Deutschen zu entdecken. Die Verbesserung der Welt war nicht Lolas Sache, aber vielleicht war das mit ihrem Bedürfnis nach Rache nicht anders. Es schien mir, daß ihre Jugend sie mehr interessierte als Welt und Rache, was den Mord, den sie im Kopf trug, noch unbegreiflicher erscheinen ließ.

Lola malte sich herausfordernd an, für ihr Alter übertrieben. Ihre Kleider waren elegant und teuer. Die Herbst- und Wintergarderobe kleidete sie besonders gut. Lolas Farben waren die des Herbstes; beide bedienten sich der gleichen Farbpalette, und in diese drängte schon der Winter hinein, ohne daß der Sommer ganz vertrieben war. Der Herbst war ihre Jahreszeit. Sie muß sich entschieden haben, ein für allemal dabei zu bleiben, auch im Sommer, wenn sie alles auszog, was sie auf dem Leibe trug, um sich den ganzen Tag im Krapfenwaldl im Luftbad zu sonnen. Splitternackt lag sie den ganzen Sommer über in der Sonne.

Dann kam der Herbst. Die Tür zum Kaffeehaus ging auf, und da stand sie: braungebrannt, fast schwarz, in einem neuen Herbstkostüm.

Ich war ihr Kavalier. Sie hatte mich zu ihrem Deutschenmörder ernannt, aber auch zu ihrem Kavalier, eine Entscheidung, diktiert von Liebe und ohne daß sie mich gefragt hätte. Ich ließ sie gewähren, obwohl ihr Flirten mich verlegen machte. Dann war Lola die junge Frau, die sie niemals hatte sein dürfen, und von dieser Frau wußte ich fast nichts, nur, daß sie mir an einem Wiener Kaffeehaustisch gegenübersaß. Sie schminkte und puderte sich in meiner Gegenwart. Auch das machte mich verlegen. Doch ich ließ es zu, blätterte währenddessen in einer Zeitung, nicht großzügig genug, um bei diesem Spiel der alten Dame, die auf jung machte, mitzutun. Mehr störte mich, daß sie sich lächerlich verhielt, auch wenn wir beide die einzigen Zeugen dessen waren; alle anderen waren schließlich mit sich selber beschäftigt. Es schickte sich aber trotzdem nicht, und die Männer in ihrem eigenen Alter mußte Lola damit wohl schon verjagt haben.

Wo waren sie nun? In ihrem Alter brauchte sie kein Risiko mehr zu fürchten, aber der Versuch, mich mit Hilfe eines schlampig geplanten Mordes an sich zu binden, sprach weder für ihre Urteilsfähigkeit noch für ihren Geschmack. Lola sah, daß mich etwas bedrückte. Ich schwieg, und das amüsierte sie wieder; die alte und die junge Lola. Sie hatte die Angewohnheit, in einen kleinen Taschenspiegel zu schauen. Auch dies war eine Art, mit mir zu flirten. Sie prüfte ihr Rouge im Spiegel, und ich entdeckte, daß ich meine Hand auf ihre gelegt hatte; unter meinen Fingern spürte ich ihre Adern. Auch im Sommer waren sie schwarzblau unter der Sonnenbräune zu sehen. Ich ließ meine Hand auf ihrer liegen und wurde von Mitleid überrumpelt; sie tat mir leid.

Ich hatte meine Hand auf ihre gelegt und sie aus Übermut zu lange liegen lassen; aus jenem Übermut, den die Eitelkeit einem jüngeren Mann in Begleitung einer sehr viel älteren Frau leicht schenkt.

»*Kochasz mnie?*«

»Ja«, antwortete ich.

»Wirklich?«

»Ja, Lola, wirklich. Ich liebe dich.«

Damit war sie bis auf weiteres zufrieden. Mich aber störte, daß wir in einem Café jemand umbringen mußten, noch dazu einen völlig Unbekannten.

An einem Sommerabend bei mir zu Hause in der Vegagasse legte ich Lola den Arm um die Taille und tanzte mit ihr durch das Zimmer, bis wir hinfielen. Ich war über den Teppich gestolpert. Wir waren in Sievering beim Heurigen gewesen; eigentlich war sie schon auf dem Nachhauseweg in die Taborstraße, es war jedoch ein kühler Sommerabend, und auf halbem Weg hatten wir bei mir zu Hause eine Pause eingelegt, um noch ein Glas zu trinken. Wir fielen hin, Lola Gott sei Dank auf mich, und für einen Augenblick lagen wir einander in den Armen wie zwei Tote, ich spürte ihren Atem im Gesicht und durch den dünnen Kleiderstoff ihren Herzschlag.

Die Fenster waren offen. Es war spätabends, draußen war es dunkel. Der Abendwind wehte die Gardinen hinaus in die Dunkelheit und wieder ins Zimmer. Voll Schreck hielt ich sie in den Armen, den Körper einer alten Frau, einen Körper, über den andere einmal entschieden hatten, daß er gar nicht so alt werden sollte, weshalb diese Umarmung des jungen Mannes für Lola ein doppelter Triumph war. Die alte Frau, die sich auf dem Fußboden an mich klammerte, voll Angst, etwas gebrochen zu haben, war zugleich die Junge, die die Alte nie hatte sein dürfen; ich hielt die Alte im Arm, die Junge umklammerte mich gierig.

An Lolas Annäherungsversuchen war ich nicht ganz ohne Schuld. Auch ich machte ihr schamlos den Hof. Das aber galt der jungen Frau, die die alte niemals gewesen war. Die Junge hatte Orte kennengelernt, von denen ich nichts wußte, und daß sie gerade *dort* gewesen war, verlieh allem, was diese alte Frau sagte oder nicht sagte, besondere Bedeutung, auch wenn die alte Frau von den Orten, die sie kennengelernt hatte, nur wenig erzählte, fast nichts; und gerade das, was sie verschwieg, machte mich neugierig.

Ich belauerte Lola. Sie muß das sofort gespürt haben. Lange wartete ich darauf, daß sie erzählen würde. Ich sagte mir, ich müsse auf sie warten. Ich rauchte eine Zigarette, dann noch eine, als Vorwand, um Zeit vergehen zu lassen. Worauf genau ich wartete, war mir nicht klar, und wenn Lola einen amüsierten Eindruck machte, während ich rauchte, dann, weil sie wußte, mein Warten war vergebens.

Selbstverständlich war meine Annäherung vermessen. Mit ihr wollte ich die Orte aufsuchen, wo sie gewesen war. Ich wollte, daß Lola sich erinnerte und erzählte, was zu vergessen sie sich bemüht hatte. Ich wollte nicht begreifen, daß das zuviel verlangt war. Nicht einmal der Umstand, daß sie nicht vergessen konnte, bedeutete, sie habe mir etwas zu erzählen. Sie erzählte also nichts, und wenn sie gegen ihren Willen an das erinnert wurde, woran sie sich nicht erinnern wollte, wenn Lola sich in der Nacht, starr und in kaltem Schweiß gebadet, in ihrem Bett aufsetzte, war ich nicht da; wenn sie mir etwas hätte erzählen können, lag ich in tiefem Schlaf, dem Schlaf des unschuldigen Mörders.

War sie wach, schlief ich. Und wenn ich wach und zur Stelle war, war sie zwar auch da, aber schon frisch und gepudert; Lola bot sich wieder an, ich schämte mich und schaute mich um, aber in ihrem Sirk, Landtmann, Tirolerhof oder in meinem Bräunerhof schien uns keiner bemerkt zu haben.

»*Kochasz mnie?*«

»Ich liebe dich.«

»Wirklich?«

»Ja, Lola. Wirklich.«

Ich konnte sie nicht dazu bringen, etwas wirklich Wichtiges zu erzählen. Wenn Lola erzählte, dann nur ein paar Sätze, deren Worte einander im Weg standen, eher Abzählreime oder Beschwörungsformeln als eine richtige Erzählung, die Schattenseite der Liebeserklärungen, die sie mir abverlangte. Aus dem wenigen, was ich auf diese Weise doch erfuhr, ließ sich nicht die Absicht erkennen, mir zu Willen zu sein. Vielmehr erzählte sie aus ganz anderen Gründen: um sich selber vor dem zu schützen, was sich nicht erzählen ließ. So landeten wir in einem unserer Wiener Kaffeehäuser, dann bei Harmlosigkeiten. Wir erzählten einander Witze, ohne uns darüber zu amüsieren; wir unterhielten uns wie Geschwister, oft ohne Worte, als würden wir uns die Zeit mit einer Patience vertreiben, ohne uns dafür zu interessieren, ob sie aufging.

Lola wies meine Annäherungen bestimmter zurück als ich die ihren. Hier kam ihr der Deutsche zu Hilfe. Ich war zu aufdringlich gewesen, und um mich abzuwehren, hatte sie einen Deutschen erfunden, um ihn zwischen uns zu stellen. Ich durfte meine Hand auf ihre legen, zu nah kommen durfte ich ihr jedoch nicht. Dann wurde Lola zur jungen Frau, die sie niemals hatte sein dürfen. Im Sirk zog sie sich in die Sofaecke zurück, die Beine hochgezogen, und unter dem Tisch sah ich ihre Schuhe. Plötzlich waren sie leer. Und den Deutschen schickte sie vor, um mich am Platz zu halten.

»Kannst du nicht für mich einen Deutschen erschlagen?«

Da stand er zwischen uns, der Deutsche, noch nicht erschlagen, um mir den einzigen Weg dorthin zu weisen, wo Lola gewesen war, und da sie nicht mich totgeschlagen sehen wollte – Gott behüte! Jeden, nur nicht mich! –, war es jetzt an mir, mit ihrem Deutschen fertig zu werden. Ein einziger, das war wohl nicht zuviel verlangt. Ein einziger Deutscher, irgendeiner, war kein zu hoher Preis. Dennoch viel zu hoch für mich, und erst nach Lolas Tod habe ich begriffen, wie wichtig es ihr war, mir klarzumachen, daß ich mir ihre Erfahrung nicht leisten konnte und sie deshalb in Ruhe lassen sollte.

Warum wollte ich dorthin, wo sie gewesen war? Sie selber wollte schließlich woandershin: zu mir, in die Welt, noch immer unsicher, ob es dort einen Platz für sie gab, falls dieser Platz nicht schon für immer verwirkt war.

»*Kochasz mnie?*«

»Ja«, gab ich zur Antwort und wußte nicht mehr, zum wievielten Mal.

»Wirklich?«

Ein einziges Mal war ich bei Lola zu Hause in der Taborstraße. Ihre Wohnung war fast leer. Sie war möbliert mit einigen schlichten, billigen Gegenständen ohne Bedeutung für sie; ein Tisch, ein paar Stühle, ein Sofa. Auf dem Tisch lag keine Decke. Sie stellte mir ein Glas Wein hin und holte eine Schachtel Fotografien. Schwarzweißfotografien: ein junger, ziemlich häßlicher Mann mit Tennisschläger; ein paar Jugendliche auf Skiern in einer Schneewehe; ein Mädchen im Profil. Vor dem Krieg hatten sie Tennis gespielt. Sie waren Ski gefahren. Alles, was übrig war von dem, was sie vor dem Krieg gemacht hatten, befand sich in Lolas Schachtel. In dieser lagen die einzigen Bilder aus dem Leben der jungen Frau.

Dann war der Krieg ausgebrochen, und die Bilder dieses Krieges waren in Lolas Kopf, mehr Bilder und mit schärferen Konturen als die in ihrer Schachtel.

Die Bilder in ihrem Kopf gehörten der Nacht. Sie hielten sie wach, und in den Nächten war sie mit ihnen allein.

Die Bilder in der Schachtel hingegen waren für den Tag bestimmt. Am Tag war sie nicht so einsam wie in der Nacht, und Lola versuchte, den Tag so lang zu dehnen wie möglich; am Tage leisteten ihr Sirk, Landtmann, Tirolerhof oder Bräunerhof Gesellschaft, so daß ihr das Kaffeehaus fast zur zweiten Heimat wurde, jedenfalls zu einer zweiten Schachtel.

Dann starb Lolas ehemaliger Arbeitgeber. Das war ein harter Schlag für sie. Wir erfuhren davon aus den Zeitungen: Er war beim Baden im Meer ertrunken. In jeder Zeitung konnte man davon lesen, sie aber zweifelte an seinem Tod, obwohl ich ihr die Schlagzeilen in so verläßlichen Zeitungen wie der Neuen Zürcher Zeitung, Le Monde, der Frankfurter Allgemeinen Zeitung und sogar der Herald Tribune zeigte, auch wenn Lola kein Englisch konnte. Dicht nebeneinander sitzend lasen wir auch das Kleingedruckte, Auszüge aus dem Untersuchungs- bericht und die Aussage des Zahnarztes, und widerwillig kam sie zum gleichen Schluß wie die übrige Welt – alles deutete darauf hin, daß er wirklich beim Schwimmen im Meer er- trunken war.

Lola war enttäuscht. So hatte sie sich das nicht vorgestellt. Eigentlich war er für Lola lebend und unbestraft wertvoller gewesen als tot, auf diese klägliche Weise ums Leben gekom- men. Dies war ein allzu normaler, banaler Tod, und es half nichts, daß ich ihn aufzubessern versuchte. Gott selbst müsse ihn ertränkt haben, sagte ich, ihn mit Daumen und Zeigefin- ger bei der Ferse gepackt, in die Tiefe gezogen und dort so lange festgehalten haben, bis sich Mengeles Lungen mit Was- ser gefüllt hatten.

Völlig sicher, daß es sich wirklich so abgespielt hatte, waren wir aber nicht. Wie konnte die Welt mit solcher Bestimmtheit sagen, daß es sich um ihn und keinen anderen handelte? Unter all den Mördern und Schwimmern? Lola legte nicht mehr wie sonst die Zeitungen ordentlich zusammen. Sie blätterte nicht mehr darin, sie ließ sie auf der Marmorplatte liegen, als seien sie zufällig dort gelandet, ein Haufen von Nachrichten, der sie nichts anging. Ab und zu warf sie jedoch einen verstohlenen Blick auf die Überschriften, von der Seite, wie eine Katze, die aus ihrem Napf frißt.

Das gleiche wie in Le Monde stand in der Frankfurter Allgemeinen und sogar in der Volksstimme, aber erst als Mengele auch in der Neuen Zürcher Zeitung ertrunken war, gab sie auf.

»Du siehst«, sagte ich, »Zürich wäre ja doch eine Stadt für dich gewesen. Oder Luzern. Die Kühe und so weiter!«

An manchen Tagen wollte sie an gar nichts mehr glauben. Sie hatte schlecht geschlafen und weigerte sich, zu glauben, daß er wirklich ertrunken war, überzeugt, daß er in aller Ruhe in irgendeinem warmen Ozean weiterschwamm, während die Zeitungen von seinem Tod durch Ertrinken in einem anderen berichteten. Und sie wollte auch nicht glauben, daß Gott seine Hand im Spiel gehabt hatte, derselbe Gott, der abwesend gewesen war, als Lola und Mengele sich das letztemal gesehen hatten; daß Gott plötzlich zur Stelle gewesen sein und ihn nach so vielen Jahren vor der südamerikanischen Küste in die Tiefe gezogen haben sollte, sei einer meiner übelsten Späße. Wahrscheinlicher sei, daß er ein schlechter Schwimmer war, seine Kräfte überschätzt hatte und deshalb ertrunken war. Sie aber wehrte sich gegen eine so dürftige Erklärung und wünschte sich Mengele ins Leben zurück.

»Die Leute können doch nicht einfach so sterben, wie es ihnen gefällt.«

Lola hatte Mengele zweimal Auge in Auge gegenübergestanden. Einmal gezwungen, beim zweitenmal freiwillig, für eine Freundin. Lola war an Stelle der Freundin gegangen. Sie sagte »gegangen«, auch wenn deutlich war, daß sie rennen mußte, und als sie mir im Sirk davon erzählte, war das Wichtigste nicht, daß die Freundin zu schwach war, um zu rennen, und Lola ihr das Leben gerettet hatte, sondern daß Lola damals eine andere gewesen war, so jung und gesund, daß sie ohne Zögern ein solches Risiko auf sich genommen hatte.

Beide Male hatte sie versucht, ihm genau in die Augen zu sehen. Frech habe sie ihn angestarrt, erzählte sie mir im Sirk, und Lola erschrak über ihr eigenes Wort. Frech. Sie kicherte, die Hand vor dem Mund, als sei sie noch immer die junge Frau, die zweimal vor Mengele um ihr Leben rennen mußte, und es war nicht so sehr die Nähe des Todes, die sie in dieser Erzählung hervorhob, sondern ihre eigene Jugend. Frech hatte sie ihm in die Augen geschaut. Sie war jung gewesen, und ihre Jugend von damals gab ihr die Kraft, mir jetzt zu erzählen, wie das zugegangen war: mit diesem leichtsinnigen Entsetzen oder diesem entsetzten Leichtsinn, der den ganzen Unterschied ausmachte zwischen der jungen Frau von damals und der alten Frau mir gegenüber, auf dem Sofa des Café Sirk.

Die Zeitungen schrieben, Mengele sei tot. So hatte sie sich seinen Tod nicht vorgestellt. Dazu hatte ihr ehemaliger Arbeitgeber nicht Wort gehalten. Die Arbeit hatte sie nicht befreit; diejenigen, die gearbeitet hatten, waren fast alle tot, und die wenigen Überlebenden, wie Lola, nicht frei. Sie mochte zwar zurückgekommen sein in die Welt, aber ohne daß dies jemandem aufgefallen wäre; zumindest in dieser Hinsicht war die Welt sich gleichgeblieben, nicht viel anders als damals, als Lola aus ihr entfernt wurde. Die Welt ging ihren blinden Gang wie früher, auch wenn Lola jetzt wieder da war, und sie hat wohl bald verstanden, daß dies auch in ihrer Abwesenheit so gewesen war und auch morgen, übermorgen, an allen Tagen so sein würde, daß ihr Platz ebenso unsicher war wie damals, als sie ihn für sicher gehalten hatte.

Schuldbewußt hatte ihr die Welt einen Platz zugewiesen. Bald aber war sie wieder mit sich selbst beschäftigt, und Lola vertraute ihr nicht mehr. Hätte es eine andere Welt gegeben, sie hätte gegen einen Tausch nichts einzuwenden gehabt.

»*Kochasz mnie?*«

»Lola«, sagte ich, »nicht schon wieder.«

Gerade diese Worte aber hatten ihr ermöglicht, in die Welt zurückzukehren. Liebst du mich? Ständig wiederholte sie diese Frage, um sich zu überzeugen, daß es noch so etwas wie Liebe gab. Und dann dieser kurze Augenblick der Angst: daß ich nicht sagen würde, ich liebe dich. Das war alles, was sie hatte, wonach sie fragte.

Ein paar Worte und eine Schachtel.

So sah deine Einsamkeit aus, Lola, und ich wehrte mich gegen sie. Wie oft bedrückten mich doch diese Treffen in Kaffeehäusern, die mir den Tag zerstörten, während du keinen Tag hattest, der zerstört werden konnte! Wie sehr hast du auf Aufmerksamkeit bestanden für das, was mich nicht interessierte und auch nie interessieren würde; wie oft habe ich dich belogen, um dich nicht treffen zu müssen, in deinem Sirk, Landtmann, Tirolerhof oder in meinem Bräunerhof; wie oft habe ich mich hinter Arbeit versteckt, die es nicht gab, hinter Artikeln, die niemals geschrieben wurden, hinter nichtexistierenden Personen, mit denen ich angeblich verabredet war. Wie vorhersehbar war doch, was du erzählt hast; und was ich wirklich hätte hören wollen, das hast du nicht erzählt. Bis zum Überdruß war ich gezwungen, mir deine Geschichten anzuhören, bis ich nicht mehr wußte, ob du sie aus Bosheit oder aus Vergeßlichkeit herunterleiertest. An nichts wolltest du dich erinnern, aber über mich verfügen, das wolltest du, mich frühmorgens anrufen können, als ich noch schlief, um zu erzählen, du selber habest die ganze Nacht nicht schlafen können.

Als hätte ich dir den verlorenen Schlaf wiederschenken können! Die ganze Nacht habest du gelesen. Bis vier Uhr morgens, erst dann seist du eingeschlafen. Ob ich mir das Buch leihen wolle?

»Was für ein Buch?«

»Das Buch über Wallenberg, das du mir geliehen hast.«

»So ein Buch habe ich nie gehabt. Willst du mir ein Buch über Wallenberg leihen?«

»Das Buch über Wallenberg hast du mir geliehen. *Kochasz mnie?* Was machst du?«

»Ich telefoniere mit dir.«

»Willst du es dir ausleihen? Kann ich mich darauf verlassen?«

»Worauf?«

»Daß du mich liebst?«

»Ja, Lola, das habe ich doch schon gesagt.«

»Wann hast du das gesagt? Glaubst du wirklich, daß er tot ist?«

»Woher soll ich das wissen? Vielleicht ist er tot, vielleicht sitzt er in Sibirien.«

»Nicht der. Ich rede nicht von Wallenberg.«

»Lola, bitte, ich habe noch nicht einmal gefrühstückt.«

»Du hast nicht gefrühstückt? Du mußt ordentlich frühstücken. Versprich mir das! Rufst du mich morgen an? Ganz bestimmt?«

»Ja, warum fragst du denn so dumm! Das habe ich doch versprochen.«

»Ja.«

»Und warum fragst du dann?«

»Einfach so. Wie lange bleibst du?«

»Was meinst du?«

»Vor dem Frühstück, versprichst du das?«

»Ich verspreche es.«

»Wann frühstückst du?«

Lola schien es schwerer zu fallen, den Tag zu beginnen, als ihn zu beenden, obwohl sie am Morgen die Nacht hinter sich hatte, die sie am meisten fürchtete. Oder war es der Nacht gelungen, gegen Morgen ihre gesamten Kräfte aufzuzehren? Nachts wurden ihre Erinnerungen wach. Sie bemühte sich, sie fernzuhalten. Sie hatte Angst, von ihnen überflutet, in die Tiefe gezogen zu werden, wo schon ihr ehemaliger Arbeitgeber Mengele war.

Immer öfter rief Lola mich an, um Hilfe zu suchen, den Tag zu beginnen. Ihre Stimme am Telefon vermittelte mir das

Bild eines Zimmers mit vorgezogenen Vorhängen; dahinter ein einsamer Mensch, der sich zwischen dem ungemachten Bett und dem Sofa im Wohnzimmer hin- und herschleppte. Am Telefon war sie nichts als eine verwirrte alte Stimme. Frühmorgens war der Unterschied zwischen ihrer Nacht und ihrem Tag nicht groß, doch am Morgen hatte sie mich, den sie wecken konnte, einen Menschen mit gutem Nachtschlaf, der schon seine Sachen packte, um Wien zu verlassen.

Bis zum letzten Augenblick war Lola gegen Paris.

Sie wollte nicht, daß ich wegzog. Unter der Sonnenbräune sah Lola müde aus; wenn ich einmal in Paris war, wäre sie in Wien noch einsamer. Wir bezahlten. Ich holte ihren Mantel, und als wir gehen wollten, stellte sie vorsichtige Fragen, die so formuliert waren, daß ich sie mit »Nein«, »Es ist noch nicht endgültig entschieden« oder »Wir werden sehen« beantworten konnte, und als ich genauso antwortete, wie sie es erwartet hatte, schnitt sie eine ihrer Grimassen. Es stand bereits fest, daß ich nach Paris ziehen würde. Das wußte Lola, sie wollte aber nichts davon hören, und ich sprach nicht darüber.

Dann zog ich nach Paris, und Lola starb im Jänner, noch bevor ich ihr hatte mitteilen können, daß ich am dreizehnten Februar in eine Wohnung in der Rue Saint Louis en l'Ile 36 gezogen war und daß auf dem Türschild ihr Name stand, Katz. Ein reiner Zufall; ich mietete mich ein bei einem Monsieur Katz. Zwei kleine Zimmer, Küche, Bad, alles sehr ruhig, und an der Tür stand in blauen, kleinen Buchstaben der Name Katz, als hätten Lola und ich uns nie getrennt und seien in Paris weiter zusammen, auch wenn sie in Wien geblieben war.

Was ist eine Reise in die Weite, verglichen mit der, die wir in unseren Herzen unternehmen? Im Herzen kann nicht einmal der Tod uns trennen, und ich sehe, wie Lola, unzufrieden mit so einer dummen Antwort, eine ihrer Grimassen schneidet.

Da aber war Lola schon tot, und das teile ich nun der rothaarigen Kellnerin in Lolas Sirk mit, auf die ich über eine Stunde gewartet habe. Daß Madame Katz tot ist. Ich sage, Lola sei in Kopenhagen an einem Herzschlag gestorben, wir haben ja so einen kalten Winter gehabt, und Lola habe immer voll Lob von ihr gesprochen, gerade von ihr, und darum wollte ich ihr, weil ich in der Nähe zu tun hatte, sagen, daß Lola nicht zurückkomme.

Das mit dem »Lob« habe ich selbst hinzugefügt, um Lola gegenwärtiger zu machen, obwohl sie schon tot ist. Um uns herum brechen die letzten Gäste auf; sie legen die Pelzmäntel an, um über die Straße zum Opernball zu gehen, zum wichtigsten und vornehmsten Ball der Wiener Saison. Das aber geht uns nichts an, jeder hat mit sich selber zu tun. An diesem Aufbruch sind wir nicht beteiligt, und die Rothaarige lächelt mir zu.

»Sie ziehen nach Paris, nicht wahr?«

»Ich komme gerade von dort.«

Die Rothaarige schaut sich um, von der Tür zieht es kalt herein.

»Sie haben dort doch früher einmal gewohnt?«

»Nein. Nie.«

»Ach so«, sagt sie.

Und ich: »Sind Sie aus Wien?«

»Ja«, sagt sie, und sicher ist das gelogen. Aber das macht nichts, es ändert nichts mehr. Wir stehen still da und haben einander nichts mehr zu sagen. Ich sehe, daß sie den Lippenstift schlampig aufgetragen hat. Ganz still stehen wir da, und vielleicht weil sie nicht weiß, was sie tun soll, fährt sie sich mit der roten Zungenspitze über die Zähne. Die beiden oberen Schneidezähne werden entblößt: rotverschmiert, dazwischen ein schwarzer Spalt.

Der langsame Spiegel

Pedro stammte aus Buenos Aires.

Aber erst nach seinem Tod fing ich an, darüber nachzudenken, was das bedeuten konnte. Ich war zum ersten Mal in Argentinien, auf einem Ornithologen-Kongreß, und ich ging die Avenida Santa Fe hinunter, als mir plötzlich aufging: Das hier hat er also gesehen und gehört, als er ein Junge war. Hat er oft an diese Stadt gedacht, nachdem wir miteinander geschlafen hatten?

Überall um mich herum schwarze Taxis und breite endlose Boulevards, und ich hatte das Gefühl, ständig durch eine duftende leichte Brise auf Obelisken und militärische Denkmäler zuzugehen. Aber wichtig war nicht, was es in Buenos Aires alles zu sehen gab. Entscheidend war nur, daß die Stadt wirklich war, daß sie immer da war, ob mir das nun bewußt war oder nicht, und daß Pedro von hier gekommen war.

Ich war auf dem Weg zu dem Haus, in dem er als Kind gewohnt hatte (das abgerissen worden war und einem nützlichen Betonmonstrum Platz gemacht hatte), als das alles sich in mir verdichtete wie etwas aus einem vergessenen Traum. Ich blieb stehen, als sei ich plötzlich auf ein Rätsel gestoßen. Als ich mich wieder umschaute, stand ich vor einem mit Gegenständen vollgestopften Antiquitätenladen. Ich betrat den Laden, um mir über meine Verwirrung klar zu werden, nickte dem Besitzer zu und ging nach hinten, weil es da dunkler war. Und da, hinter einem Bücherregal und einer ganzen Reihe von Hutständern, entdeckte ich den Spiegel. Er stand auf einer verstaubten portugiesischen Kommode aus dem 17. Jahrhundert in dem verschnörkelten Stil, der nach Vasco da Gamas erster Reise nach Indien in Mode gekommen war, und der Spiegel fiel mir auf, weil er wie eine Lyra geformt war. Ich bin von Beruf Professorin für Ornithologie – mein Spezialgebiet sind nordamerikanische Sperlingsvögel *(Passeriformes fringillidae)* –, aber meine eigentliche Leidenschaft ist die Laute, auch wenn ich nur eine Amateurin auf diesem Instrument bin. Und mich faszinieren alte Instrumente. Natürlich ging ich zu diesem Lyraspiegel hin und strich mit der Hand über seinen Rahmen. Und als ich in den Spiegel schaute, entdeckte ich eine chinesische Reisetruhe aus Kampferholz, in deren Vorderseite eine Schlange geschnitzt war, die eine Laterne im Maul hielt. Die Truhe stand direkt gegenüber dem Spiegel auf einem seltsamen englischen Schreibtisch, dessen Griffe aus Lapislazuli bestanden. Es war die magische Alliteration von Lapislazuli, Laterne, Lyra und Laute, die mich schließlich dazu brachte, meinem Instinkt zu gehorchen und dem Händler ein Angebot für den Spiegel zu machen, und es gelang mir, den Händler – einen uralten Mann aus Paysandú in Uruguay, der nach Pistazien und Brandy roch – auf einen annehmbaren Preis herunterzuhandeln.

An diesem Abend bemerkte ich in meinem winzigen Zimmer im Hotel Estrella zum ersten Mal die einzigartige Kraft, die der Spiegel besaß – die Kraft, Bilder zurückzuhalten. Ich hatte gerade geduscht und meine Bürste genommen, um meine Haare einigermaßen in Ordnung zu bringen. Ich packte den Spiegel aus und entdeckte, daß die Kampferholztruhe und ein Teil des Antiquitätenladens – und nicht ich – auf der Spiegelfläche zu sehen waren. Aus allen Blickwinkeln, gleichgültig, ob ich auf die Seite trat, mich hinkniete oder mich auf den monströsen Schreibtischstuhl des Hotels stellte, bot mir die silberne Oberfläche des Spiegels immer nur verschiedene Ansichten aus dem Inneren des Antiquitätenladens.

Nach einem Augenblick des Schreckens, in dem ich die Nummer der Rezeption wählte, dann aber schnell auflegte, betrachtete ich das Spiegelbild eine ganze Zeit lang und kam dabei zu zwei möglichen Schlußfolgerungen: die erste (und wahrscheinlichere) war, daß das kein gewöhnlicher Spiegel sein konnte; die zweite (und natürlich viel verstörendere) war, daß ich vielleicht verrückt wurde.

In dieser Nacht habe ich von dem Spiegel geträumt, habe mir vorgestellt, er zeige das Bild eines Rosenbrustfinks – des Vogels, über den ich meine Dissertation an der Cornell University geschrieben habe und nach dem meine Tochter Rosalie benannt ist –, und der Vogel flog durch grüne Dämpfe, die aus riesigen Eichen drangen. Dieser Vogel war ein Botschafter, den Pedro geschickt hatte, um Rosalie zu holen und sie in den Himmel zu tragen.

Am Morgen war ich mir ganz sicher, das Spiegelbild des Vogels oder sogar meines Gesichts zu sehen, aber ich fand wieder den Antiquitätenladen. Deshalb verließ ich ein Symposium über Tonmodulation bei Waldsängern vorzeitig und ging wieder zu dem Laden des Händlers aus Uruguay. Ich berichtete ihm von meinen beiden möglichen Schlußfolgerungen.

»Seien Sie versichert, *Señora,* daß Sie nicht verrückt werden«, sagte er mit einem solidarischen Lächeln. »Es handelt sich tatsächlich um eine Zeitverschiebung. Der Spiegel bewahrt anscheinend die Bilder. Sie sickern in ihn ein und brauchen lange, bis sie wieder zum Vorschein kommen. Ich nenne ihn den ›langsamen Spiegel‹.« (Er bezeichnete ihn auf spanisch als den »*espejo atrasado*«.)

»Wie lange dauert es denn, bis der Spiegel seine Bilder freigibt?« fragte ich.

Der Händler zuckte die Achseln. »Ich habe den Laden vor vier Jahren von einem anderen Mann aus Uruguay übernommen, von jemandem aus Punta del Este, und der Spiegel hat bis jetzt noch nichts anderes gezeigt als die chinesische Truhe«, sagte er. »Natürlich hat er auch die Bilder von einigen Leuten gezeigt, die ihn in die Hand genommen haben, und von Leuten, die sich andere Antiquitäten angeschaut haben.« Er lachte und zwirbelte seinen Schnurrbart. »Aber dieses selbstsüchtige Ding hat mir mein Bild noch nicht wiedergegeben. Also ist er mindestens vier Jahre hinter der Zeit zurück.«

»Wissen Sie denn, woher er stammt?«

»Brasilien, glaube ich. Vielleicht portugiesische Handwerkskunst. Möglicherweise auch japanisch. Vielleicht haben die Einwanderer ihn mitgebracht. Ein koreanischer Agronom hat mir einmal erzählt, das Holz, aus dem die Lyra gemacht ist, sei japanischer Ahorn.«

Der Antiquitätenhändler erbot sich großzügig, den Spiegel wieder zurückzukaufen, falls ich von seinen verzögerten Spiegelbildern enttäuscht sei. Aber ich versicherte ihm, daß ich ihn behalten wollte, dankte ihm für seine Hilfe und ging ins Hotel zurück.

Der Spiegel stand zwar auf dem einfachen Schreibtisch neben meinem Bett, zeigte aber beharrlich weiterhin die chinesische Truhe und den Antiquitätenladen. Und wenn ich mich ganz weit nach rechts stellte, konnte ich jetzt den ersten Händler aus Punta del Este in Uruguay sehen, einen kleinwüchsigen, hutzeligen Mann, dessen Brille durch ein Klebeband zusammengehalten wurde. Er saß hinter einem Tisch, auf dem ein barocker Leuchter stand, dessen Arme sich schlängelten und wanden wie die einer Hindugöttin. Kräftiges Sonnenlicht, anscheinend gefiltert durch vorbeiziehende Wolken, drang durch ein Fenster herein, an dem ein vergoldetes byzantinisches Kreuz hing. Ich schaute wie hypnotisiert in den Spiegel, und nach einiger Zeit kam eine hochgewachsene Frau in Schwarz in den Laden, ging herum und verließ das Geschäft wieder, ohne etwas gekauft zu haben. Der Händler aß etwas aus einer weißen Tüte, als müsse der Inhalt der Tüte geheimgehalten werden. Er las ein großes, in Leder gebundenes Buch. Später krochen die scharfen Schatten von Möbeln, die man nicht sehen konnte, über den Fußboden, als wären sie auf der Suche nach der Nacht. Ein Mann in einem braunen Pelzmantel kam herein, bewunderte eine azurblau glasierte persische Vase und wickelte sie in ein weißes Taschentuch, das er aus der Hosentasche gezogen hatte, bevor er sie dem Mann aus Uruguay zum Einpacken gab. Kurz bevor der Laden schloß, kamen zwei Frauen mit Päckchen und Paketen herein, die sich verlaufen hatten und sich nach dem Weg erkundigten.

Und dann, als ich allein mit den Antiquitäten war, überlief mich ein freudiger Schauer. Es war, als hätte ich, während ich den Laden betrachtet hatte, eine Zeitlang meinen Körper hinter mir gelassen. Und jetzt war ich wieder zurückgekehrt und bewunderte die Finger, Hände, Lippen einer Frau, die die Welt berühren konnte, die sich ihres Platzes im Mittelpunkt des Lebens bewußt war, die atmen konnte, küssen, sprechen. Ich nahm den Hörer ab, um meiner Tochter von dieser Entdeckung zu berichten. Als ich aber ihre zitternde Stimme hörte, beschloß ich, sie einfach zu fragen, wie es ihr ging. Wie es um ihre Gesundheit stand.

»Aber wo bist du denn?« fragte sie.

»Buenos Aires.«

»Immer noch ... wieso rufst du mich dann an?«

»Um zu sehen, wie es dir geht. Es tut mir leid, wenn ich dich geweckt habe.«

Rosalie sagte nichts. Ich stellte mir vor, daß sich in ihren Tränen eine sepiabraune Welt widerspiegelte, aus der alle Farben gewichen waren, stellte mir ein einsames Kind allein in einem tiefen Wald aus einem deutschen Märchen vor. Ohne mir zu antworten, legte sie auf. Keine Verbindung mehr. Ich saß da, den Kopf in den Händen. Bedauerte so vieles. Betrachtete den Antiquitätenladen, der in Nacht getaucht war. Ich empfand den Spiegel jetzt als etwas ganz Normales – sicher ein unmögliches Artefakt, und ganz gewiß ein Geschenk, aber eben nur eines der vielen unmöglichen Dinge, die mich umgaben. Ich stellte mir vor, der Spiegel sei aus dem Hut eines Zauberers gezogen worden, und dieser Zauberer käme aus demselben unsichtbaren Land, in dem Rosalies Leukämie ihren Ursprung hatte und auch meine eigene Hilflosigkeit.

Die Zeit kroch für mich in dieser Nacht sehr langsam

dahin. Ich schlief und träumte und wachte wieder aus kalten, endlosen Träumen auf, und alles war ganz dicht an irgendeinem Gewässer. Und als ich am Morgen aufwachte, war es mit dieser großen Energie, die man spürt, wenn man von etwas befreit ist. Wenn man entkommen ist. Meine Hand umklammerte den silbernen Davidstern, den Pedro mir um den Hals gehängt hatte, als wir uns verlobten. Ich zog mich mit hektischen Bewegungen an und rannte aus dem Zimmer, um rechtzeitig zu einem Vortrag über die Brutdauer bei männlichen Tieren zu kommen.

Zwei Tage später, als der Kongreß mit einer Cocktailparty beendet worden war, packte ich den Spiegel ein, bestieg meine Nachtmaschine und flog zurück nach San Francisco.

Dort, bei uns zu Hause in der 12th Avenue in Richmond, stellte ich den langsamen Spiegel auf meine Rosenholzkommode. Als Rosalie, die sich hingelegt hatte, aufwachte, zeigte ich ihr den Spiegel. »Aus der Stadt deines Vaters«, sagte ich. Geistesabwesend erwiderte sie mein Lächeln, betrachtete ein paar Augenblicke lang das Spiegelbild und sagte: »Er ist zu langsam.« Sie tätschelte meinen Arm, weigerte sich, ihre Bemerkung zu kommentieren, und ging wieder ins Bett.

Erst später verstand ich, was sie gemeint hatte: *Ich habe nicht mehr genug Zeit, um darauf zu warten, daß der Spiegel mein Bild zurückwirft.*

Trotz der dunklen Angst, die mich nicht mehr verließ, als ich das begriffen hatte (oder vielleicht gerade wegen dieser Angst), verfolgte ich das Leben in dem Antiquitätenladen mit großer Aufmerksamkeit, wie unter Zwang, muß ich sagen, und ich kannte mich bald ganz genau in den Gewohnheiten des Händlers aus Punta del Este in Uruguay aus und wußte alles über die schlüpfrigen Neigungen seines Angestellten, der samstags auf den Laden aufpaßte und eine Schwäche für atavistische Blondinen in enganliegender Stretchkleidung hatte. Ich fand auch Gefallen an den Gewohnheiten einiger Stammkunden, besonders an einer elfenhaften Indiofrau, die in La Boca wohnte und einmal am Tag in den Laden kam, um wegen ihrer Nebenhöhlenprobleme an der Kampferholztruhe zu riechen (ich las ihr an den Lippen ab, was sie sagte, als sie mit dem Ladenbesitzer über ihr Leiden redete).

Ich betrachtete den Spiegel oft, wenn ich aufwachte oder kurz bevor ich zu Bett ging, und eine Zeitlang nahm er den Platz ein, den sonst das Lesen, das Lautenspiel und Filme innehatten. Und trotzdem fand ich, wie man sich denken kann, nach einem Jahr mit den Spiegelbildern des Ladens, der Kunden und besonders der chinesischen Truhe, das Leben in einem Antiquitätenladen in Buenos Aires entschieden langweilig und stellte den Spiegel auf den Boden neben meiner Wäschekammer, wo ich von Zeit zu Zeit nachsehen konnte, was passierte, aber nur noch selten von seiner unaufhörlichen Geschichte belastet wurde.

Rosalie wurde damals immer schwächer. Und ihre Schmerzen nahmen zu. Die Chemotherapie brachte kaum etwas. Oft sprach Rosalie zu mir mit der Stimme des winzigen Flügelwesens, das, wie ich mir immer vorstellte, in ihrem schwachen Körper gefangen war. In solchen Augenblicken begriff ich, daß es nicht mehr lange dauern würde, bis dieses Wesen flüchten und aus unserem Leben verschwinden würde wie einer der Kobolde in den Gedichten von Thomas Campion. Ich habe auch jetzt noch Angst, das zuzugeben, aber ich hoffte, daß es rasch vorbeigehen würde.

Schon bald, nachdem ich den Spiegel weggestellt hatte, bat mich Rosalie mit zitternder Stimme, ihn direkt gegenüber ihrem Bett an die Wand zu hängen. »Ich hab etwas Unmögliches in dem Spiegel gesehen«, sagte sie. Sie weigerte sich, mehr zu sagen, und zeigte mir als Erklärung eines ihrer alten Kinderbücher, das sie versteckt haben mußte. Es war ein italienisches Buch mit Vogelillustrationen von Bruno Munari, und die Farben der Vögel – das Rot, das Blau und das Gelb – wirkten wie Farben von wirklichen Federn. Es war das einzige Buch, das Pedro aus Argentinien mitgebracht hatte, als seine Familie vor der Verfolgung durch eine antiintellektuelle, antisemitische Diktatur flüchtete. Alle anderen Bücher waren zurückgeblieben und hatten sich vielleicht in Rauch aufgelöst. Als Rosalie ein Kind war, saß Pedro oft stundenlang mit ihr da und zeigte ihr die hübschen Bilder. »Was hast du denn gesehen?« fragte ich noch einmal.

Rosalie legte den Zeigefinger auf die Lippen, lächelte, als wolle sie mich trösten, und drückte meine Hand.

Zwei Tage später war sie tot.

Als ich sie fand, hatte sie den Lyraspiegel an die Brust gedrückt, mit der Glasfläche nach unten, als wolle sie das Spiegelbild in ihren Körper aufnehmen. Darunter lag das Kinderbuch. Ich konnte mir nicht vorstellen, woher sie die Kraft genommen hatte, den Spiegel von der Wand zu nehmen.

Was danach geschah, entzieht sich mir, als wäre meine persönliche Geschichte auf Jahre hinaus aufs Meer hinausgezogen worden. Ich weiß, ich muß gearbeitet, gegessen und mit anderen Leuten geredet haben – muß all die Dinge getan haben, die man zu tun hat, um zu überleben. Aber meine Gedanken aus dieser Zeit sind von mir abgetrennt durch den unüberwindbaren schwarzen Ozean eines uralten Epos. Wenn meine Geschichte schließlich wieder aus dieser dunklen Landschaft auftaucht, dann sehe ich zuerst Rosalies Gesicht aufsteigen; vor einer Woche, fast auf den Tag genau vier Jahre nach ihrem Tod, sah ich sie in dem langsamen Spiegel. An den Dingen um sie herum sah ich, daß sie in der Tür meiner Wäschekammer stand. Sie schaute direkt nach vorne, und den Ausdruck in ihren Augen kann ich nur beschreiben als den liebevollen Blick einer Frau, die ein Kind anschaut. Nach einiger Zeit kniete sie sich hin und küßte das Glas des Spiegels.

Ich schaute mir das alles in ihrem Zimmer an. Ein warmer Lufthauch umgab mich, der wie aus Tränen war. Ich lag unter Rosalies Bettdecke. Denn ich hatte nach ihrem Tod den Spiegel wieder in ihrem Zimmer aufgehängt und mir angewöhnt, in ihrem Bett zu schlafen.

Am nächsten Tag sah ich, wie ich den Spiegel in ihr Zimmer trug und ihn an die Wand hängte, genau wie ich es vier Jahre zuvor getan hatte.

Danach durchlebte ich Rosalies letzte Stunden. Ich ging nicht schlafen. Ich glaube, mehr als alles andere war es Frieden, den ich in ihrem Gesicht sah. War es nur der Antiquitätenladen, der ihr soviel Trost gab? Ich entdeckte keinerlei Hinweis, bis ich sie mit dem Kinderbuch, das immer auf ihrem Nachtkästchen lag, aus dem Bett aufstehen und mit der Leichtigkeit einer Geistererscheinung über den Boden gleiten sah. Sie blieb rechts von dem Spiegel stehen und schaute ihn sehr lange an, dann stieg sie auf die Kommode und nahm den Spiegel von der Wand. Sie nahm ihn mit ins Bett und hielt ihn ganz fest, so wie man ein krankes Kind hält.

Ein paar Augenblicke später sah man auf dem Spiegel nur noch die Dunkelheit ihrer bewegungslosen Brust. An dem Abend, nachdem ich das alles in dem Spiegel gesehen hatte, flog ich nach Buenos Aires. Als ich ankam, fuhr ich direkt mit dem Taxi zu dem Antiquitätenladen. Der uralte Händler aus Paysandú in Uruguay war immer noch da. »*El espejo atrasado, no?*« fragte er, als ich den Laden betrat.

»*Sí*, darf ich mich umschauen?«

»Bitte.«

Die verschnörkelte portugiesische Kommode stand immer noch im hinteren Teil des Ladens. Ein anderer Spiegel stand jetzt darauf, ein ganz normaler, in dem sich meine Hand widerspiegelte, als ich sie versuchsweise hochhielt. Ich stand an der Stelle, an der Rosalie gestanden und in den Spiegel geschaut hatte. Von meinem Blickwinkel aus konnte ich ein Bücherregal sehen. Es war klar, daß sie das, was sie gesehen hatte, in diesem Regal entdeckt hatte.

Ich ging die Bücher durch, so schnell ich konnte, bis mein Blick an dem Namen Munari hängenblieb. Es war ein anderes seiner Kinderbücher. Auf dem Umschlag saß ein Karmingimpel auf einer Sonnenblume. Ich preßte das Buch an mich und schloß die Augen, fühlte mich plötzlich schwindlig vor Staunen und Angst. Das Dröhnen meines Herzschlags ließ mich hin und her schwanken. Es war, als seien meine Füße im Zentrum der Welt verwurzelt. Ich hielt mich an der portugiesischen Kommode fest, falls ich das Bewußtsein verlieren sollte.

Als ich genug Mut gefaßt hatte, um das Buch mit einer zärtlichen Bewegung aufzuschlagen, fand ich eine Widmung in Ladino, die Pedros Mutter für ihn in das Buch geschrieben hatte: Purim, 14. Adar 5707 (1947). Ich flüsterte den Text der Widmung vor mich hin: »*Para mi pequeño pájaro con amor. El imposible es la prueba.*« (In Liebe für mein Vögelchen. Das Unmögliche ist der Beweis).

Das seltsame Gefühl, daß diese Worte für mich gedacht waren, ließ mir den Atem stocken. Tief unter dem Panzer meines Körpers spürte ich, ich war auf einen Begriff der Welt gestoßen, der sich auf Glauben gründete. War es dieser Glaube, der Rosalie die Gelassenheit vor ihrem Tod verliehen hatte? Pedro hatte bestimmt die Worte seiner Mutter vor vielen Jahren an Rosalie weitergegeben. War sie deshalb sicher, daß sie mit ihm in Gott vereint sein würde?

Als das Eintreten eines anderen Kunden mich wieder in die Wirklichkeit des Ladens zurückriß, bezahlte ich das Buch. Der Händler sagte: »Das Leben ist wirklich rätselhaft. Wir haben dieses hübsche Ding hier jahrelang so ausgestellt, daß jeder es sehen konnte, und niemand hat es gekauft. Und jetzt, wo es versteckt ist, kommen Sie herein und finden es. Daraus soll noch mal einer schlau werden.«

»Vielleicht hat das etwas damit zu tun«, sagte ich und zeigte ihm die Widmung in dem Buch. Als er mich mit großen Augen anschaute, sagte ich: »Das ist Ladino. Ein jüdisches Spanisch, mit hebräischen Buchstaben geschrieben, das noch aus der Zeit vor der Inquisition stammt.« Ich las ihm vor, was Pedros Mutter geschrieben hatte.

»Was glauben Sie, was das bedeutet?« fragte er.

Ich streckte den Arm aus und deutete auf den Laden, die Straße, die Antiquitäten. Ich deutete auf ihn, dann auf mich. »Hat Ihnen die Unwahrscheinlichkeit der Welt ... oder daß etwas absolut Unmögliches geschehen ist, nie das Gefühl gegeben, daß es noch mehr gibt als das Sichtbare?«

»Ah, ich verstehe«, sagte er. Er schob die Lippen vor und hob die Hände in einer skeptischen Geste. Als er etwas sagen wollte, legte ich den Zeigefinger auf meine Lippen und lächelte ihn schweigend mit dem stillen Lächeln Rosalies an.

Nach meiner Rückkehr nahm ich den Spiegel von der Wand und verkaufte ihn an einen chilenischen Antiquitätenhändler im Mission District in San Francisco. Der Händler hatte strahlendblaue Augen. Dann flog ich nach Cornell, wanderte ein paar Tage lang in den Wäldern, hatte immer die Kinderbücher bei mir und wußte nicht, was ich eigentlich suchte, bis plötzlich ein rosafarbener Blitz an mir vorbeischoß. Es war ein Rosenbrustfink, ein Weibchen, und es hatte sich direkt über mir auf den Ast einer knorrigen Eiche gesetzt. Es schaute nach unten auf den Boden. Als ich seinem Blick folgte, entdeckte ich eine Wasserpfütze auf einem Moosbett. Die Pfütze spiegelte das tränenüberströmte Gesicht einer alten Frau wider, und plötzlich huschte ein rosafarbener Schimmer durch grüne Wolken in einen sonnendurchströmten Himmel. Und ich dachte: *Auch Träume sind unmöglich.* Und: *Ob ich davon weiß oder nicht, dieser Wald, dieser Ort ist immer hier. Die ganze Zeit.*

CHRISTINE ANGOT

Ich finde, daß

Ich bin nicht immer Christine Angot gewesen, ich war, zuvor, Christine Schwartz. S. C. H. W. A. R. T. Z, wie Sophie Laroque zu mir gesagt hat, die ins fünfte Arrondissement in die Buchhandlung »L'Arbre à Lettre« gekommen ist, am 8. Oktober, gegen Ende der Lesung. Das letzte Mal hatten wir uns '72 gesehen, wir waren damals dreizehn Jahre alt. Wir besuchten die gleiche Schule in Châteauroux, ihr Haus hatte ein blaues Eingangstor. S. C. H. W. A. R. T. Z, sagte sie zu mir, ich erinnere mich noch sehr gut. Zu meinen Kindern sage ich immer, als Zeichen meines guten Gedächtnisses, ich hatte eine Freundin, ich weiß noch, wie sie sich schrieb. Sie erzählt ihnen davon, um sie während der Hausaufgaben zu ermutigen. Diesen Namen, in Châteauroux mußte ich ihn tatsächlich häufig buchstabieren. Ende '72 habe ich zum erstenmal eine Stadt verlassen. Ich weiß, daß es, damals im November, eine furchtbare Zeit gab, denn jedesmal Ende November, wie eben jetzt auch, beginne ich an Weihnachten zu denken, und ich verspüre manchmal Lust zu sterben, seit Claude fortgegangen ist. Und sicherlich auch, wenn man die Umstände bedenkt, wenn man auch die schwarze Seite bedenkt. Aber nicht nur Ende November, bedenken wir es genauer. Ja, genau, WIR bedenken es, das ist nicht MEINE Geschichte. Das ist mitnichten eine GESCHICHTE. Das ist mitnichten MEIN Buch. Das ist die Geschichte von niemandem, Autofiktion ist nicht möglich. Das ist niemand, das ist ein Niemand. Odysseus hat, auf den Meeren, so viele Ängste durchlebt, indem er kämpfte, um zu überleben. Auf den Meeren. So viele Ängste. Überleben. Kämpfen. Odysseus hatte ständig Angst, und zu überleben war notwendig, und notwendig war es zu kämpfen, auf den Meeren. Über die die Winde peitschten. Wie dem Boden vertrauen? Es gab keinen Boden, es gab kein Land, es gab keine Ruhe auf dem Meer. Er hatte ständig Angst, aber zu überleben war notwendig, und notwendig war es zu kämpfen. Sie hatte ihren Vater getroffen, in Straßburg, im August. Jetzt ist Ende November. Weiß sie zu dieser Zeit, daß sie einen Halbbruder hat, eine Halbschwester, ihre Mutter war außerstande, es ihr soeben am Telefon zu sagen, sie glaubt, sich erinnern zu können, daß sie, sie selbst, darüber auf keinen Fall geredet hat, der Grund: das war eben sein Leben, und dein Leben war es eben nicht. Dein Leben spielte sich für dich in Châteauroux ab, das andere ging dich eben nichts an. Doch. Das ging mich eben sehr wohl was an. Sie glaubt, daß mein Vater als erster über sie gesprochen hat, über seine Kinder, also '72, sicherlich, ich war damals dreizehn Jahre alt. Der Ödipuskomplex war mit dem zweiten Zusammentreffen in Géradmer aufgelöst worden. Es war zum Schulbeginn im September, ich bin gerade in die vierte Klasse gekommen, noch immer in Châteauroux. Zum folgenden Schulbeginn, im laufenden Jahr, habe ich zusammen mit meiner Mutter die Stadt verlassen, Anfang Januar, zweites Schultrimester. Ich bin in Reims in eine neue Schule gegangen, Notre-Dame. Taittinger, Brigitte, heute Generaldirektorin der Annick Goutal Parfums, von den anderen weiß ich nicht, was aus ihnen geworden ist. Bis auf Baudéan, Claire, Journalistin, ich habe sie während einer Taxifahrt im Radio gehört. Der Traum von vielen dieser Frauen aus Reims war es, Journalistin zu sein, nüchternes Berufsleben und zugleich auch Berührung mit der Kunst, sie entstammen dem Champagner. Lanson, Béatrice. Foureur, Véronique. Henriot, Véronique. Philipponat, Laurence. Brigitte Taittinger ist im gleichen Jahr wie ich ins ›Who's Who‹ aufgenommen worden, aber nicht mit der gleichen Begründung. Ihr Traum war es, Journalistin zu sein. Sie ist heute Generaldirektorin der Annick Goutal Parfums, arbeitet viel mit Japan zusammen, ihr letztes Produkt heißt »Ce soir … ou jamais«. Der Name war sehr früh angemeldet worden, weil er für genial gehalten wurde. Was passiert, Ende November, in Châteauroux? Weihnachten wird vorbereitet, ich vermute, wie überall. Weihnachten wird hier vorbereitet wie auch in anderen Kleinstädten, Boulevard Victor Hugo und Avenue de la République, vermutlich beginnt man damit, Girlanden aufzuhängen, leuchtende Girlanden. Tannen werden sich aufrichten und dann wird man sie anstrahlen. Was werde ich verschenken? Ich muß beginnen, mir darüber Gedanken zu machen. Ich muß beginnen, mir darüber Gedanken zu machen, was ich meiner Mutter schenken werde. Meine Eltern beginnen, sich darüber Gedanken zu machen, auch telefonisch, zweifellos, untereinander und in Abstimmung mit mir. Meine Eltern, das erste Mal, daß ich das sage, das erste Mal, daß ich das schreibe. Mein Vater und meine Mutter waren meine Eltern. Ja aber natürlich, immer in Abstimmung mit dir, immer mit dir zusammen, immer jede Menge Gespräche, bei uns redete man, bei uns wurde immer viel geredet. Meine Eltern. Einwilligung. Erreichen. Aus nichts wurdest du je ausgeschlossen. Bis auf ... aber damit habe ich nichts zu tun. Bis auf das. Daher empfand ich auch keinen besonderen Kummer, als dein Vater starb, glaube ich. Ich gebe es zu, ich gestehe es ein. Ich empfand keinen besonderen Kummer, ich empfand Kummer für dich, und für ihn, ja selbst das, siehst du, vielleicht hatte ich hier Unrecht, nebenbei bemerkt, aber ich, nein, wichtig ist ... hör zu ... daß wir zusammen sind, wir beide hier. NEIN? Viel später, Monate später, eigentlich gestern: es gab eine Kreuzfahrt auf dem Rhein: ich hatte abgelehnt hinzugehen, weil das Ganze in Straßburg beginnen sollte. Zuerst die Einwilligung, dann das gute Gewissen. Ich erkläre zuviel. Guy Bedos sagt: ich arbeite nicht für den Klassenletzten. Und ich, nun, ich versuche auch an ihn zu denken. Man fragt mich, ob ich meinen Namen ändern will, ich willige ein, man würde den Städtewechsel nutzen können. So würde man den Fragen ausweichen, stets sollte man die Vereinfachung vorziehen, das macht es einfacher. Wenn man Stadt und Namen zur gleichen Zeit wechselt, wird der Wechsel unsichtbar. Ich werde neu erscheinen und ich werde sagen: Christine Angot. Und anstatt immer als Letzte bei der Namensverlesung bedient zu werden, werde ich an den Anfang der Liste rücken. Das A ist besser angesehen als das S. S, das heißt Schlange, und A, ange, das heißt Engel. Wenn ich all diese Ängste überleben wollte, so habe ich mich innerlich, das ist sicher, Niemand genannt. Es sind viele Tote im November, viele Trauerfälle, am 2. Pierre Angot, und vom 26. bis 28. Schwartz, Christine, die ich gernhatte. Ich hatte es gern, dieses kleine Mädchen. Es hatte dieses Sommergeschenk gegeben, das meinen Komplex aufgelöst hatte, und dann das Geschenk, Ende November, telefonisch angekündigt, zur gerichtlichen Bestätigung, dreizehn Jahre ist früh, um den Namen zu wechseln, der Städtewechsel bietet die beste Gelegenheit. Um die Namen zu wenden, die Städte, die Länder und den Himmel, die Zungen in meinem Mund. Champagner. Du brauchst zu dem Mädchen Lanson nur zu sagen: ich bin Angot. Angot, Christine, Christine Angot, aber innerlich Niemand, selbstverständlich. Den Olivenbaumstamm hatte ich nicht ins Feuer gehalten, mein Boot war nicht vertäut und ich war sehr jung. Ich ERZÄHLE nicht. Ich erzähle nicht MEINE Geschichte. Ich erzähle keine GESCHICHTE. Ich entwirre nicht MEIN Chaos. Ich wasche nicht MEINE schmutzige Wäsche. Sondern das Gesellschaftslaken. Ende November, wenn man sie den Namen wechseln lassen würde, würde sie mir nichts dir nichts heißen wie alle anderen auch, wie ihr Vater. Alle Väter, alle Kinder. Es gibt niemanden, der nicht wie sein Vater heißt. Gleich sein. Und dann wechseln wir die Städte. Aus den Augen aus dem Sinn, wir ziehen Eselshäute über, niemand wird bemerken, daß wir uns davonschleichen. So passieren wir einfach den großen Fels. Ende November. Und am 14. Dezember '72, Anerkennung des unehelichen Kindes.

[...]

Die Stadt verlassen, Ankunft in Reims ... diese Ankunft, ich werde sie nicht beschreiben. Sondern nur präzisieren. Ich sage, was ich finde. Mein Vater hat immer zu mir gesagt: »Ich finde, daß« sagt man nicht. Tja also, ich finde, daß:

Mit falschen Papieren, klammheimlich, wechseln wir die Stadt. Aus den Augen aus dem Sinn, niemand außer mir wird's bemerken, den Wechsel der Identität. Niemand anderer außer mir wird sie angeben müssen, ich werde nur sehr vorsichtig vorgehen müssen. Ich werde Papiere erhalten, ich werde nur meine neuen Papiere vorzeigen müssen. Ich werde meine neuen Papiere nicht vorzeigen müssen, es gibt ja den Städtewechsel. Das wird geschehen, ohne von jemandem bemerkt zu werden, sonst wäre es ja notwendig gewesen, mein Gesicht erneuern zu lassen. ›Aufheiterung‹ hätte ich mein Buch dann genannt, und nicht ›Die Stadt verlassen‹. Und, bei der Gelegenheit, zugleich der Wechsel der Rassen, die Polizei wird keine Möglichkeit haben, meine Spur zu finden. S. C. H. W. A. R. T. Z., das war jüdisch, zusammen mit dem Vornamen meiner Mutter, Rachel, ging es, aber bei mir, Christine, was sollte das bedeuten. Christine Schwartz, finden Sie, daß das gut zusammen paßt? Nein, das paßt nicht gut zusammen. Es war notwendig, daß ich den jüdischen Namen meiner Mutter trug, und schließlich wurden die Städte gewechselt, man war im Begriff, mir Angot zuzuschreiben, einen normannischen Namen. So bräuchte ich mir im Zug mein Gesicht nicht erneuern zu lassen. Es wird andere wie mich geben, die Namen von Vätern aus der Normandie tragen werden, aus der Auvergne, aus Katalanien, aus Béarn, Berry, *pur beurre*, reine Butter, *Pâté de Pâques*, Osterpastete, aus Berry, mit dem Ei in der Mitte, es wird logischer sein, daß ich das liebe. Eigentlich logischer. Ein wenig Logik. Los, fügen wir dem Ganzen etwas Logik bei. Wir kommen in der Stadt des Champagners an, in der Stadt des Festes, Namen der Champagne sind üblich. Schwartz, das paßte nicht zu mir, es allein zu buchstabieren, reichte schon. Wie Balavoine es in ›La Ziza‹ sagt: »dein gelber Stern, das ist deine Haut, da hast du keine Wahl«, übrigens ein fragwürdiger Satz, finde ich. Ich finde, daß. Dieser Satz von Daniel Balavoine ist etwas fragwürdig. Müßte man mal eines Tages in Nostalgie äußern. Ich hatte plötzlich die Wahl, Ende November '72. Möchtest du sie gelb, die Haut, möchtest du ihn gelb, den Stern, möchtest du sie *à la pur beurre*, reine Butter? Lieber Normandie? Was ist dir lieber? Sag uns, was dir lieber ist. Das Gesetz von '72 ermöglicht es dir, du kannst sagen, was dir lieber ist, die Regeln haben sich geändert, du kannst sagen, was dir lieber ist, und du hast selbst das Recht auf einen Teil des Erbes an dem Tag seines Todes, auf die Güter, die nicht Teil der Gemeinschaft sind sicherlich, oder auf die Hälfte, nun, du wirst es ja sehen, so weit sind wir noch nicht, das muß jetzt nicht bedacht werden. Bedacht werden muß, daß du ein normales Familienbuch bekommst. Und daß niemand, da wir ja die Städte wechseln, es bemerken wird. Und was den rosa Stern betrifft, der wird folgen, an dem Tag, an dem du ihn haben willst, wirst du ihn bekommen. Dein Vater war bislang tot, ab jetzt kannst du, wie alle anderen kleinen Mädchen auch, sagen, er lebt, dafür werden wir Schwartz, Christine aus dem Verkehr ziehen. Ich sterbe, was hätte sie wohl dazu gesagt, sie, Nathalie. Nichts, winzige Nichtigkeiten, nichtige Kleinigkeiten, Hälften, winzige Fadenenden, die sie noch sortiert hätte, und zwar nicht nach Farben, sondern nach Farbnuancen, um alle kleinen Enden in sich zu finden. Wo hingegen ich, selbstverständlich, da ich, auf Anhieb, mit dem Hieb eines Schwertes, gestutzt worden war, gelber Stern oder pure Butter, rosa Stern oder Männer, Schwarz oder Farbe, keine besondere Lust habe, hier, jetzt, spitzfindig zu werden. Ich zeige lieber mit dem Finger auf das Verbrechen, ich finde, daß das ein Verbrechen ist. Ich finde, daß es ein Verbrechen ist, Familien zusammenzupferchen. Ich finde, daß es ein Verbrechen ist, die Stadt zu wechseln, ich finde, daß das zumindest nicht das Verbrechen verhindert. Das Verbrechen war fast ein perfektes, da man ja die Stadt gewechselt hatte. Aus den Augen aus dem Sinn Schwartz, Christine, ich sterbe. Ich sterbe genau zu Weihnachten, obwohl ich mich Christine nenne, nein, halt, ich träume. Ich träume, ich sollte genau in diesem Moment eigentlich fühlen, daß, finden, daß es prima ist, daß Weihnachten ist, und na bitte, keineswegs. Seit drei Jahren, ich sterbe und das fängt Ende November an und das dauert an, seit Claude fortgegangen ist, seit ich frei bin. Seit ich eine bürgerliche Frau kennengelernt habe, nicht gerade cool, die ihren Familiennamen sehr schön findet. Ohne herumzukritisieren. Ich sterbe, ich kritisiere nicht herum. Das war der Städtewechsel, aber selbst, ja selbst davor, was hatte ich denn in Châteauroux zu suchen, was hatte ich da nur zu suchen? Wie kommt es, daß ich da geboren bin und daß ich da über vierzehn Jahre geblieben bin? Was hatte ich da nur zu suchen? Ursprünglich, von wo kommen Sie? Ich komme von einer Reise. Per Zug, per Auto, die Pflanzen hinten verstaut, und nun eben per Flugzeug. Das Verbrechen war fast ein perfektes, was nicht geschehen durfte, war, das Kind zu entstellen, also hat man vorgezogen, die Stadt zu wechseln. Ende November, eiliger Notfall, man weiß es, man wird die Stadt wechseln, sie hat ihre Versetzung, sie, meine Mutter. Es ist Eile geboten, die Papiere sollen folgen, die Präfektur, die Stadtverwaltung. Die große Reise meines Vaters nach Châteauroux, um mit meiner Mutter zur Stadtverwaltung zu gehen. Ich sterbe, bin aber zumindest wie die anderen kleinen Mädchen. Er kommt am 18., um die große Reise zur Stadtverwaltung zu machen, aber, schon am 19., um die Feste vorzubereiten, Abfahrt. Wir verbringen Weihnachten in Châteauroux, ich trage einen neuen Namen, ei, wie merkwürdig. Und all das gemäß den striktesten Regeln der Gesetzgebung, des Familiengesetzes, des Abstammungsgesetzes. Vollkommen normale Regeln haben mir endlich ermöglicht, einen vollkommen normalen Namen zu tragen, den anderen mochte ich sowieso nicht, unter vollkommen normalen Bedingungen, wo ich niemandem etwas zu erklären nötig hatte, bis auf Sophie Laroque. Die ins fünfte Arrondissement in die Buchhandlung »L'Arbre à Lettre« gekommen ist, um

mich zu sehen. Sie hatte mit Marie-Osmonde Balsan telefo-
niert, einer anderen Freundin, Tochter von Balsan-Teppich-
böden, Industrielle, in Châteauroux, denen ein ausgedehnter
Park in der Stadt gehörte. Man wurde zum Rollschuhfahren
eingeladen. Denn es gab Platz. Ein wenig wie bei Marie-Chri-
stine, deren Vater in Oran eine Klinik besaß. In der man mich
hätte pflegen können, hätte ich die Stadt nicht gewechselt,
wie hätte mich das ermüdet, immer und immer wieder zu
wiederholen, ich habe den Namen gewechselt, mein Vater ist
nicht tot, er lebt, es zu erklären. Es stimmt, das ermüdet
einen. Das Verbrechen wäre ein perfektes gewesen, wäre es
nicht mit Weihnachten in Verbindung gekommen, und also
der Geburt Christi, wenn ich normalerweise zur Welt komme.
Es gab eine Redewendung in Châteauroux »Du treibst mich
noch in den Wahnsinn«. Ich frage mich, ob es nicht das war,
was man vorhatte, mich in den Wahnsinn zu treiben. Aber
weit, weit, weit davon entfernt, verrückt zu sein, ich überblik-
ke alles. Was nutzte es denn, mich mit meinen neuen Papieren
dazu zu bringen, nach Reims zu emigrieren. Ich finde, daß ich
sterbe. Daß ich Ende November sterbe. Und ich müßte eigentlich schweigen, obwohl ich die Möglichkeit habe, es live zu
sehen, ich bin keineswegs dazu verpflichtet, zu warten, daß
Yann Andréa meinen Tod in vierzig Jahren beschreibt. Es war
fast perfekt und man hatte meine Einwilligung, man hat sie ja
immer, seitens der Kinder. Mag sein, daß ich daher immer
Nein sage, wenn ich mal im Fernsehen bin, von den sehr
seltenen Fällen einmal abgesehen, als es stimmte, was gesagt
wurde. Ich finde, daß das Gesetz von '72, wie übrigens alle
Gesetze, die es gibt, Leute, die eben nicht wissen, warum sie
da und da sind, dazu verpflichtet, die Stadt zu wechseln.
Leute, die sich eben fragen, wie es dazu kommt, daß sie da
und da geboren sind, und wie es dazu kommt, daß sie so und
so heißen, und wie es dazu kommt, daß man existiert, und
wie es überhaupt dazu kommt, daß alles. Die Stadt zu wechseln, da macht man es sich einfach. Die Stadt zu wechseln,
dahinter liegt eine Absicht: nicht erklären zu müssen. Um

sich eine kleine Erklärung zu sparen, wären die Leute fähig, ihre Tochter zu verkaufen. Wo es doch genügt hätte zu sagen: Na komm, meine Liebe, ich habe Unrecht. Na komm, meine Liebe, hier ist dein Geschenk. Na komm, das renkt sich schon ein, auch in Montpellier ist der Himmel mit Sternen übersät. Nette Leute gibt es überall, haufenweise intelligente Leute, es genügt, es ihnen zu erklären, und man wird es tun. Man wird zu ihnen sagen: Ich liebe Christine. Man wird es ihnen sagen, und man wird ihnen erklären, warum. Ich werde es tun, ich fange an. Aber fangen Sie nicht an, sich einzubilden, ich würde schreiben, um von Ihnen geliebt zu werden, unmöglich das. Sie sehen ja selbst, daß diese Sätze Distanz aufbauen. Armselige Träume sind das, kindische Idiotien. Also, hast du eine Lösung? Was schlägst du vor? Was hätte man tun sollen?

Wir hören auf damit. Wir suchen nicht nach Lösungen. Niemand wird angeklagt. Niemand ist perfekt. Versuchen wir fortzufahren, und, wenn möglich, nicht klammheimlich dieses Mal. Weder Richtung Normandie, noch Juden, noch sonst etwas. Wir hören auf damit, die Namen, alle Namen werden entfernt, alle Wörter werden entfernt. Alle Papiere werden entfernt. Es gibt nur eines, das wir bewahren werden, nämlich: ich finde, daß. Das, ja, das bewahren wir.

Giardino Zoologico, Mailand

Auch Gorillas haben Familie.

Max zum Beispiel hatte in vielen europäischen Hauptstädten Verwandte, das war wie bei einer alten Bankiersfamilie, die sich über ganz Europa verzweigt hat. Wie das kam? Max' Vater, ein gewisser Günther aus Zürich, war zu seiner Zeit ein gefragter Zuchtgorilla gewesen, ein Klotz von Gorilla mit einem Brustkasten wie ein Zirkuszelt, Muskeln wie schwere Spannseile und Hoden wie Trommeln, auf die sein Pimmel beim Laufen fröhlich einschlug. In einem komfortablen Käfig reiste er per Bahn durch Europa und vollführte überall seine Künste.

Mit Günther dem Spritzer, wie er von seinem Wärter liebevoll genannt wurde, bestellte sich eine Zoodirektion einen bereitwilligen Fachmann. Kaum wurde sein Käfig auf ein Zoogelände gefahren und Günther roch mit geübter Nase das empfängnisbereite Weibchen, da ging sein Geschlecht schon wie ein Schlagbaum in die Höhe, und mit leicht schaukelndem Gang näherte er sich dem Weibchen, das ihm untertänig das rosa Hinterteil hinstreckte, um ihn zur Tat zu bewegen. Doch Günther wußte auch ohne das, was man von ihm erwartete. Er erledigte seine Arbeit mit schweizerischer Präzision.

Max hatte eine Halbschwester in Mailand. Ein Prachtweib mit gesundem, dickem Fell, kräftigen Kiefern und Hüften gleich den Kotflügeln eines Mercedes. Und so hieß sie auch, nach der Tochter des damaligen Zoodirektors. Der fuhr einen Lancia und war mit einer Spanierin verheiratet. Mit ihr hatte er schon vor der Heirat vereinbart, daß sie ihren Kindern abwechselnd italienische und spanische Namen geben würden. Den ersten einem Sohn: Alfredo. Den zweiten einer Tochter: Mercedes.

Zwei Tage nach der Geburt des Mädchens Mercedes bekam die Gorillafrau Emilia ihr Kind von Günther dem Spritzer. Und das Affenmädchen wurde nach der Tochter des Chefs benannt. So hatten Bonifacia, die Frau des Direktors, und Emilia, die mailändische Gorillafrau von Günther, trotz vieler Unterschiede doch eines gemein: Beide waren sie Mütter einer gesunden Tochter namens Mercedes.

Bonifacia, eine stolze Madrileña, fühlte sich durch die Ehrung ihrer Tochter und damit auch ihrer eigenen körperlichen Qualitäten sehr geschmeichelt. Doch schon bald begann ihr die große Aufmerksamkeit, die Emilia und ihrer Gorillatochter Mercedes entgegengebracht wurde, Unbehagen zu bereiten. Jede Menge Zeitungsfotos von der dreihundertfünfzig Kilo schweren stolzen Mutter und ihrem Kind, nichts aber über Bonifacia mit ihren zweiundfünfzig Kilo. Eine Gorillamutter war offenbar interessanter als eine Menschenmutter. Bonifacia begann Emilia zu hassen.

Als die beiden Mercedes ein Jahr alt wurden, oder genauer gesagt: am Tag zwischen den Geburtstagen der beiden Mädchen, erlangte Bonifacia Gewißheit über etwas, was sie schon sehr lange vermutet hatte: Ihr Mann hatte was mit seiner Sekretärin. Deswegen vernachlässigte er seine Frau, der er, seit sie mit Mercedes schwanger gewesen war, nicht mehr ehelich beigewohnt hatte. Sie haßte Emilia, und sie haßte ihren Mann.

Bonifacia konfrontierte ihren Mann mit ihrem Wissen. Zunächst stritt er alles ab. Bonifacia weinte, warf ihm Betrug vor. Seinetwegen habe sie ihr Land verlassen, er interessiere sich mehr für die Tochter dieses Affen als für seine eigene Tochter. Sie warf mit Geschirr um sich und riß das Tischtuch mit der Spaghettischüssel und der Paellapfanne vom Tisch. Ihr Mann geriet dabei in Mitleidenschaft und darüber außer sich und schlug sie und bekannte schreiend, daß er Fabrizia liebe und die Schnauze voll habe von der arroganten spanischen Zicke, mit der er verheiratet sei.

Bonifacia tat, was sie tun mußte: Sie sorgte für Krawall.

Mitte der sechziger Jahre war ein Zoodirektor, der vom Trapez Gebrauch machte, ein gefundenes Fressen für die italienische Boulevardpresse. Er wurde fotografiert, als er mit Fabrizia aus der Wohnung kam, die sie gemeinsam bezogen hatten. Er wurde vor den Gemeinderat zitiert. Bonifacia goß Öl ins Feuer, stellte ihn in den Zeitungen an den Pranger und ließ sich mit Tränen in den Augen und ihrer Mercedes auf dem Arm ablichten. Die Fotos brachen den Lesern das Herz.

Der Direktor wurde auf die Straße gesetzt, floh aus der Stadt und ließ sich später in Rom nieder. Der Mann, der Günther den Spritzer hatte kommen lassen, wurde für genau das verurteilt, was man bei Günther so sehr rühmte. Günther vögelte in ganz Europa, und das war in Ordnung. Der Direktor vögelte nur Fabrizia, und das war nicht in Ordnung.

Bonifacia verzehrten Haß und Eifersucht; in ihren nächtlichen Alpträumen ermordete sie Emilia.

Emilia wußte von nichts. Sie wußte nicht einmal, daß der Bursche, der sie befruchtet hatte, Günther hieß. Ja, die Experten waren sich sogar noch immer nicht über die Frage einig, ob Emilia überhaupt etwas wissen konnte und, falls ja, wie dieses Wissen bei ihr funktionierte.

Nach dem Verschwinden ihres Mannes ging es mit Bonifacia rapide bergab. Sie zog in eine armselige kleine Mietwohnung in einem Vorort von Mailand und fing an zu trinken. Sie verlotterte und haßte sich und die Welt. Als ihr Töchterchen Mercedes in der kalten, zugigen Wohnung fünf Jahre alt wurde – mit mickrigen Geschenken, mickrigen Girlanden, mickrigem Kuchen –, wurde im Tiergarten ein großes Fest gefeiert. Die andere Mercedes feierte ja auch ihren fünften Geburtstag.

Drei Tage später ging Bonifacia in den Zoo. Obwohl sie augenscheinlich betrunken war, ließ man sie mit ihrer Eintrittskarte auf Lebenszeit unverzüglich herein. Sie drang in den noch geschmückten Käfig ein und tötete die andere Mercedes vor den Augen Emilias mit drei Kugeln.

Vor Wut und Trauer brüllend, zerquetschte Emilia daraufhin das feinsinnige spanische Köpfchen Bonifacias und wurde zehn Minuten später von einem bewaffneten Tierarzt zur Strecke gebracht.

Wer hätte erwartet, daß die Vergnügungsreise von Günther dem Spritzer in so einer südländischen Tragödie enden würde? Diese Geschichte voller Leidenschaft, Eifersucht und Haß mit tödlichem Ausgang sprengte die Schlagzeilen der italienischen Boulevardblätter. Zwei Wochen befaßten sie sich nur noch mit dieser tragischen Affäre. Diverse Artikel über Bonifacia, ihre Eltern, ihre Kindheit und Jugend in Madrid, ihre Begegnung mit dem italienischen Biologen; natürlich auch Artikel über dessen Eltern, dessen Kindheit und Jugend in Genua, dessen Begegnung mit der spanischen Schönen, dessen Trapezakt mit Fabrizia.

Der schönste Artikel stand in der neapolitanischen Sensationszeitung *Le Ultime Notizie*. Auf einem graphisch dargestellten Stammbaum prangte ein Foto von Günther dem Spritzer als Stammvater eines Adelsgeschlechts. Er befand sich am Scheitelpunkt der Krone, und unter ihm, auf vielen Ästen und Zweigen, folgten seine Nachkommen, worunter auch Mercedes und Max.

Über der Graphik stand: *Auch Gorillas haben Familie. (Anche i gorilla hanno famiglia.)*

Kurz geklärt
(Statt eines Nachworts)

- Fangen wir mit den Autoren an.
- OK: jüdische Diaspora-Erzähler der zweiten Generation.
- Wir haben Erzählungen und Romanauszüge, aber auch Essays, Satiren, Erfahrungsberichte.
- Also jüdische Prosa der zweiten Generation.
- Der zweiten Generation?
- Alle sind mehr oder weniger nach dem Zweiten Weltkrieg geboren.
- Zweite Generation heißt: die nach dem Zweiten Weltkrieg geborenen Nachkommen der Schoa-Überlebenden.
- Sehr präzise ausgedrückt. Wird jeder gleich lesen wollen. Abgesehen davon: Was ist mit den nach '45 Geborenen, deren Eltern nicht von den Nazis verfolgt wurden? Wie heißen die?
- Sagen wir doch: junge jüdische Autoren.
- Micha Brumlik ist Jahrgang '47. Ist das ein junger Mann?
- Ein junger Mann – nein. Ein junger jüdischer Autor – ja. Jedenfalls zweite Generation.
- Findest du diesen Generationsbegriff nicht etwas verwirrend? Zwischen Arnon Grünberg und Henryk Broder liegen 25 Jahre. Beide sind Kinder von Überlebenden.
- Es heißt ja: die älteste Jugend der Welt.
- Vielleicht können wir uns auf »Neue jüdische Prosa« einigen.
- Genau genommen: nicht alle sind eindeutig jüdisch.
- Wir werden sie wohl kaum in jüdisch-jüdische und nicht-ganz-jüdische unterteilen? Jetzt erst mal: Was ist ein Jude? Aber bitte klar und allgemeingültig.
- OK. Allgemeingültig für mich: einer, der jüdischer Herkunft ist. Und sich als Jude versteht, mit dem Judentum zu tun hat. Für den Rabbiner: einer, der eine jüdische Mutter

hat. Oder vor einem anerkannten Rabbinatsgremium kon-
vertiert ist. Kommt allerdings auch auf die Richtung an:
Orthodoxe, Konservative, Liberale oder Reformierte haben
jeweils eigene Maßstäbe. Es soll auch Fälle geben, in denen
jemand vom Rabbiner, nicht aber von anderen Juden als
einer der ihren anerkannt wird.

– Wenn jemand eine jüdische Mutter, aber mit dem Judentum nichts im Sinn hat?

– Jude.

– Wenn man Tochter einer getauften Jüdin ist, mit einem
jüdischen Nachnamen, wie Christine Angot, vormals
Schwartz? Wenn man nur einen jüdischen Vater hat, wie
Philippe Blasband?

– Kann man mehrere haben?

– Sehr witzig. Wie wäre es mal mit einer Antwort statt einer
Gegenfrage?

– Also, *halachisch* gesehen: keine Juden.

– Wenigstens ist die *Halacha* eindeutig.

– Sicher. Allerdings wird die Eindeutigkeit unterschiedlich
ausgelegt. Außerdem gibt es – neben der religiös festgeleg-
ten – noch andere Formen der Zugehörigkeit. Bei Broder
heißt es: »Auch wenn es schwierig ist, das, was einen Juden
ausmacht, zu definieren – die Religion allein ist es nicht. Es
ist eine Mischung aus Frechheit und Paranoia, schlechten
Manieren und gutem Essen, Rechthaberei und Selbstironie.
Und es ist die Art, wie jeder Jude sein Judesein bestimmt.«

– Super. Wir wissen, was es nicht ist: weder eine reine Glau-
bensgemeinschaft noch eine Nationalität oder ein Volk. Und
eine Rasse schon gar nicht. Was ist mit dem Sinn für die
gemeinsame Geschichte, mit der Schicksalsgemeinschaft?

– Zwei verschiedene Dinge. Für das eine kann man sich entscheiden, in das andere wird man, mit Hilde Domin gesprochen, ungefragt hineingestoßen, »wie in das Leben selbst«.
Aber die nachgeborenen Autoren definieren sich nicht nur
durch das kollektive Gedächtnis, sondern in erster Linie
durch ihre eigene Erfahrung.

– Was sagt eigentlich die Bibel?
– Ursprünglich wurden nur die Mitglieder des südlichen Stammes Juda als Juden bezeichnet. Nach der babylonischen Gefangenschaft und der Rückkehr aus Babel erweiterte man den Begriff auf andere Angehörige des Volkes, die zum Reich Israel gehörten. Mit der Zerstörung des zweiten Tempels im Jahr 70 unserer Zeitrechnung gingen die Reste des jüdischen Staates unter. Seine Bürger haben sich über die ganze Welt zerstreut, und ihre Nachkommen diskutieren seit dieser Zeit die Frage ihrer Identität.
– Kein Wunder, daß die Knesset bei der Gründung des Staates Israel auf diese Diskussion verzichtet hat: Je länger man debattiert, desto schwieriger läßt sich jüdische Identität definieren. Zu diesem Schluß sind einige unserer Autoren auch gekommen. Wie heißt es bei Mihály Kornis? »Damals wußte ich nicht so recht, wer die Juden sind, ich weiß es auch heute nicht, obwohl ich über diese Frage nachgedacht habe, mehr als man glaubt« ...
– Reden wir lieber über die Diaspora – das läßt sich wenigstens bestimmen: Das Leben in der Zerstreuung, in der »Fremde«, alles außerhalb Israels.
– Erstens kann man den Diaspora-Zustand auch in Israel pflegen. Das haben schon die Jeckes bewiesen, die in den 30er Jahren aus Deutschland nach Palästina einwanderten und dort vor Sehnsucht vergingen. Zweitens fühlen sich viele in der Fremde durchaus zu Hause.
– Zu Hause? Von den deutschen Juden kann man das heute jedenfalls nicht behaupten.
– Sprechen wir lieber von Juden in Deutschland. Laut Micha Brumlik sind die deutschen Juden gar keine deutschen Juden. Die meisten sind Nachkommen osteuropäischer DPs. Biller zum Beispiel – in Prag geboren und deutsch schreibend – wehrt sich entschieden dagegen, als Deutscher vereinnahmt zu werden.
– Wahrscheinlich würde er auch protestieren, wenn man es ihm abspricht. Oder ihn als Juden bezeichnet ...

– Gibt es eine Behauptung, der Maxim Biller nicht wider-
spricht? Er ist allerdings nicht der einzige, der das Definiti-
onsmonopol beansprucht ...

– ... und auf Abgrenzung besteht. Die nichtdeutschen deutschen Juden waren ja lange eine Art Diaspora in der Diaspora: Wer sich im »Land der Täter« niederließ und gesell-
schaftlich eingliederte, machte sich in den Augen der anderen Juden suspekt. Daraus entstand wohl das Gefühl, man
müsse sich für die Wahl des Lebensortes – von Heimat war
keine Rede – rechtfertigen.

– Und sich zugleich als Jude legitimieren. Tatsächlich findet
man hier kaum einen jüdischen Autor, der nicht um dieses
Thema kreist. Angefangen mit Lea Fleischmann, eine der
ersten, die aus Eigenerfahrung über die zweite Generation
schrieb. Ihr Zeugnis heißt ›Dies ist nicht mein Land‹. Erschienen 1980, also vor über zwei Jahrzehnten. Jetzt schau
dir die jüngeren Titel an: Brumlik: ›Kein Weg als Deutscher
und Jude‹, Biller: ›Land der Väter und Verräter‹, Seligmann:
›Der Musterjude‹. Und noch immer geht es um Identität,
Vergangenheit, Wunden, um das Verhältnis zu den Deutschen.

– Für die Soziologin Diana Pinto sind »Juden in Deutschland
heute Insider, die verzweifelt versuchen, Outsider zu bleiben«. Auf der anderen Seite: Welcher nichtjüdische Deutsche kann damit unverkrampft umgehen?

– Wie soll er auch: Es ist das reinste Minenfeld. Wenn einer
die Vernichtung jüdischer Kultur beklagt, wirft man ihm
vor, daß er nur die toten Juden schätzt. Schätzt er die
Lebenden – aha, ein Philosemit. Kritisiert er sie – kann
heikel werden. Hält er sich aus der Diskussion heraus, dann
fehlt es ihm an Konfrontationsbereitschaft. Hört er mit-
fühlend zu – ein Gutmensch, der seine Betroffenheit zur
Schau stellt. Steht er auf Klezmer und gefilte Fisch, zeigt er
ein rein folkloristisches Interesse. Ganz ehrlich: Wie kann
man's richtig machen?

– Sich vielseitig informieren: Man kann die dtv-Anthologie

jüdischer Diaspora-Autoren kaufen. Da sieht man, wie unterschiedlich sie sind – in ihrem Selbstverständnis, ihren Beziehungen zu Nichtjuden. Argentinische, russische, ungarische ...

– Deutsch-amerikanische, franko-polnische ... Das wird reichlich kompliziert. Elena Lappin: in Moskau geboren, lebte in Prag, dann in Hamburg, gestern in Israel, heute in England. Wer weiß, wo sie ist, wenn das Buch erscheint. Die Amerikanerin Irene Dische ist seit 1980 vorübergehend in Deutschland. Nathan Englander, ihr Landsmann, ging vor ein paar Jahren nach Israel. Auch Broder (der übrigens in Polen geboren wurde) und Brumlik verbrachten dort einige Jahre, sind aber längst wieder nach Deutschland zurückgekehrt. Seligmann hingegen kam in Israel zur Welt und später nach Deutschland. Philippe Blasband: ein moslemisch-iranisch-polnisch-jüdischer Belgier.

– Das kannst du nicht schreiben, das versteht kein normaler Mensch.

– Barbara Honigmann hat dieses Beheimatet- und zugleich Entwurzeltsein am Motiv des doppelten Grabes treffend illustriert. Sie stammt übrigens aus Ostberlin und schaffte es nach Straßburg. Wo willst du André Aciman einordnen? Er ist in Ägypten französischsprachig aufgewachsen, wohnt in New Jersey und lebt im Exil.

– Schon gut. Lassen wir die nationale Zuordnung. Reden wir von dem, was die Juden – wohin es sie auch immer verschlagen hat – zusammenhält.

– Das einigende Prinzip des modernen Judentums sieht Arthur Hertzberg in der Unfähigkeit, sich über das Judentum einig zu werden.

– Aber die Weitergabe des Wissens? Die Lehre und die Pflicht, sie weiterzuvermitteln? Es muß doch einen Grund geben, warum das Judentum bis heute überdauert hat, während andere, größere Völker untergegangen sind.

– Nun, es war bestimmt eine gute Idee, das Judentum im Immateriellen zu verwurzeln. Der Einfall geht auf Esra zurück, einen strengen Schriftgelehrten, der nach seiner Rückkehr aus dem babylonischen Exil die Juden zum Lesen zwang: Er hat die obligatorische Lektüre der fünf Bücher Mose etabliert. Für ein Volk der Lesenden bedeutete der Verlust von Staat, Boden, Tempel und anderen sichtbaren Heiligtümern noch keinen Untergang ihrer Kultur.

– Na also, da haben wir's: Die Bedeutung des Wortes. Die Liebe zu Texten, Büchern, Geschichten – ein unzerstörbares Bindemittel.

– Hört sich großartig an, vor allem im Kommentar zu einer Anthologie jüdischer Erzähler. Nur schade, daß es heute der Realität nicht ganz entspricht. Es gibt gebildete Juden und ungebildete, Büchernarren und solche, die sich lieber die Sportschau ansehen.

– Willst du sagen, die Juden hätten keine konkrete Vorstellung darüber, was sie miteinander verbindet?

– Wer sagt das? Ganz im Gegenteil. Sie haben eine Menge konkreter Vorstellungen darüber. Jeder eine andere.

– Es wäre schön, einmal auf die Frage eine Antwort zu bekommen und keine Zitate oder Kostproben jüdischer Chochme.

– Auf diese Frage, meint Ralph Giordano, wissen nur die Antisemiten eine einigende Antwort. Für sie sind alle Juden gleich.

– Was ist mit dem auserwählten Volk?

– Auserwählt sein heißt, Verpflichtungen eingehen. Die jüngeren Autoren wehren sich gegen den Anspruch einer moralischen Aufgabe: Sie wollen nicht zur Vervollkommnung der Welt beitragen. Für sie reicht es schon, wenn sie die Welt beschreiben.

– Vor allem ihre Unzulänglichkeiten. Hängt der kritische Blick mit dem ursprünglichen Auftrag zusammen?

– Die Schöpfung wahrzunehmen, hinter die Dinge zu blikken, sich mit dem Selbst und dem Anderen auseinanderzusetzen – so könnte man, *ferdaitscht und ferkirzt,* den Auftrag auslegen. Das führt eher zum Querdenken als zum Konformismus.

– Und macht einen zum Außenstehenden.

– Was wiederum den Blick schärft. Freud meinte, daß er auf Grund seiner Herkunft frei von vielen Vorurteilen wäre, die andere im Gebrauch ihres Intellektes beschränkten: Als Jude war er darauf vorbereitet, »in die Opposition zu gehen«.

– Integrierte Außenseiter sind geeignet, gesellschaftliche Defizite bloßzustellen. Seit der Aufklärung lebten die meisten Juden in mindestens zwei Welten.

– Daran hat sich bis heute nicht viel geändert.

– Doch: Die vielfältige Identität hat einen anderen Stellenwert. Sie zieht nicht automatisch den Verdacht mangelnder Loyalität nach sich, wird weniger bedrohlich empfunden als zu Zeiten Dreyfus' oder Werfels. Die jüdischen Schriftsteller kommen heute damit besser zu Rande.

– Warte mal. Jemand, der Schriftsteller und Jude ist, muß noch kein jüdischer Schriftsteller sein.

– Mußt du immer widersprechen?

– Tue ich ja gar nicht. Aber es kommt auf die Themen an. Einigen Autoren ist die Herkunft selbstverständlicher Hintergrund, nichts Abend- oder Romanfüllendes. Siehe Stephen Fry, Will Self ...

– ... und David Baddiel, dessen Held sich einfach – wie ein normaler Macho – vor Frauen fürchtet, nicht vor seinen gojischen Mitbürgern. Alle drei kommen aus England, wohl kein Zufall. Aber auch Binnie Kirshenbaum (USA) oder Thomas Gunzig (Belgien) zeigen, daß nicht alle Juden jüdisch-meschugge sind.

– Manche sind einfach normal-meschugge. Fest steht jedenfalls, daß sich jüdische Schriftsteller jüdischer Inhalte annehmen.

– Richtig. Aber was genau sind heute »jüdische Inhalte«? Nehmen wir einen Extremfall: Blasband schreibt über das Sumo-Ringen – das ist nun wirklich *Gojim-Naches!* Aber seine Geschichte läuft auf eine jüdische Weisheit hinaus: Das wichtigste ist, sich selber treu zu bleiben. Und die

Bereitschaft des *yuryo,* sich einem strengen Regelsystem zu unterwerfen, erinnert entfernt an die Gesetzestreue der Orthodoxen.

– Worauf willst du hinaus? Sind etwa Neid oder Pedanterie auch jüdische Themen?

– Je nachdem, wie man sie behandelt. Gordon Haber knüpft an das Verbot der üblen Nachrede an, um vorzuführen, daß religiöse Vorschriften menschliche Schwäche nicht verhindern. Stephen Fry porträtiert infantile Selbstbezogenheit – an sich nichts spezifisch Jüdisches. Aber durch seine Darstellung kleingeistiger Neurosen schimmern Züge, wie wir sie in anderen Geschichten wiederfinden, die ausdrücklich jüdische Welten karikieren: Hysterie, Rechthaberei, Wichtigtuerei ... Nehmen wir die Erzählung von Ljudmila Ulitzkaja: Taschen-Nele ist zweifellos eine Jüdin. Ihr Bezug zur Tradition ist auf Relikte verkümmert, aber die ganze Figur, jede Geste atmet etwas Charakteristisches. Deswegen springt sie einem förmlich aus den Buchseiten entgegen.

– Charakteristisch wofür? Für das Jüdische? Für Sowjetrußland? Oder für das Allgemeinmenschliche?

– Eben. Geh das voneinander trennen.

– Worin unterscheiden sich die Werke jüdischer Autoren von der übrigen Literatur des entsprechenden Landes?

– Es gibt wiederkehrende Themen und Motive: Die jiddische Mamme, die Henryk Broder zerlegt, winkt bei Leon de Winter und bei Will Self aus dem Hintergrund. Das Verhältnis zu den Nichtjuden, das Micha Brumlik, Rafael Seligmann und Shelley Weiner aus verschiedenen Blickwinkeln beleuchten. Die Brüche und das Ringen um eigene Identität – Alain Finkielkraut, Maxim Biller oder Christine Angot schöpfen aus persönlichen Erfahrungen, aber die Muster kommen uns verdächtig bekannt vor. Das Schicksal der Überlebenden ...

– Das, gerade wenn man ihnen nahesteht, nicht nur Mitgefühl weckt. Der Erzähler bei Richard Swartz ist hin- und hergerissen zwischen Anteilnahme und Irritation, Zuneigung und schlechtem Gewissen. Er spricht vielen aus der Seele.

– Swartz vermittelt feinfühlig, was die Nachgeborenen bedrängt. Jeder wird auf seine Weise damit fertig: Durch ernsthafte Auseinandersetzung, durch Verdrängung, durch Mystifizierung, durch das Eingestehen ambivalenter Gefühle.

– Oder durch Sarkasmus und bittere Provokation. Thomas Gunzig, Enkel eines Deportierten, verhöhnt in seiner makabren Fiktion die Identifizierung mit fremdem Leid. Seine Antwort auf das Schoa-Business. Melvin Jules Bukiet, dessen Vater Auschwitz überstanden hat, geht mit der Sache noch radikaler um. Bei diesem Autor bezweifele ich allerdings den Wiedererkennungeffekt.

– Tja, Bukiet treibt es auf die Spitze – er wird auch bei Juden wenig Beifall finden. So gnadenlos ist eigentlich kaum jemand dieser Generation. Aber bei vielen tauchen die Vergangenheit, ihre Stigmata und ihre Nachwirkungen auf. Manche kommen davon einfach nicht los, wie in der Geschichte von Doron Rabinovici.

– Ich bin immer froh festzustellen, daß sich die Beschäftigung mit der Vergangenheit nicht auf die Schoa beschränkt. Daneben gibt es noch ein anderes Gedenken, das weiter zurückreicht. »Der Kult der Wiederholung, der Rekapitulation, der Wiederkehr und des Wiederauffrischens ist fester Bestandteil des jüdischen Denkens.« Von André Aciman, Autor dieses Satzes, bis Richard Zimler geht es in den Texten immer wieder um das Erinnern.

– No-na: Es ist das, was das Diasporajudentum vor dem Zerfall bewahrt hat. Und daher ein Grundthema jüdischer Literatur.

– Wir können also festhalten: Das Jüdische an dieser Literatur sind die Themen.

– Nicht unbedingt. Juden schreiben über alles mögliche: Über die Liebe, über Sex, über persönliche Sehnsüchte, über zwischenmenschliche Mißverständnisse und flüchtige Stim-

mungen – wie Nichtjuden auch. Es ist vielmehr die Sicht-
weise, ein bestimmtes Lebensgefühl, das diese Prosa prägt
und ihr einen intensiven Ton verleiht. Die Summe eigener
und überlieferter Eindrücke, Konflikte, Gedanken ...

– Komm mir jetzt bloß nicht mit der jahrtausendelang kumu-
lierten Erfahrung.

– Du sagst es. Auch wenn nur noch wenige den Talmud
lesen – das Prinzip des *Pilpul* klingt nach wie vor an: in
dem Einerseits-Anderseits. Das fördert den Sinn für das
Komplexe und das Paradoxe, den Witz, die Distanz. Man
muß sich nicht ausdrücklich auf das mosaische Erbe beziehen.

– Vielleicht möchte nicht jeder ein Nachlaßverwalter sein?

– Verleugnung, Trotz, pathetische Selbstverrenkungen, wie
wir sie in den Erzählungen von Elena Lappin, von Marcelo
Birmajer und anderen finden, das sind alles Varianten einer
spezifischen Erfahrung.

– Die innere Widersprüchlichkeit der jüdischen Existenz.
Darauf habe ich schon gewartet.

– Willst du sie etwa bestreiten?

– Darüber bin ich nicht meiner eigenen Meinung.

– Da hast du recht.

– Im Ernst: Ich glaube, daß Widersprüchlichkeit zu jeder
menschlichen Existenz gehört. Was zum Beispiel ist daran
so spezifisch?

– Auf der einen Seite wollen die Juden an der eigenen Kultur
festhalten, auf der anderen von den Gojim anerkannt werden. Die Erinnerung an die Verfolgung aufrechterhalten
und unbeschwert leben. Archaischen Geboten folgen und
zeitgenössischen Anforderungen gerecht werden. Etwas Besonderes sein, aber nicht unter Ausgrenzung leiden.

– Ein gemütliches Judesein bleibt schwer vorstellbar, aber
einige dieser Ambitionen scheinen heute nicht gänzlich
unvereinbar. Und das ist der Haken: Die Akzeptanz bringt
neue Nöte mit sich. Was uns, nebbich, zur Selbstfindungs-
debatte zurückführt. Genauer gesagt, zu der Ratlosigkeit

jener, die weder den Druck der Diskriminierung noch den Halt der gesonderten, religiös verfügten Lebensweise kennen. Finkielkraut hat dafür den Begriff »Der eingebildete Jude« geprägt: Einer, der sich nach der dramatischen »geschichtlichen Originalität« sehnt, die ihm nicht zusteht.

– Finkielkrauts Essay hat unserer Generation die ganze Freude an selbstgefälligen Vorstellungen verdorben.

– Ja, und zu diesen Vorstellungen gehört die Einzigartigkeit der Juden. Nun läßt sie sich nicht mehr so einfach lokalisieren: In den liberalen, für kulturelle Unterschiede aufgeschlossenen Gesellschaften verwischen die Grenzen. Wenn es keine Nachteile birgt, droht das vielbeschworene Anderssein der Juden unterzugehen. Oder sich als reiner Mythos zu verfestigen. Dann ließen sich Realität und Selbstbild nicht einmal am Jom Kippur versöhnen.

– Ist das Anderssein der Juden nun Mythos oder Realität?

– Beides.

– Mit andern Worten: Jews are like other people. Only more so.

– Darin liegt das Dilemma einer Generation, die authentisch und jüdisch sein möchte, aber nicht genau weiß wie.

– Ein Ausweg ist, sich zu den Brüchen und Lücken zu bekennen – und sie gleichzeitig durch Selbstironie wettzumachen. Binnie Kirshenbaum erzählt zum Beispiel bei Lesungen, wie sie einmal beschloß, am Jom Kippur zu fasten. Sie hatte den ganzen Tag durchgehalten und, irre stolz auf sich, brüstete sich damit am nächsten Morgen bei ihren Freunden. Dabei erfuhr sie, daß erst Rosch Haschana gewesen ist.

– Zugegeben: Zum Grundrepertoire junger jüdischer Literatur gehört das Zerbröckeln der Tradition. Das Problem: Darauf läßt sich nicht bauen. Kirshenbaums bevorzugte Heldin ist die Schlampe – eine, die Männer, Spaß, Sex will, sich um Pflicht und Anstand nicht schert. She couldn't care less. Das hat nichts mit Judentum zu tun.

– Es hat viel mit New York, mit einer bestimmten Frauengeneration und ihrem Protest zu tun. OK. Was beweist das?

Daß Binnie Kirshenbaum nicht nur Jüdin, sondern vieles zugleich ist. Wie alle Juden. Im übrigen kann der Verstoß gegen die überlieferten Werte auch eine Form der Bezugnahme sein. Viele Figuren dieser Autoren sind rastlos, egoistisch, genußsüchtig. Ob beiläufig oder herausfordernd, die meisten widersetzen sich den Moralvorstellungen des traditionellen Judentums – einer pflichtbesessenen und prüden Kultur, die, beim Wort genommen, ungemein einschränkend ist. Das zeigt Englanders Erzählung, die in der Welt der Orthodoxen spielt.

– Im Gegenteil: gerade diese Erzählung zeigt, daß man sich innerhalb dieser Welt sehr wohl persönliche Freiräume schaffen kann. Das Hadern mit der Tradition, die Auflehnung gegen die strengen Regeln ist mit der Zeit selbst Bestandteil der Tradition geworden.

– Vorausgesetzt, man weiß um diese Regeln. Die Frage ist, wogegen die neue Generation rebelliert. Die Mehrzahl sind säkulare Juden – von den Gesetzen und Ritualen kennen sie nur noch Rudimente. Was aber viele, im Osten wie im Westen, erfahren haben, war die exzessive Anpassungsbereitschaft der Eltern.

– Und diese treibt die Nachkommen zur Obsession der Selbstbestimmung?

– Oder zur Flucht nach vorne: Arnon Grünberg reizt antisemitische Stereotypen zur Groteske aus. Biller, Bukiet, Seligmann pflegen die Unversöhnlichkeit. Kirshenbaum und Baddiel erzählen ohne Rücksicht auf Sittlichkeitsbegriffe.

– Aber nicht ohne Vergnügen. Hinter der Provokation muß nicht immer ein Unterdrückungsdrama stecken; es kann auch Lebenslust sein. Oder anders ausgedrückt: der Wunsch, dem Mief kleinbürgerlicher Behaglichkeit zu entkommen, der in der Nachkriegszeit im Elternhaus hing.

– So behaglich war es nicht: in den Gewölben vieler Häuser spukten ausgemergelte Geister. Und es roch nach Ängstlichkeit: Bloß nicht auffallen, keinen Anstoß erregen. Die geduckte, heimlichtuerische Haltung, das ewige »nihtfordemkind«, wie es Mihály Kornis beschreibt. Die Furcht, sich durch Verwandte in Israel zu kompromittieren – bei Roman Gren nachzulesen.

– War das nicht in erster Linie ein Problem der Juden im Realsozialismus? Die kommunistische Doktrin verdammte den Antisemitismus, der Antizionismus war jedoch hochwillkommen. Dabei drohte jeder, dem »jüdische Versippung« nachgewiesen werden konnte, als potentieller Zionist, sprich Staatsfeind »entlarvt« zu werden.

– Nun, das begründete die Verfolgungsängste in Osteuropa. In Westdeutschland wiederum fürchtete man, ehemaligen Tätern und Mitläufern selbstbelastendes Material zu liefern. Also durfte man außerhalb jüdischer Kreise keine Schwächen, nichts Peinliches zeigen. Aber innerhalb dieser Kreise ebensowenig, um die Zugehörigkeit nicht aufs Spiel zu setzen.

– Hier wollte man nicht riskieren, Außenseiter zu werden, dort als Außenseiter kein Risiko eingehen. Also Anpassung infolge mangelnder Integration.

– Oder umgekehrt: In Amerika, Frankreich oder Großbritannien wurde die Anpassung gerade durch bessere Integrationsmöglichkeiten gefördert. Daher die breite Distanzierung von jüdischen Sitten: Alles – bis hin zum Teeglas – was an Osteuropa, an das Schtetl erinnerte, galt assimilierten Juden als minderwertig.

– Das gilt aber nicht für alle amerikanischen oder mitteleuropäischen Juden. Paul Beckman zeigt ein Haus, in dem Judentum gelassen gelebt wird, auch wenn es kein Thema ist.

– Wenn die Kombination aus Hypochondrie, Übertreibung und Wetteifern um jeden Schmonzes jüdische Gelassenheit ergibt – von mir aus.

– Beckmans Episode erinnert daran, daß der jüdische Humor nicht bei Selbstironie endet. Gelegentlich darf man die Dummheit anderer vorführen. Und entspannt grinsen.

– Und was beweist das? Daß es nichts gibt, was für alle Juden gilt. Es mag in der Nachkriegszeit selbstbewußte, lebensfrohe Familien gegeben haben. Aber in den meisten Eltern-häusern war die Stimmung gedrückt und angstvoll.

– Und nun hauen die Kinder der Überangepaßten kräftig auf die Pauke, um diese Ängste abzuschütteln. Sie bekennen sich zu all dem, was die Eltern unter Verschluß hielten: Daher soviel Selbstenthüllungen, Tabubrüche und Spottlust.

– Dient die Provokation nur der Selbstbehauptung?

– Ich dachte, das Wort »nur« hätten wir gestrichen. Man kann diese Prosa als Zeichen einer neuen Zuversicht werten: Wer sich exponiert, zeigt, daß er böswillige Auslegungen nicht fürchtet.

– Das haben schon Philip Roth und Erica Jong gewagt. Was ist das Neue bei ihren Nachfolgern?

– Sie schrecken nicht davor zurück, auch Überlebende des Holocaust aufs Korn zu nehmen.

– Hilft die Frechheit, die Geister zu vertreiben?

– Im Zweifelsfall hilft sie, mit ihnen auszukommen. Ebenso wie mit den realen Menschen, jüdischen und nichtjü-dischen. Und vor allem mit sich selbst. Sie hilft, Zerrissen-heit, Wut und Trauer auszuhalten.

– Und Pathos.

– Bekanntlich geht das alles am besten mit Ironie.

– Wie in dem Witz mit dem malträtierten Juden, den seine Peiniger fragen, ob's weh tut.

– Und er sagt: Nur wenn ich lache.

Olga Mannheimer
September 2001

André Aciman, geboren 1951 in Alexandria, Ägypten. Emigrierte 1965 mit seiner Familie nach Italien, dann nach Frankreich und 1968 in die USA. Studierte Komparatistik in Harvard und lehrt französische Literatur in Princeton. 1995 erschien sein autobiographischer Roman ›Damals in Alexandria‹.
›Schattenstädte‹ 35
(Aus: A. A., Shadow Cities. Roman. © 2002 der deutschsprachigen Ausgabe: Carl Hanser Verlag, München · Wien. Aus dem amerikanischen Englisch von Matthias Fienbork.)

Christine Angot, geboren 1959 in Châteauroux. Als uneheliches Kind trug sie bis 1972 den jüdischen Namen ihrer Mutter, Schwartz. Nach dem Studium des Europäischen Rechts und der Anglistik begann sie zu schreiben. Sie gehört zu den bekanntesten und umstrittensten Autorinnen Frankreichs. In ihrem Werk, insbesondere in dem Roman ›Inzest‹ (dt. 2000), beschreibt die mit der Autorin weitgehend identische Ich-Erzählerin den Mißbrauch durch den Vater. Zuletzt erschienen von ihr: ›Quitter la ville‹ (2000) und ›La peur du lendemain‹ (2001).
›Ich finde, daß‹ 334
(Aus: C. A., Die Stadt verlassen. © 2002 der deutschsprachigen Ausgabe: Tropen Verlag, Köln. Aus dem Französischen von Christian Ruzicska.)

David Baddiel, geboren 1963, in London aufgewachsen. Studierte englische Literatur in Cambridge. Seine Comedy-Show ›The Fantasy Football League‹ bei der BBC erlangte Kultstatus. Auf deutsch sind bisher die beiden Romane ›Ab ins Bett!‹ (1997) und ›Was man so Liebe nennt‹ (2000) erschienen.
›Vorlauftaste‹ 58
(Aus: D. B., Ab ins Bett! Roman. © 1997 der deutschsprachigen Ausgabe: Verlag Antje Kunstmann, München. Aus dem Englischen von Helga Herborth.)

Paul Beckman, geboren 1944 in Connecticut, wo er auch heute lebt. Verdient seinen Lebensunterhalt als Immobilienmakler. Seine Erzählungen erschienen bisher im ›Playboy‹ sowie in zahlreichen literarischen

Zeitschriften. 1995 veröffentlichte er den Erzählungenband ›Come! Meet my family‹, ein weiterer ist in Vorbereitung.

(›The P Word‹. Deutsche Erstveröffentlichung. Abdruck mit freundlicher Genehmigung des Autors. Aus dem amerikanischen Englisch von Pieke Biermann.)

MAXIM BILLER, geboren 1960 in Prag, lebt seit 1970 in Deutschland. Von ihm sind erschienen: die Erzählbände ›Wenn ich einmal reich und tot bin‹ (1990), ›Land der Väter und Verräter‹ (1994) und ›Harlem Holocaust‹ (1998), die Essaysammlungen ›Die Tempojahre‹ (1991) und ›Deutschbuch‹ (2001), der Roman ›Die Tochter‹ (2000) sowie das Drama ›Kühltransport‹ (2001).
(Aus: M. B., Land der Väter und Verräter. Erzählungen. © 1994 Verlag Kiepenheuer & Witsch, Köln.)

MARCELO JAVIER BIRMAJER, geboren 1966 in Buenos Aires, wo er noch immer lebt. Sein Großvater war 1939 aus Polen nach Argentinien geflüchtet. Birmajer schreibt Drehbücher für Film und Fernsehen und arbeitet als Journalist. Veröffentlichte zahlreiche Bücher, auch für Kinder und Jugendliche.
(Aus: M. B., Geschichten von verheirateten Männern. © 2002 der deutschsprachigen Ausgabe: Piper Verlag GmbH, München. Aus dem Spanischen von Stefanie Gerhold.)

PHILIPPE BLASBAND, geboren 1964 in Teheran. Wuchs zunächst im Iran, dann in Belgien, in Israel, in den USA und in England auf. Derzeit lebt er in Brüssel, wo er als Drehbuchautor und Regisseur zahlreicher Theaterstücke und Kurzfilme bekanntgeworden ist. Auf deutsch erschienen sind die Romane ›Max und Minnie‹ (1998) und ›Zalmans Album‹ (2000).
(Aus: P. B., Quand j'étais Sumo. © 2000 Castor Astral, Bordeaux. Aus dem Französischen von Christiane Filius-Jehne.)

HENRYK M. BRODER, geboren 1946 in Katowice/Polen. Kam mit den Eltern, beide Schoa-Überlebende, 1958 in die Bundesrepublik. Wandte sich nach einigen Semestern Jura und Volkswirtschaft dem Journalismus zu. Sein Essay ›Ihr bleibt die Kinder eurer Eltern‹ (1981) war eine Generalabrechnung mit der neuen deutschen Linken und dem alltäglichen Antisemitismus. Lebte danach zwei Jahre in Israel, jetzt in Berlin. Seit über zwanzig Jahren kommentiert der für seine polemische Schärfe bekannte Publizist den Werdegang der Bundesrepublik, u. a. in den Büchern ›Der ewige Antisemit‹ (1986), ›Erbarmen mit den Deutschen‹ (1993), ›Schöne Bescherung! Unterwegs im Neuen Deutschland‹ (1994), ›Volk und Wahn‹ (1996), ›Die Irren von Zion‹ (1998) und ›www.DeutscheLeidkultur.de‹ (2001).

(Erstveröffentlichung Berlin 1998. Abdruck mit freundlicher Genehmigung des Autors.)

Micha Brumlik, geboren 1947 in Davos als Sohn deutscher Emigranten, die 1952 nach Frankfurt umzogen. Ging nach dem Abitur nach Israel, kehrte nach zwei Jahren zurück. Ist Professor für Erziehungswissenschaften an der Universität Frankfurt und Leiter des Fritz Bauer Instituts. Veröffentlichte zahlreiche Bücher zu pädagogischen, politischen und religionsphilosophischen Themen, zuletzt ›Deutscher Geist und Judenhass. Das Verhältnis des philosophischen Idealismus zum Judentum‹ (2000). 1998 gab er zwei Sammelbände heraus: ›Mein Israel. 21 erbetene Interventionen‹ und ›Zuhause, keine Heimat? Junge Juden und ihre Zukunft in Deutschland‹. War 1997 Vorsitzender der neugegründeten »Union progressiver Juden« Ist heute Stadtverordneter in Frankfurt a. M.

(Aus: M. B., Kein Weg als Deutscher und Jude. Eine bundesrepublikanische Erfahrung. © 1996 für die deutsche Ausgabe: Luchterhand Literaturverlag GmbH, München.)

Melvin Jules Bukiet, geboren 1953 in New York als Sohn eines Auschwitz-Überlebenden. Bukiet lehrt am Sarah Lawrence College, ist seit 1992 Redakteur der amerikanisch-jüdischen Zeitschrift ›Tikkun‹ und Mitbesitzer einer literarischen Kneipe namens KGB im New Yorker East Village. Auf deutsch sind erschienen: ›Danach‹ (1997), ›Zeichen und Wunder‹ (1999), ›Die Launen des Messias‹ (2000) sowie die Anthologie ›Neurotica. Juden tun es auch‹ (2001).

(›A Modest Proposal‹. Deutsche Erstveröffentlichung. Abdruck mit freundlicher Genehmigung des Autors. Aus dem amerikanischen Englisch von Günter Ohnemus.)

Irene Dische, geboren 1952 in New York als Tochter eines deutschstämmigen jüdischen Emigranten. Sie genoß eine jüdische wie katholische Erziehung. Nach einem Afrika-Aufenthalt und der Mitarbeit in einer Affenstation wandte sie sich einem Literaturstudium in Harvard zu. Sie wurde Journalistin. Aus einer Deutschlandreise 1980 ergab sich nach Familiengründung ein dauerhaftes Provisorium in Berlin. Auf deutsch sind u. a. erschienen: ›Fromme Lügen‹ (1989), ›Der Doktor braucht ein Heim‹ (1990), ›Ein fremdes Gefühl oder Veränderungen über einen Deutschen‹ (1993), ›Zwischen zwei Scheiben Glück‹ (1997) sowie ›Ein Job‹ (2000).

(Aus: I. D., Fromme Lügen. Erzählungen. © Januar 1989 der deutschsprachigen Ausgabe: Eichborn AG, Frankfurt a. M. Aus dem amerikanischen Englisch von Otto Bayer und Monika Elwenspoek.)

NATHAN ENGLANDER, geboren 1970 in New York, wuchs in einer jüdischen Gemeinde in Long Island auf. Er studierte an der Hebräischen Universität in Jerusalem und an der Binghamton-Universität englische Literatur und jüdische Geschichte. Lebte auch in Jerusalem. 1999 erschien der Erzählungsband ›Zur Linderung unerträglichen Verlangens. Neun Erzählungen über die komischen Seiten der menschlichen Tragödie‹. Zur Zeit arbeitet er an seinem ersten Roman.

(Aus: N. E., Zur Linderung unerträglichen Verlangens. Erzählungen. © 1999 der deutschsprachigen Ausgabe: Europa Verlag, Hamburg. Aus dem amerikanischen Englisch von Martin Richter.)

ALAIN FINKIELKRAUT, geboren 1949 in Paris. Wirkt als Philosoph, Publizist und Professor an der École polytechnique sowie als Herausgeber der Zeitschrift ›Messager européen‹ und Produzent bei France Culture. In Deutschland wurde er 1982 bekannt mit seinem in zahlreiche Sprachen übersetzten Essay ›Der eingebildete Jude‹. Es folgten u. a. 1989 ›Die vergebliche Erinnerung. Vom Verbrechen gegen die Menschheit‹, 1998 ›Verlust der Menschlichkeit. Versuch über das 20. Jahrhundert‹ und 2001 ›Die Undankbarkeit. Gedanken über unsere Zeit‹.

(Aus: A. F., Der eingebildete Jude. © 1982 der deutschsprachigen Ausgabe: Carl Hanser Verlag, München · Wien. Aus dem Französischen von Hainer Kober.)

LEA FLEISCHMANN, geboren 1947 in Föhrenwald, einem Lager für Displaced Persons bei Wolfratshausen. Wuchs in Frankfurt a. M. auf. Nach sechs Jahren im hessischen Schuldienst wanderte sie 1979 nach Israel aus, wo sie heute ein Begegnungszentrum für deutschsprachige Reisende unterhält. Sie veröffentlichte u. a. ›Dies ist nicht mein Land. Eine Jüdin verläßt die Bundesrepublik‹ (1980), ›Ich bin Israelin. Erfahrungen in einem orientalischen Land‹ (1982), ›Nichts ist so, wie es uns scheint. Jüdische Geschichten‹ (1985), ›Gas. Tagebuch einer Bedrohung. Israel während des Golfkriegs‹ (1991), ›Schabbat. Das Judentum für Nichtjuden verständlich gemacht‹ (1994).

(Aus: L. F., Dies ist nicht mein Land. Eine Jüdin verläßt die Bundesrepublik. Erstveröffentlichung Hamburg 1980. Abdruck mit freundlicher Genehmigung der Autorin.)

STEPHEN FRY, geboren 1957 in London. Seine Mutter stammte aus Österreich. Studierte am Queen's College in Cambridge. Wurde bekannt als Stückeschreiber, Librettist, Kolumnist, Schauspieler (z. B. in ›Peter's Friends‹, ›Oscar Wilde‹, ›I. Q.‹), Kabarettist (z. B. für ›Black Adder‹) und durch Radio- und Fernsehauftritte. Auf deutsch erschienen u. a. die Romane ›Der Lügner‹ (1994) und ›Das Nilpferd‹ (1994), ›Geschichte machen‹ (1997), ›Der Sterne Tennisbälle‹ (2001) sowie die Kolumnen ›Paperweight‹ (1996).

(Aus: S. F., Paperweight. © 1996 der deutschsprachigen Ausgabe: Haffmans Verlag, Zürich. Abdruck mit freundlicher Genehmigung von David Higham Associates, London. Aus dem Englischen von Ulrich Blumenbach.)

ROMAN GREN, 1951 in Polen geboren. Studierte an der Universität Warschau Biologie. 1981 emigrierte er nach Frankreich und lebt als Schriftsteller, Übersetzer und Drehbuchautor in Paris. Vier Kapitel seines 1996 in Warschau erschienenen Erstlingswerkes ›Krajobraz z dzieckiem‹ (dt. ›Landschaft mit Kind‹), veröffentlichte das Deutsche Polen-Institut, Darmstadt, in seinen Jahrbüchern.

(›Breloczek‹. Aus: R. G., Krajobraz z dzieckiem. Deutsche Erstveröffentlichung Darmstadt 2000. Abdruck mit freundlicher Genehmigung des Autors. Aus dem Polnischen von Esther Kinsky.)

ARNON GRÜNBERG, geboren 1971 in Amsterdam als Sohn deutscher Juden. Jobbte als Apothekenhelfer, Tellerwäscher und versuchte sich als Verleger. Für die Toneelgroep Amsterdam und im Auftrag des Amsterdamer Fonds für Kunst schrieb er mehrere Theaterstücke, außerdem Kolumnen für die Zeitschrift des niederländischen Buchhandels. Sein dritter Roman, an dem er gerade schreibt, spielt in New York, wo er zeitweise wohnt. Auf deutsch erschienen: ›Blauer Montag‹ (1997), ›Statisten‹ (1999).

›Geldhai‹ 197

(Aus: A. G., Statisten. Roman. © 1999 der deutschsprachigen Ausgabe: Diogenes Verlag AG, Zürich. Aus dem Niederländischen von Rainer Kersten.)

THOMAS GUNZIG, geboren 1970 in Brüssel. Die Großeltern, aus der Tschechoslowakei bzw. Polen stammend, hatten sich bei den Brigaden im Spanischen Bürgerkrieg kennengelernt. Gunzigs Vater kam 1933 in Spanien zur Welt. Der Großvater wurde deportiert. Gunzig, der als Buchhändler in Brüssel arbeitet, veröffentlichte u. a. Erzählungen, Essays und eine musikalische Komödie.

›Gut organisiert‹ 203

(›Gentils Organisateurs‹. Aus: Il y avait quelque chose dans le noir qu'on n'avait pas vu. © 1997 Julliard, Paris. Aus dem Französischen von Ina Kronenberger.)

GORDON HABER, geboren 1968, wuchs in Rockland County nördlich von New York auf. Der Urgroßvater hatte sich als Neueinwanderer mit seiner Schneiderei noch in der Lower East Side von New York niedergelassen. Nach dem Studium in Albany ging Haber nach London. Er arbeitete als Graphiker und Rezensent. Zur Zeit lebt er in Connecticut und studiert an der Columbia University. Daneben entsteht ein Roman über einen jungen jüdischen Amerikaner in London.

›Böse Zungen‹ 223

(›Bad Tongues‹. Deutsche Erstveröffentlichung. Abdruck mit freundlicher Genehmigung des Autors. Aus dem amerikanischen Englisch von Lutz-W. Wolff.)

BARBARA HONIGMANN, geboren 1949 in Ost-Berlin, wohin ihre Eltern aus dem Londoner Exil zurückgekehrt waren. Nach dem Studium der Theaterwissenschaft war sie als Dramaturgin und Regisseurin tätig. Seit 1976 ist sie freischaffende Autorin, zunächst von Bühnenstücken, und Malerin. 1984 siedelte sie mit ihrer Familie nach Straßburg über. 1986 veröffentlichte sie ›Roman von einem Kinde‹, danach ›Eine Liebe aus nichts‹ (1991), ›Soharas Reise‹ (1996), 1998 die Glossen ›Am Sonntag spielt der Rabbi Fußball‹ sowie ›Damals, dann und danach‹ (1999) und ›Alles, alles Liebe!‹ (2000).

›Doppeltes Grab‹ 157

(Aus: B. H., Roman von einem Kinde. © 2001 Deutscher Taschenbuch Verlag GmbH & Co. KG, München. Erstveröffentlichung Darmstadt 1986.)

BINNIE KIRSHENBAUM, geboren 1958 in Westchester County bei New York, ist eine amerikanische Jüdin. Schon ihre Eltern waren gebürtige Amerikaner, mütterlicherseits sogar die Großeltern. Kirshenbaum unterrichtet kreatives Schreiben in New York. Auf deutsch sind bisher erschienen: ›Ich liebe dich nicht und andere wahre Abenteuer‹ (1994), ›Kurzer Abriß meiner Karriere als Ehebrecherin‹ (1996), ›Mermaid Avenue. Ich, meine Freundin und all diese Männer‹ (1997/2000), ›Kein Penny für nichts‹ (1998) und ›Als hielte ich den Atem an‹ (2000).

(›Who Knows Kaddish‹. Deutsche Erstveröffentlichung. Abdruck mit freundlicher Genehmigung der Autorin. Aus dem amerikanischen Englisch von Patricia Reimann.)

MIHÁLY KORNIS, geboren 1949 in Budapest. Studierte Regie an der Hochschule für Darstellende Künste und arbeitete als Dramaturg beim Rundfunk und an verschiedenen Bühnen. Kornis veröffentlichte mehrere Novellenbände und Theaterstücke. 1999 erschien ›Der Held unserer Geschichte‹.

(Aus: M. K., Der Held unserer Geschichte. Roman. © 1999 der deutschsprachigen Ausgabe: Rowohlt Verlag Berlin. Aus dem Ungarischen von Christina Viragh.)

ELENA LAPPIN, geboren 1954 in Moskau, aufgewachsen in Prag und Hamburg. Lebt nach Stationen in Israel, Kanada und den USA mit ihrer Familie derzeit in London. Sie war von 1994 bis 1997 Chefredakteurin der Zeitschrift ›Jewish Quarterly‹. Veröffentlichte 1999 die Erzählungen ›Fremde Bräute‹, 2000 ›Der Mann mit zwei Köpfen‹ und 2001 ›Natashas Nase‹.

(Aus: E. L., Fremde Bräute. Erzählungen. © 1999 der deutschsprachigen Ausgabe: Verlag Kiepenheuer & Witsch, Köln. Aus dem Englischen von Frank Heibert.)

DORON RABINOVICI, geboren 1961 in Tel Aviv, lebt seit 1964 in Wien. Rabinovici wirkte an Protestkundgebungen gegen den politischen Rechtsruck und an Solidaritätsaktionen für verfolgte Minderheiten in

Österreich mit. Er veröffentlichte u. a. ›Papirnik. Stories‹ (1994), den Roman ›Suche nach M.‹ (1997) sowie ›Instanzen der Ohnmacht. Wien 1938–1945. Der Weg zum Judenrat‹ (2000) und ›Credo und Credit. Einmischungen‹ (2001).
(Erstveröffentlichung. Abdruck mit freundlicher Genehmigung des Autors.)

WILL SELF, geboren 1961 in London als Sohn einer amerikanischen Jüdin. Er studiert in Oxford Philosophie und gründete in dieser Zeit die Punkband »Will Self and the Abusers«. 1991 erschien ›Die Quantitätstheorie des Irrsinns‹ (dt. 1999), mit dem Self bekannt wurde. Außerdem auf deutsch erschienen: ›Das Ende der Beziehung‹ (1997), ›Die schöne Welt der Affen‹ (1998), ›Wie die Toten leben‹ (2002).
(Aus: W. S., Die Quantitätstheorie des Irrsinns. Erzählungen. © 1999 der deutschsprachigen Ausgabe: Luchterhand Literaturverlag GmbH, München. Aus dem Englischen von Klaus Berr.)

RAFAEL SELIGMANN, geboren 1947 in Tel Aviv als Kind deutscher Emigranten. 1957 kehrte die Familie nach München zurück. Nach dem Geschichts- und Politologie-Studium war er 1981/82 außenpolitischer Berater in Bonn und 1985–1991 Dozent für Internationale Beziehungen an der Universität München. Heute freier Publizist und Schriftsteller. Veröffentlichte u. a. die Romane ›Die jiddische Mamme‹ (1990), ›Der Musterjude‹ (1997), ›Schalom, meine Liebe‹ (1998) und ›Der Milchmann‹ (1999) sowie das Sachbuch ›Mit beschränkter Hoffnung. Deutsche, Juden, Israelis‹ (1991).
(Aus: R. S., Der Musterjude. Roman. © 1997 Claassen Verlag, Hildesheim, jetzt München.)

RICHARD SWARTZ, geboren 1945 in Stockholm. Studierte Geschichte und Slawistik, ging zwei Jahre lang als Austauschstudent nach Prag. Als Korrespondent der großen schwedischen Tageszeitung ›Svenska Dagbladet‹ berichtet er seit 1976 über Osteuropa. Er hat Wohnsitze in Wien, Stockholm und Sovinjak/Jugoslawien. 1994 veröffentlichte er gemeinsam mit dem ungarischen Schriftsteller Péter Nádas das Buch ›Zwiesprache. Vier Tage im Jahre 1989‹. 1996 erschien ›Room Service. Geschichten aus Europas Nahem Osten‹, 2001 der Roman ›Ein Haus in Istrien‹.

LJUDMILA ULITZKAJA, geboren 1943 in Porlekanovo/Ural während der Evakuierung der Eltern. Sie wuchs in Moskau auf und arbeitete nach ihrem Studium als Biologin. Die Verbreitung der sogenannten Samisdat-Literatur, darunter des als »zionistisch« eingestuften Romans ›Exodus‹ von Leon Uris, kostete sie die Stelle. Sie jobbte als Assistentin am »Jüdischen Kammermusiktheater« und begann zu schreiben. Auf deutsch erschienen die Romane ›Medea und ihre Kinder‹ (1997), ›Ein fröhliches Begräbnis‹ (1998), ›Reise in den siebenten Himmel‹ (2001) sowie die Erzählungsbände ›Sonetschka‹ (1998) und ›Olgas Haus‹ (1999). L. U. zählt inzwischen zu den wichtigsten Schriftstellerinnen Rußlands.

SHELLEY WEINER, geboren 1949 in Port Elizabeth/Südafrika. Ihre Eltern stammten aus Litauen und waren KZ-Überlebende. Geheiratet hatten sie im Ghetto von Kaunas, einander wiedergefunden in Cremona/Italien. Weiner wuchs in Südafrika auf, zog jedoch 1977 mit ihrer eigenen Familie nach London. Sie arbeitet als Journalistin und Schriftstellerin und unterrichtet kreatives Schreiben. Neben Beiträgen in Anthologien und für die BBC veröffentlichte sie mehrere Romane, zuletzt 2001 ›Arnost‹.

LEON DE WINTER, geboren 1954 in Herzogenbusch/Niederlande als Kind einer alteingesessenen holländischen Familie. Seine Eltern hatten den Krieg in den Niederlanden überlebt. Nach dem Tod des Vaters begann de Winter zu schreiben. Seit 1976 arbeitet er als Schriftsteller und als Filmemacher. Als Filmproduzent versucht er außer in den Niederlanden auch in den Vereinigten Staaten Fuß zu fassen. Seine Romane, darunter viele Bestseller, behandeln vorwiegend jüdische Themen, u. a. ›Super-Tex‹ (1994), ›Hoffmans Hunger‹ (1994), ›Zionoco‹ (1997), ›Der Himmel über Hollywood‹ (1998), ›Sokolows Universum‹ (1999) und ›Leo Kaplan‹ (2001).

(Aus: L. W., Leo Kaplan. Roman. © 2001 der deutschsprachigen Ausgabe: Diogenes Verlag AG, Zürich. Aus dem Niederländischen von Hanni Ehlers.)

RICHARD ZIMLER, geboren 1956 in New York. Studierte Literatur und Musik, arbeitete als Redakteur und freier Journalist. 1990 zog er nach Porto/Portugal, wo er an der Journalistenschule unterrichtet. Er veröffentlichte zahlreiche Erzählungen sowie den Roman ›Der Kabbalist von Lissabon‹ (dt. 1998).
(›The Slow Mirror‹. Deutsche Erstveröffentlichung. Abdruck mit freundlicher Genehmigung des Autors. Aus dem amerikanischen Englisch von Günter Ohnemus.)

Glossar

ALIJAH: hebr. »Aufstieg«, Einwanderung nach Israel.

AV: elfter Monat des jüdischen Kalenders (Juli – August). Der 9. Av wird in Erinnerung an die zweimalige Zerstörung des Tempels in Jerusalem – 586 v. u. Z. und 70 n. u. Z. – als Trauer- und Fasttag begangen.

BAR MIZWA: wörtl. »Sohn der Pflicht«. Bezeichnung für die Zeremonie, durch die ein jüdischer Junge mit Vollendung des 13. Lebensjahrs die religiöse Volljährigkeit erlangt.

BEDECKEN: Brauch, das Haupt der Braut unmittelbar vor der Trauungszeremonie mit einem Schleier zu verhüllen.

BIMA: hebr. »Erhöhung«, Vorlesepult in der Synagoge.

BNEI BRIT: wörtl. »Söhne des Bundes«. 1843 in New York gegründeter jüdischer Logenverbund, der sich um »Wohltätigkeit, Bruderliebe, Eintracht« bemüht.

CHANUKKA: »Einweihung«. Achttägiges Lichterfest zur Erinnerung an die Wiedereinweihung des Tempels in Jerusalem ca. 165 v. u. Z., fällt in den Dezember (s. a. MAKKABÄER).

CHASSID, Pl. CHASSIDIM: »Frommer«, Pl. »Fromme«. Anhänger einer volkstümlichen religiös-mystischen Bewegung im Judentum, entstanden Mitte des 18. Jhs. in der Ukraine. Fühlen sich verschiedenen chassidischen Dynastien verbunden, jeweils nach dem ursprünglichen Sitz des rabbinischen Hofes benannt (s. a. Lubawitscher).

Chochme: »Weisheit«, ironisch auch »Besserwisserei«, »Haarspalterei«.

Chmelnicki: gilt wegen des von ihm geleiteten großen Kosakenaufstandes im 17. Jh. als ukrainischer Nationalheld; war gleichzeitig für Massaker an der einheimischen jüdischen Bevölkerung verantwortlich.

Diaspora: »Zerstreuung«, Bezeichnung für das Leben der Juden außerhalb des Landes Israel. Der Verlust der eigenen nationalen Heimstätte fiel mit der Zerstörung des Zweiten Tempels 70 n. u. Z. zusammen.

Displaced Persons: abgekürzt »DPs«, Bezeichnung für jene, die im Zweiten Weltkrieg vertrieben oder verschleppt wurden: Zwangsarbeiter, Kriegsgefangene, ehemalige KZ-Häftlinge und Flüchtlinge osteuropäischer Nationalitäten, die nicht in ihre Herkunftsländer zurückkehren konnten.

Efes: hebr. »Null«.

Eretz Israel: wörtl. »Land Israel«.

ferdajtschen: wörtl. »verdeutschen«, übersetzen, erklären.

ferdajtscht und Ferkirzt: Abwandlung einer anekdotisch überlieferten Plakatankündigung, die eine »ferdajtschte und ferbesserte« Fassung eines Shakespeare-Stücks ankündigte.

Gabbai: Synagogenvorstand, bei den Chassidim auch Assistent des Rebben.

GANEF: Ganove, Dieb.

GOJ, Pl. GOJIM: Bezeichnung für Nichtjuden

GOJIM-NACHES: ein Vergnügen für Nichtjuden, dessen Sinn für Juden nicht nachvollziehbar ist.

GOJISCH: nichtjüdisch.

HADASSAH: Name der größten jüdischen Frauenorganisation in den Vereinigten Staaten.

HALACHA: Jüdisches Religionsgesetz, wörtl. »Gehen«, im Sinne von Sichbewegen im Rahmen der in der hebräischen Bibel aufgeführten 613 Gebote und Verbote und ihrer Auslegung.

HALACHISCH: dem Religionsgesetz entsprechend.

HATIKWA: hebr. »die Hoffnung«, Bezeichnung für die israelische Nationalhymne.

HOLOCAUST: wörtl. »Brandopfer«. Durch die gleichnamige amerikanische Fernsehserie seit 1979 populär gewordene Bezeichnung für die Judenverfolgung und Judenvernichtung in der Nazi-Zeit.

JARMULKE: Käppchen, das von religiösen Juden ganztägig getragen wird. Das Tragen einer Kopfbedeckung ist beim Gebet, in der Synagoge oder auf dem jüdischen Friedhof vorgeschrieben.

JECKES: umgangssprachliche Bezeichnung für deutsche Juden, denen eine pedantische Korrektheit nachgesagt wurde. Es heißt, daß die aus Deutschland nach Palästina Eingewanderten selbst in der größten Hitze ihr Jackett anbehielten.

JESCHIWA: »Sitz«, Talmud-Hochschule, dient der Gelehrten- und Rabbinerausbildung.

JOM KIPPUR: »Tag der Sühne«. Der letzte der zehn mit dem jüdischen Neujahrsfest beginnenden Bußtage wird mit Beten um die Vergebung der Sünden gegenüber Gott und den Mitmenschen verbracht. An diesem höchsten jüdischen Feiertag ist strenges Fasten vorgeschrieben.

KADDISCH: »heilig«. Gebet, das die Heiligkeit Gottes und die Hoffnung auf Erlösung verkündet. Wird täglich im Gottesdienst vorgetragen, insbesondere von Trauernden im ersten Trauerjahr.

KIBBUZNIK: Bezeichnung für Kibbuz-Bewohner.

KOMSOMOL: Abkürzung für Jugendorganisation der Kommunistischen Partei in der Sowjetunion.

KOSCHER: »einwandfrei«, den rituellen Speisegesetzen entsprechend. Allgemein Synonym für »rein«, »in Ordnung«.

LUBAWITSCHER: Anhänger des Lubawitscher Rebben. Unter der Führung von Rabbiner Menachem Schneersohn (1902–1994) entstanden in vielen jüdischen Gemeinden religiöse Lehrzirkel der sogenannten »Chabad«-Bewegung.

MAKKABÄER: ursprüngl. hebr. Beiname des Juda »Makkabi«, des Sohnes des Hohepriesters Mattatias zur Zeit des Kampfes gegen die hellenistischen Eroberer 164 v. u. Z. Diese Bezeichnung wurde auf Judas Brüder und Mitstreiter als die Makkabäer ausgedehnt. Der Überlieferung nach fanden die Makkabäer nach der Rückeroberung des Tempels in Jerusalem ein einziges Kännchen reines Öl für die Menora. Ausreichend für einen Tag, reichte es tatsächlich für acht

Tage. Zur Erinnerung an dieses Wunder werden während des Chanukka-Festes acht Tage lang an einem speziellen Leuchter, der Chanukkia, Lichter angezündet; am ersten Tag eines, am zweiten Tag zwei usw.

MAMELOSCHEN: jidd. »Muttersprache«, gemeint ist Jiddisch.

MENORA: »Leuchter«, insbesondere der siebenarmige im Tempel in Jerusalem.

NEBBICH: »leider«, auch als ironischer Ausdruck des Bedauerns benutzt.

PAMJAT: russ. Erneuerungsbewegung, die nationalistischem wie antisemitistischem Gedankengut anhängt.

PESSACH: »Vorüberschreiten«, »Verschonung«. Achttägiges Fest (März – April) zur Erinnerung an den Auszug aus Ägypten vor über 3300 Jahren.

PFEILKREUZLER: Angehörige einer 1937 in Ungarn gegründeten faschistischen Bewegung, die sich aggressiv antisemitisch gebärdete.

PILPUL: abgeleitet von hebr. »Pfeffer«. Dialektisches Interpretations- und Diskussionsverfahren zur Behandlung halachischer Fragen.

PURIM: »Lose«, Freudenfest zur Erinnerung an die Errettung der persischen Juden im 6. Jh. v. u. Z. Wirkt durch die Ermutigung zu Ausgelassenheit und Verkleidung wie ein jüdischer Karneval.

SCHABBAT, auch SCHABBES: siebter Wochentag, der als Ruhe- und Feiertag gilt.

SCHEITEL: »Perücke«. Wird von orthodoxen Jüdinnen ab dem Zeitpunkt der Heirat statt oder zur Abdeckung des eigenen Haares getragen.

SCHEKEL: israelische Währung.

SCHICKSE: Bezeichnung für eine nichtjüdische junge Frau, verächtlich gebraucht.

SCHLAMASSEL: Pech, Unglück.

SCHMONZES: Unfug, Geschwafel, Kleinkram.

SCHOA: »Vernichtung«, »Ausrottung«. Hebräische Bezeichnung für das Schicksal der Juden in der Nazi-Zeit.

SCHUK: hebr. »Markt«.

SCHUL: Synagoge, Studierstube.

SECHS-TAGE-KRIEG: vom 5. bis 10. Juni 1967 dauernder Krieg, in dem die israelische Armee Ägypten, Jordanien und Syrien, die ein Kriegsbündnis gegen Israel geschlossen hatten, überraschend besiegte.

SEDER: »Ordnung«, Bezeichnung für das Festmahl an den ersten beiden Abenden von Pessach mit speziellen Speisen und Ritualen.

SOCHNUT: israelische Institution, verantwortlich für die Förderung jüdischer Einwanderung nach Israel.

TALMUD: »Belehrung«, »Lehre«. Umfaßt die Lehren, Vorschriften, Überlieferungen und Kommentare zur hebräischen Bibel.

TEFILLIN: Gebetsriemen, die während des Morgengebets werktags am linken Arm und um die Stirn angelegt werden.

TREJFE, auch TREFE: »unrein«, Gegenteil von koscher.

TUSIK: hebr. »Popo«.

ULPAN: Hebräisch-Unterricht für Neueinwanderer.

ZAHAL: hebr. Abkürzung für »Zva Hagana LeIsrael«, wörtl. »Armee zur Verteidigung Israels«.

ZE TOV: hebr. »Das ist gut.«

ZJD: Abkürzung für Zionistische Jugend in Deutschland. Die israelische Kibbuzbewegung entsandte Jugendbetreuer zur Förderung jüdischer Jugendlicher in Diaspora-Gemeinden mit dem Ziel der Alijah.

Binnie Kirshenbaum im dtv

»Wer etwas vom Seiltanz über einem Vulkan lesen will,
also von den Erfahrungen einer kühnen Frau mit dem
männlichen Chaos, dem sei Binnie Kirshenbaum
nachdrücklich empfohlen.«
Werner Fuld in der ›Woche‹

Ich liebe dich nicht und andere wahre Abenteuer
dtv 11888
Zehn ziemlich komische Geschichten über zehn unmögliche Frauen. Sie leben und lieben in New York, experimentierfreudig sind sie alle, aber im Prinzip ist eine skrupelloser als die andere ... »Scharf, boshaft und irrsinnig komisch.« (Publishers Weekly)

Kurzer Abriß meiner Karriere als Ehebrecherin
Roman · dtv 12705
Eine junge New Yorkerin, verheiratet, linkshändig, hat drei außereheliche Affären nebeneinander. Sie lügt, stiehlt und begehrt andere Männer. Daß sie ein reines Herz hat, steht außer Zweifel. Wenn sie nur wüßte, bei wem sie es verloren hat, gerade. »In diesem unkonventionellen Roman ist von Skrupeln keine Rede. Am Ende fragt sich der Leser amüsiert: Gibt es eine elegantere Sportart als den Seitensprung?« (Franziska Wolffheim in ›Brigitte‹)

Mermaid Avenue
Roman · dtv 12787
Ich, meine Freundin und all diese Männer ... Mona und Edie haben sich im College kennengelernt und sofort Seelenverwandtschaft festgestellt. Sie sind entschlossen, ein denkwürdiges Leben zu führen. Und dabei lassen sie nichts aus. »Teuflisch komisch und frech. Unbedingt lesen!« (Lynne Schwartz)

Keinen Penny für nichts
dtv 24128
Verrückte Geschichten von verletzlichen Frauen, leichtsinnig und mit abgrundschwarzem Humor.

Maxim Biller im dtv

»...begrüßen wir einen möglichen
Geistesenkel Tucholskys!«
Süddeutsche Zeitung

Die Tempojahre
dtv 11427
Eine rasante Chronik der
achtziger Jahre. – »Biller
liebt nicht den leichten
Degen, er bevorzugt den
Säbel.« (Der Standard)

**Wenn ich einmal reich
und tot bin**
dtv 11624
»Ich habe seit den Nach-
kriegsromanen von Wolf-
gang Koeppen, seit Bölls
früher Prosa, seit einigen
Essays von Hannah
Arendt, Adorno, Mitscher-
lich und Hans Magnus
Enzensberger kaum etwas
gelesen, das dem Blend-
zahn der Zeit so wahr und
diesmal so witzig an den
Nerv gegangen wäre...
Was für ein Buch!«
(Peter von Becker,
›Süddeutsche Zeitung‹)

**Land der Väter und
Verräter**
dtv 12356
Poetisch und mitreißend,
komisch und ernst erzählt
Maxim Biller von der Zeit,
in der wir leben.

Deutschbuch
dtv 12886
Deutschland, peinlich
Vaterland ... Man muß
Maxim Biller dankbar
dafür sein, daß er diesem
Land so beharrlich den
Spiegel vorhält. Reportagen
und Kolumnen von den
kleinen und großen
Dummheiten der neunzi-
ger Jahre.

Kühltransport
Ein Drama
dtv 12920
Seidenstraße des Todes: ein
menschliches Drama vom
grausamen Erstickungstod
einer Gruppe illegaler
Einwanderer aus China –
gestorben auf dem Weg in
eine »bessere Welt«.

Die Tochter
Roman · dtv 12933
Maxim Billers erster großer
Roman über Motti Wind,
einen jungen Israeli, der
versucht, in Deutschland
heimisch zu werden. »Ein
Roman wie von Dosto-
jewski.« (Hannes Stein,
›Die Welt‹)

Angelika Schrobsdorff im dtv

»Die Schrobsdorff hat ihr Leben lang nur
wahre Sätze geschrieben.«
Johannes Mario Simmel

Die Reise nach Sofia
dtv 10539
Sofia und Paris – ein Bild
zweier Welten: Beobach-
tungen über Konsum und
Liebe, Freiheit und Glück
in Ost und West.

Die Herren
Roman
dtv 10894
Ein psychologisch-eroti-
scher Roman, dessen Erst-
veröffentlichung 1961 als
skandalös empfunden
wurde.

Jerusalem war immer eine schwere Adresse
dtv 11442
Ein Bericht über den Auf-
stand der Palästinenser, ein
sehr persönliches, menschliches Zeugnis für Versöhnung und Toleranz.

Der Geliebte
Roman
dtv 11546

Der schöne Mann und andere Erzählungen
dtv 11637

Die kurze Stunde zwischen Tag und Nacht
Roman · dtv 11697

»Du bist nicht so wie andre Mütter«
Die Geschichte einer
leidenschaftlichen Frau
dtv 11916

Spuren
Roman · dtv 11951
Ein Tag aus dem Leben
einer jungen Frau, die mit
ihrem achtjährigen Sohn in
München lebt.

Jericho
Eine Liebesgeschichte
dtv 12317 und
dtv großdruck 25156

Grandhotel Bulgaria
Heimkehr in die
Vergangenheit
dtv 24115
Eine Reise nach Sofia
heute.

Von der Erinnerung geweckt
dtv 24153
Ein Leben in fünfzehn
Geschichten.

Ruth Klüger im dtv

»Jeder Tag ist wie ein Tor, das sich hinter mir
schließt und mich ausstößt.«
Ruth Klüger

weiter leben
Eine Jugend
dtv 11950

»Mir ist keine vergleichbare Biographie bekannt, in der mit
solcher kritischen Offenheit und mit einer dichterisch zu
nennenden Subtilität auch die Nuancen extremer Gefühle
vergegenwärtigt werden.« (Paul Michael Lützeler in der
›Neuen Zürcher Zeitung‹)

Frauen lesen anders
Essays · dtv 12276

Frauen lesen anders als Männer, weil sie anders leben. Daher
kann der weibliche Blick, in der Literatur wie im Leben,
manches entdecken, woran der männliche vorübersieht.
Ruth Klüger beweist dies in elf ebenso ungewöhnlichen wie
klugen Essays. Deutsche Literatur in anderer Beleuchtung.

Katastrophen
Essays · dtv 12364

»Ein sehr empfehlenswertes Buch, es sollte, muß aber nicht,
im Anschluß an ›weiter leben‹ gelesen werden, und es
spricht nicht nur zu den Fachwissenschaftlern, sondern zu
allen, die, und vollkommen zu Recht, von der Literatur
Aufschluß über die Katastrophen der Gegenwart erhoffen.«
(Burkhard Spinnen in der ›Frankfurter Allgemeinen Zeitung‹)

»Ruth Klüger stellt ganz einfach andere Fragen an Texte,
eine Methode, die zu ebenso plausiblen wie spannenden
Antworten führt, manchmal auch zu süffisant amüsanten.«
Barbara von Becker in der ›Süddeutschen Zeitung‹